KLAUS PRACHT · Zeichnen und Modellbau

Klaus Pracht

Zeichnen und Modellbau

Planen und Entwerfen

Skizzieren · Modellieren · Präsentieren

BAUVERLAG GMBH · WIESBADEN UND BERLIN

Die Deutsche Bibliothek – CIP-Einheitsaufnahme

Pracht, Klaus:
Zeichnen und Modellbau : planen und entwerfen / Klaus
Pracht. – Wiesbaden ; Berlin : Bauverl., 1993
  ISBN 3-7625-2809-8
NE: HST

1993. 5102

Das Werk ist urheberrechtlich geschützt. Jede Verwendung auch von Teilen außerhalb des Urheberrechtsgesetzes ist ohne Zustimmung des Verlags unzulässig und strafbar. Das gilt insbesondere für Vervielfältigungen, Übersetzungen, Mikroverfilmungen sowie die Einspeicherung und Verarbeitung in elektronischen Systemen.
Autor(en) bzw. Herausgeber, Verlag und Herstellungsbetrieb(e) haben das Werk nach bestem Wissen und mit größtmöglicher Sorgfalt erstellt. Gleichwohl sind sowohl inhaltliche als auch technische Fehler nicht vollständig auszuschließen.

© 1993 Bauverlag GmbH, Wiesbaden und Berlin
Herstellung: Druckerei Zeidler, Wiesbaden

ISBN 3-7625-2809-8

INHALTS-ÜBERSICHT

EINFÜHRUNG — 8	ARCHITEKTUR — 71
PLANEN — 11	DARSTELLEN — 85
GRAFIK — 21	MODELLBAU — 99
TECHNISCHES ZEICHNEN — 29	KUNSSTOFF-MODELLE — 117
PERSPEKTIV ZEICHNEN — 35	HOLZMODELLE — 129
ANGEWANDTES ZEICHNEN — 43	METALL/GIPS/KORK — 137
GESTALTEN — 49	PAPIERMODELLE — 145
ENTWERFEN — 55	NACHWEISE — 166

EINFÜHRUNG......................8

PLANEN

Aufgaben und Objekte,
Personen und Instanzen...............11
Sehen und Entwerfen,
Architektur und Produkte.............13
Axiome und Grundsätze
Anliegen und Ziele.......................15
Materialeinsatzgebiete in
Gegenüberstellung......................17
Konstruktionen
Bauteile und Elemente
Herstellung und Verbindung 19

GRAFIK

Papier und Zeichengeräte
Schriften und Maße
Folien und Raster 21
Bleistift und Tusche 23
Farbstifte und Kugelschreiber......25
Filzer und Marker
Aquarellieren und Lavieren..........27

TECHNISCHES ZEICHNEN

Geometrisches Zeichnen
Projektion und Geometrie
Bauzeichnen.................................29
Isometrien in Ansicht und
Grundriß..31
Isometrien in der Architektur........33

PERSPEKTIV ZEICHNEN

Teilpunktverfahren 35
Zentralperspektive 37
Zweiflucht-Perspektive.................39
Kombinierte Perspektiven............41

ANGEWANDTES ZEICHNEN

Verschiedene Sichthöhen
Verschiedene Wege
Addieren und Subtrahieren..........43

Polygone und Bögen 45
Zylinder, Kuppeln, Spiralen..........47

GESTALTEN

Linien und Flächen 49
Körper und Räume
Durchdringungen 51
Kompositionen und Strukturen 53

ENTWERFEN

Sensibilisieren und Sondieren 55
Entwickeln und Kontrollieren
Skizzieren und Inspirieren 57
Skribbeln und Visualisieren 59
Ausrichten und Orientieren..........61
Interpretieren und Modifizieren....63
Nutzen und Steigern....................65
Taktieren und Optimieren.............67
Präzisieren und Realisieren.........69

- Die **Bauplanung** als ein Spezialgebiet der Gestaltungsplanung geht über die Vor- und Nutzungsplanung sowie die Material- und Konstruktionsplanung hinaus.
Dabei geht es um Formfindung und Gestaltgebung, um Ausdruck der Zeit und Anpassung an den Standort.
- Die **Gestaltplanung** wird daher in diesem Buch besonders herausgestellt.
Über die Funktionserfüllung und Grundrißplanung hinaus werden Raummilieus und Raumstimmungen untersucht, ordentliche und außerordentliche Bindungen analysiert und Lösungen behandelt.
Zur Entwicklung und Darstellung der Ideen sowie zur Präsentation der Entwürfe bedarf es der Kenntnis vieler Techniken, die hier vermittelt werden.

- Das Zeichnen in drei Abschnitten.
  - Das **technische Zeichnen** erstreckt sich über Geometrien und Projektionen bis zu verschiedenen Isometrien.
  - Das **perspektivische Zeichnen** vermittelt Grundlagen, behandelt Teilpunkt- und Distanzpunktverfahren, Zentral-, Zwei- und Dreifluchtperspektiven. Es reicht bis zur Darstellung von Vogelschauen und Schatten.
  - Das **angewandte Zeichnen** schließlich bietet durch Veränderungen, Zusätze und Auslassungen praktische Hinweise auf Möglichkeiten von Schaubildern. Einfache Konstruktionsmethoden sollen zur Darstellung auch schwieriger Körper befähigen. Dazu wird über Polygone zur Spirale in der Perspektive hingeführt.

- Das **Gestalten** wird von einfachen Mitteln bis hin zu besonderen Anliegen besprochen. Punkt, Linie und Fläche werden kurz, Körperformen und Raumwirkungen eingehender behandelt. Danach wird auf Bewegungen, Rhythmen, Gleichgewichte, Auflösungen und Durchdringungen sowie auf Kompositionen eingegangen.
- Der **Entwurf** ist in der Planungsarbeit von besonderer Bedeutung. In Einzelabschnitten werden die Voraussetzungen zum Entwurf behandelt: das Sensibilisieren und Sondieren, das Skribbeln und Skizzieren, das Ausrichten und Orientieren. Dann gilt es, Interpretationen und Modifizierungen, Nutzungs- und Steigerungsmethoden kennenzulernen, die zur Präzisierung und Realisierung führen.

INHALT

ARCHITEKTUR
Möbel und Objekte......................71
Innenräume am Lineal und
freihändig gezeichnet..................73
Gebäude am Lineal und
freihändig gezeichnet..................75
Städtebilder, Landschaftsbilder ...77
Pflanzendarstellungen 79
Personen und Gruppen 81
Fahrzeuge und Objekte 83

DARSTELLEN
Methoden und Kontrollen.............85
Bildformate und
Objektplazierungen.....................87
Raumtiefen und Wirkungen 89
Gegenständlichkeit und
Abstraktion................................91
Mit Schatten im Vergleich 93
Symbolentwicklung und
Akzentuierung............................95
Computerunterstützte
Entwurfsarbeit...........................97

MODELLBAU
Einführung 99
Einsatzgebiete 101
Bauarten 103
Werkzeug und Geräte................105
Arbeitsweisen 107
Maßstäbe und Ausstattungen....109
Gelände und Wasser................111
Bäume und Sträucher 113
Modelltransport und
Fotografie................................115

KUNSSTOFF-MODELLE
Kunststoffmaterial 117
Bauwerke 119
Kunststoffmodelle
speziell gefertigt.......................121
Kunststoffteile vorgefertigt 123
Kunststoffmöbel 125
Glas und Acryl 127

HOLZMODELLE
Stabkonstruktionen...................129
Massivbauarten 131
Strukturen und Objekte.............133
Möbelmodelle 135

METALL / GIPS / KORK
Drähte.....................................137
Bleche.....................................139
Gips massiv und mit Gewebe ...141
Gips, Holz und Kork..................143

PAPIERMODELLE
Techniken................................145
Entwurf....................................147
Lichtpauscollagen 149
Wände und Öffnungen..............151
Räume und Dächer...................153
Geneigte Dächer......................155
Flache Dächer 157
Treppen 159
Einbauten................................161
Möbel......................................163
Leuchten..................................165

NACHWEISE 166

- Die **Zeichen- und Maltechniken** informieren vom Zeichenmaterial angefangen bis zum computergestützten Zeichnen. Es gibt mehr Papier-, Karton- und Foliensorten, als man allgemeinhin weiß. Ebensowichtig ist es, über Grafit, Kreide, Tusche, Feder und Pinsel zu berichten und deren Einsatzmöglichkeiten und Wirkungen darzustellen. Auch auf das Lavieren, Lasieren und Kolorieren wird eingegangen.

Das **Darstellen** von Entwürfen will geübt sein und bedarf mancher Empfehlung. Dieses nimmt ein eigenes Kapitel ein. Arbeitsmethoden und Kontrollen gehen den Ausführungen über Bildformate und Objektplazierungen voraus. Raumtiefen mit und ohne Schatten werden gezeigt, Darstellungen miteinander verglichen.

Architekturzeichnungen werden nach Einsatzgebieten systematisiert vorgestellt. Die Objekte sind am Lineal oder freihändig, mit Bleistift oder Feder in den verschiedensten Techniken ausgeführt. Damit ist es dem Betrachter möglich, Vergleiche anzustellen, Wirkungen einzuschätzen, unter den Techniken zu wählen oder diese als Anregung für eigene Arbeitsweisen zu verwenden. Möbel- und Innenräume werden aus den unterschiedlichsten Blickrichtungen gezeigt. Geometrien, Isometrien, Perspektiven stellen Entwurfsskizzen oder Kundenvorlagenzeichnungen dar. Gebäude verschiedenster Nutzungsart und Größe sollen verglichen werden. Ausgewählte Beispiele zeigen, wie vielfältig sich Entwürfe präsentieren lassen.

Modelle sind für den Entwurf und als Mittel der kreativen Formfindung und Gestaltplanung sehr bedeutsam.
- Ideenmodelle sind mit ersten Skizzen zu vergleichen, die unmaßstäblich Vorstellungen festhalten.
- Entwurfsmodelle begleiten, dann schon im genauen Maßstab, Entwurfszeichnungen.
- Arbeitsmodelle erlauben Veränderungen.
- Ausführungsmodelle fassen Untersuchungsergebnisse zusammen.
- Konstruktionsmodelle helfen statische Strukturen zu klären. Sie dienen der Elementwicklung bis zur natürlichen Größe.
- Alle Materialien des Modellbaus werden beschrieben.

Die **Zielsetzung** des Buches

Das Zeichnen und der Modellbau sind keine Darstellungstechniken, sondern Mittel der Gestaltung und Techniken der Entwurfsfindung.

Das Buch will helfen, die Entwurfsarbeit durch Hinweise auf einzelne Fachgebiete und Planungsmethoden zu erleichtern.

Zeichentechniken werden ebenso eingehend behandelt wie der Modellbau und dessen Einsatzgebiete. Der Schwerpunkt liegt dabei auf dem Skribbeln in zweiter und dritter Dimension.
– Entwerfer, Designer und Architekten benötigen diese Kenntnisse und Mittel ebenso wie Bauherren, da diese darauf angewiesen sind, sich die Planungen anhand der Entwürfe und Modelle genau vorzustellen.

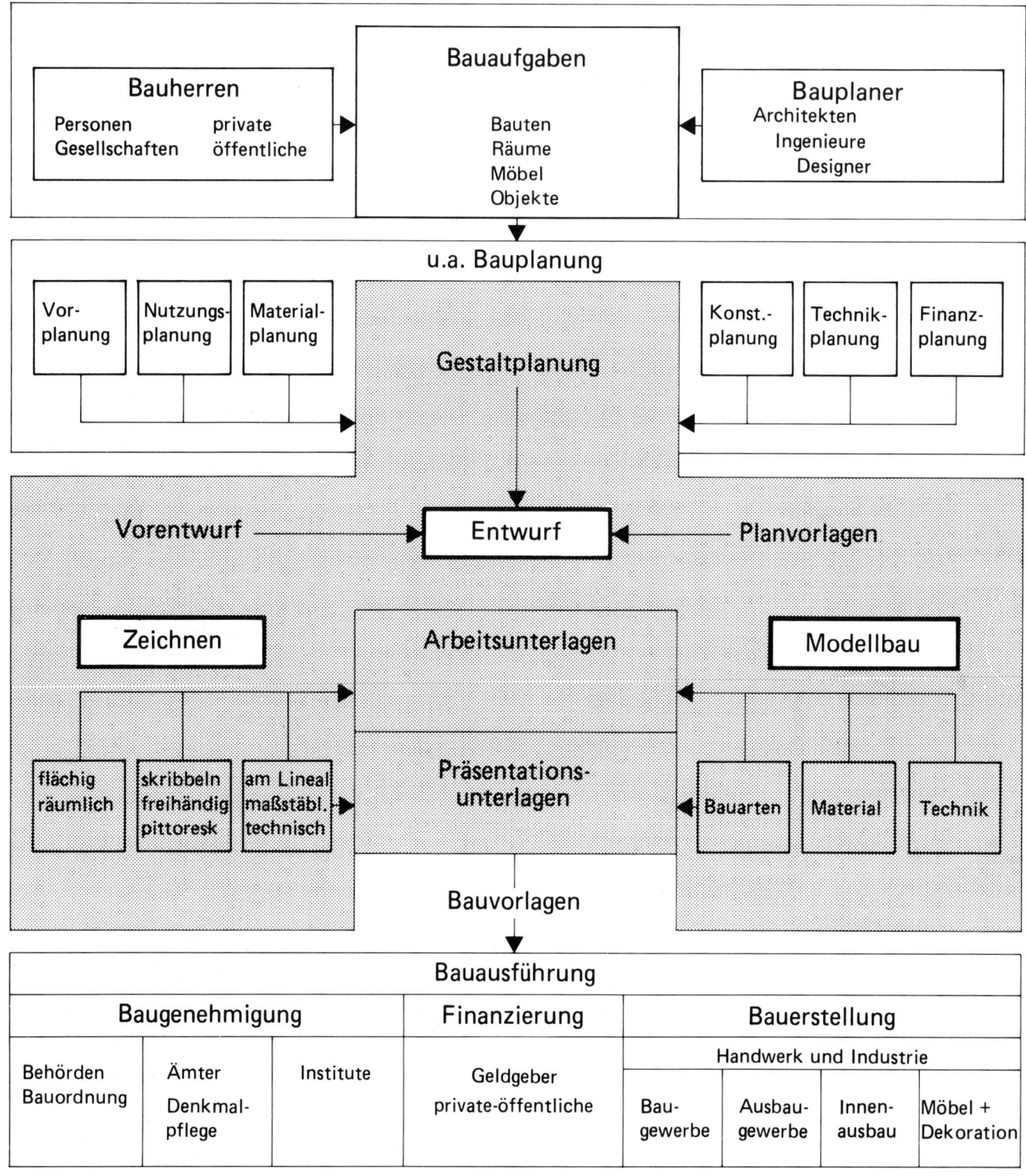

EINFÜHRUNG

Planen und Entwerfen

- Das Kapitel „Zeichnen" legt besonderen Wert auf das Freihandzeichnen und die räumlich-konstruktive Projektion. Beide Techniken müssen parallel erlernt und trainiert werden, doch liegt das Gewicht auf der kreativen Entfaltung des Gestalters.

- Der **Modellbau** nimmt einen Hauptteil des Buches ein. Er wird als Teil des Entwurfsprozesses behandelt und nicht nur als Instrument der Darstellung, was er in zweiter Linie aber auch ist.

Es geht nicht darum, auf Grundrissen Wände zu errichten und auf gute Raumwirkung zu hoffen, sondern um das freie Schaffen.

Räume werden zunächst nur skizziert, dann am Modell kontrolliert und später abstrahiert, indem man Grundrißpläne und Schnitte daraus extrahiert. Ausgehend von der Funktion ist die Idee zunächst einmal alles. Die Materialien und Konstruktionen stehen dabei ganz im Dienste der Verwirklichung. Am Anfang des Buches werden die Materialien Papier, Karton und Transparent behandelt. Ebenso die Malmittel schwarz-weiß und Farbe sowie Zeichengerät und Werkzeuge.

- Die **Freihandzeichnungen** erstrecken sich von Landschafts- und Städtebildern über Häuser und Räume bis hin zu Möbeln und Objekten.
- Die räumlich konstruktiven Techniken behandeln Axonometrien, Isometrien, Perspektiven und Schatten. Mit den einfachsten Mitteln sollen schnell richtige und gute Wirkungen erzielt werden.

Mit dem Grundwissen um genaue Fluchtlinien und Punkte sollen richtige Einschätzungen getroffen werden.

- Nicht das Konstruieren, sondern das Kontrollieren relativ freier Zeichnungen hinsichtlich grafischer Gesetzmäßigkeiten ist wichtig.
- Das Skribbeln, d.h. die Erzeugung unscharfer Visionen, wird in seiner Bedeutung für den Entwurfsprozeß herausgestellt, das Entwerfen als die konkretere Darstellung behandelt.
- Das freie Zeichnen befähigt zum Entwerfen. Gezeichnet wird nicht die Natur, sondern vor der Natur. Nicht Genauigkeit und Richtigkeit, sondern große Anschaulichkeit und wesentliche und treffende Berichterstattung sind hier wo Wichtigkeit. Reduzierungen, Übertreibungen und Abstraktionen sind gefragt. Nur wer schnell und treffend berichten kann, was er vor sich sieht, wird entwerfen können.

- **Modelle** stellen kleinmaßstäbliche Übersetzungen von Gebäuden, Anlagen und Einrichtungen dar.

Sie dienen der Vorstellung von räumlichen Konzeptionen und der Beweisführung von Wirkungen.

Das Buch zeigt auf wann, wo und wie Modelle gebaut werden können oder sollen.

Materialien für den Modellbau wie etwa Holz, Gips, Metall, Glas und Kunststoff werden behandelt. Der Schwerpunkt liegt dabei allerdings auf dem Modellbau aus Papier, Pappe und Karton, weil sie den Selbstbau am ehesten erlauben.

Nicht der Modellbau nach fertigen Zeichnungen wird herausgestellt, sondern das Entwerfen am Modell. Deshalb muß das Modell permanente Änderungen durch den Entwerfer erlauben.

- Die Werkzeuge und Geräte des Modellbaus werden erläutert, Maßstabsfragen und Betrachtungsweisen geklärt. Neben den Entwurfs- und Arbeitsmodellen werden Konstruktions- und Ausschnittmodelle bis hin zu Prototypen besprochen.

Die Bauarten: Massen-, Schichten- und Skelettmodelle werden vergleichend gegenübergestellt.

Die Einsatzgebiete des Modellbaus erstrecken sich von Landschafts- und Städtebau über Gebäude und deren Fassaden bis hin zu Räumen und deren Ausstattung.

- Die Darstellungsarten reichen vom minuziös Gegenständlichen bis zur akademischen Abstraktion. Die Wahl der Darstellung wird durch Zielgruppen und Auftragsstrukturen bestimmt. Die Beispiele zeigen, daß solche Arbeitsmodelle zugleich der Präsentation vor Kunden und Bauherren dienen können. Aufwendige Modelle haben gegenüber einfachen ihre Berechtigung, vor allem, wenn es sich um dauerhafte Modelle handelt. So wird auch der Modellbau mit Plexiglas Schritt für Schritt behandelt.

Die Auffassung des Autors, Zeichnen und Modellbauen als Entwurfs- und nicht als Darstellungstechnik zu sehen, entspricht derjenigen eines kreativen Architekten.

- Ingenieure pochen auf mathematische Richtigkeit,
- Künstler stellen Sensibilität in den Vordergrund.
- Der Architekt muß daher eine Brücke schlagen zwischen künstlerischer Gestaltung und Technik.

Die Kunst bleibt in unserem Tun als zweckfrei viel zu oft abgekoppelt, dient kargen Entwürfen nicht selten nur als nachträgliche Dekoration.

- Nicht Kunst am Bau, sondern künstlerisches Bauen ist wichtig. In den Schulen und Hochschulen wird dagegen meist die Technik überbetont – die Studenten werden mit Formeln eingedeckt, ja zugeschüttet. Nur schwer wird man nach knochenharten Perspektivkursen zum Freihandzeichnen zurückfinden. Zu oft akzeptiert man das Resultat von Konstruktionen und kann sich kaum besinnen, was für einen Raum man eigentlich entwerfen wollte.
- Das Zeichnen vor der Natur und die Freude an großartigen alten Bauten soll uns befähigen, unsere Umwelt auch heute überzeugend gut, d.h. lokalspezifisch und zeitadäquat zu gestalten.

Unsere Entscheidungen müssen stärker vom Gefühl als vom Kalkül bestimmt werden.

- **Kreativität** trotz Funktionalität, Sensibilität trotz Perfektion sind gefragt.

Von dieser Zielsetzung wird das Buch getragen.

Der Autor, Hochschullehrer in einem Fachbereich für Kunst und Design, will helfen, eine Lücke zwischen den spezialisierten Designgebieten zu schließen, zwischen den Flächen-, Produkt- und Kommunikationsgestaltern einerseits und den Architekten und Raumgestaltern andererseits.

- **Bauaufgaben** reichen von der Grundstücks- und Gebäudeplanung über Ausstattung und Installationen von Räumen bis hin zur Gestaltung von Möbeln und Objekten.

Sie umfassen die Nutzungs- und Gestaltungsplanung, aber auch die Finanz-, Material- und Kostenplanung.

- **Bauherren** sind private oder juristische Personen sowie öffentliche Auftraggeber. Sie beteiligen sich an der Planung, indem sie die Raum- und Flächenprogramme aufstellen. Die Baugenehmigung jedoch wird in jedem Fall vom Fachmann beantragt.

- Architekten und Ingenieure sind die eigentlichen Bauplaner. Sie sind auf Teilgebiete spezialisiert, wie z.B auf den Hochbau, die Statik, Installationen, Akustik, Innenausbau, aber auch auf den Bau von Landschaftsanlagen. Jeder ist auf seinem Gebiet zur Bauvorlage berechtigt, doch gibt es auch Kompetenzüberschneidungen.

- Designer sind spezialisiert auf einzelne Produktbereiche, so gibt es z.B. Grafiker, Textil- und Industriedesigner.

- Künstler finden ihren Ausdruck nicht nur in der freien Grafik und Plastik, auch sie greifen in die Baugestalt ein z.B. mit Platz- und Wandgestaltungen.

- Institute und Gesellschaften beraten und planen Bauten und deren Einrichtungen auf den unterschiedlichsten Ebenen für sich und andere. Große Firmen und Behörden unterhalten eigene Bauabteilungen.

Baufirmen rekrutieren sich nach Größe und Betriebsstruktur, aus dem Handwerk oder der Industrie. Baufinanzierung wird von Privatpersonen, Banken, Instituten und Kassen betrieben. Baufirmen planen ebenfalls Bauten. Sie tun dies mit ihren angestellten Architekten und Ingenieuren über ihre eigentliche Aufgabe der Bauausführung hinaus.

Bauaufgaben und Aspekte

Planungsbereiche

Grundstücke 	Dimension, Proportion Land, Wasser Klima, Topologie Lage, Erschließung Nutzung	Vor- planung	Voruntersuchungen Aufgabendefinition Themeneinkreisung Situationsstudium Information

Gebäude 	Nutzung wohnen öffentlich
	            arbeiten privat
	            freizeit
	Höhe, Größe, Ausstattung
	Bauklasse
		Nutzungs-
		planung
			Anwendung
			Funktion
			Zweck

Räume 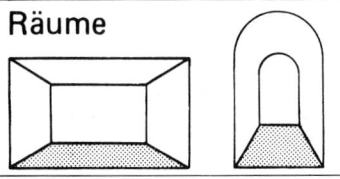	Proportion Dimension Atmos- hell - dunkel phäre rustikal - elegant	**Gestalt- planung**	Form Farbe Gestalt Struktur
Möbel 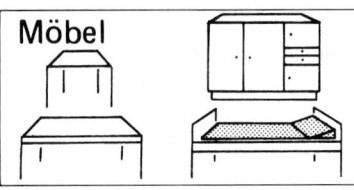	Sitz - Liegemöbel Schränke, Kommoden Tische Einbaumöbel	Material- planung	Holz Metall Ziegel Kunststoff Beton Glas
Ausstattung  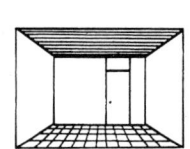	Milieu Anmutung, Erscheinung Stil Geschmack	Konstr.- planung	Bauarten Bauweisen
Installation  	Beleuchtung Heizung, Lüftung Wasser, Sanitär Elektro	Technik- planung	Wasser, Heizung Klima, Lüftung Elektro, Energie
Objekte + Geräte 	Elektrogeräte Kommunikationsgeräte Film, Funk, Tele, Video Musik (Ton) Kunst-Objekte, Plastiken	Finanz- planung	Kapitaldienst Kredit Zinsen Abschreibung Amortisation

PLANEN 1

Aufgaben und Objekte Personen und Instanzen

Kapitelübersicht

1. Aufgaben und Objekte, Personen und Instanzen
2. Sehen und Entwerfen, Architekturen und Produkte
3. Axiome und Grundsätze, Anliegen und Ziele
4. Materialeinsatzgebiete in Gegenüberstellung
5. Bauteile und Elemente, Herstellung und Verbindung

Auftraggeber und Bauleute

Bauherren	private öffentliche	programmieren organisieren
Grundstücksmakler	Grundstücke Häuser Räume	aufdecken erschließen anbieten verkaufen
Bauplaner	Architekten Ingenieure Designer	planen entwerfen gestalten konstruieren leiten abrechnen
Baubehörden	Bauplanung Bauordnung Bauaufsicht	erschließen sichern überwachen genehmigen abrechnen
Baufirmen	Handwerk Industrie	Angebot Bau Vergabe außen Anfertigung Abrechnung innen Garantie Möbel
Baufinanzierer	Banken Kassen Institute	Kredite Hypotheken Zinsen

Bauplaner

Bauherren	Selbsthilfe Akteure Hobby
Architekten berechtigt zur Bauvorlage	Hoch- Tiefbau Innen-Arch. Landschafts-Arch.
Ingenieure berechtigt zur Bauvorlage	Statik Heizung, Klima Lüftung, Wasser Sanitär, Elektro
Designer	Industrie Textil, Mode Möbel Graphik
Künstler	Objekte Bilder Plastiken innen + außen
Institute und Gesellschaften	Kammern Verbände Wohnberater Behörden Firmen
Baufirmen	Angestellte Arbeiter
berechtigt zur Bauvorlage	Architekten Ingenieure

- Der **Entwurf** beginnt mit einer besonderen Art des Sehens, und zwar mit der Fähigkeit, die Umwelt bildnerisch aufzunehmen.
- Bei einem Entwurf werden räumliche Bilder mit Zweck, Mittel und Bedeutung der Aufgabe sinnfällig zusammengefügt.
- Beim Entwerfen verbinden sich reale Wahrnehmungen von Raumwirkungen mit früheren Erfahrungen.

- **Architektur** erschöpft sich nicht in technologischem Fortschritt und im Abfassen sozialer und ästhetischer Programme, sondern steigert sich bis zum zeitadäquaten Ausdruck in lokalspezifischer Entsprechung.
- Die Raumkomponente der Architektur ist wichtiger als die Zeitkomponente.
  – der Raum umfasst, bindet und birgt;
  – die Zeit aber schlägt, kommt und geht.

Vorstellungsvermögen ist die Voraussetzung für jegliche Architektentätigkeit.

- **Architektur** ist abhängig von Bedingungen. Ebenso beeinflussen Material, Konstruktion und Herstellung die Gestaltgebung. Dennoch haben gedankliche und emotionale Faktoren ausschlaggebenden Stellenwert.
- Nutzungsfaktoren sind Planungsbedingungen, die vor allem in der Architektur Berücksichtigung finden müssen. Sie führen aber damit durchaus nicht nur zu einer einzigen denkbaren Form.

Hinsichtlich der Gestalt sind immer mehrere Möglichkeiten gegeben.

- Material und Konstruktionen sind austauschbar bei der Realisierung von Bauaufgaben. Es sind Vorstellungen von Wirkungen, die eine Formfindung gefühls- und verstandesmäßig bestimmen.

Formen und Konstruktionen sind letztlich nur praktische Ausführungsmittel.

„Eine Idee ist es, welche alle Bestimmungsfaktoren zu einer Gestalt zusammenfaßt, in der sich Zweck und Ausdruck einander sinnfällig bedingen."
R. Arnheim

„Ordnung und Anordnung, Gleichmaß und Ebenmaß, Sparsamkeit und Nützlichkeit sind entscheidend für den Charakter einer Architektur." Vitruv

„Es ist richtig, daß Architektur von Fakten abhängig ist, ihr wesentlicher Auftrag jedoch besteht im Ausdruck."
Mies van der Rohe

„Die Übereinstimmung aller Teile eines Werkes besteht darin, daß man nichts hinwegnehmen oder hinzufügen kann, ohne das Ganze weniger gefällig zu machen." Alberti

„Der Entwerfer wird von seiner Idee oft selbst überrascht, er muß sie pflegen und entwickeln." Wilhelm Kücker

„Erinnerungen, Eindrücke und Erfahrungen treten in veränderten Bedeutungszusammenhängen als neue Gedanken ins Bewußtsein."

„Phantasie ist die Fähigkeit, Wahrnehmungen und Gedankeninhalte miteinander zu verbinden." Frank Lloyd Wright

- **Sehen** ist ein Wahrnehmungsvorgang im Sinne von Erkenntniserlangung auf intellektueller und emotionaler Ebene. Seherfahrungen erlauben Vergleiche, Urteile und Schlüsse. Durch sie werden Gesetzmäßigkeiten bewußt und Bedingungen von Ausdrücken erkannt.
- Zeichnerische Studien, gedankliche Verbindungen, bildnerische Erfahrungen befähigen dazu, Neues zu denken.

„Die bildnerisch-räumliche Vorstellung ist eine Voraussetzung für das Schaffen eines Architekten, denn nichts kann in der Baukunst Gestalt annehmen, das nicht in seiner Vorstellung gedacht und empfunden ist." Benno von Busse

- Das Gesehene steht in Bezug auf unser Vorstellungsvermögen, ist der Fundus für unsere Taten. Erfahrene Bilder sind Basiserlebnisse für unsere Vorstellungen, die wir für das Entwerfen einsetzen.

„Das Schaffen in der bildenden Kunst beginnt mit dem Sehen." Henry Matisse

Eine Voraussetzung für das Entwerfen ist die Zeichnung. Es bedarf der Schulung, sie zu fertigen und das beginnt mit dem Sehen. Das Üben des Zeichnens führt zu Seherfahrungen. Die zeichnerische Auseinandersetzung mit einem Gegenstand hat geistige wie gefühlsmäßige Momente.

- Voraussetzung für überzeugende Leistungen auf dem Gebiet der Architektur sind für Döllgast:
  – Faszination für den Beruf,
  – Beharrlichkeit, wenn es um die Sache der Architektur geht,
  – Bescheidenheit, wenn es um die eigene Person geht,
  – Courage, wenn es darum geht, das Richtige durchzusetzen.

„Neue deutsche Erfolge international beruhen unter anderem auf Dynamik und Disziplin, sowie auf Sensibilität trotz Perfektion." Richard v. Weizäcker

Planen ist weniger als das Entwerfen. Als Planverfasser bezeichnen sich solche, die sich nicht Architekt nennen dürfen, sie entwerfen auch nicht, sondern planen nur. Die meisten Bauten sind daher keine Architektur, denn diese hat den künstlerischen Anspruch, über schlichte Bedarfsdeckung hinaus, einer Zeit treffend Ausdruck zu verleihen.

– Planen ist eine lehr- und lernbare Wissenschaft.
– Entwerfen ist kaum lehrbar, ist ein kreativer Umgang mit Materie und Raum.
– Planer entwickeln Projekte aus interdisziplinären Beiträgen. Sie erbringen eine organisatorische Leistung.

Ein Entwurfsablaufplan entsteht aus der Verknüpfung von Planungsfaktoren, durch die seine Struktur bestimmt wird. Im Einzelnen sind folgende Elemente zu bedenken:

– Der Mensch, für den geplant wird,
– der Standort, auf dem gebaut wird,
– die Zeit, der entsprochen werden muß,
– die bautechnischen Mittel, die zur Verfügung stehen,
– die Persönlichkeit des Planers.

Die **Gestalt** als Planungsergebnis ist damit von vielerlei Bedingungen gekennzeichnet.

– Gestalt ist in großer Vielfältigkeit möglich, sie muß den unterschiedlichsten Anforderungen, Anliegen, Neigungen und Vorschlägen, Temperamenten und Intelligenzen entsprechen.
– Architektur ist gebunden an viele Zwecke und Mittel, sie entsteht aus der Erfüllung vieler Bedingungen.

Die Idee faßt sie als gedankliche Leistung zusammen in eine bildnerisch-räumliche Vorstellung.

„Gestalt hat keine Teile. Ihr Wesen ist begründet im Unteilbaren, sie ruht im Qualitativen." Ch. von Ehrenfels

„Das Entwerfen von beabsichtigter materieller Wirklichkeit ist immer auch Konstruieren und Konstruieren immer auch Entwerfen." Ostertag

Die Fähigkeit des Entwerfens ist eine Kompetenz, deren Erwerb das gesamte Studium und die ersten Berufsjahre erfordert. Voraussetzung dafür ist u.a. ein technisches Verständnis, das sich in der Fähigkeit zum konstruktiven Denken mit einfachen Mitteln ausdrückt.

„Entwerfen ist erneuerndes Schaffen und bedarf einer Eingebung."
„Das Neue bietet sich im Bewußtsein dar, ohne daß dieses weiß, wie ihm geschieht." Hegel

Inkubationsphase könnte man den Zeitraum nennen, der von einer Infizierung bis zum Ausdruck einer Idee gegeben ist. Die Visualisierung ist dann ein Durchbruchserlebnis.

PLANEN 2

Sehen und Entwerfen, Architekturen und Produkte

Entwerfen

Zunächst einmal müssen die Entwerfer eine Idee finden, die alle Bestimmungsfaktoren zu einer untrennbaren Ganzheit zusammenschließt und in der sich Zweck und Ausdruck einander sinnfällig bedingen. Leider wird das Entwerfen in unserer Baupraxis zugunsten bloßer Planungspraxis immer mehr unterdrückt. Entwerfen und Planen sind aber Tätigkeiten auf verschiedenen Ebenen.

– Entwerfen ist eine künstlerische Leistung; Planen dagegen eine technische.
– Entwerfen heißt, ein Programm in eine Gestalt umzusetzen.
– Entwerfen ist eine Suche nach Möglichkeiten, ein Raten, Tasten und Probieren, getragen von dem Glauben, etwas zu entdecken.
– Entwerfen ist die Fähigkeit, aus zweckvollen Bedingungen Gestalt entstehen zu lassen, deren Bedeutung umso größer ist, je besser ihre Teile zu einer tragenden Idee zusammengefügt sind, die auch Funktionen, Materialien und Konstruktionen integriert.

• Entwerfen kann derjenige:
– der Gesetze erkannt hat,
– Geheimnisse erfahren hat,
– Ausdruck bildhaft erfassen kann und die Form meistert.

• Entwerfen ist:
– der erfinderische Umgang mit Materie,
– die Suche nach einer Form,
– das Spielen mit Lichteffekten,
– die Spannung durch Ordnung,
– das Ringen um Ausdruck,
– der Rhythmus der Harmonie,
– der sichere Umgang mit technischen Mitteln und die Bewältigung funktionaler Unerläßlichkeiten.

Gestalten

Gut gestaltete Produkte zeichnen sich durch folgende Eigenschaften aus:

– Hohe Gebrauchstauglichkeit und einwandfreie Funktionsfähigkeit,
– Gute Sicherheit, auch bei unachtsamem Gebrauch,
– Lange Lebensdauer und Gültigkeit,
– ergonomische Anpassung an die physischen Gegebenheiten der Benutzer,
– technische und formale Eigenständigkeit,
– Vermeidung von Nachahmungen,
– Umweltbeziehungen, der Gegenstand soll in Funktion und Gestalt in seiner Produktnachbarschaft sinnvoll sein,
– Umweltfreundlichkeit, d.h. energie- und ressourcenschonend, abfallarm und recyclinggerecht,
– Gebrauchsvisualisierung, d.h. das Produkt muß über seine Funktion informieren,
– hohe Gestaltqualität, überzeugender struktureller Aufbau,
– augenscheinliche Beziehung des Ganzen zu seinen Teilen,
– Durchgängigkeit des Konstruktions- und Gestaltungsprinzips,
– Prägnanz der Gestaltungselemente, z.B. der Formen und Farben,
– ästhetische Gliederung im Einklang mit der Herstellung,
– Logik der Form hinsichtlich des verwendeten Materials,
– sinnlich-geistige Stimulanz. Das Produkt muß den Nutzer ansprechen, die Form muß eine Identifikation zulassen.

• Diese Eigenschaften sind in speziellen Fällen zu ergänzen, auch ist die Gewichtung der Kriterien verschieden.
• Diese Wertmaßstäbe unterliegen einer stetigen Veränderung.

Studieren

Das Architekturstudium erfordert über Schulwissen hinaus vor allem folgende Fähigkeiten:

– Entwerfenkönnen,
– räumliches Vorstellungvermögen,
– komplexes Denken und
– Entscheidungsfähigkeit.

Begabungstests scheinen als Zulassungsvoraussetzung auch zum Architekturstudium immer notwendiger. Konzepte der psychologischen Eignungsdiagnose sollten nach Ansichten von Monika Arlt vier spezifische Merkmale von Architektentätigkeit miteinbeziehen:

Die Gestaltwahrnehmung unterscheidet die Geschwindigkeit und Flexibilität der Gestaltbildung, d.h. Wahrnehmungen müssen schnell organisiert, aufgebaut oder gegliedert und verstanden werden, ebenso wie Einzelfiguren aus komplexen Gestalten herauszulesen sind. Die Raumwahrnehmungsleistung unterscheidet die Veranschaulichung von der Erfassung räumlicher Relationen.

Kreativität befähigt u.a. zu Einfallsreichtum und zur Kritikfähigkeit, d.h. viele Lösungsmöglichkeiten müssen erzeugt, geprüft, verändert, verworfen oder weiterentwickelt werden können.

Komplexes Problemlösen verlangt die Berücksichtigung vieler Aspekte und die Bewältigung von Aufgaben, deren Problemsituationen zum Teil intransparent und deren Ziele unpräzise definiert sind.

Testversuche bewiesen, daß dabei Intelligenz, wie üblich gemessen, nicht die zu erwartende Rolle spielt.

Technisches Verständnis ist Voraussetzung, um Probleme analysieren zu können und in einem technischen und gestalterischen Prozeß unter gegebenen wirtschaftlichen und gesellschaftlichen Bedingungen Nutzungsanforderungen in Bauwerke umsetzen zu können.

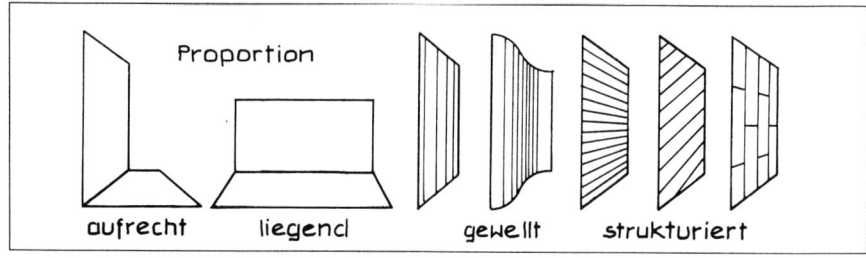

Gestaltung ist ein Prozeß
Gestalt ist das Produkt
Gestaltplanung ist der Weg

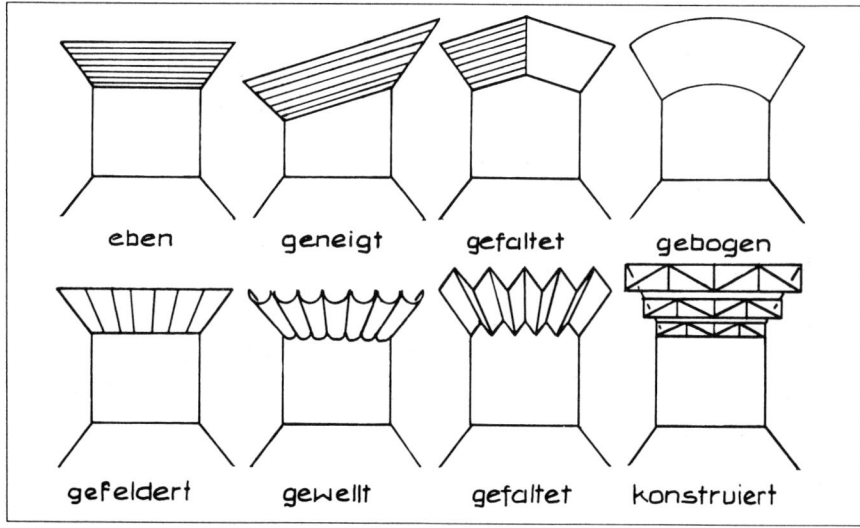

Gestaltungsanliegen ist es, alle Lebensbereiche des Menschen optimal zu bestimmen. Baugestaltung im Sinne echter Architektur ist wohl der stärkste Ausdruck von Gestaltungswillen des Menschen. Sie berücksichtigt nicht nur Funktionen, Material und Konstruktionen, sondern auch soziale, physiologische, psychologische und ökologische Aspekte.

Bauen allein ist reine Bedarfsdeckung und Funktionserfüllung, mit der Nutzungsauflagen Rechnung getragen wird.

Architektur ist dagegen Baukunst. Sie schafft Ausdruck über den reinen Bedarf und die bloße Nutzung hinaus und soll der Zeit und dem Ort des baulichen Geschehens entsprechen.

Architekturen werden entworfen, schöpfen Aufgaben aus, werden gestaltet in Verantwortung gegenüber der Umwelt.

Gestaltungsgrundsätze aufzustellen ist oft versucht worden.

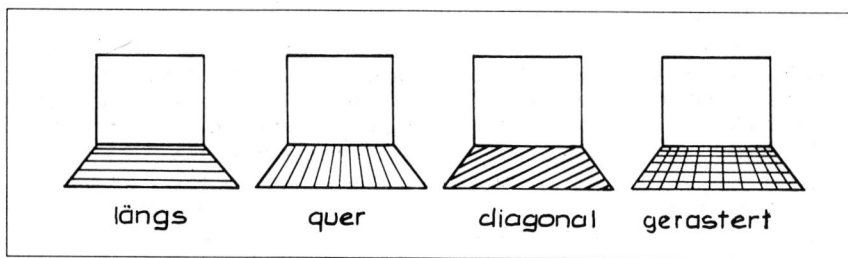

– Das Bauhaus meinte mit Walter Gropius, die Form resultiere aus der Erfüllung von Planungsbedingungen.

– Die Ulmer Schule mit Max Bill erkannte die Form als Planungsbedingung an, die gemeinsam mit den anderen Auflagen zu einer Gestalt führt.

– Heute könnte man sagen, die Idee sei alles, die Funktion schlüpfte allemal in eine Gestalt.

– Gestaltungsziel ist die bauliche Umsetzung einer Idee als Ausdruck einer Zeit in Erfüllung eines Programms. Raummilieus schaffen in jedem Menschen Stimmungen, die zu den jeweiligen Nutzungstätigkeiten stimulieren müssen.

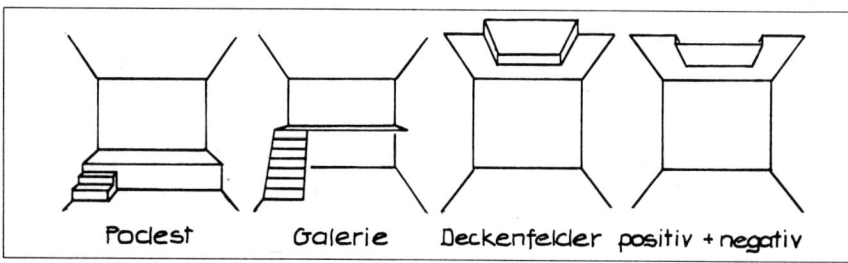

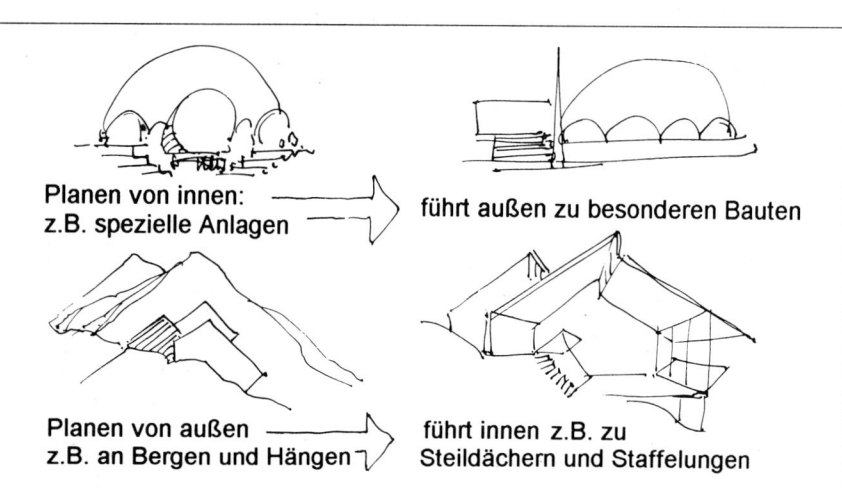

Geplant wird sowohl von innen nach außen, als auch von außen nach innen. Beide Wege sind parallel zu beschreiben, genauso wie Ideen flächig und räumlich fixiert werden können. Geometrische Grundrisse und Schnitte werden parallel zu Isometrien und Perspektiven entwickelt. Die Wechselbeziehung zwischen Idee und Gestalt, zwischen innen und außen, zwischen Flächen und Räumen, Körpern und Konstruktionen, gilt es zu erkennen, zu beachten, ja zu nutzen.

- **Gestaltplanung** ist nur ein Aspekt, der die Architektur mitbestimmt. Neben der Nutzungs-, Konstruktions- und Finanzplanung ist sie jedoch ausschlaggebend, da durch sie eine Idee den baulichen Ausdruck erfährt. Die Auseinandersetzung mit den Grundelementen Punkt, Linie, Fläche und Körper bildet die Grundlage der Gestaltung. Sie wird in einem Kapitel dieses Buches getrennt behandelt.

Die Aufgabe der Baugestaltung ist es, Gebäude und Räume so zu entwerfen und auszuführen, daß sie für spezielle Nutzungen optimal geeignet sind.

• Raumklima	• Zielgruppe	• Gestaltung
hell	privat	Form
dunkel	öffentlich	Proportion
warm	Alter	Dimension
kalt	Geschlecht	Farbe
anregend	Bildung	aktiv - passiv
ermüdend	Ausbildung	
laut	Stellung	
leise		
ruhig		
unruhig		

• Raumstimmung	• Funktion	• Material
wohnlich	wohnen	Art
sachlich	schlafen	Struktur
persönlich	essen	Oberfläche
unpersönlich	arbeiten	glatt - rauh
heiter	forschen	blank - stumpf
ernst	soziales	eben - profiliert
harmonisch		
disharmonisch		
schlicht		
elegant		

• Raumnote	• Einsatz-gebiete	• Konstruktion
ländlich	Bau	klein
städtisch	Raum	groß
lokalspezifisch	Ausstattung	sichtbar
international	Möbel	verdeckt
nostalgisch	Objekt	grob
modern		fein
zeitadäquat		
zeitlos		

Gestaltungsaxiome sind in Richtung und Reihenfolge nicht eindeutig festzulegen, denn jeder Planer geht individuell anders vor.

Die Idee hat dabei den größten Stellenwert, sie ist eine Planungsvoraussetzung. Vorstellungen finden ihren ersten Ausdruck in flächigen oder räumlichen Skizzen.

Planungsbedingungen schaffen Ausgangspunkte für das Entwerfen. Organisationsdiagramme bieten interne Ansätze. Topologische und ökologische Situationen schaffen externe Gegebenheiten.

Die **Nutzer von Architektur** sind private und öffentliche Bauherren. Sie unterscheiden sich oft sehr hinsichtlich Geschlecht, Alter, Bildung, Ausbildung und sozialer Stellung. Mietwohnungen sind daher grundsätzlich anders zu gestalten als Einfamilienhäuser, denn sie sollen allen gleichermaßen dienen können.

Die Einsatzgebiete von Gestaltplanungen reichen vom kleinsten Objekt, Gerät und Möbel, über die Innenraum- und Gebäudeplanung bis hin in den Außenraum zur Landschafts- und Regionalplanung.

Formen bestimmen mit ihren Proportionen und Dimensionen den Raumeindruck wohl am stärksten.

Materialien stehen überall zur Verfügung. Früher waren dagegen lokalspezifische Vorkommen ausschlaggebend.

Konstruktionen werden von Materialien ebenso bestimmt, wie von Formvorstellungen. Sie können sichtbar oder verdeckt, feingliedrig oder kompakt sein.

PLANEN 3

Axiome und Grundsätze
Anliegen und Ziele

Der **rechte Winkel** wird sehr berechnend eingesetzt, denn rechteckige Räume sind ökonomisch herstellbar.

Der rechte Winkel, an sich tot, ist unentschieden, weder spitz noch stumpf, damit neutral und langweilig.

Spitze Winkel sind zu vermeiden.

Die Kombination aus stumpfen und rechten Winkeln führt zu harmonischen Planungen, denn diese Räume sind lebendig und menschlicher als rechtwinklige, siehe Grafik unten.

Ein Spannungselement im Ordnungsraster erregt Interesse. Es stellt die Verlebendigung einer Ordnung dar. Nicht Ruhe und Harmonie, wie sie mit der Kombination von rechten und stumpfen Winkeln erreicht wird entspricht unserer Zeit, sondern die Steigerung einer Ordnung durch gezieltes Einsetzen von Störungen macht Ordnungen bewußt.

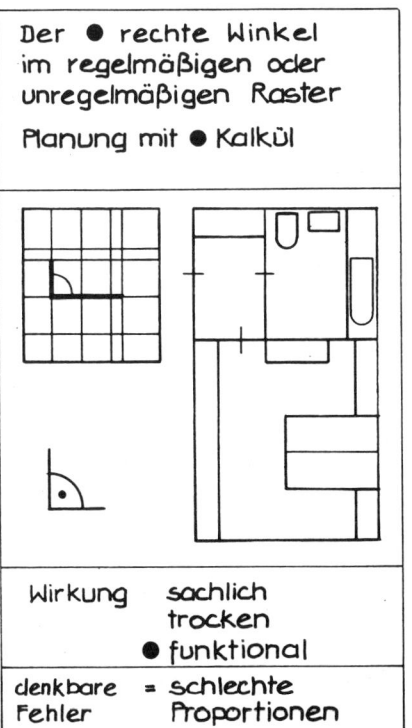

Der • rechte Winkel im regelmäßigen oder unregelmäßigen Raster

Planung mit • Kalkül

Wirkung: sachlich trocken • funktional

denkbare Fehler = schlechte Proportionen

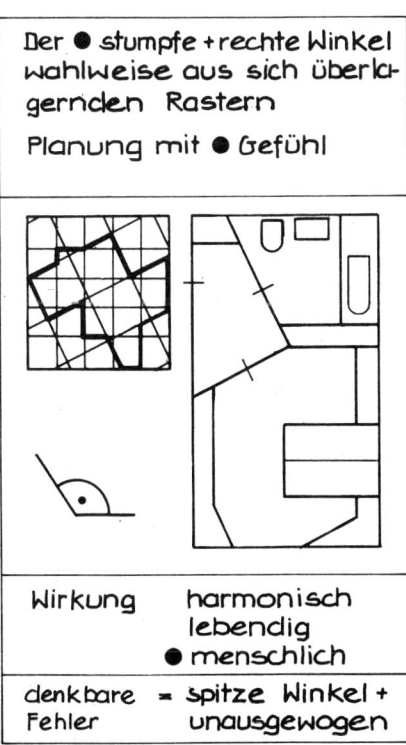

Der • stumpfe + rechte Winkel wahlweise aus sich überlagernden Rastern

Planung mit • Gefühl

Wirkung: harmonisch lebendig • menschlich

denkbare Fehler = spitze Winkel + unausgewogen

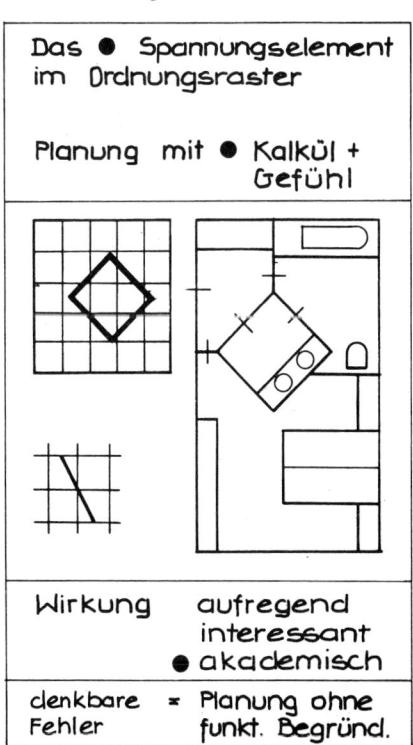

Das • Spannungselement im Ordnungsraster

Planung mit • Kalkül + Gefühl

Wirkung: aufregend interessant • akademisch

denkbare Fehler = Planung ohne funkt. Begründ.

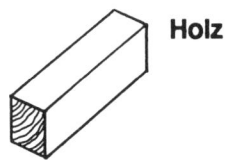 **Holz**

Form: Bretter, Platten, Träger, Stützen.
Einsatz: universell, vom Bau über den Innenausbau bis zum Möbel.
Elastisch, einfach in der Bearbeitung Schutz gegen Brand, Feuchte und Insekten nötig.
Zulässig nur bis zu zwei Vollgeschossen.

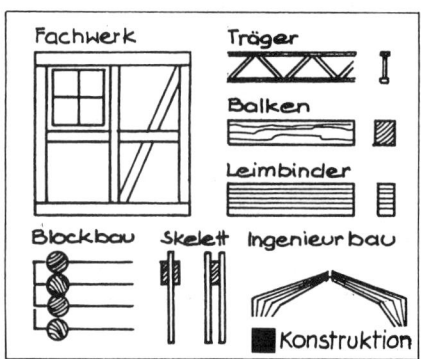
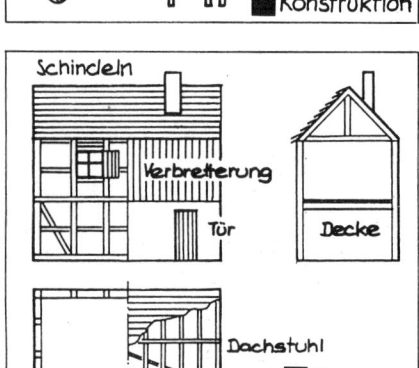
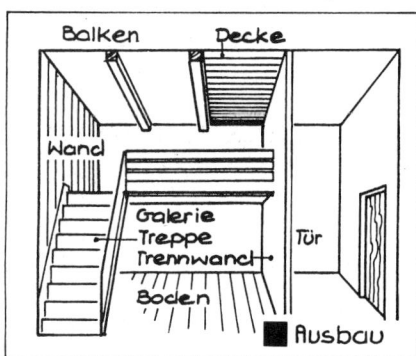
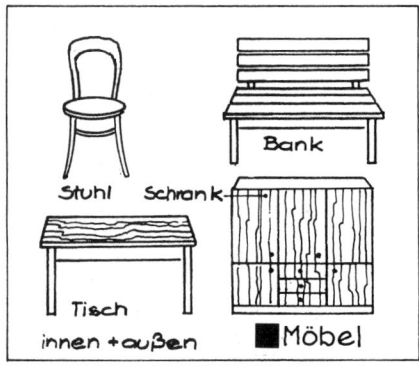

 **Ziegel**

Form: Steine, Rohre, Fertigteile.
Einsatz: Mauern, gerade oder geschweift, Bögen, Kappen und Gewölbe.
Eigenschaften: Tragfähigkeit und Wärmespeicherung sind gut.
Kleinteilig und schwer.

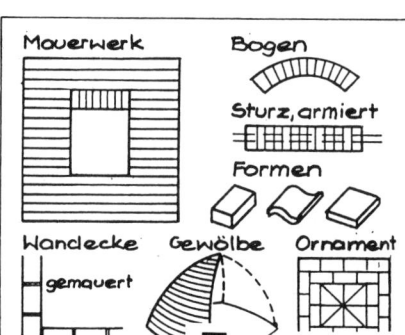
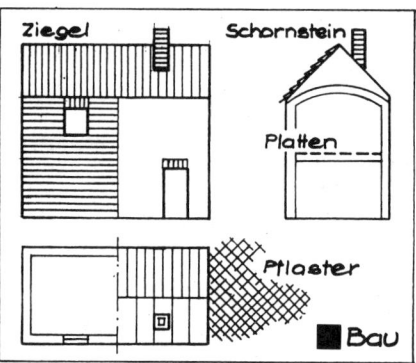
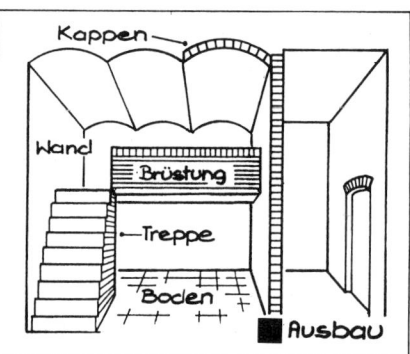
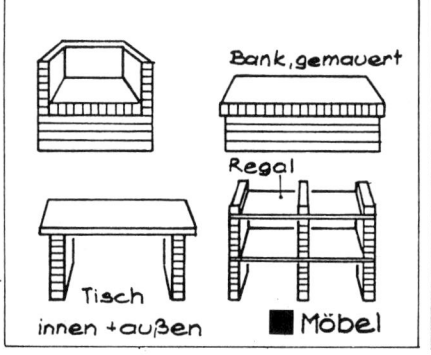

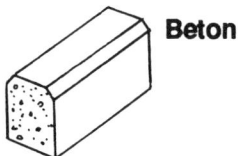 **Beton**

Form: Ortbeton und Fertigteile.
Einsatz: Fundamente, Träger, Stützen, Platten, Formteile, Flächentragwerke.
Druckfest und durch Armierung und Vorspannung hochwertig, überall herstellbar.
Keine Eigenstruktur, Schalung nötig, nicht umsetzbar.

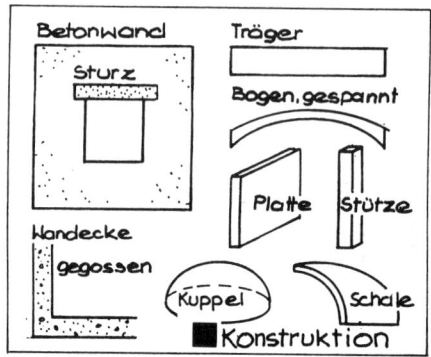
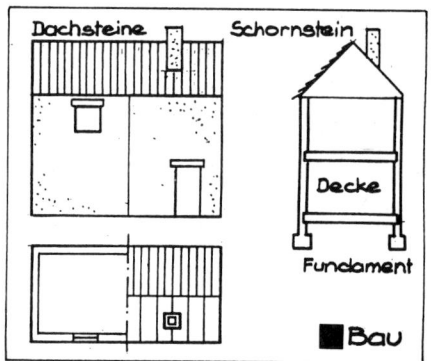
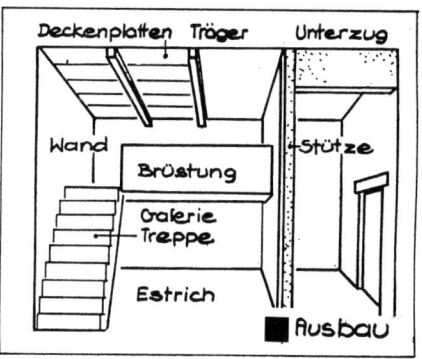

 **Stahl**

Form: Profile, Rohre, Bleche, Drähte, Seile, Stangen.
Einsatz: universell möglich vom Brücken- und Industriebau über Gebäude bis zu Möbeln und Geräten.
Zugfest, elastisch, verformbar, Schutz gegen Rost und Brandangriff nötig.

 **Kunststoff**

Form: Fäden, Folien, Bahnen, Tafeln.
Einsatz: universell vom Bau über Möbel bis zu Geräten.
Eigenschaften und Oberflächen steuerbar, ggf. fugenlos, wasserdicht etc.
Keine Eigenstruktur, u.U. elektrostatisch, feuergefährlich, nicht farbecht.

PLANEN 4

Materialeinsatzgebiete in Gegenüberstellung

Glas
Form: Tafeln, eben, profiliert, strukturiert, Stäbe, Rohre, Gefäße, Fasern und Gespinst.
Einsatz: Bei Fenstern, Türen, Wänden, Dächern, als Möbelbeläge, Spiegel- und Dämmaterial.
Transparenz, Oberflächenhärte, Säurefestigkeit und Dämmfähigkeit (Feuerfestigkeit allerdings erreichbar), Bruchanfälligkeit.

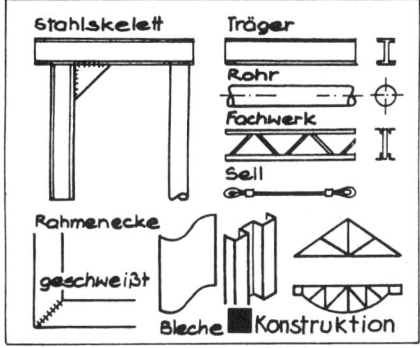

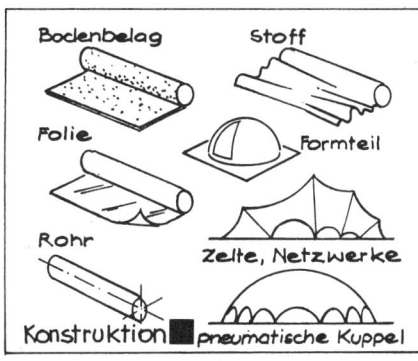

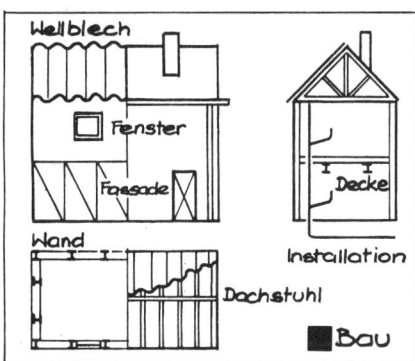

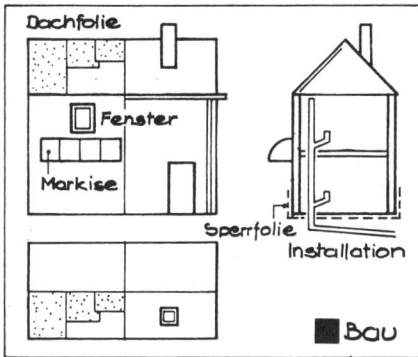

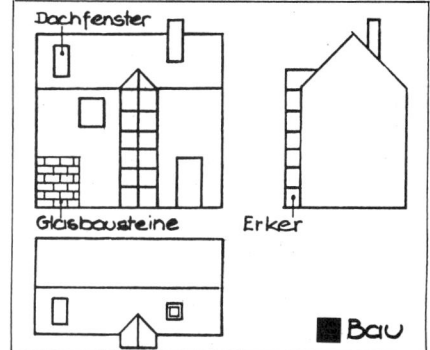

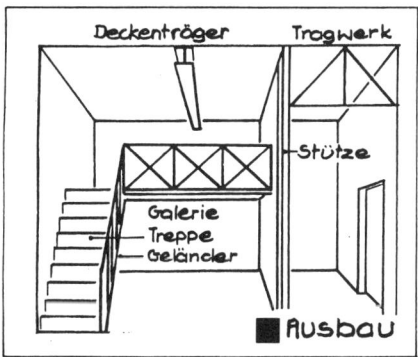

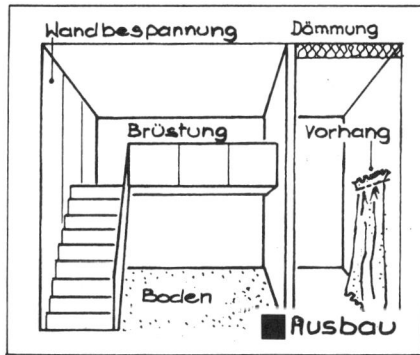

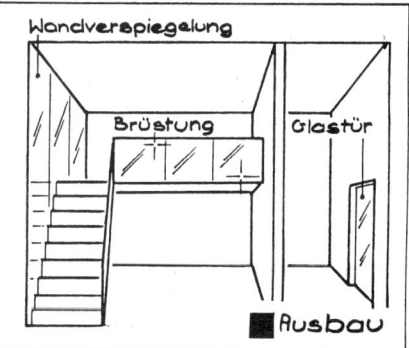

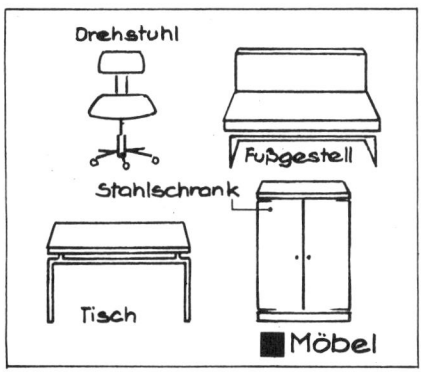

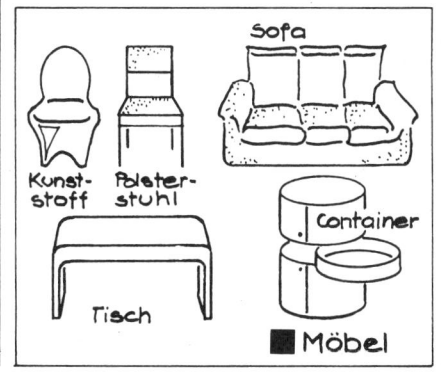

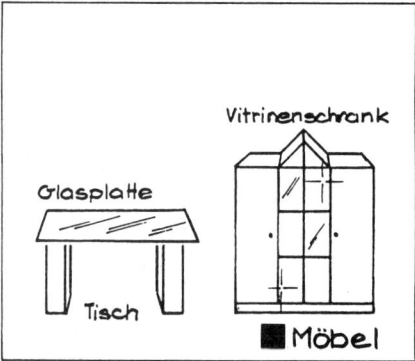

Konstruktionen werden durch bauphysikalische und statische Aspekte sowie durch Vorstellungen hinsichtlich der Gestaltung, aber auch durch materialspezifische Eigenschaften bestimmt.

Ebene Flächen, also Tafeln und Platten, wie sie aus gestalterischen Gründen gefordert werden, waren einst sehr schwer herstellbar.

Glas z.B. wurde anfangs aus Butzen plangedrückt, dann aus Zylindern gewonnen, die man aufschnitt; später erst schaffte man es, Glas zu ziehen und zu modellieren, heute sogar in Größen bis zu einigen Metern Länge.

Holz als Flächen herzustellen, ergab einen solchen Konflikt zwischen Wunsch und technischen Möglichkeiten, daß es Jahrhunderte dauerte, bis diese Aufgabe gelöst werden konnte. Holz als natürlich gewachsener Werkstoff arbeitet, d.h. quillt und trocknet, bleibt also nicht beständig.

Einst hielten Gratleisten massive Flächen plan, ohne sie festzuhalten.

Heute ist man perfekt in der Herstellung von abgesperrten Platten.

Stäbchen, Lamellen oder Furniere und Späne werden zusammengeleimt und gepreßt.

Material	Bearbeitung + Erstellung		Verbindungen		Symbole
			fest	lösbar	
Holz	schneiden sägen hobeln fräsen	drechseln bohren schnitzen schleifen	leimen dübeln federn schlitzen klammern	schrauben stecken kerben verkeilen überblatten	
Ziegel	stampfen brechen hauen schneiden	trennen	mörteln kleben		
Beton	gießen schütten rütteln pumpen	formen	armieren	Fertigelemente verbolzen	
Metall	walzen gießen schmieden ziehen drehen	biegen bohren fräsen schneiden treiben	schweißen nieten löten kleben pressen	schrauben bolzen spannen verkeilen stecken	
Kunststoff	gießen ziehen verformen schneiden	bohren fräsen hobeln schleifen	stanzen schweißen kleben nieten pressen	überstülpen dehnen verspannen klippen	
Glas	walzen gießen blasen ziehen	schneiden schleifen polieren	kitten kleben	schrauben bolzen verleisten	
Textil	spinnen weben knüpfen stricken	häkeln nähen	kleben	nähen knöpfen verseilen Reißverschluß	

Stützen, Säulen und Pfeiler dienen zur vertikalen Lastabtragung. Sie werden je nach Material aus einem Stück geschnitten, z.B. aus einem Baumstamm, oder zusammengesetzt aus mehreren Teilen, z.B. aus Steinen. Andererseits können sie aus einem Stück gezogen werden, z.B. aus Stahl oder Beton. Eingespannt steifen Stützen aus, doch nicht alle lassen sich einspannen. Stahl und Beton eignen sich dazu, Holz nicht. Rahmenkonstruktionen und Portale lassen sich steif ausbilden. Dies ist eine Frage der Verbindung ihrer vertikalen Stützen und horizontalen Träger.

Scheiben und Platten werden als Tafeln vorgefertigt oder an Ort und Stelle aus Einzelteilen zusammengefügt. Eine Mauer z.B. wird aus Natursteinen oder gebrannten Ziegeln errichtet und eine Betonplatte mit sog. Eisen armiert. Scheiben- und Plattenkonstruktionen steifen einander aus, wenn ihre Achsen nicht parallel liegen.
Wand- und Deckenscheiben können sehr steife Systeme bilden, wenn sie untereinander starr befestigt sind. Allerdings ist die Aussteifung der Platten bei großen Spannweiten nötig. Rand- oder Flächenverstärkungen werden unter sie oder in sie hineingelegt.

PLANEN 5
Konstruktionen

**Bauteile und Elemente
Herstellung und Verbindung**

- **Balken** erlauben nur eine begrenzte Spannweite. Aus Holz geschnitten erschöpfen sich wirtschaftliche Querschnitte bei 4-5 Metern.
- **Leimbinder** dagegen, vollwandig aus Brettern verleimt, erlauben bei Trägerhöhen von 2 Metern - das ist die Breite der Hobelmaschine - in einem Stück Spannweiten über 30 Meter.

- Betonbalken lassen sich durch Armierungen und Vorspannungen in großen Querschnitten und Längen vorfertigen.
- Steg- und Kastenträger sind typisch für Stahlprofile. Es gibt sie aber auch aus Holz und Beton.
- Plattenträger sind typisch für Beton. Sie werden gleichzeitig mit den Decken gegossen.

- **Fachwerkträger** sind offene Binder, die sehr hoch ausgebildet werden können, wie z.B. bei Brücken. Ihre Druck- und Zugstäbe können aus unterschiedlichem Material bestehen. Stahl ist sehr zugfest, Beton sehr druckfest, Holz sehr elastisch.

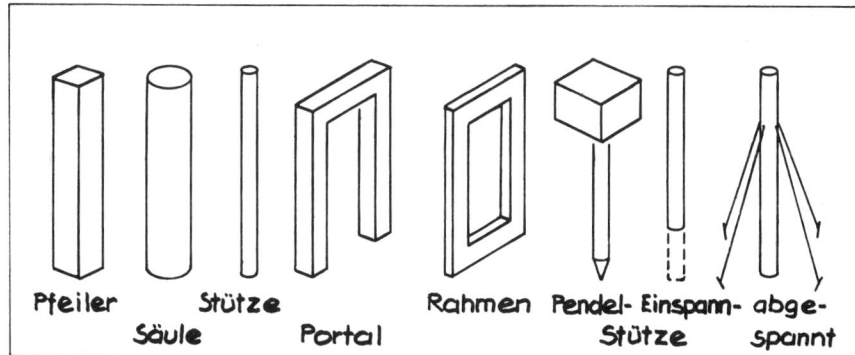

Pfeiler / Säule / Stütze / Rahmen / Portal / Pendel-Stütze / Einspann-Stütze / abgespannt

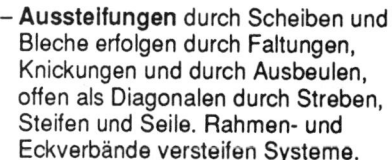

Balken / Vollwand / H-Träger / Kasten / Plattenträger / Fachwerk aus Holz und Stahl / Konsolträger

- **Aussteifungen** durch Scheiben und Bleche erfolgen durch Faltungen, Knickungen und durch Ausbeulen, offen als Diagonalen durch Streben, Steifen und Seile. Rahmen- und Eckverbände versteifen Systeme.

- **Metallverbinder** wie Dübel, Krallen, Bleche und Winkel, Nägel und Bolzen sind wirtschaftlich für Holz, Nieten und Schweißnähte sowie Bolzen für Stahl. Beton wird armiert und vergossen, Glas dagegen stumpf verklebt oder eingespannt und aufgehängt.

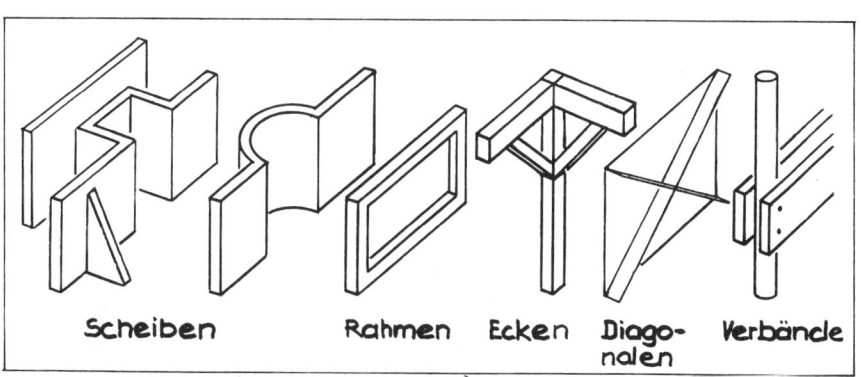

Scheiben / Rahmen / Ecken / Diagonalen / Verbände

- **Materialien** sind auf sehr verschiedene Weise bearbeitbar bzw. herstellbar. Ihre Verbindungen lassen sich sehr variabel gestalten, z.B. bei Holz. Andere sind nur auf sehr spezielle Weise zu fixieren. Textilien z.B. können nur genäht und geklebt werden.

- **Lösbare Verbindungen** sind alternativ zu festen bis auf Ausnahmen möglich, Ziegel z.B. lassen sich nicht aus dem Mörtelbett lösen sondern nur ausbrechen.

- **Hilfsmittel zur Verbindung** sind bei allen Materialien möglich. Selbst Holzverbindungen müssen größtenteils verleimt werden. Auch Glas kann ohne Kleber überhaupt nicht zusammengebracht werden. Lediglich der Stahl läßt sich schweißen und Eisen schmieden.

Zeichenmittel der Baumeister und Künstler waren seit dem 12. Jahrhundert „Silberstifte aus einer Mischung von Zinn und Blei."
Grafitstäbchen sind seit dem 15. Jahrhundert bekannt und erlaubten tiefschwarze Linien.
„Bleistifte werden seit 1790 fabrikmässig hergestellt".

Seither wurden Darstellungstechniken in immer schnellerer Folge entwickelt. Schließlich erlaubt das Pergament Lichtpausen und die Zeichenmaschine begann das Reißbrett zu verdrängen. Heute wird das Zeichnen immer stärker mechanisiert und immer weiter spezialisiert.

Zeichenpapier
Die Wahl des Papiers oder Kartons hinsichtlich Stärke, Farbe und Oberfläche richtet sich nach dem Zweck, dem Malmittel und dem eigenen Geschmack.
Zeitungspapier ist einfach, weiß, glatt und saugend und für Skizzen mit Kohle oder Grafit geeignet. Die Rollen sind bis 1,50 m breit.
Packpapier ist robust und eignet sich für größere Arbeiten mit weichen Kreiden, Blei- oder Filzstift.
Zeichenpapiere sind in sehr unterschiedlichen Stärken und Qualitäten im Handel. Auch die Farben, Blätter, Blöcke und Rollen sind verschieden. Sie sind uni mit Punkten, Linien und Rastern erhältlich.
Die Seiten der Papiere sind oft unterschiedlich, was zu beachten ist. Spezialpapiere haben besondere Oberflächen für Pastellstifte, Wasser- und Ölfarben sowie Tusche.
Zeichenkarton hat eine qualitativ sehr gute weiße, aber unebene Oberfläche und ist auf der Rückseite mit Pappe bezogen. Verwendung findet er für Aquarell- und Sprühfarben, Tusche und Tinte.
Bristolkarton wird in Stärken bis zu fünf Schichten hergestellt.
Plakatkarton ist leichter und von geringerer Qualität als Zeichenkarton. Es gibt ihn in vielen Farben, als Mal- und Zeichengrund, aber auch für den Modellbau. Polysterolschaumplatten sind beidseitig mit weißem Karton bezogen.
Transparentpapier gibt es in verschiedenen Weißtönungen, Dicken und Durchsichtigkeiten. Es dient zum Durchzeichnen für Lichtpausen und ist in Blättern, Blöcken und Rollen im Handel.
Layoutpapier ist hochweißes, halbtransparentes Papier; es wird für Entwurfsskizzen benutzt und ist auch für Filzstifte und Marker geeignet.
Detailpapier ist ein preiswertes Zellstoffpapier mit guter Tansparenz.

Pauspapiere werden in durchsichtigen und undurchsichtigen Sorten hergestellt. Dünne werden für Entwürfe, starke für Tuschezeichnungen eingesetzt.
Pergamentpapier ist ein besonderes Pauspapier, das mit Öl behandelt und durchscheinend ist.
Klare **Plastikfolie** ist ein nichtsaugender Zeichengrund für Filzstifte und Tusche. Sie wird aus Polyester hergestellt und hat andere Materialien wegen ihrer hohen Kontrastfähigkeit ersetzt.
Mattierte Acetatfolien haben eine aufgerauhte Seite für Feder, Tusche oder Filzschreiber. Die glatte Seite kann für Schreiber mit Plastikspitzen benutzt werden. Die Folien werden in lebhaften, transparenten Farbtönen hergestellt. Mit ihnen lassen sich wichtige Stellen hervorheben, auch auf Lichtbildern. Spezialausführungen erlauben Korrekturen mit Wasser.
Papiere oder **Folien** aufzukleben oder bei Transparenten zu hinterlegen erlaubt einzeln oder sich überlappend vielfältige Tönungen in der Flächengestaltung.
Das Material wird aufgerieben oder geklebt, zum Teil kleben die Folien auch selber. Die Arbeiten lassen sich je nach Transparenz lichtpausen oder kopieren.
Selbstkleberasterfolien werden in der Grafik wie in der Architektur vielfach verwendet. Mit geringem Aufwand lassen sich gute Wirkungen erzielen, sei es durch Anlegen von Flächen oder Betonung von Schatten.
Die **Papierdicke und Dichte** wird als Flächengewicht in g pro Quadratmeter angegeben (g/m²). Leichte Papiere oder Kartons sind bei gleichem Gewicht dicker. Handelsformen von Papieren sind Bögen, Blöcke und Rollen in verschiedenen Größen.
Die Vielfalt der **Raster** und Tönungen wird durch das Aufeinanderlegen der Folien noch vergrößert.
Anreibestrukturraster sind leichter zu handhaben als die Klebefolien.

Die **Vervielfältigung** von Zeichnungen hat Einfluß auf die Papierwahl. Lichtpausen bedingen Transparentpapier. Fotokopien sind heute von allen Vorlagen auch farbig möglich, aber im Format begrenzt.

Das **Vergrößern und Verkleinern** von Abbildungen läßt sich auch einfach von Hand schnell ausführen. Ein Raster wird dazu über die Vorlage gelegt, direkt oder durch ein Transparent abgedeckt. Ein zweites Raster wird im gewünschten Vergrößerungsmaßstab auf einem Zeichenblatt ausgeführt, in das alle Kreuzungspunkte und Schnittlinien vom kleinen Vorbild übertragen werden. Die Genauigkeit kann durch das Vergrößern von Einzelpartien im kleineren Raster gesteigert werden.

Fotokopierer erlauben heute nicht nur das Verkleinern, sondern auch das Vergrößern in Sekundenschnelle. Doch sind die Geräte nicht immer verfügbar.

Zeichnungen werden auf Papier ausgeführt, aber nicht jedes eignet sich für jeden Zweck. Eine Skizze wird auf einfachem Papier ausgeführt, eine saubere Zeichnung dagegen auf festem, das auch Änderungen erlaubt.

Die Papiereigenschaften sind herstellungsbedingt unterschiedlich. Jedes Papier hat eine glatte und eine rauhe Seite. Vor dem Zeichnen ist zu prüfen welche Seite sich für die gestellte Aufgabe eignet. Bleistiftminen und Zeichenfedern sind darauf abzustimmen. Es gibt wasserfestes und wasserempfindliches Papier. Exakte Zeichnungen müssen auf Karton gezeichnet werden, da alle Papiere sich bei Feuchtigkeit wellen. Feuchtigkeitsaufnahme ist bei allen Papieren gegeben. Ähnlich wie Holz schwinden und quellen die Bögen. Die Faserart bestimmt die Papierstruktur. Japanpapier z.B. wirkt besonders lebendig und hat Einschlüsse von Seidenresten. Hoher Holzanteil läßt Papier schnell vergilben, vor allem unter Licht- und Sonneneinwirkung.

GRAFIK 1

**Papier- und Zeichengerät
Schriften und Maße
Folien und Raster**

Kapitelübersicht

1. Papier- und Zeichengerät
   Schriften und Maße
   Folien und Raster
2. Bleistift und Kreiden
   Tinten und Tuschen
3. Farbstifte und
   Kugelschreiber
4. Filzer und Marker
   Aquarellieren und Lavieren

Zeichengerät

Für die Anfertigung von Zeichnungen werden verschiedene Geräte gebraucht. Prospekte guter Fachgeschäfte geben darüber Auskunft.

Ein **Reißbrett** soll aus nicht zu hartem, astfreiem Holz bestehen, am besten aus Pappel oder Linde. Starke Pappkartons, auf Spanplatten aufgezogen, können heute teure Reißbretter ersetzen.

Die Brettgröße ist auf die Bogenformate abzustimmen. Größen von 80x120 cm sind geeignet. Zeichentische sind in Abmessungen von 1,00 x 1,50 m oder 1 x 2 m üblich. Das Reißbrett muß ganz eben sein und gerade Kanten im rechten Winkel haben.

Zeichenmaschinen gibt es in unterschiedlichsten Größen, Ausstattungen und Preislagen. Die Zeichenflächen lassen sich neigen und verstellen. Ein Zeichenkopf vereinigt die Funktionen von Reißschiene, Winkel, Maßstab und Winkelmesser in einem Gerät.

Zeichenunterlagen aus weißem Karton oder Kunststoff sind gut geeignet, vor allen Dingen für das Zeichnen auf Transparentpapier.

Die **Papierbefestigung** auf der Zeichenfläche erfolgt mit Reißnägeln und vermehrt auch mit Klebestreifen. Reißnägel sind dann günstiger, wenn eine Zeichnung mehrmals aufgespannt werden muß.

Zeichenkarton wird an den Rändern aufgeklebt, dann ist er vorher beidseitig zu befeuchten, damit er sich gleichmäßig glatt spannt.

Die **Bemaßung** von Gegenständen muß vollständig und gut lesbar sein. In kleinen Maßstäben genügen Richtzahlen und Hauptmaße.

– **Maßlinien** zeigen in ihrer Mitte die Maßzahl. Sie steht über der Linie oder in deren Unterbrechung.

– **Maßstäbe** bestimmen das Größenverhältnis einer Darstellung zum Gegenstand. Entwürfe werden im Maßstab 1:100 oder 1:200, Werkzeichnungen im Maßstab 1:20 bis zu 1:1 gefertigt.

Reißschienen sind aus Holz oder Kunststoff gefertigt. Mit ihnen werden Parallelen in Längsrichtung gezogen. Schienenkopf und Blatt sind rechtwinklig miteinander verbunden.

Dreiecke sind mit Winkeln von 30, 45 u. 60 Grad im Handel. Mit ihnen werden senkrechte und geneigte Linien gezeichnet. Maßeinteilungen gehören nicht auf ihre Flächen, denn diese hat man auf den Maßstäben. Unterschnittene Kanten sind für Tuschezeichnungen günstig.

Weiße Ausführungen sind bei der Arbeit weniger störend als farbige. Die Größe der Winkel hängt vom Maßstab der Zeichnungen ab. Es lohnt sich zwei Größen anzuschaffen.

Die **Maßstäbe** haben Millimetereinteilung und sind 30 oder 50 cm lang. Dreikantmaßstäbe ersparen das Umrechnen von Maßen. Winkelmesser dienen zum Messen und Abtragen solcher Winkel, die an den Dreiecken nicht vorkommen.

Zirkel gibt es vom einfachen Kreiszirkel über den Stechzirkel zum Übertragen von Maßen bis zum Nullzirkel. Kurvenlineale in vielen Größen (feste, bewegliche und biegsame) erlauben unterschiedlichste Bögen.

Bleistiftspitzer gibt es für unterschiedliche Stifte und Minen, sehr klein oder groß, transportabel und festmontiert. Ein Messer ist der einfachste Spitzer. Eine Sandpapierfläche erlaubt es, Minen durch Reiben zu spitzen. Anspitzer gibt es für Stifte und Minen. Spitzmaschinen schärfen die Mine durch Drehbewegungen und fangen den Grafitstaub auf.

Die **Beschriftung** von Zeichnungen ist sehr oft nötig oder auch gefordert. Schrift und Zahlen können eine Zeichnung grafisch verbessern, aber bei geringer Sorgfalt und Kenntnis auch verschlechtern. Die Beschriftung muß vollständig sein. Bei technischen Zeichnungen besteht sie aus stichwortartigen Texten mit Angaben, die aus der Zeichnung allein nicht hervorgehen.

Radieren heißt das Auslöschen von Bleistift- oder Tuschestrichen zum Zwecke der Veränderung oder Verbesserung von Zeichnungen.

Die Gummiart und Härte richtet sich nach dem Malmittel und dem Papier. Radierschablonen erlauben das saubere Ausradieren von Ausschnitten. Weiche Gummis genügen für Bleistift, harte mit Schmirgelanteil sind für Tusche nötig.

Knetgummi nimmt Kohlestriche auf, indem man es auf die Kohle drückt. Glasradierer sind im Handel, aber unangenehm wegen ihrer Faserrückstände.

Elektroradierer dagegen sind selten.

Radierflüssigkeiten werden mit Watte aufgetragen. Benzol nimmt auch Tusche fort. Sind große Flächen auszulöschen, lohnt es sich, Mutterpausen zu ziehen und in ihnen Korrekturen einzutragen.

Rasierklingen eignen sich sehr zum Radieren, auch auf Transparentpapier.

Die Papieroberfläche soll beim Radieren gar nicht oder wenig verletzt werden. Aufgerauhte Stellen sind nach der Arbeit zu glätten (das kann auch mit dem Fingernagel erfolgen), vor allem bei Tuschezeichnungen, die sonst ausfließen. Radiergummis sind neuerdings auch aus Kunststoff.

Zeichenbesen befreien von Radierkrümeln; sie sollen weich, dicht und nicht zu klein sein.

Die Schrift wird freihändig oder mit Schablonen geschrieben bzw. gestempelt.

Römische Großbuchstaben sind die Grundlage der meisten Schriften für Zeichnungstexte. Die Blockschrift ist eine Vereinfachung. Das Schriftbild wird vom Größenverhältnis der Buchstaben und ihrer Abstände bestimmt.

Schablonen helfen beim maßgerechten Auftragen von Möbeln und Installationen. Schriftschablonen gibt es für Blei und Tusche. Größere Buchstaben werden getupft oder gespritzt.

Die **Zeichnung** wird unter den künstlerischen Ausdrucksmitteln von vielen als zweitrangig angesehen. Der Begriff Bild verbindet sich eben in erster Linie mit Farbe.

Die Zeichnung wird nur selten als in sich abgeschlossenes Kunstwerk angelegt; darauf deutet der Skizzencharakter auch schon hin.

Das Zeichnen ist unerläßlich, denn es weckt das Verständnis für Form, Struktur und Komposition. Zeichentechniken werden einzeln oder kombiniert sehr vielfältig angewandt.

Der Reiz einer Zeichnung beruht oft auf dem Wechselspiel zwischen starken und dünnen Linien.

Eine saubere Zeichnung ist nicht immer eine gute, sie kann sehr langweilig, ja tot wirken. Die Sondierungslinien, die nicht ausgetilgt werden müssen, spielen nicht nur für die Formsuche, sondern auch für den Ausdruck eine große Rolle.

Exakte Zeichnungen sind vor allen Dingen in der Technik notwendig. Sie müssen klar sein und werden daher auf Deckblättern über die Skizzenform hinaus bis zur Tuscheabfassung entwickelt.

Flächentönungen erreicht man mit Bleistift durch ein enges Nebeneinanderziehen von Freihandstrichen.

Je nachdem wie man aufdrückt, entstehen hellere oder dunklere Flächen. Durch die Strichlagen wirken diese nicht tot. Durch das Verreiben der Bleistiftstriche mit dem Wischer erhält man besonders gleichmäßige Töne.

Die Kantenausbildung getönter Flächen erzielt man sehr sauber durch Abdecken beim Tönen oder durch nachträgliches Abradieren überstehender Striche entlang der Abdeckung.

Glatte Unterlagen sind beim Eintönen der Flächen nötig, damit sich keine ungewünschten Strukturen abzeichnen. Besondere Effekte können aber erzielt werden, wenn man bewußt strukturierte Flächen unterlegt.

Das **Schraffieren** geht am schnellsten freihändig gegen eine Linealkante oder sogar zwischen zwei Linealen, die genau da plaziert sind, wo die Schraffuren aufhören. Schraffuren werden durch Strichart und Richtung bestimmt. Sie können sehr gleichförmig wie Raster, aber auch sehr lebendig wie Rindenstrukturen ausfallen.

Die schnellste und wohl auch universellste Technik ist die, mit dem Bleistift zu zeichnen.

Strichstärke, Intensität und Linienführung sind bei keinem anderen Mittel so vielfältig. Eine dünne Linie kann nur mit Bleistift gleichmäßig anschwellen. Strenge wie zarte, zeichnerische wie malerische Wiedergaben sind möglich. Vom leichten Grau bis zum tiefen Schwarz lassen sich Tönungen variieren. Korrekturen sind mit dem Radiergummi dabei leicht möglich. Das Verwischen kann durch Fixieren ausgeschaltet werden.

Technische Zeichnungen werden in Bleistift aus waagerechten und senkrechten Linien entwickelt, auf die man die Maße abträgt. Körperlinien werden im zweiten Arbeitsgang nachgezogen. Im dritten werden Besonderheiten ausgearbeitet, z.B. Schraffuren angelegt.

Bleistifte sind ebenso ideal für schnelle Freihandskizzen wie für endgültige Entwurfszeichnungen. Es gibt sie als Holzstifte oder Minenhalter. Die Härtegrade der Minen reichen von 9H über F bis zu 7B. Die Wahl unter ihnen hängt vom Gegenstand und dessen Maßstab sowie von der Papieroberfläche ab.

Weiche Bleistifte haben tonigen Ausdruck.

Harte **Minen** eignen sich besser für klare Sachbeschreibungen und konstruktive Zeichnungen. Die Strichstärken lassen sich, im Gegensatz zu Tusche, mit dem Bleistift oder mit einer Mine variieren. Gleichmäßiger ist es jedoch, mit unterschiedlichen Minen zu arbeiten. Für eine technische Zeichnung reichen drei Härtegrade aus, zum Vorzeichnen, Nachzeichnen und Ausarbeiten.

Die reine **Konturzeichnung** in Bleistift verzichtet auf Schatten- und Materialtonwerte. Diese Zurückhaltung führt zu Darstellungen, die nichts vortäuschen. Trotzdem kann sie hohen grafischen Reiz besitzen, wenn Konstraste zwischen linienreichen und fast leeren Spannungen bestehen.

Liniendichte entsteht bei kleingliedrigen Stukturen wie z.B. Mauersteinen. Die Linien werden am Lineal oder freihändig gezogen, sind gleichstark oder differieren, treffen sich oder überkreuzen einander.

Zeichenkohle wird aus verkohlter Weide hergestellt und in natürlicher Zweigform oder als Stifte geliefert. Schwarze Zeichenkohle ist ideal für schnelle Skizzen und große Entwürfe. Weiße Zeichenkreide dient für Skizzen auf getöntem Papier. Mit ihr werden Glanzlichter auf Bleistiftzeichnungen eingetragen.

Rötel nennt man Conté-Kreide in der roten Ausführung. Sie ist in Block- und Stiftform erhältlich und ideal für Freihandzeichnungen. Tafelkreide dient zum Aufhellen. Sie bricht allerdings leicht und wirkt sandig.

Schwarze **Wachsstifte** ergeben dichte glänzende Striche und sind auch auf Holz und Metall einsetzbar. Da sie wasserabweisend sind, können Wachsstifte als Abdeckung für Wasserfarben benutzt werden.

Fettstifte kann man auf allen weichen und glänzenden Oberflächen wie Glas oder Folie benutzen.

Ölkreiden können auf getöntem Papier besonders gut wirken.

Das Zeichnen mit Kreiden ist für großformatige Arbeiten gedacht. Kreiden reagieren auf schwungvolle Strichführung, auf unterschiedlichen Duktus, auf Fingerdruck und auf Oberflächenstruktur. Alle Kreiden lassen sich mit Radierknete oder weichen Lappen radieren (außer auf Wachs). Halbtöne sind durch Verwischen möglich. Fixative sichern vor unbeabsichtigtem Verschmieren.

Die Vorteile der Kreidezeichnung gegenüber der Bleistiftzeichnung bestehen darin, daß sie kraftvolleres Arbeiten, stärkere Intensität und große Formate zuläßt. Ebenso ist das flächige Arbeiten einfacher.

Die weiß überhöhte **Konturzeichnung** ist eine sehr effektvolle Darstellungsart, sie verhilft auch weniger Geübten zu Wirkungen. Die mit Schatten versehenen Zeichnungen erfahren eine Steigerung durch Aufhellen beleuchteter oder heller Flächen mit weißen Kreisen.

Schwarze Kreidezeichnung mit dunkel getönten Flächen erzeugt durch Längskanten von Pottkreidestücken. Die Flächen zeigen eine lebendige Körnung, sind nicht totschraffiert.

Bleistiftzeichnung in Sizilien, Arch. Alexander Frhr. von Branca, München.

Die **Tuschekonturzeichnung** wird mit Punkten oder Linien ausgeführt. Über Strenge, Aufbau und Abstraktion von Zeichnungen wird schon bei den Bleistiftausführungen gesprochen. Auflockerungen der Zeichnungen erfolgen durch Strichunterbrechungen oder differenzierte Linien, die in Tusche nicht ganz so leicht zu erzielen sind, aber durch schnelles oder langsames Ziehen auch möglich werden, z.B. durch das Wechselspiel von geschlossenen und offenen Flächen oder Reduzierungen im Vorder- oder Hintergrund.

Federzeichnungen werden sowohl am Lineal wie auch freihändig ausgeführt.

Für die technischen Zeichnungen bedient man sich heute der Tuschefüller.

Das Zeichnen ist damit sehr vereinfacht, es hat im Gegensatz zu dem Zeichnen mit der Ziehfeder sehr an Verbreitung zugenommen.

Die Feder besitzt gegenüber dem Bleistift und der Kreide den Vorteil, daß ihr Strich immer gleich und dunkel bleibt, vorausgesetzt, daß man die Strichführung gleichmässig schnell bzw. langsam betreibt.

Die freie Federzeichnung ist für Architekten die beste Unterstützung der Entwurfsarbeit. Mit ihr verschafft er sich und anderen Klarheit über räumliche Wirkungen. Entwurfskontrollen sind solche Zeichnungen aber nur dann, wenn die Proportionen und Dimensionen mit den Planungen übereinstimmen und auf zuviel schmückendes Beiwerk verzichtet wird. Zur Ausführung freier Federzeichnungen lassen sich kaum Empfehlungen geben, da sie persönliche Handschriften darstellen. Ratsam sind Kontrollen hinsichtlich perspektivischer Richtigkeit.

Federzeichnungen haben etwas Scharfes an sich, denn durch das Fehlen von Zwischentönen sind sie sehr brillant und stechend. Dadurch sind sie für Architekturdarstellungen besonders geeignet. Die Wahl zwischen dem am Lineal geführten oder freihändigen Strich hängt vom Thema bzw. Objekt ab. Der Freihandstrich eignet sich mehr für weiche Formen wie Pflanzen- und Landschaftsdarstellungen. Gerade, straffe Strichführungen haben eine intellektuellere Wirkung, sie signalinieren Modernität, Kühle, Sachlichkeit.

Die **Rohrfeder** gibt einen satten, breiten, etwas bröckeligen und trockenen Strich. Man kann sie sich selber schneiden, an Flußufern findet man das Schilf dafür.

Zeichenfedern ähneln normalen Schreibfedern. Sie werden für freihändig gezeichnete Linien verwendet und sind für verschiedene Zeichentechniken in unterschiedlichen Breiten und Härten im Handel.

Harte Stahlfedern geben einen zarten Strich. Redisfedern eignen sich gut für weiche Schwünge. Feine Zeichenfedern erlauben dicke wie dünne Linien und werden so auch für Kurzschrift verwendet.

Punktfederstifte, wie sie der Rapidograph hat, sind für gerade Linien am Lineal geeignet, weniger zum freien Zeichnen.

Patronenfüllhalter sind empfehlenswert. Sie sind praktisch in der Handhabung, ihre Federn haben Qualität, und sie sind preiswert.

Die **Ziehfedern** verwendet man zur Ausführung exakter Linien an der Reißschiene. Die Strichstärken werden durch eine Verstellschraube eingestellt. Es gibt auch Ziehfedern für Zirkel.

GRAFIK 2

**Bleistift und Kreiden
Tinten und Tusche**

Pinselzeichnungen sind mehr für großzügiges Arbeiten (Skizzen) geeignet. Mit dem Pinsel kann man linear wie flächig arbeiten. Dies macht den Pinsel der Feder gegenüber überlegen.

Die schwarz-weiße **Tuschezeichnung** ist für Architekten geeignet, die auf Materialangaben nicht angewiesen sind. Ihre grafische Wirkung ist brilliant.

Technische Tuschezeichnungen entstehen, indem man Bleistiftzeichnungen auszieht oder auf Tranparentpapier, das über die Zeichnung gelegt wird, nachzeichnet.

Die Tuschezeichnung wird direkt auf den Bleistiftlinien exakter. Bei der anderen Art spart man sich das Abradieren. Die Bleistiftvorzeichnungen stehen zu lassen, hat auch seinen Reiz.

Tusche wird für Zeichnungen eingesetzt, an denen keine Änderungen mehr zu erwarten sind.

Ausziehtuschen werden vorzugsweise zur Ausführung von Architekturplänen eingesetzt. Verdünnte Tuschen sind nach dem Trocknen wasser- und wischfest. Anlösende Tuschen trocknen schnell und sind lichtecht.

Frauenkirche in München, Hans Döllgast.

Kornmarkt in Heidelberg, schraffierte Federzeichnung.

Studie für ein Justizgebäude, Helmut Striffler, Mannheim.

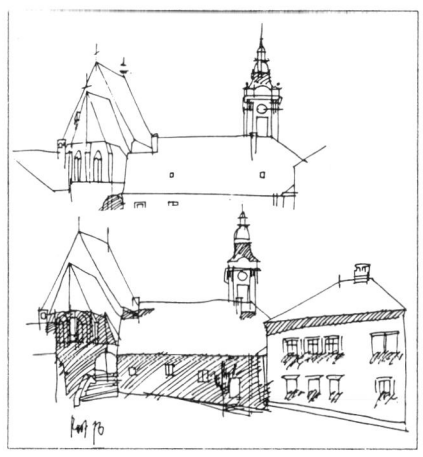

Züblin-Haus, Stuttgart
Arch. Prof. Böhm, Köln

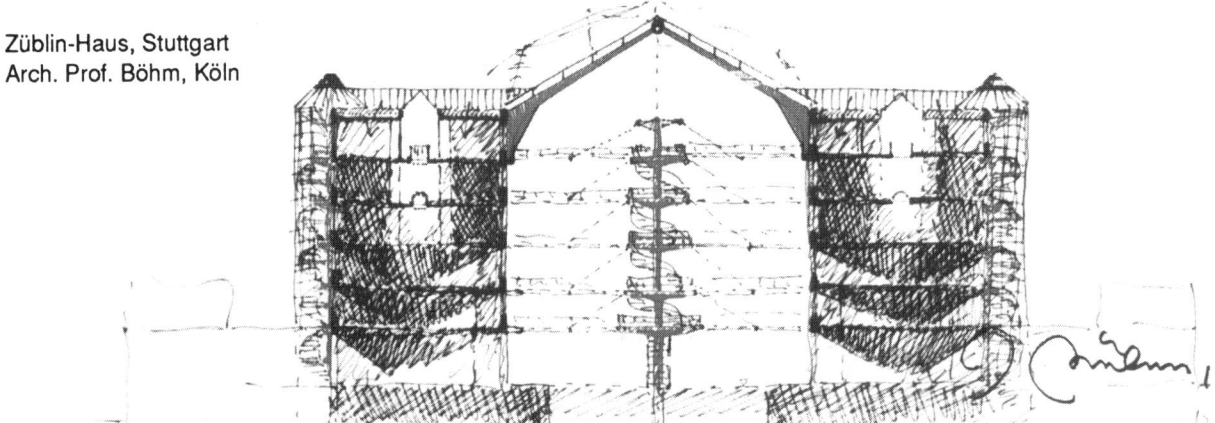

links: Zeichnung mit farbigen Wachskreiden und Kerzenwachs auf
Zeichenpapier
rechts: Zeichnung von Don Nicolson

Farbstifte haben Minen aus einer Mischung von chemischen Farbstoffen und Kaolin. Bleistift, Tusche und Kreidezeichnungen lassen sich mit ihnen kolorieren. Harte Minen eignen sich für kleinere Zeichnungen und Detailarbeiten.

Mischen lassen sich die Farbstiftlinien durch Übermalungen verschiedener Farben.

Wasservermalbare Farbstifte benutzt man zum Verwischen gezeichneter, farbiger Linien. Mit Wasser und Pinsel schafft man so Weicheffekte, ähnlich wie bei der Wasserfarbmalerei.

Wasserlösliche Kreidestifte verwendet man wie herkömmliche Stifte, nur taucht man sie beim Arbeiten in Wasser. Dadurch erhält man weiche, durchsichtige Linien.

Auch mit trockenem Stift kann gearbeitet werden, und die Linien lassen sich anschließend mit Wasser auflösen.

Auf feuchtem Papier erhält man ungewöhnlich zarte Striche.

Farbmischungen entstehen durch weiße Übermalungen mit der Zielsetzung der Aufhellung. Zum Abdunkeln trägt man ein leichtes Schwarz auf.

Pastellstifte sind Kreidestifte. Aus Farbpulver und Gummiarabicum (in vielen Farben erhältlich) sind sie am wirksamsten für weiche und gekörnte Arbeiten.

Temperaschichten, Gouache, Wasserfarben oder Tuschezeichnungen lassen sich mit ihnen überarbeiten.

Viereckige Ausführungen erlauben breite und runde Linien. Ein weiterer Vorteil ist, daß die Stifte nicht vom Brett rollen.

Wachskreiden geben unter leichtem Druck auf fast allen Oberflächen eine glänzende Farbschicht ab. Kratztechniken lassen sich mit ihnen gut nachahmen. Plastische Effekte werden erreicht, wenn man die Kreiden schmilzt und mit dem Spachtel bearbeitet.

Das **Spritzen** oder Besprühen von Flächen mit Farbe ist praktisch. Der Farbauftrag ist gleichmäßig und wird je nach Wunsch durch Verdichtungen akzentuiert.

Eine **Fixativspritze**, in einem Glas mit Farbe stehend, wird mit dem Mund geblasen. Eine in Farbe getauchte Bürste wird über ein Sieb gerieben.

Eine **Spritzpistole** arbeitet mit Luftdruck, der die Farbe ansaugt und abgibt.

Eine **Sprühdose** wird mit Gas betrieben, ihre Farbe läßt sich nur steuern, indem man die Sprühergebnisse durch mehrmaliges Arbeiten modifiziert.

Das **Sprühverfahren** ist mit dem Abdecken der Partien verbunden, die nicht gefärbt werden sollen. Gerade Flächen sind einfach abzudecken. Dabei ist zu beachten, daß sich durch die Sprühfeuchtigkeit die Abdeckungen nicht abheben und die Farbränder unscharf sind.

Geschweifte Flächen werden am besten durch Folien abgedeckt, die durchsichtig sind, aufgeklebt und ausgeschnitten werden.

GRAFIK 3

Farbstifte und Kugelschreiber

Kugelschreiber und Filzstifte sind zwar sehr praktisch und leicht zu handhaben, erlauben aber keinen Duktus und löschen damit jede Handschrift leicht aus.

Normale Kugelschreiber erlauben schwungvolles Zeichnen und Skizzieren. Ganz feine Kugelschreiberminen bestechen durch die Leichtigkeit ihrer Linien.

Landschaftszeichnung mit Kugelschreiber ausgeführt. Die Strichführung ist lebhaft und kräftig, die Tonwerte reichen bis zum tiefen Schwarz.

Festung Salzburg,
Publikation Readers Digest 12/1975

Filzstifte und Marker sind sehr weit entwickelt worden. Immer mehr Architekten bedienen sich dieser Mittel bei schwarz-weißen oder farbigen Darstellungen.

Für die **Mischtechnik** spricht die praktische Ausführungsweise. Das Schaubild wird mit Bleistift am Lineal vorgezeichnet, dann auf Transparent mit Filzstift schnell ausgezogen und später angelegt. Das alles läßt sich lichtpausen oder kopieren.

Die Farben werden entweder auf den Orginalen oder auf den Kopien eingetragen.

Filzstifte erzeugen üblicherweise satte Linien und dienen vor allem zur Darstellung bandartiger Striche.

Der Filz ist rund oder eckig, stumpf oder gerade geschnitten, somit können, beim Schreiben, die Auf- und Ablinien stark variiert werden. Die dünnen wie die sehr dicken Stifte eignen sich vor allem für grafische Arbeiten.

Pentel, **Pen und Flomaster** haben Spitzen aus porösem Stoff. Damit sind Striche ähnlich wie die von Pinseln zu erreichen.

Filzstifte sind zur farbigen Darstellung von Ideen hervorragend geeignet. Für feine Linien haben sie Spitzen aus Nylon, Venyl oder aus einer Gummimischung und dienen zum Schreiben, Skizzieren und Zeichnen.

Filzschreiber zum Nachfüllen haben auswechselbare Spitzen. Sie eignen sich zum Zeichnen in der Natur. Große Filzstifte (Marker) werden entwickelt, um große Schriften z.B. auf Spruchbändern zu erzielen.

Riesenmarker enthalten lösliche oder farbfeste Tinte und dienen farbigen Zeichnungen auf großen Flächen.

Dom-Museum in Köln,
Zeichnung Christian Heimberger.

Die Spitzen der **Marker** aus Filz, Nylon oder Fasern haben feine, eckige oder breite, auch runde Keil- und Kegelformen. Die Linien der letzteren Spitzenart haben abgerundete Enden. Studiomarker mit Filzspitzen ersetzen Tinte auf Öl oder Wasserbasis. Es gibt sie in allen Farbtönen und Schattierungen.

Die auf Öl basierenden Tinten schlagen auf Normalpapier leicht durch. Die auf Wasser basierenden Tinten kennen diese Gefahr nicht.

Marker mit Ventilen erreichen es, daß Tinte nur bei Gebrauch fließt. Man muß sie vor Gebrauch schütteln und die Spitze hart aufdrücken. Die Kappe muß man gut zuschließen, da diese Stifte leicht austrocknen. Spezielle Filzstifte gibt es mit abwaschbarer Tinte, z.B. für Tageslichtprojektoren.

Viele Kontraste bestimmen die Darstellungstechniken von Filzstiften und Markern:

– räumliche oder flächige Darstellung,
– Perspektiv- wie Grundrißzeichnungen,
– ingenieurhafte oder kreative Ausführung,
– Zeichnungen am Lineal oder freihändig.
– Konstruierte Linien fassen die Formen und berichten über Details.
– Angelegte Flächen bewirken Tiefen.
– Handschriftlich eingetragene Accessoires schaffen Atmosphäre.

Das Kolorieren

Die Farben sind zu beschränken, denn ein Blatt in der zweiten Dimension hält nicht so viel aus, wie die Natur vorgibt. Es gilt farbig zu gestalten und nicht bunt.
Eine Farbe nimmt man aus der Natur,
– die zweite Farbe wird frei hinzugefügt. Harmonie oder Konstrast sind dazu noch möglich.
– Die dritte Farbe ist aus den beiden ersten abzuleiten, kann auch aus ihnen entstehen.

Durch Intensivierung einer der Farben oder durch den Kontrast zu einer anderen lassen sich Akzente setzen.
– Der Farbeintrag liegt an Licht- oder Schattenseiten bei Vorder- oder Hintergründen sehr nahe.
– Kompositionen entstehen durch Wechselspiele und Verwerfungen. Auslassungen sind wichtig.

Kolorierte Federzeichnung
Egon Schiele, Wien

GRAFIK 4

**Filzer und Marker
Aquarellieren und Lavieren**

Farbige Perspektiven als Architekturdarstellungen werden selten als reine Aquarelle ausgeführt.
Vorzeichnungen in Bleistift erleichtern die Arbeit. Die Striche werden dabei überspielt, bleiben aber sichtbar, wenn auch nicht sehr wirkungsvoll.
Vorzeichnungen mit Tusche sind eigentlich keine Vorzeichnungen mehr, da der Strich sehr stark mitwirkt.

Der **Farbeintrag** in die Zeichnung ist gut zu bedenken. Das vollflächige Anlegen von Zeichnungen macht die Zeichnung zum Bild. Die Linien werden zurückgedrückt, das teilweise Anlegen von Farben beläßt der Zeichnung die Geltung.

Landtag in Hannover,
Prof. Hanns Jatzlau

Farbstoffe auf Wasserbasis sind: Aquarellfarben, Tempera-Plakatfarben, Gouache und Acrylfarben. Sie eignen sich für malerische Darstellungen.
Aquarellfarbe ist ein transparentes Ausdrucksmittel aus wasserlöslichem Farbstoff.
Tempera-Plakat- und Gouachefarben sind fertige, undurchsichtige Farbstoffe, die in Tuben und Gläsern angeboten werden. Sie lassen sich miteinander mischen und sind für Papier und Karton geeignet.
Polymerfarbe gibt es für Feder- und Pinselarbeiten auf Plastikfolien. Getrocknet ist sie durchsichtig, matt und wasserfest.
Acrylfarbe ist eine schnelltrocknende synthetische Plastikemulsion, in verdünnter Form ist sie für Auswascheffekte verwendbar. Acrylfarben vergilben nicht und haften auf jeder Fläche.
Farbige Tuschen basieren, mit Ausnahme von schwarz und weiß, auf leuchtendem Farbstoff. Sie enthalten Schellack und können daher leicht übermalt werden. Der Farbauftrag erfolgt mit dem Pinsel oder mit Spritzpistolen.

Hausruine im Valle Verzasca,
Tessin, Prof. Klaus Pracht

- Die **Projektion** ist ein System aus den drei Hauptelementen Frontansicht, Seitenriß und Aufsicht.
- Die Schnitte sind Ebenen, die durch den Körper gelegt sind und benannt werden nach:
- den Hauptausdehnungen, Längs- und Querschnitt und
- nach der Richtung der Schnitte horizontal und vertikal.

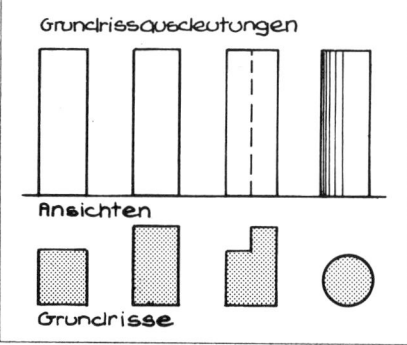

Das **Projektionsbild** eines Gegenstandes liegt mit der Ansicht lotrecht über dem Grundriß und in gleicher Höhe zur Seitenansicht.

Die **Abklappung** in der Fläche zeigt die Vorderansicht über dem Grundriß und eine Seitenansicht links oder rechts daneben in gleicher Höhe.

- In Normzeichnungen nach DIN liegen die Projektionsebenen unter, hinter und neben dem Gegenstand.

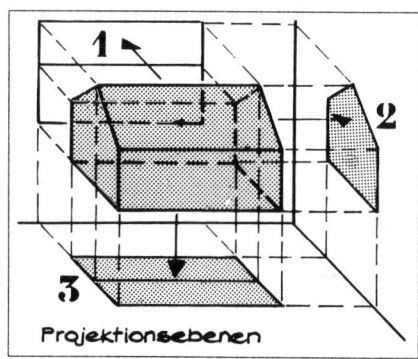
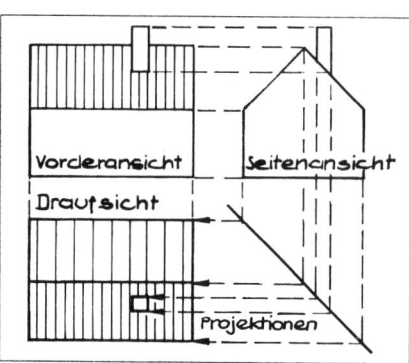
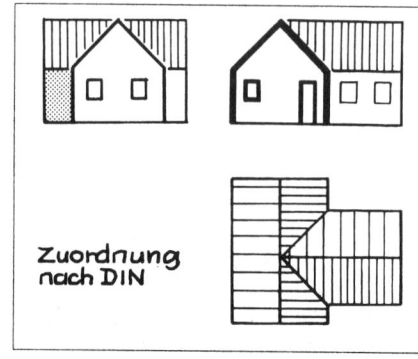

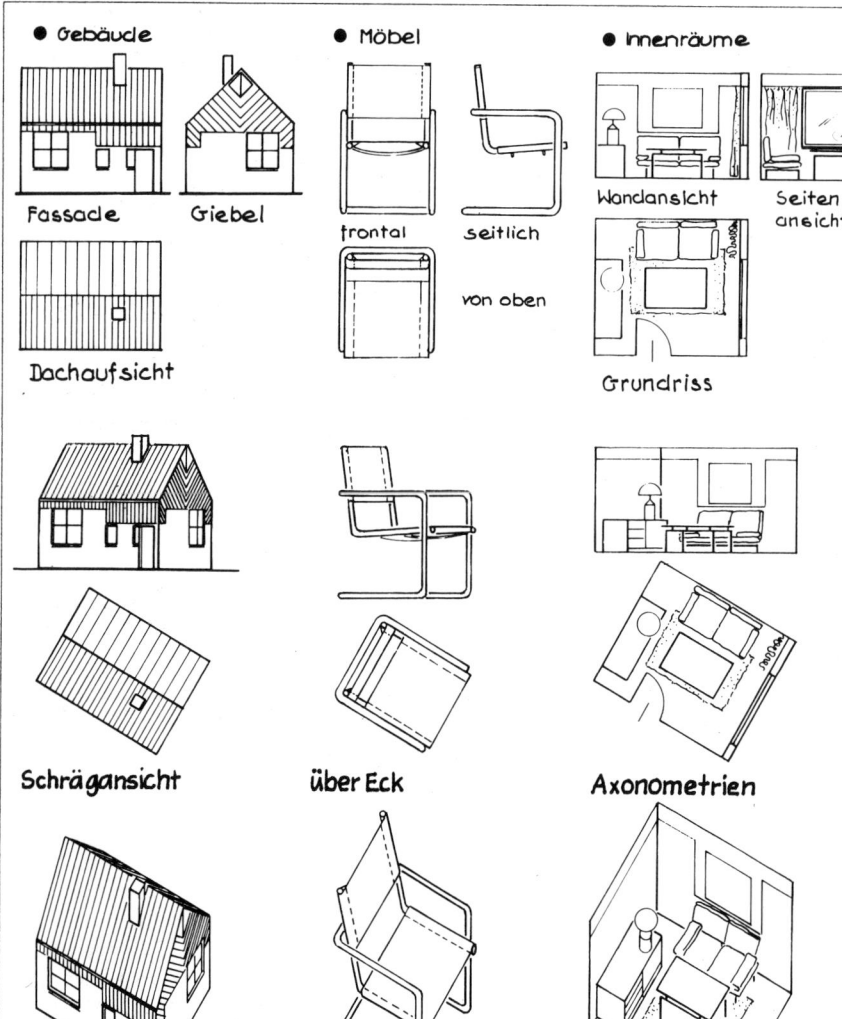

- Die **DIN 919** legt fest, daß die Vorderansicht der Seitenrisse so neben die Frontalansicht gelegt wird, daß sie sich von ihr wegdreht.
- Die Abbildung oben rechts zeigt als Beispiel ein Gebäude gemäß diesen Zuordnungsbestimmungen. Die rechte Seitenansicht liegt links neben der Vorderansicht.

Die Gestaltfestlegung eines Gegenstandes ist nur durch seine Darstellung in allen drei Dimensionen eindeutig möglich.

- Gleiche Ansichten nur einer Seite mehrerer Körper erlauben viele unterschiedliche Formen. Die Abbildung oben Mitte zeigt eine Gegenüberstellung von Körpern verschiedener Grundrisse bei gleichen Ansichten.

Die **frontale Darstellung** z.B. eines Hauses in Ansicht, Aufsicht oder Seitenriß ist sehr abstrakt und wirkt wenig anschaulich.

Die **Übereckansicht** ist die einfachste Form einen Gegenstand so darzustellen, daß er räumlich wirkt. Zwei Ansichten werden durch die Schrägstellung, wenn auch verkürzt, gleichzeitig dargestellt. Das erlaubt die Kontrolle von Zusammenhängen.

Die **Übereckansicht von oben** erlaubt die Erfassung von drei Ansichten auf einen Blick.

Die Wirkung dieser Darstellungstechnik ist geradezu perspektivisch, ist aber den isometrischen Zeichnungen zuzuordnen, die auf den übernächsten Seiten besprochen werden.

TECHNISCHES ZEICHNEN 1

Kapitelübersicht

1. Geometrisches Zeichnen
   Projektion und Geometrie
   Bauzeichnen
2. Isometrien in Ansicht und Grundriß
3. Isometrien in der Architektur

**Geometrisches Zeichnen
Projektion und Geometrie
Bauzeichnen**

- **Bauzeichnungen** dienen der Planung und Ausführung von Architekturen. Sie sind in den einzelnen Arbeitsabschnitten in verschiedenen Maßstäben nötig. Sie enthalten, je nach ihrem Zweck, unterschiedliche Angaben, angefangen von großen Übersichten bis zu den kleinsten Details.

Der **Lageplan** enthält Konturen bestehender, natürlicher und geplanter künstlicher Formen des Geländes in definierter Begrenzung. Gewöhnlich werden Dachaufsichten der geplanten Gebäude gezeigt.

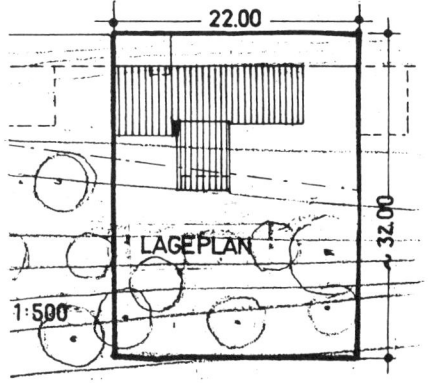

- Der **Grundriß** ist ein Horizontalschnitt durch ein Gebäude, der die Wände in der Höhe der Fenster schneidet. Die Schnittebenen werden mit Strichpunktlinien eingetragen.

Mehrere Grundrißtypen werden über die Geschoßflächenpläne hinaus zur Gebäudeplanung benötigt.
Sie reichen von den Fundamenten über die Decken bis zum Dach.
Die Vertikalschnitte dagegen zeigen Höhenentwicklungen, Decken- und Dachkonstruktionen. Die Treppenläufe als vertikale Verkehrswege sind in zwei Richtungen geschnitten darzustellen.

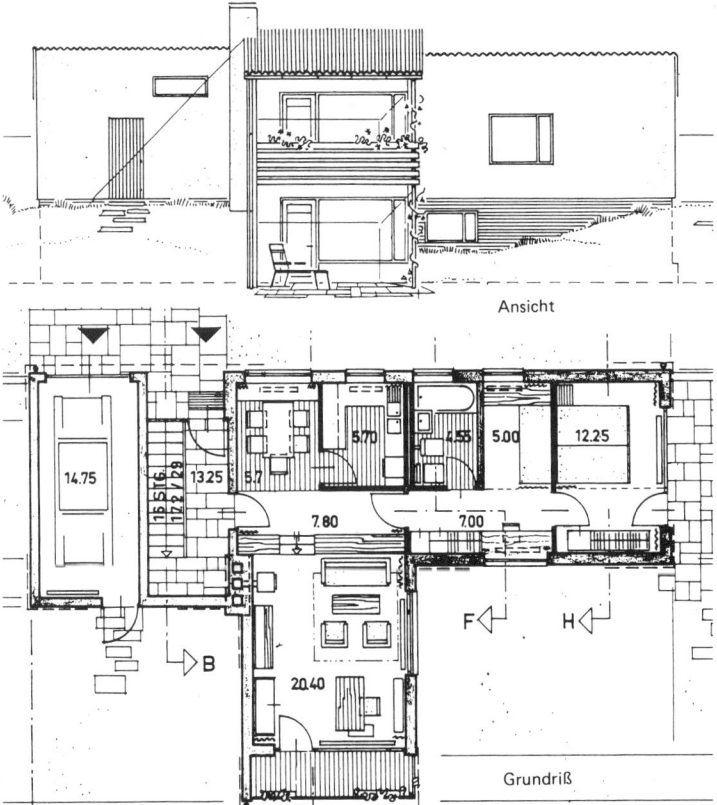

Ansicht

Grundriß

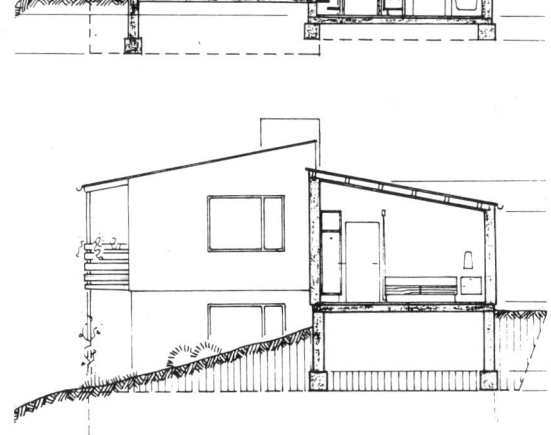

Querschnitt

- **Ansichtszeichnungen** geben den Eindruck der äußeren Wirkung wieder. Sie im Zusammenhang mit Grundrißausschnitten darzustellen, schafft guten Überblick über räumliche Ausdehnungen und Zusammmenhänge, wie die Abbildung links zeigt.

Aufrisse sowie Grundrisse und Schnitte sind grafische Abstraktionen. In diesen nichträumlichen Zeichnungen werden Flächen im gleichen Maßstab abgebildet.

Für die Baugenehmigungen hinsichtlich Statik, Konstruktion und Finanzierung steht Richtigkeit und Wirtschaftlichkeit im Vordergrund. Dabei kann das Zahlenwerk für ein Projekt ebensogroß wie der zeichnerische Aufwand sein.

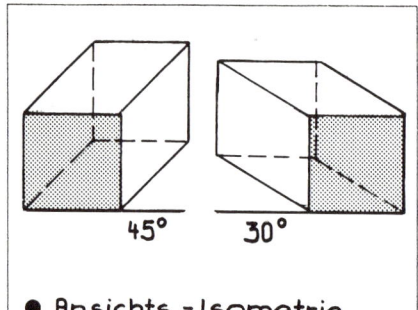

- Ansichts - Isometrie
  „Kavalier - Perspektive
  (Parallel - Perspektive)

Isometrien nach DIN gehen von übereckgestellten Flächen eines Würfels aus. Die Maßverhältnisse aller drei Seiten sind gleich.

Die beiden Seitenflächen werden jeweils um 30 Grad gegen die Horizontale verschwenkt.

Die Ausdeutung von Projektionen ist abhängig von Linienbetonungen, die entweder das Äußere oder Innere, den Gegenstand von oben oder von unten darstellen.

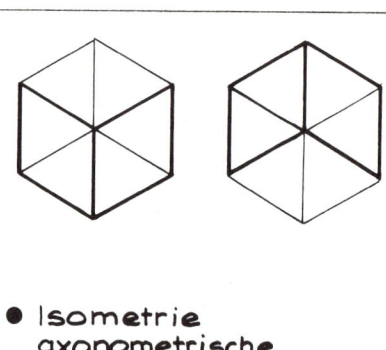

- Isometrie
  axonometrische
  Projektion nach DIN
  Parallelometrie

Parallelprojektionen können unverkürzt und gekürzt ausgeführt werden.
Die **unverkürzte Parallelprojektion** oben geht von der Ansicht z.B. eines Würfels aus, dem in schräger Stellung zwei weitere Ansichten mit unverkürzten Längenmaßen hinzugefügt werden. Es entsteht ein körperliches Bild, das aber in der Tiefe übertrieben groß erscheint.

In der Ansicht wie in der Projektionsrichtung bleiben alle Maße unverändert.

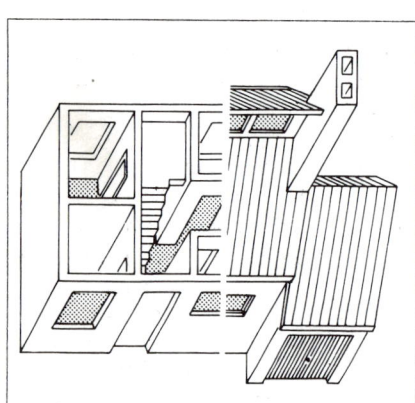

Die Herstellung von **Axonometrien** erfolgt praktisch, indem man einen Grundriß auf Transparentpapier durchzeichnet, ihn um die gewünschte Höhe senkrecht oder schräg verschiebt und den Grundriß erneut aufträgt.
Der Grundriß bleibt in der üblichen Position parallel zu den Blattkanten liegen, die Wände werden dann darauf in geneigter Stellung dargestellt.

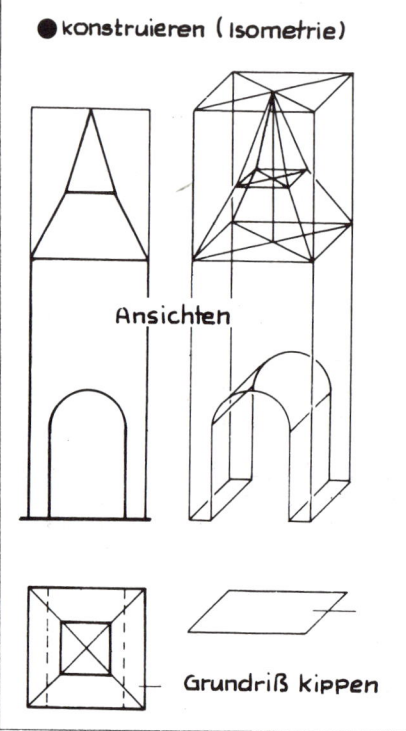

- konstruieren (Isometrie)

Ansichten

Grundriß kippen

Die Darstellung zeigt entweder Dachaufsichten oder Räume, je nachdem, welche Information erwünscht ist. Flächenanlegungen verstärken den Eindruck von Plastizität: sie erfolgen durch Rastereinziehungen oder freihändig.

Die **gekürzte Parallelprojektion** erhält in der Tiefenausdehnung Verkürzungen, um die Größenverhältnisse wahrheitsgetreuer erscheinen zu lassen.

Die Verkürzung der Tiefenmaße kann beliebig gewählt werden.

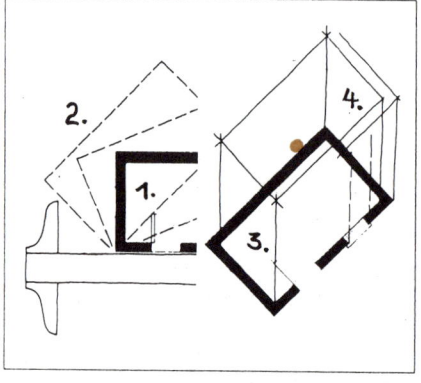

Arbeitsfolge:
1. Der Grundriß wird auf die Spitze gestellt.
   (2)
3. und 4. Die Ansichten werden dann senkrecht dazu entwickelt.

Die Darstellungsmethode von Keith Albarn erlaubt die Betrachtungen von Baukörpern in allen Richtungen gedreht.

Die **Scheinperspektive** hat große Ähnlichkeit mit der verkürzten Parallelprojektion. Die Ansichtsfläche ist hier jedoch aus dem rechten Winkel verschoben. Die Projektion erfolgt unter 30 Grad, und die Verkürzung beträgt die Hälfte der wahren Länge.
Der Verzerrungswinkel der Ansicht sollte nicht größer als 6 Grad sein.

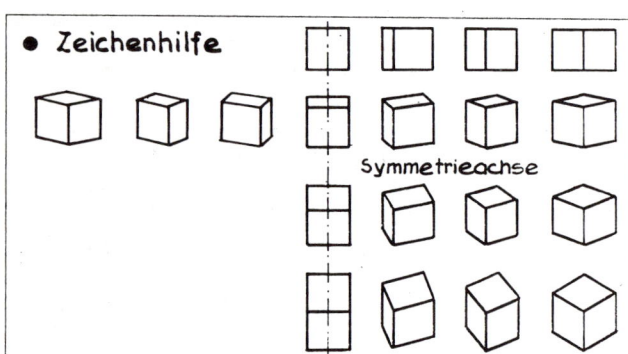

- Zeichenhilfe

Symmetrieachse

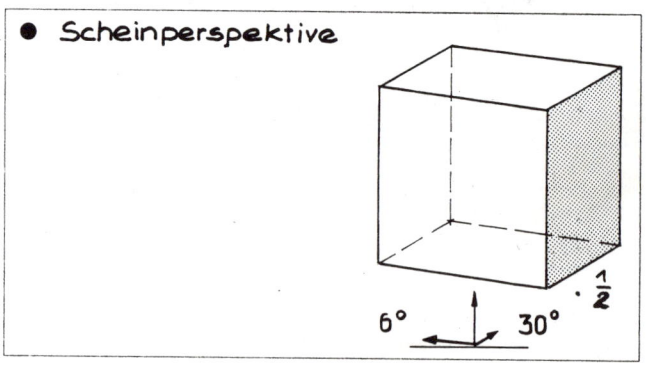

- Scheinperspektive

TECHNISCHES ZEICHNEN 2

Isometrien in Ansicht und Grundriß

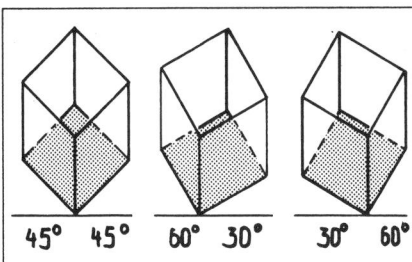

- Grundriß - Isometrie
. Militär - Perspektive
(Axonometrie)

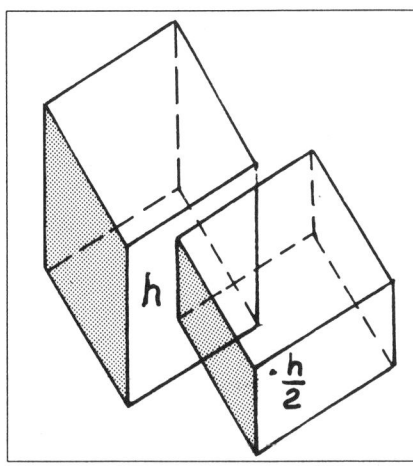

Wir sehen die Welt nicht so wie sie ist, sondern das, was unsere Sinne aus ihr machen.

Unsere Augen bilden die Welt nicht ab, sondern sie legen sie für uns aus. Nicht die Augen sehen, sondern das Gehirn. Was ihm nicht vertraut ist, ignoriert es. Ohne Rücksicht auf Objektivität werden so z.B. Konstraste verstärkt, Proportionen verzerrt.

„Optische Täuschungen" sind eigentlich keine solchen. An diesen Ausnahmefällen der Wahrnehmung erkennen wir, wie Auge und Gehirn den Betrachter durch die Umwelt leiten."

Erscheint ein Gegenstand kleiner als er ist, leiten wir daraus seine Entfernung ab.

Zweidimensionale Bilder werden so räumlich gedeutet. Die Figur im Vodergrund wirkt durch die Perspektivlinien sehr viel kleiner, obwohl sie gleichgroß mit der hinteren ist.

Optische Täuschungen
    Hoimar von Ditfurth

Die **Axonometrie** kennt Darstellungen in gekürzter und ungekürzter Ausführung.
Der Neigungswinkel kann beliebig gewählt werden, liegt jedoch praktisch bei 30 bzw. 45 Grad.

Die **ungekürzte Axonometrie** hat einen übereckgestellten Grundriß, hier z.B. unter 30 Grad.

Die Höhenmaße werden über den Eckpunkten aufgetragen.

Die Aufsicht gleicht dem Grundriß, der praktisch nur nach oben verschoben wird. Seine Maße sind demnach unverändert.

Die Diagonalmaße sind ähnlich wie bei der Ansichtsisometrie verzerrt.

Die **gekürzte Axonometrie** zeigt denselben Würfel mit einer auf die Hälfte verkürzten Höhenentwicklung. Der Gesamteindruck erscheint richtiger, obwohl die Maße weniger genau sind.
Das Verkleinerungsverhältnis der Höhen kann beliebig gewählt werden.

Die **Architekturzeichnung** ist in ihrer Entwicklung Teil der Architekturgeschichte. Mit der Architektur ändert sich der Charakter und die Bedeutung der Zeichnung.
Ende des 19. Jahrh. verfiel die Architekturzeichnung zur Dekorationsgrafik. Das flächige Zeichnen dominierte. Daß räumliche Verhältnisse geklärt werden sollten, war dieser Architektur fremd. Meister wie van der Velde, Adolf Loos und Muthesius setzen allerdings dagegen: „Die Kunst der Baumeister besteht darin, Räume zu schaffen, und nicht Fassaden zu gestalten."

Für die Architekturzeichnung des 20. Jahrh. ist die Entstehung einer neuen Raumkonzeption, die bis hin zum Kubismus in der Malerei reicht, entscheidend.

Durchdringungen von Innen nach Außen standen nun im Vordergrund.

Neue Maßstäbe wurden gesetzt:

Mies van der Rohe kennzeichnete dies 1919 mit der Kohlezeichnung eines Glashochhauses.

Das zeichnerische Mittel heißt Reduktion.

Erich Mendelsohn brachte seine Idee durch persönlichen Duktus zum Ausdruck.

Richard Neutra fand zu einer ästhetischen Textur.

Die **Architekturzeichnung** muß Sachverhalte definieren, daher steht nicht Attraktivität, sondern plastischräumliche Klarheit im Vordergrund.

Die Zentralperspektive galt seit der Renaissance als die nahezu einzige Darstellungsform. Fragwürdig wird sie erstmals mit der Wiederentdeckung der Fläche und der Entwicklung des Kubismus.

Das Bauhaus ersetzte das Ornamentzeichnen durch eine Grundlehre über Fläche und Raum.

Die Zentralperspektive verzerrt.

Das Bauhaus nahm sie daher nicht in die Lehre auf.

Modifizierte Parallelperspektiven wurden ersatzweise entwickelt. Doch Verzerrungen blieben nie aus.

Isometrie und Modellbau traten im Bauhaus an die Stelle der **Beaux-Arts**-Ausbildung.

Die Kennzeichnung der Architekturzeichnungen erfolgt einmal als Mittel zum Zweck nach Idee, Entwurf- und Realisierungszeichnung.

Die Funktionen des Architekturzeichnens hat Le Corbusier definiert: „Zeichnen heißt beobachten, entdekken, erfinden und schaffen."

In der **Baugeschichte** gab es immer Meister, die ihren Ruhm mit der Zeichnung und nicht mit dem Bauwerk begründet haben.

Piranesi war einer der berühmtesten.

Gegenbeispiele sind aber ebenso bekannt. Friedrich der Große z.B. drückte seine Vorstellungen von Schloß Sanssouci durch einige Federstriche aus und übertrug den Bau dann Knobelsdorf.

Das Zeichnen als die unmittelbare Sprache des Architekten bleibt unersetzlich wichtiges Bindeglied zwischen Idee und Objekt.

Die Medien Film und Fernsehen setzen jedoch neue Maßstäbe. Aber auch innerhalb dieser Entwicklung wird der zeichnende Architekt seine Position behaupten können.

Isometrien stehen senkrecht oder geneigt, werden in der Auf- oder Untersicht gezeigt, positiv oder negativ dargestellt.
Die Innenräume scheinen in ihrer Darstellung von unten besser kontrollierbar.

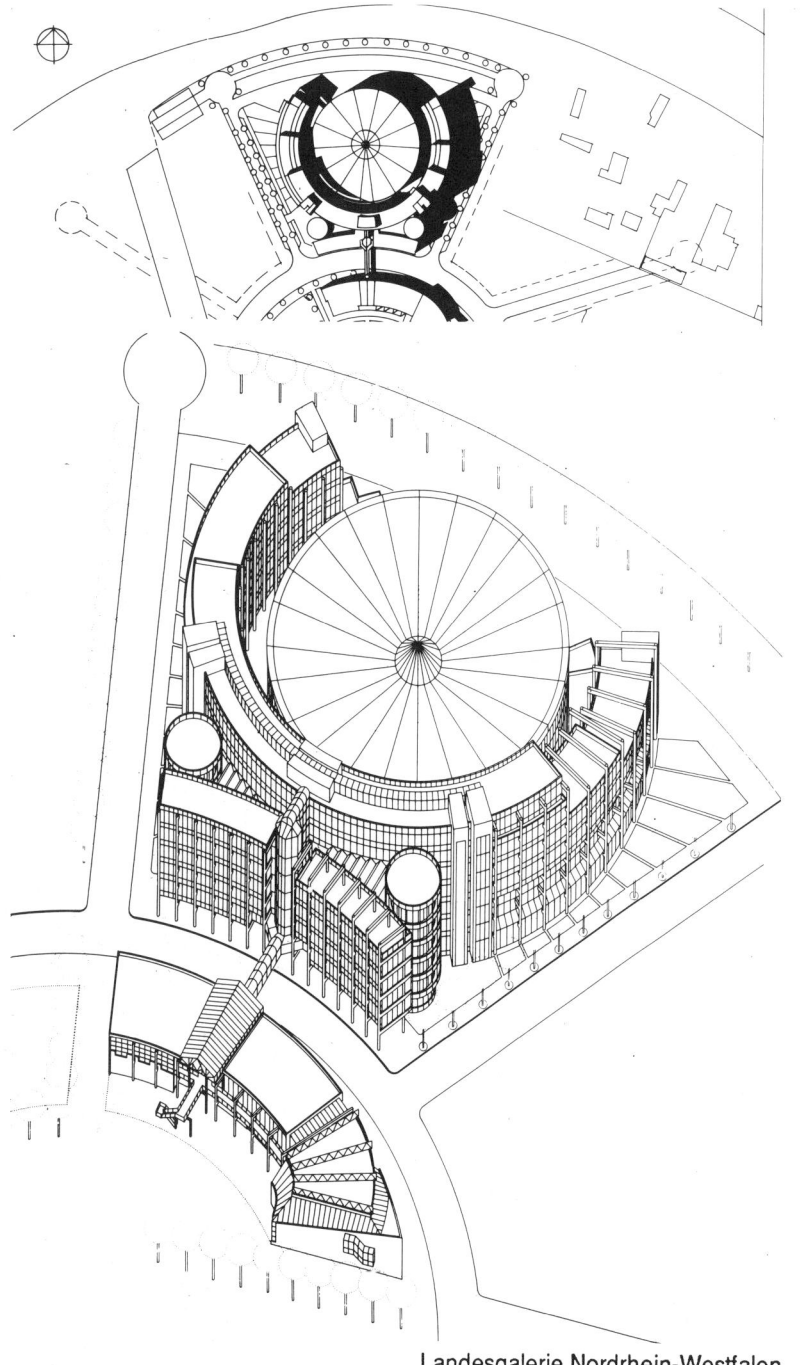

Landesgalerie Nordrhein-Westfalen, Düsseldorf

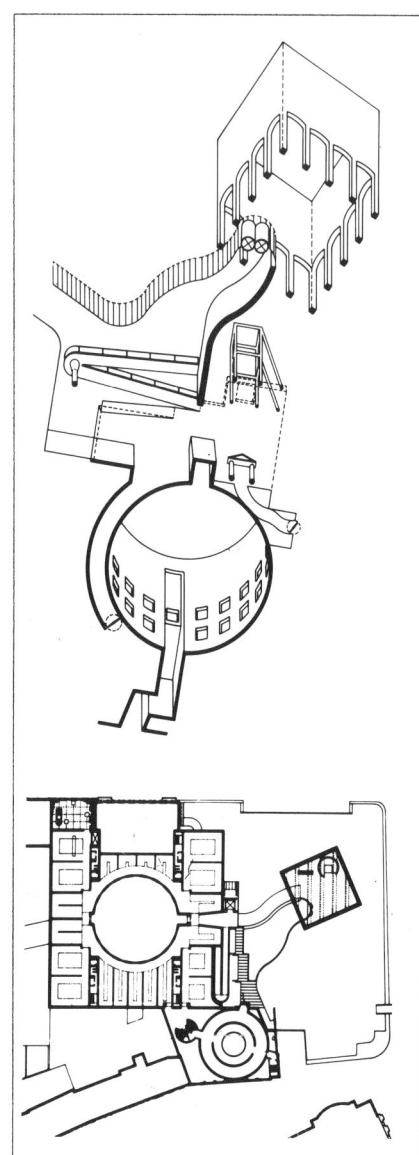

Palmengarten in Frankfurt
Arch. Hermann Blomeier

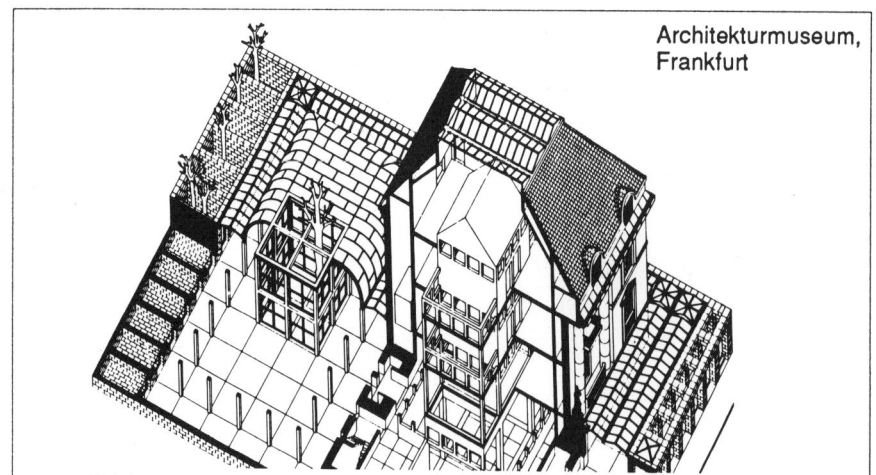

Architekturmuseum, Frankfurt

Isometrien werden in sehr unterschiedlicher Weise zur Berichterstattung von Gebäuden, Räumen und Konstruktionen eingesetzt.

Die Darstellung erfolgt z.B. allein oder in Kombinationen mit dem Grundriß, mit exakten Höhen oder mit auseinandergezogenen Geschossen bzw. Konstruktionen.

Die Bilder stehen lotrecht oder sind geneigt, wie sich aus der Projektion über dem Grundriß ergibt. In der Regel werden Aussichten, neuerdings aber auch Untersichten gezeichnet.

Die Darstellungen weisen nur Linien oder auch Halbtöne, z.B. durch Raster, auf. Sie erfolgen meist schwarz auf weißem Grund, aber auch die Umkehrung ins Negative ist beliebt, dann stehen die weißen Linien auf schwarzem Grund.

Die Informationen reichen in den Räumen vom Aufzeigen von Ausstattungen bis hin zur Darstellung von Möbeln und Objekten.

Beschriftungen sind nicht selten in den Zeichnungen, werden aber auch außerhalb als Legenden angebracht.

TECHNISCHES 3 ZEICHNEN

Isometrien in der Architektur

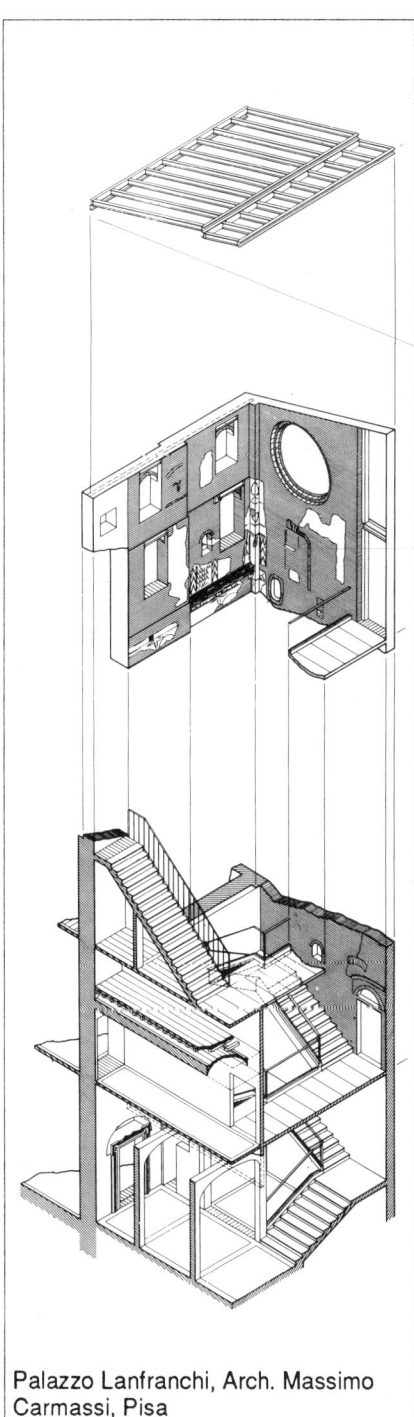

Palazzo Lanfranchi, Arch. Massimo Carmassi, Pisa

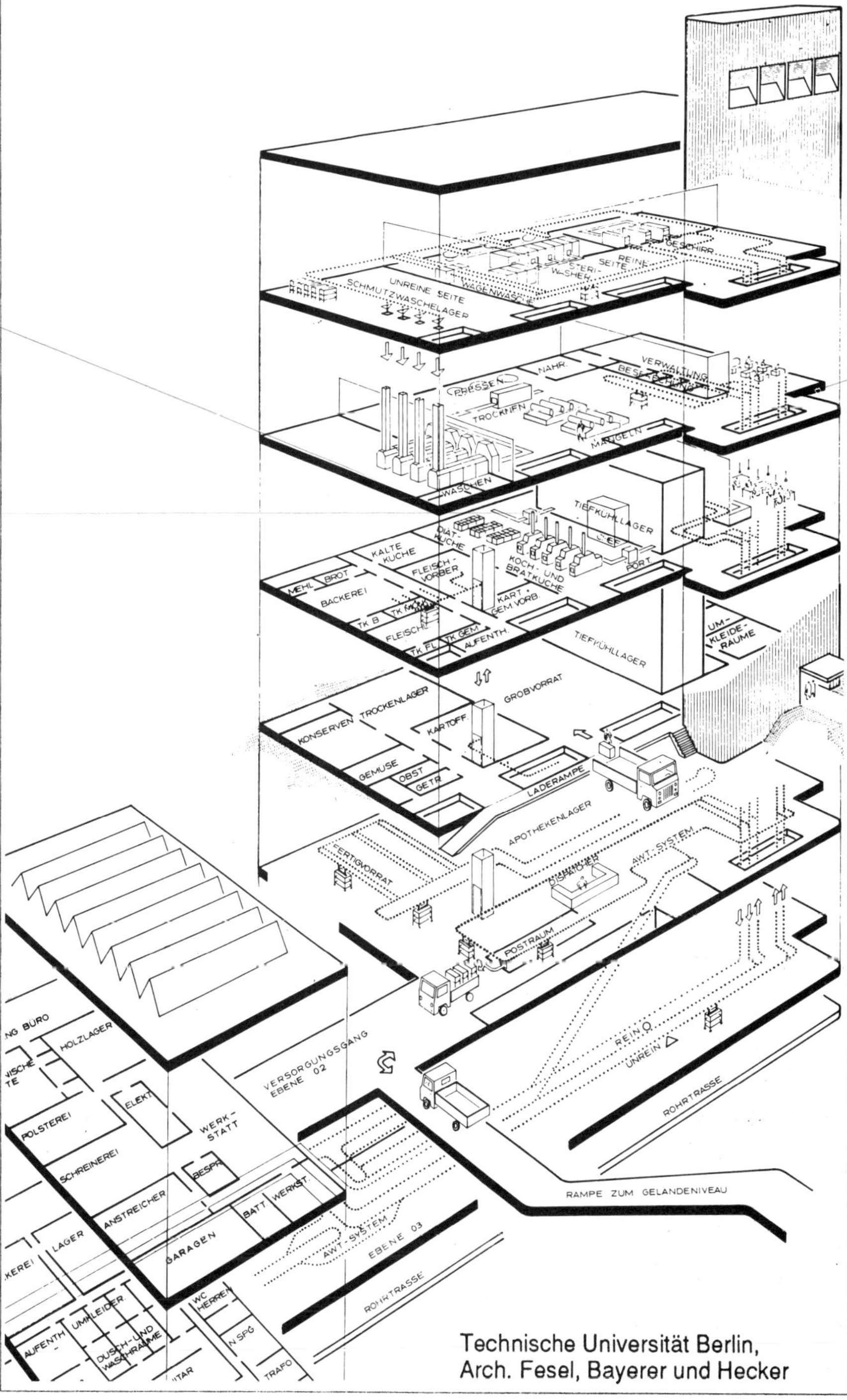

Technische Universität Berlin, Arch. Fesel, Bayerer und Hecker

Die **Perspektive** ist eine zeichnerische Konstruktion, mit deren Hilfe sich ein Gegenstand so erfassen läßt, wie er sich von einem Standpunkt aus darstellt.

Jede **Perspektive** entsteht aus einer Grundkonstruktion. Es gibt sehr verschiedene Konstruktionen, die alle Vor- und Nachteile haben. Sie sind mehr oder weniger genau und lassen sich unterschiedlich leicht ausführen.

Die **Zentralprojektion** stellt das Prinzip der Perspektive dar. Die Sehstrahlen kommen alle aus einem Punkt. Das Bild, das von diesem aus erzeugt wird, unterscheidet sich von Parallelprojektionen.

Grundgesetze der Perspektive

Waagerechte und senkrechte Geraden, die parallel zur Bildebene laufen, bleiben parallel.

Parallelen, die in einem Winkel zur Bildebene verlaufen, treffen sich in einem Fluchtpunkt. Zwei Fluchtpunkte haben Perspektiven, bei denen die Ansichten eines Körpers übereck liegen, und zwar rechts und links vom Standpunkt.

Die Bestimmung der Fluchtpunkte erfolgt vom Standpunkt aus durch Parallelen zu den Grundrißkanten. Ihre Kreuzungspunkte mit der Bildebene ergeben die Distanz der Fluchtpunkte, die dann auf den Horizont projiziert werden.

Die **Fluchtpunkte** steigender Parallelen liegen über dem Horizont, die Fluchtpunkte fallender darunter.

Die **Größen** eines Gegenstandes werden durch ihren Abstand von der Bildebene bestimmt.

Die Größen verändern sich ständig, nur in der Bildebene sind sie maßgerecht. Größer werden die Körper vor der Bildebene, kleiner diejenigen hinter dieser Projektionsfläche.

Breiten- und Höhenmaße werden horizontal an der Basis und vertikal an der Bildebene abgetragen.

Ihre Projektionslinien laufen zum Fluchtpunkt.

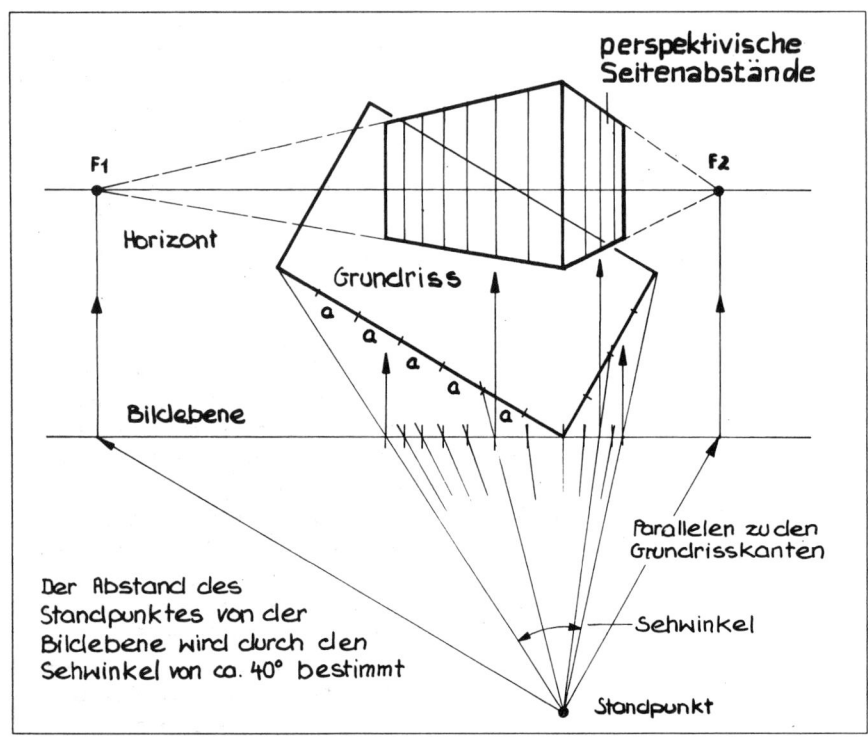

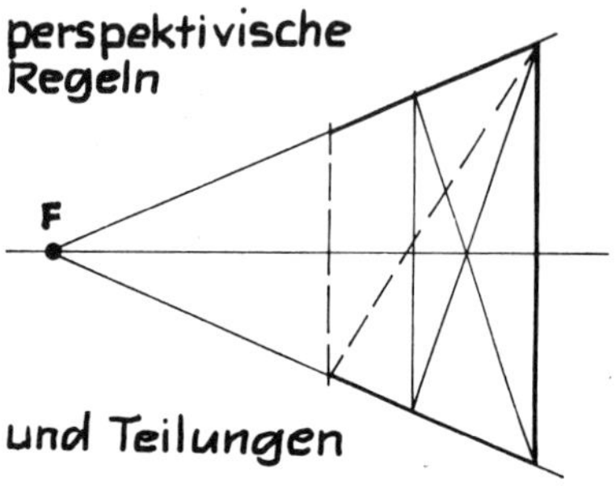

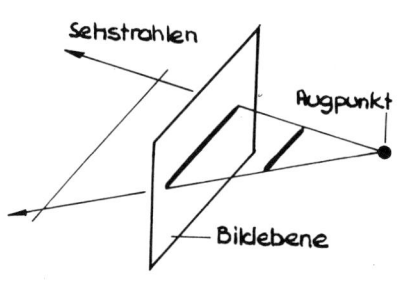

Literatur über Perspektiven und deren Konstruktionen gibt es sehr spezielle die auch sehr empfohlen werden kann.

Hier werden die einzelnen Verfahren sehr straff abgehandelt um denen, die für das Entwerfen bedeutend sind angemessen Platz zu lassen.

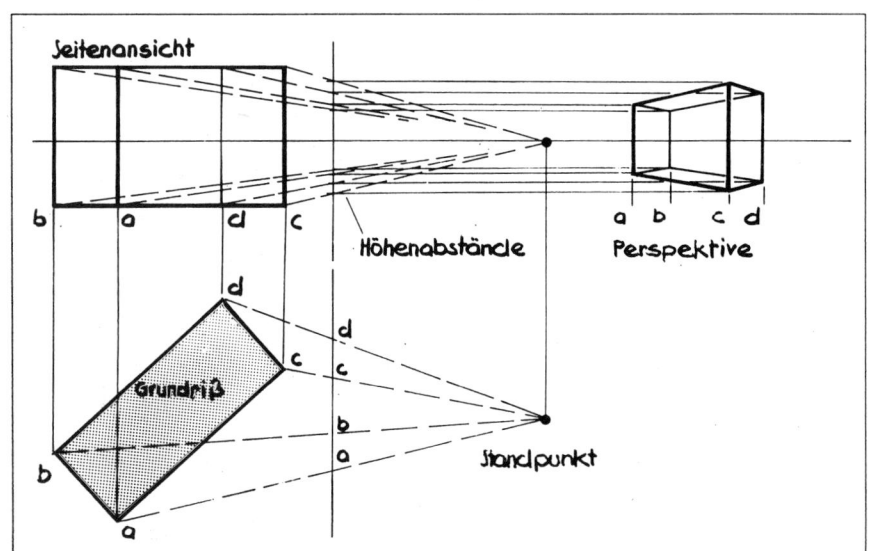

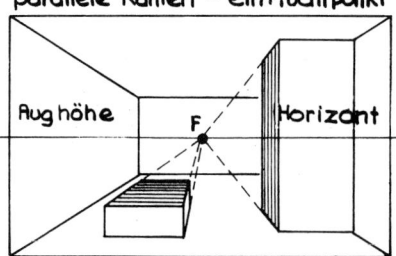

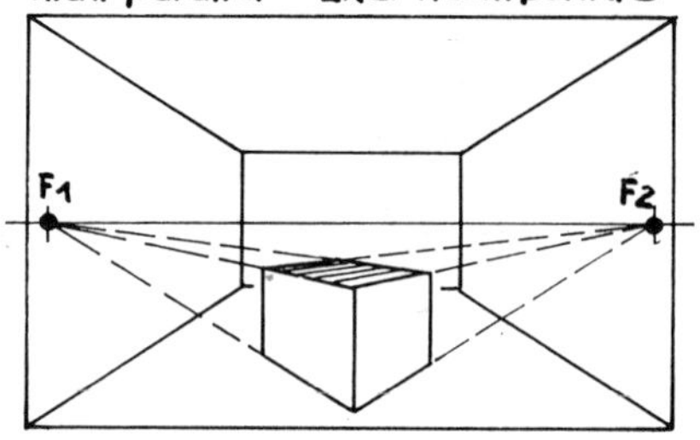

Kapitelübersicht

1. Teilpunktverfahren
2. Zentralperspektive
3. Zweifluchtpunkt-Perspektive
4. Kombinierte Perspektiven

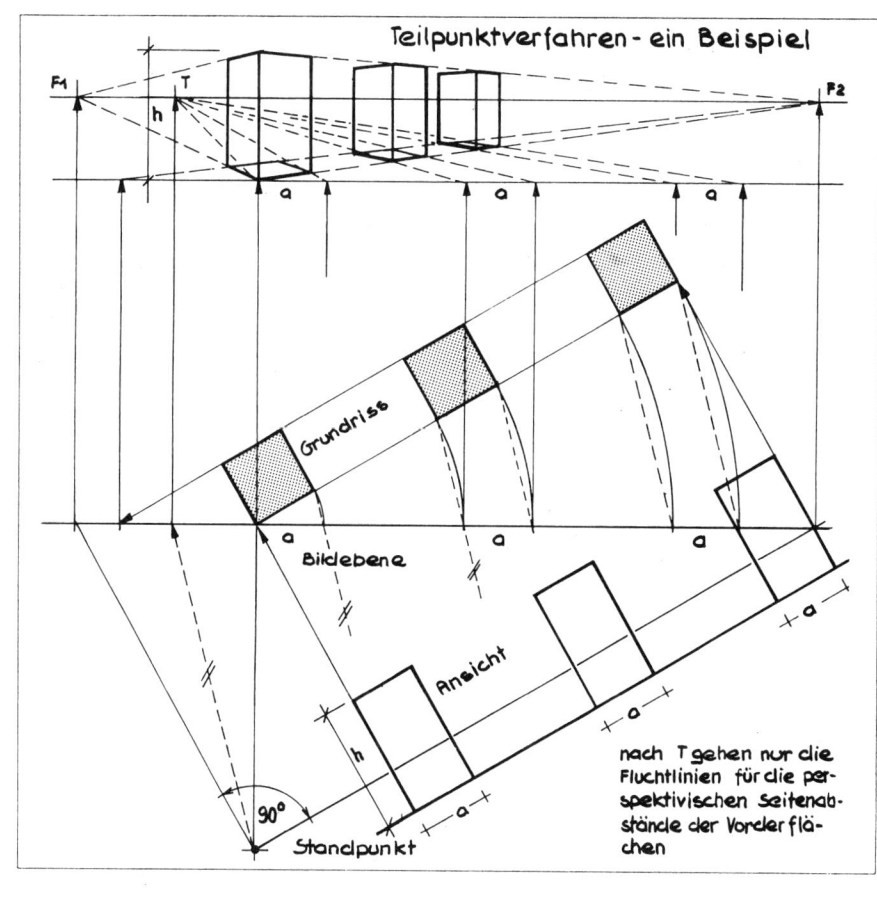

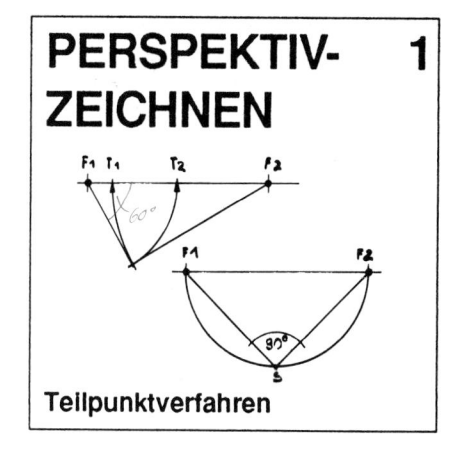

PERSPEKTIV-ZEICHNEN 1

Teilpunktverfahren

Teilpunktverfahren – ein Beispiel

nach T gehen nur die Fluchtlinien für die perspektivischen Seitenabstände der Vorderflächen

Das **Teilpunktverfahren** dient der einfachen perspektivischen Konstruktion. Ein rechteckiges Dreieck wird unter einem Winkel von meist 60 Grad unter die Bildebene gelegt. Die Fluchtpunkte F1 und F2 ergeben sich aus den Durchstoßpunkten der Dreiecksschenkel mit der Bildebene. Die Teilpunkte T1 und T2 werden durch das Eindrehen oder Abtragen der Schenkelkanten auf die Bildebene ermittelt. Die Seitenlängen eines Gegenstandes werden auf der Bildebene rechts und links vom Standpunkt aus angetragen.

Die Kreuzungspunkte der Verbindungslinien von den Seitenlängen zu den Flucht- und Teilpunkten ergeben die perspektivischen Flächen.

Die Höhen werden über dem Standpunkt auf der Bildebene abgetragen.

Die **Glastafelperspektive** ist die einfachste Methode, ein Schaubild von einem Gegenstand zu erstellen.

Auf einer senkrechten Glasplatte werden die Konturen bei ruhiger Augenstellung einfach nachgezogen.

Die **Luftperspektive** beruht auf der Tatsache, daß sich Farben in der Atmosphäre umso stärker nach blau hin verändern, je weiter ein Körper entfernt liegt.

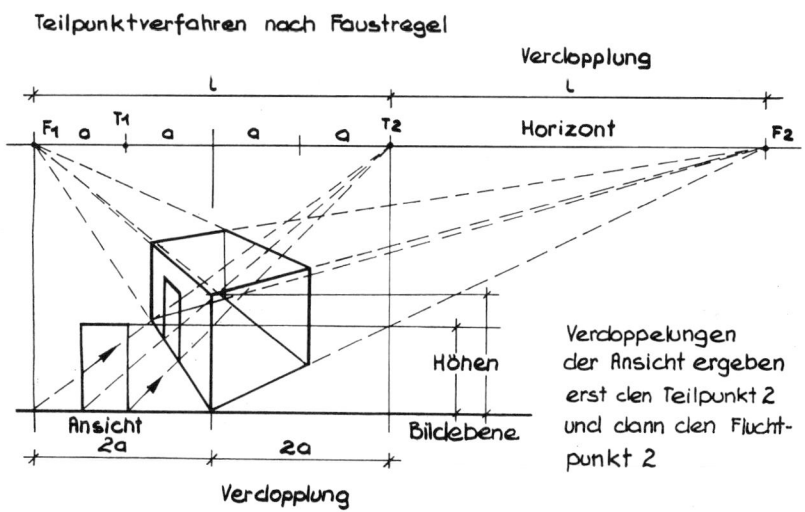

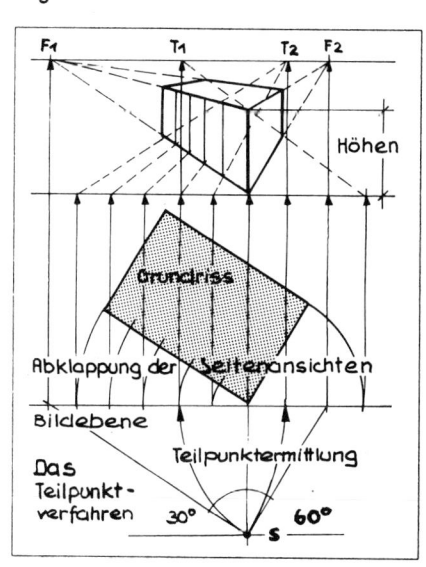

Teilpunktverfahren nach Faustregel

Verdopplungen der Ansicht ergeben erst den Teilpunkt 2 und dann den Fluchtpunkt 2

Das Teilpunktverfahren

Die **Zentralperspektive** hat folgende typische Merkmale und Details:
- Der Fluchtpunkt auf dem Horizont bestimmt den Blick. Seine Plazierung ist zentral konstruktiv richtig, asymmetrisch verschafft er aber einer Abbildung mehr Dynamik.

Die **Horizonthöhe** bestimmt die Aufsichttiefen, z.B. von Böden und die Untersichten an den Decken.

Die Ansicht eines Gegenstandes liegt parallel zur Bildkante. Der Bildrahmen stellt einen perspektivischen Ausschnitt dar. Zur Konstruktion werden in ihm Orginalgrößen eingetragen, von denen aus Strahlen zum Fluchtpunkt gehen.

Zentralperspektiven mit Grundrißprojektionen sind sehr genau und gut verständlich. Sie benötigen aber viel Platz und kosten auch mehr Zeit als die Konstruktionen ohne Grundriß.

Der **Standpunkt** wird mit einem Sehwinkel von 40 Grad achsial oder asymmetrisch vor dem Gegenstand festgelegt.

Der **Fluchtpunkt** liegt auf dem Horizont, der normalerweise in Augenhöhe angenommen wird, d.h. der Abstand des Betrachters vom Objekt wird dadurch bestimmt, daß dessen Außenkanten noch vom Sehwinkel erfaßt werden.

Die **Bildebene** wird wahlweise an die vordere oder hintere Kante des zu projizierenden Gegenstandes gelegt, auf ihm werden die Originalmaße der Fronten abgetragen und die Verkürzungen der tiefen Maße ermittelt.

Flächenteilungen werden in der Tiefe schnell und einfach durch Diagonalen ermittelt, siehe Abb. links unten. Die Mittelachsen sind durch Diagonalen ebenso festzustellen, wie über die Grundrißprojektion.

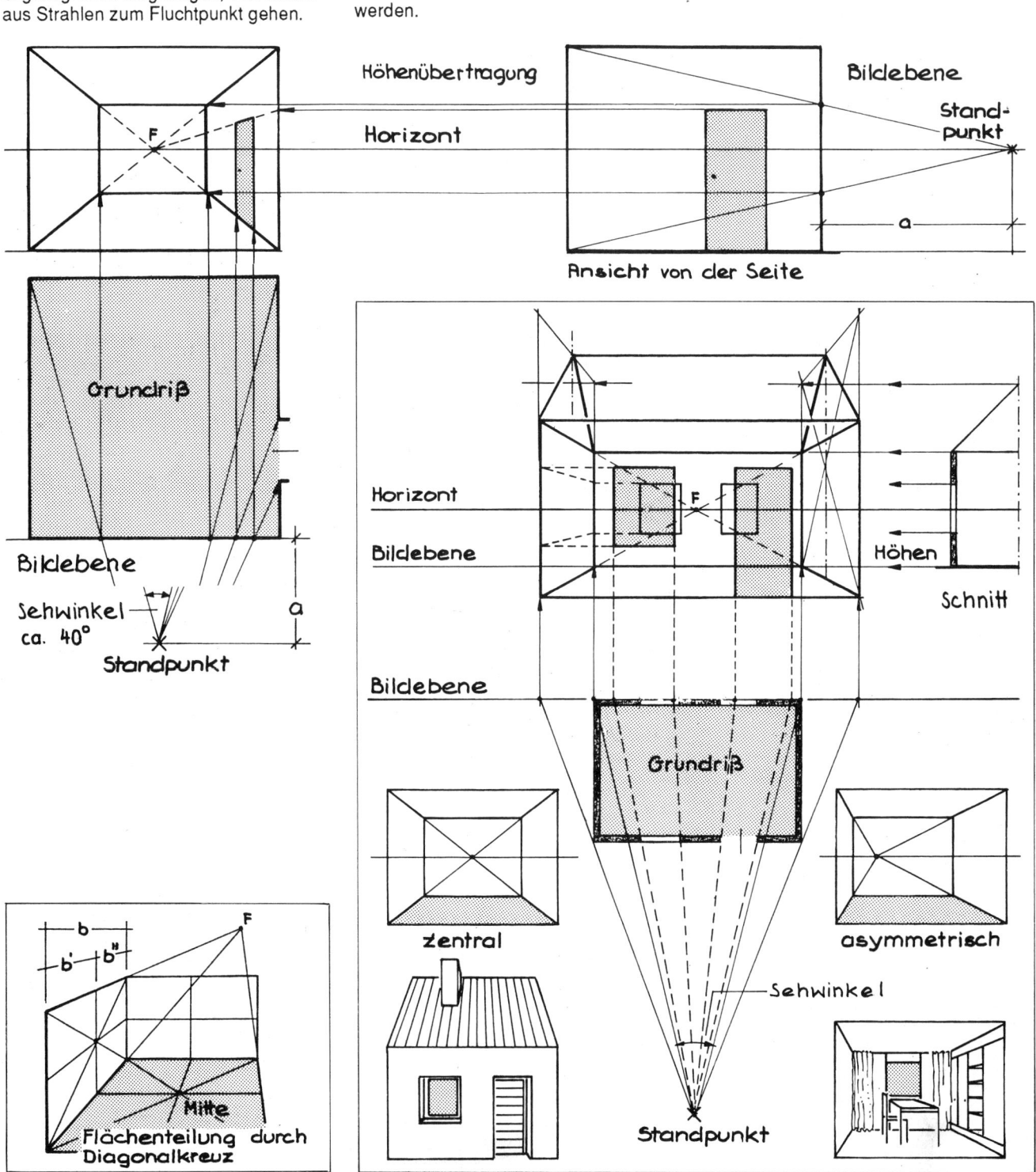

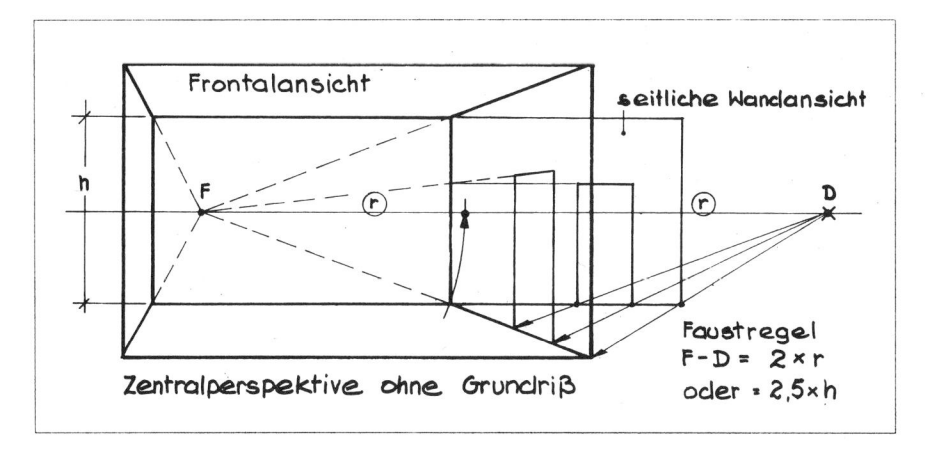

PERSPEKTIV-ZEICHNEN 2

Zentralperspektive

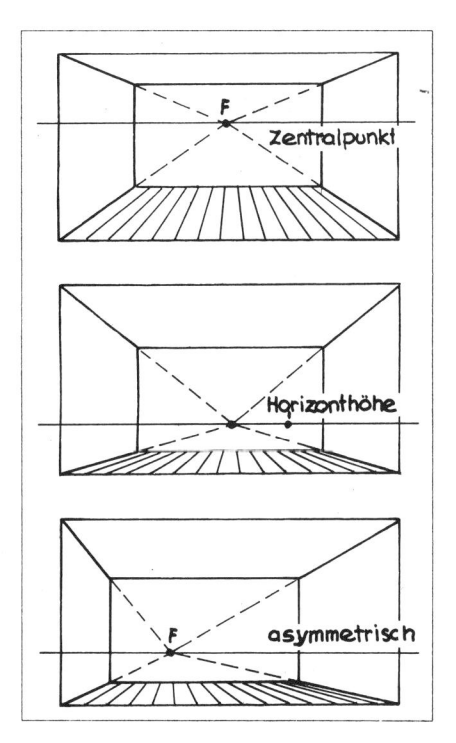

Frontalansicht — seitliche Wandansicht
Zentralperspektive ohne Grundriß
Faustregel F-D = 2 × r oder = 2,5 × h

Zentralperspektiven lassen sich auch ohne Grundrisse herstellen. Mit einem **Distanzpunkt** werden gern die Zentral- und Frontalperspektiven konstruiert, siehe Abbildung rechts.

Der Standpunkt S liegt mittig vor der Ansicht des Gegenstandes, der Fluchtpunkt achsial darüber auf dem Horizont. Die Tiefenmaße werden seitlich neben der Ansicht abgetragen.

Der Distanzpunkt wird unter 45 Grad vom Standpunkt aus ermittelt.

Die Verkürzungen ergeben sich aus den Überschneidungen der Linien zum Distanzpunkt einerseits und zum Fluchtpunkt andererseits.

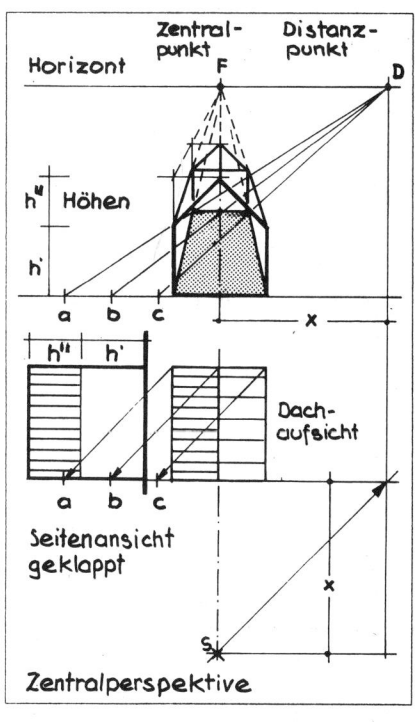

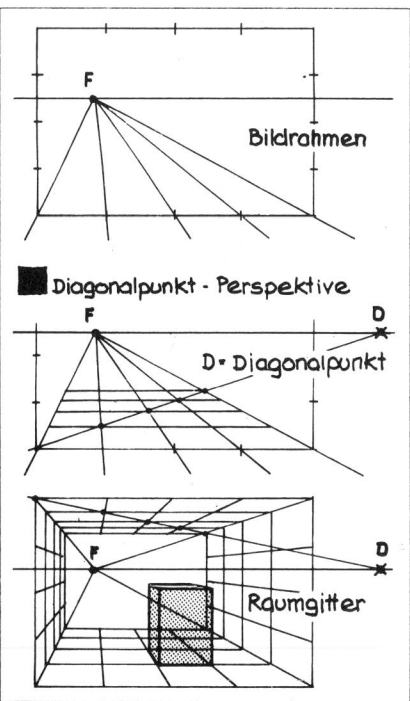

Zentralpunkt — Horizonthöhe — asymmetrisch

Zentralperspektive: Horizont, Zentralpunkt F, Distanzpunkt D, Höhen h″, h′, Seitenansicht geklappt, Dachaufsicht

Faustregeln können bei Hilfskonstruktionen oft sehr behilflich sein. Aus der Seitenansicht werden dabei über einen Distanzpunkt die verkürzten Tiefen ermittelt. Die Entfernung F-D beträgt 2r oder 2,5 × h.

Über einen **Diagonalpunkt** lassen sich Verkürzungen ebenfalls ermitteln, siehe Abb. links unten.

Seine Entfernung vom Fluchtpunkt entspricht dem Abstand des Betrachters von der Bildebene.

Die perspektivische Wirkung ist umso größer, je kürzer die Entfernung zwischen Diagonal- und Fluchtpunkt ist.

Die Verbindung einer Bildrahmenecke mit dem Diagonalpunkt schneidet die Bildrahmenfelder in gleichgroße verkürzte Abschnitte.

Das Raumnetz entsteht, wenn man mit Hilfe des Diagonalnetzes auch die Decke gliedert. Die Raster an den Wänden werden daraus abgeleitet.

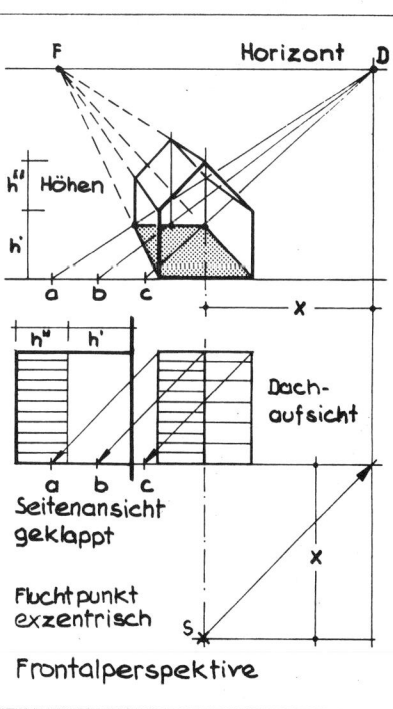

Bildrahmen — Diagonalpunkt-Perspektive — D-Diagonalpunkt — Raumgitter

Frontalperspektive: Fluchtpunkt exzentrisch

Die **Zweifluchtpunktperspektive** stellt einen Gegenstand sehr plastisch übereck dar.

Die Projektion erfolgt über dem schräggestellten Grundriß eines Gegenstandes.

Der Standpunkt liegt etwa mittig unter dem Gegenstand, im Abstand von einem 40-Grad-Blickwinkel.

Die Bildebene liegt vorn oder hinten an einer Gebäudekante, an der die Höhenmaße in Orginalgröße abgetragen werden können.

Die Fluchtpunkte liegen natürlich beide auf dem Horizont. Ihr Abstand wird durch Projektion ermittelt.

Parallelen zu den Gebäudekanten, durch den Standpunkt gelegt, durchstoßen die Bildebene, womit sich die Entfernungen der Fluchtpunkte voneinander auf dem Horizont ergeben.

Die Höhenmaße werden aus den Ansichten in der Bildebene übertragen.

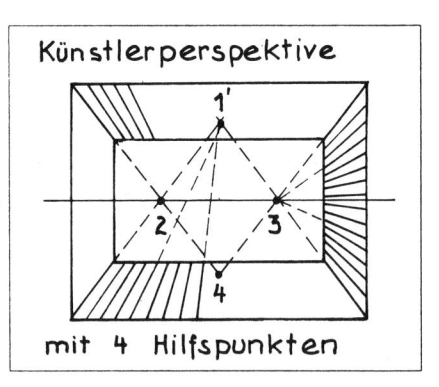

Künstlerperspektiven mildern die Wirkung der auf das Zentrum eines Bildes spitz zulaufenden Perspektivlinien und den sich damit nach vorn sehr weit öffnenden Raum, indem sie zwei zentrale Fluchtpunkte auf dem Horizont annehmen, die für die rechten und linken Seiten gelten.

Für die Boden- und Deckenstrukturen sind zwei weitere Punkte zusätzlich oben und unten nötig.

Verdopplungen in der Perspektive sind über ein Diagonalkreuz ebenso leicht zu erzielen, wie umgekehrt Halbierungen, wie sie auf der vorherigen Seite beschrieben wurden.

Die Abbildung unten zeigt, daß durch die halbe Höhe eines perspektivischen Rechteckes nur eine Schräge von der vorderen Ecke gelegt werden muß, die sich mit der verlängerten Oberkante dort schneidet, wo die Verdopplung liegt.

Vergrößerungen um weniger als das Doppelte, z.B. auf die Hälfte oder ein Viertel, lassen sich aus den gewonnenen Hilfslinien der Verdopplungen ableiten.

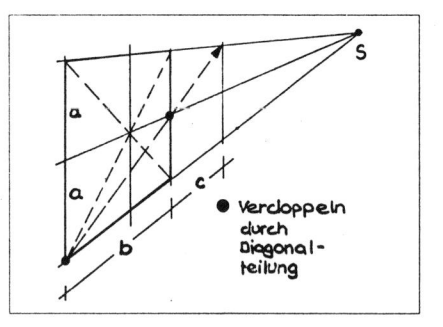

Das Ausrichten von Gebäudekanten ist wichtig, um die Plastizität der Darstellung zu erzielen oder zu steigern.

Das Aufeinanderfallen von Kanten führt zu flächigen Bildwirkungen und zur Verunklärung des Berichtes.

Die Vorder- und Hinterkanten eines Körpers sollen seitlich und in der Höhe gegeneinander versetzt liegen.

Die Fluchtpunkte sind leicht zu verschieben, vor allem bei quadratischen Grundrissen.

Der Körper wird dabei im Grundriß leicht gedreht.

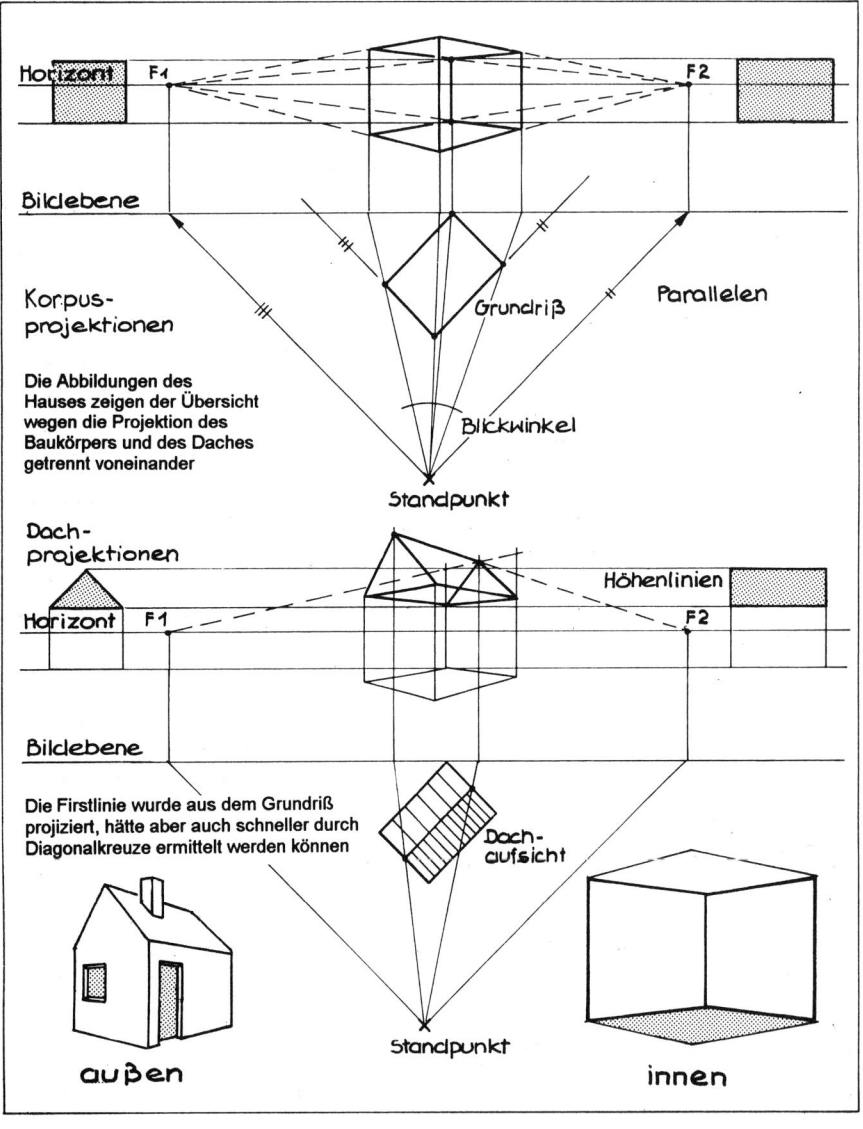

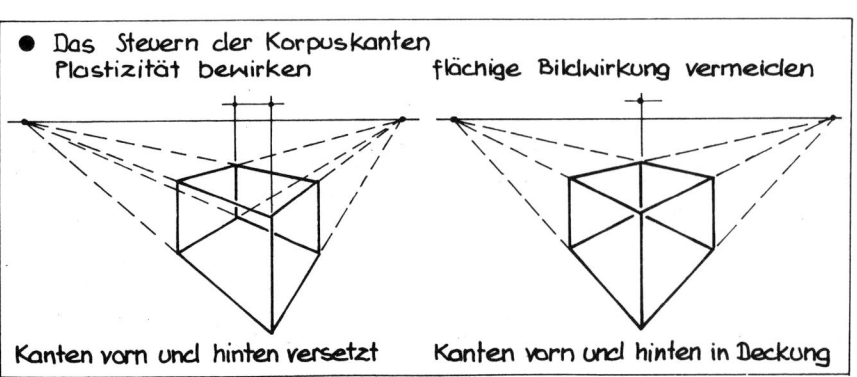

Gesetzmäßigkeiten werden von Menschen entdeckt und formuliert. Formeln werden von ihm entwickelt, doch ohne kreative Handhabung helfen sie nicht weit.

Der Mensch muß mit Kalkül und Gefühl Entscheidungen fällen und Steuerungen solange vornehmen, bis die Resultate voll befriedigen.

Die **Steuerung der Perspektiven** entspricht den Wunschvorstellungen, ist sehr wichtig und will geübt sein. Schnell läßt sich durch Verlegung des Standortes oder der Fluchtpunkte sowie durch das Drehen des Baukörpers eine ganz andere Bildwirkung erzielen. Auch der Horizont und die Bildebene lassen sich verlegen.

Das Steuern der Bildgröße ist recht einfach durch die Verlegung der Bildebene im Grundriß möglich.

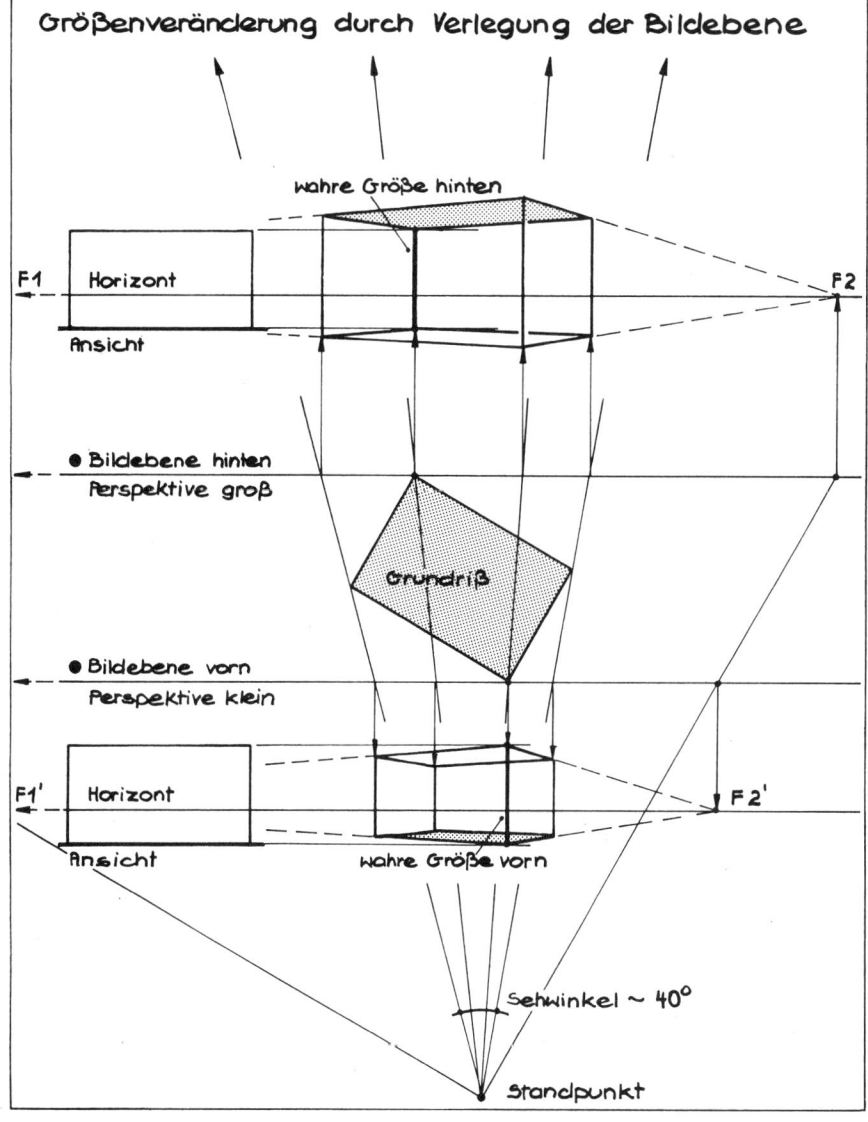

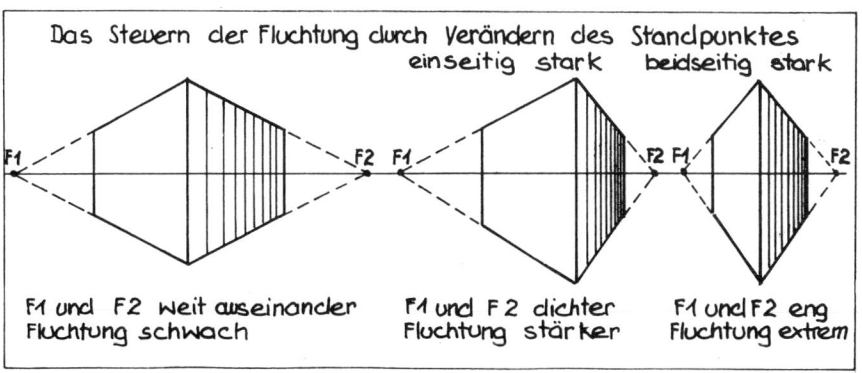

PERSPEKTIV-ZEICHNEN 3

Zweifluchtpunkt-Perspektive

Die Abbildung zeigt zwei verschiedene Projektionsergebnisse über ein- und demselben Grundriß.

Die obere große Abbildung resultiert aus der Bildebene, welche die hintere Gebäudekante tangiert.

Die kleine Abbildung ergibt sich aus der Bildebene, durch welche die vordere Gebäudekante gelegt ist.

Die Horizontlinien sind bei beiden Abbildungen sehr niedrig, so daß eine große Untersicht auf Kosten der geringen Bodenaufsicht gegeben ist.

Das Steuern der Fluchten erfolgt durch Verlegung der Fluchtpunkte, diese wiederum resultieren aus der Veränderung des Standpunktes nach vorn oder nach hinten.

Je näher man an einen Gegenstand herantritt, desto kleiner wird der Abstand der Fluchtpunkte, und damit werden auch die **Fluchtlinien** umso steiler.

Damit sich die vorderen Bildkanten nicht zu spitz treffen, muß man weiter zurücktreten oder einen Bildausschnitt wählen.

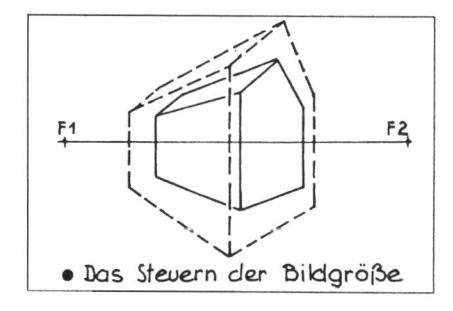

• Das Steuern der Bildgröße

In einem begrenzten Bezirk ist jeder Gegenstand aus jedem **Standpunkt** scharf und ohne Verzerrungen.

Der extrem steile Bildwinkel in der rechten Abbildung ist in einem Ausschnitt genauso normal, wie die linke Abbildung.

Eine andere Veränderung der Fluchtpunkte ist nach rechts wie links möglich, dadurch wird die eine Körperseite stärker verkürzt sichtbar als die andere.

Man wird die Seite vergrößern, die mehr hergibt oder im Licht besser liegt.

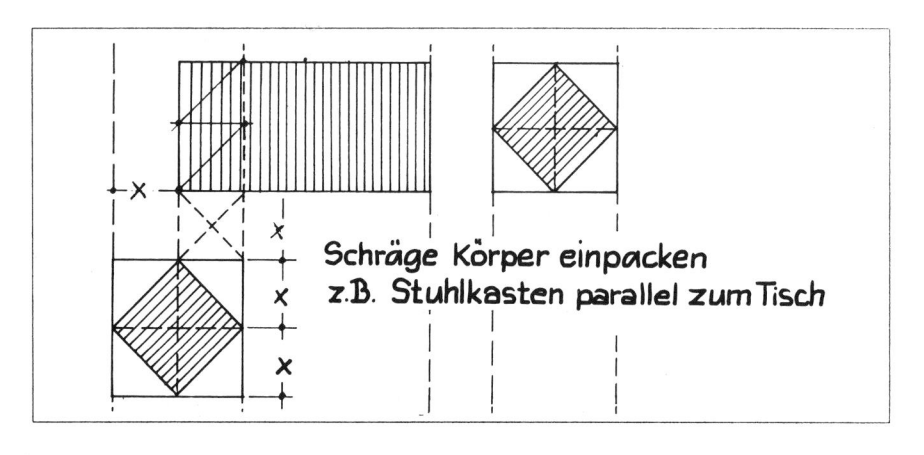

Schräge Körper einpacken z.B. Stuhlkasten parallel zum Tisch

Die **Kombination von Ein- und Zweifluchtpunktperspektiven** ist in der Praxis fast die Regel, denn nur selten stehen alle Körper parallel zur Bildkante, wie es in der Zentralperspektive der Fall ist.
Ebensowenig stehen alle Gegenstände in einem Bild im gleichen Winkel übereck, wie es die Zweifluchtpunktperspektive zeigt.

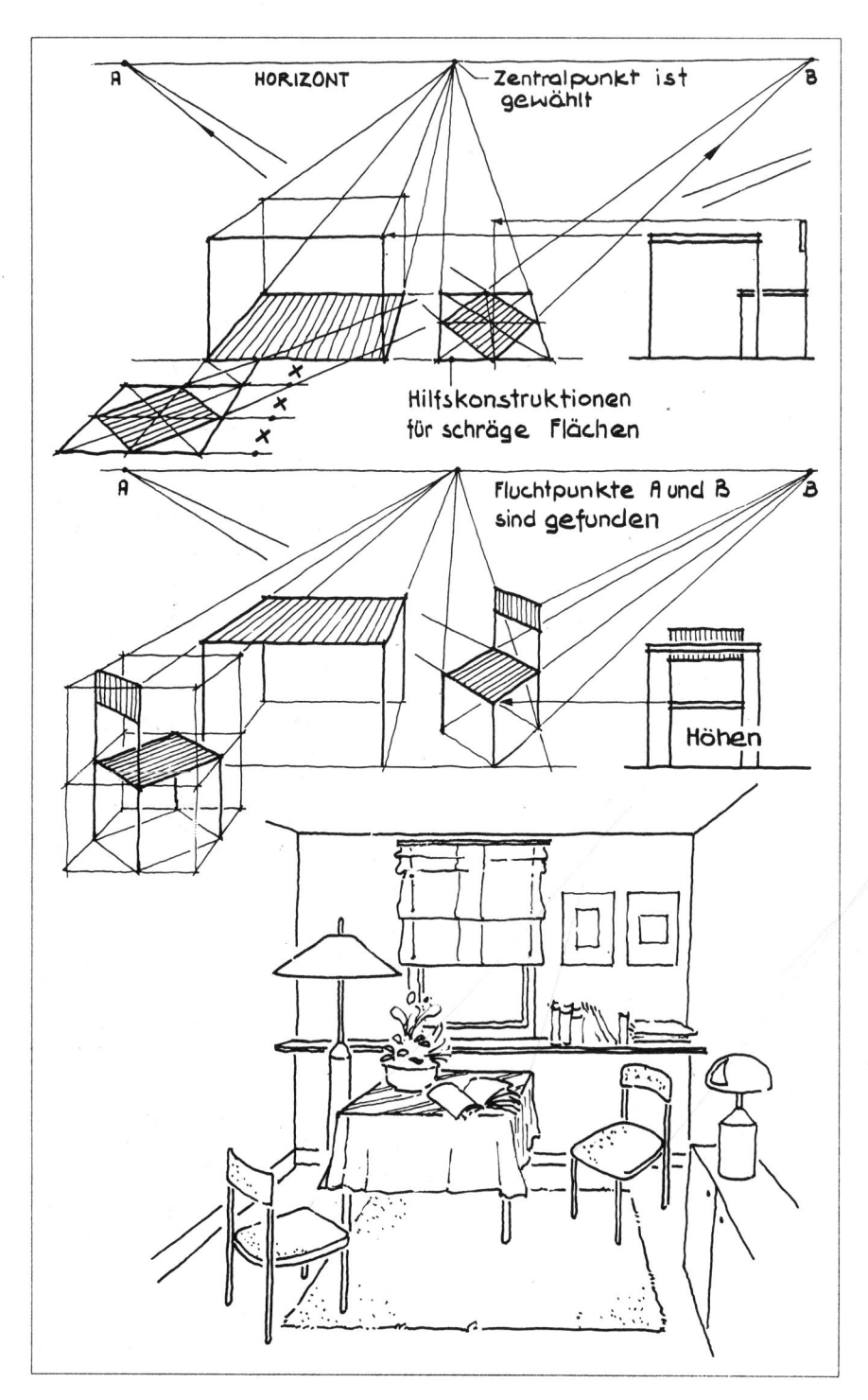

HORIZONT – Zentralpunkt ist gewählt

Hilfskonstruktionen für schräge Flächen

Fluchtpunkte A und B sind gefunden

Höhen

Der schrägstehende Stuhl neben einem gerade aufgestellten Tisch scheint in der Praxis die Regel zu sein. Die zeichnerische Darstellung der Gegenstände in dieser Kombination aber macht oft Schwierigkeiten. Bei einer Zentralperspektive fällt es schwer, die schrägen Körper einzubringen. Wo liegen die Fluchtpunkte?
Natürlich auf dem Horizont.
Aber wo ergibt sich das gleiche Problem umgekehrt?
Wo liegt in einer Zweifluchtpunktperspektive der Zentralpunkt?
Der praktische Weg zur **Zusammenführung der Perspektiven** ist derjenige über die Zentralperspektive, in die alle schräggestellten Körper in Grundrißkästen eingepackt werden, die mit ihren Vorderkanten parallel zur Bildebene stehen und damit den gleichen Fluchtpunkt haben wie das Bild.
Zuerst wird der Grundriß des Tisches perspektivisch gezeichnet.
Der rechte Stuhl kann in seinem Abstand dazu abgemessen werden.
Der vordere Stuhl wird dann in Bezug zum Tisch gebracht. Seine Position wird leicht ermittelt, indem gleich große Hilfskästen Verwandtschaft erzeugen, siehe auch die mit x markierten Abstände.
Die Stuhlstellung im Verpackungsquadrat ergibt sich aus den Kontaktpunkten.
Nun werden die Schrägen des Stuhlgrundrisses mit dem Horizont zum Schnitt gebracht. Damit sind die Fluchtpunkte der Zweifluchtpunktperspektive in der Zentralperspektive gefunden.
„Jede **Schräge** in der Perspektive hat einen eigenen Fluchtpunkt auf dem Horizont."
Die Höhen werden an der frei zu wählenden Bildebene abgetragen. Die Tischvorderkante kann ggf. dazu dienen. Stuhlmaße werden dann zu ihr in Bezug gesetzt.
Die freihändige Konstruktion dient als Unterlage für die Entwurfsskizze, welche alle Gestaltungsdetails beinhaltet.

Die Ausdeutung von Perspektiven
vorgezeichneter Körper ist eine Frage
der Phantasie. Die Konstruktionen der
Beispiele auf der linken Seite ist sehr
ähnlich derjenigen auf der rechten. Nur
steht der vordere kleine, schräge Körper
direkt an dem geraden großen.

Die Unterlagen für diese Skizzen sind
jedoch auf gleiche Weise entstanden.
Die Sitzgruppe mit ihren Körpern ist
identisch mit denjenigen der Kirche.

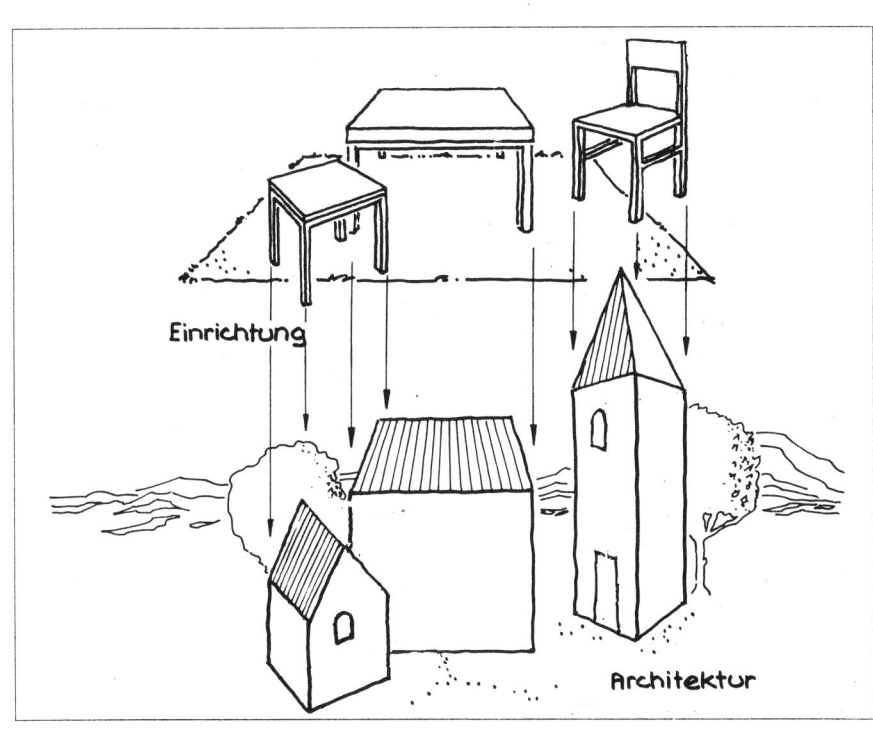

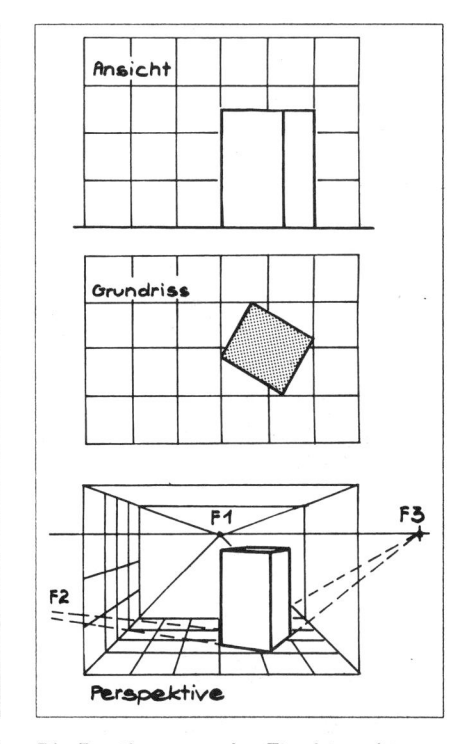

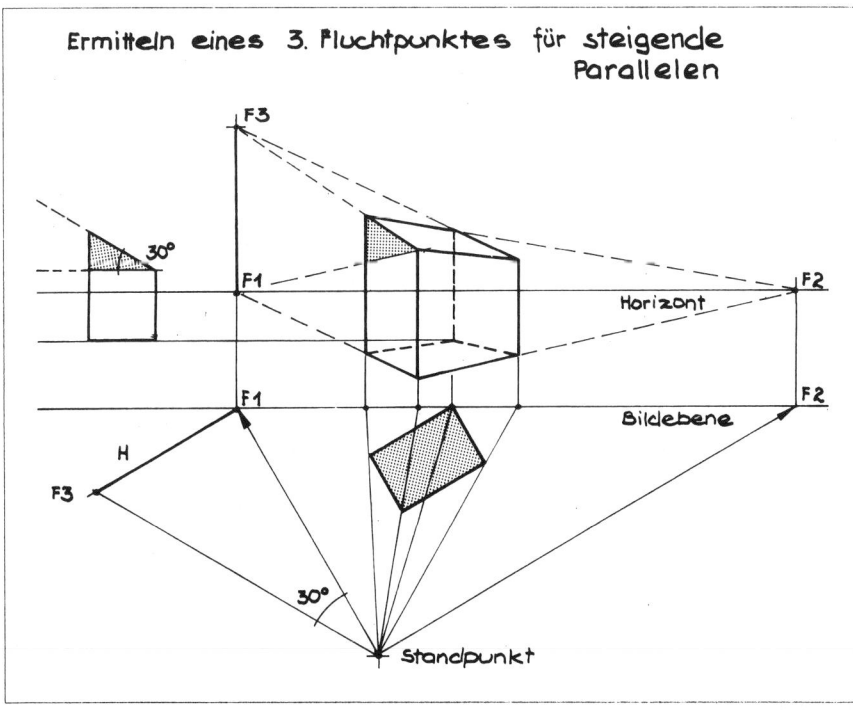

Die Ausdeutung perspektivischer Körper

Aufsicht

PERSPEKTIV- 4
ZEICHNEN

Kombinierte Perspektiven

Einrichtung

Architektur

Ansicht

Grundriss

Perspektive

Ermitteln eines 3. Fluchtpunktes für steigende Parallelen

Die Bestimmung der Fluchtpunkte
schräger Gegenstände in einem
zentralen Raum kann auch über ein
Raumraster erfolgen. Der schräg-
gestellte Körper wird mit seinen Ecken
aus dem Grundrißraster in die Perspektive übertragen.

Die Verlängerungen der Körperkanten
ergeben dann die Fluchtpunkte auf dem
Horizont.

Wenn Parallelen ansteigen wird in der
Zweifluchtpunktperspektive ein dritter
Fluchtpunkt nötig.

Das Beispiel zeigt ein Pultdach, dessen
Seitenkanten parallel ansteigen und
sich im einem Punkt treffen.

Dieser Fluchtpunkt F3 liegt genau über
dem der linken Körperseite, also über
F1.

Die Höhe von F3 erhält man exakt
durch das Abtragen des Dachneigung-
winkels im Standpunkt und aus dem Lot
über F1.

Verschiedene Sichthöhen in der Darstellung von Objekten oder deren Gruppen einzunehmen, klärt Sachverhalte und Wirkungen ab.

Die Darstellung isometrisch zu erstellen ist einfach. Der Grundriß wird dazu in die gewünschte Schräglage gebracht. Die vertikalen Linien lassen sich dann projizieren.

Die Höhen können an allen aufrechten Kanten ungekürzt abgetragen werden. Die Darstellung ist perspektivisch ebenso gut möglich, bedingt aber die Ermittlung der Verkürzungen über einen Standpunkt und eine Bildebene.

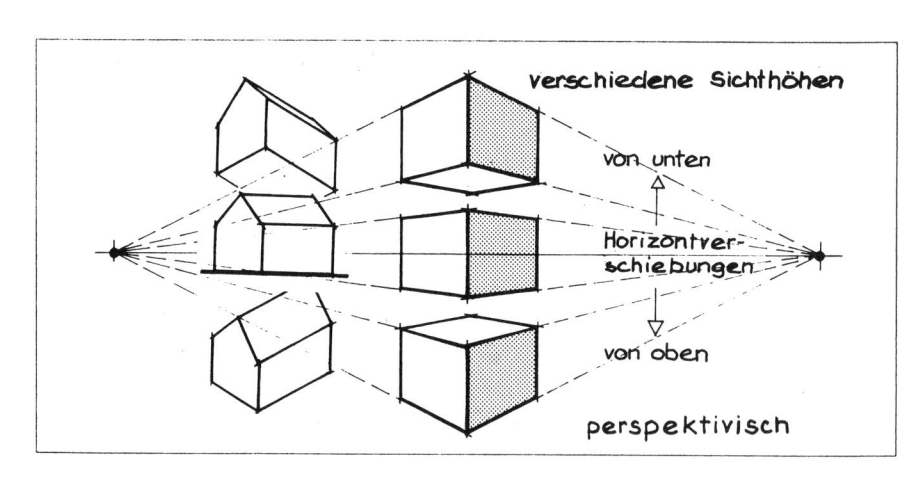

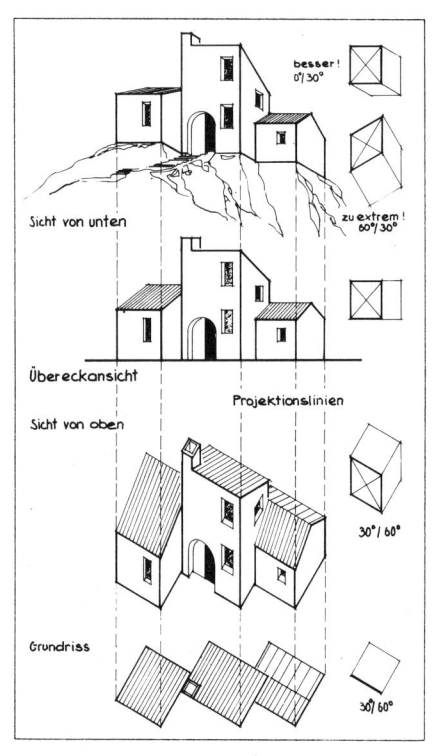

Übereck-Seitenansichten sind die einfachste Art, räumliche Wirkungen zu erzielen.

Sie erlauben die Kontrolle von zwei Seiten auf einen Blick.

Die Verkürzungen durch die Schrägansicht sind daher gut in Kauf zu nehmen. Der Winkel der Schrägstellung ist frei wählbar.

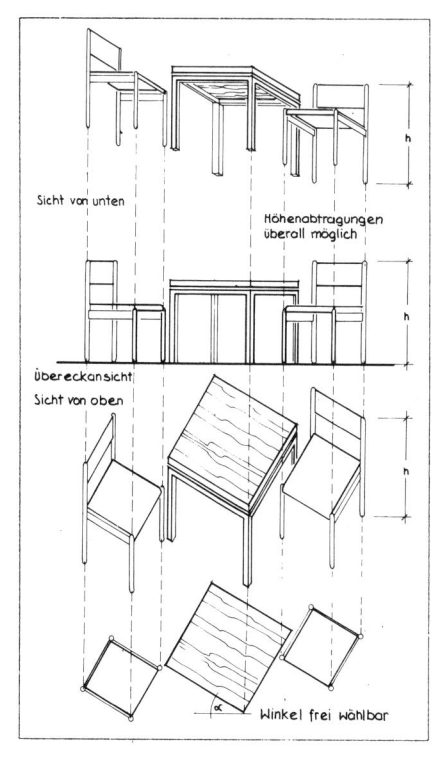

45-Grad-Darstellungen sind bequem zu zeichnen, bei quadratischen Körpern jedoch ungeeignet, da die rechte und linke Seite gleichbreit in Erscheinung treten.

30- und 60-Grad-Winkelstellungen sind in jedem Fall zu bevorzugen.

Die **Untersicht** von Körpern übereck erlaubt den Blick auf Details, die oft unter Augenhöhe liegen und somit auch vernachlässigt werden können.

An einer Sitzgruppe kann die Untersicht aber eine Konstruktion klären. Bei einem Tisch z.B. wird deutlich, wie die Platte auf dem Untergestell befestigt ist.

Steht diese Gruppe aber hoch, z.B. auf einer Galerie, dann ist es durchaus wichtig, wenn die Untersicht aufzeigt, ob bei gepolsterten Stühlen z.B. die Sprungfedern sichtbar sind.

An einer Gebäudegruppe klärt die Untersicht Gesimsausbildungen und deren Wirkung, so werden z.B. Sparrenköpfe verkleidet oder Rinnen offen gezeigt.

Die **Seitenansicht** übereck zeigt bei Gebäuden z.B. die Wirkung von Leibungstiefen. Daran wird geklärt, ob die Fenster außen in der Fassade bündig liegen oder tief in der Wand verschattet sind.

Die **Aufsicht** übereck klärt Körper in allen drei Dimensionen, da jeweils zwei Seiten und eine Abdeckung sichtbar sind. So kann bei einer Hausgruppe auch die Dachkombination deutlich werden.

Die ehemalige Stempelfabrik in Frankfurt am Main

Architekt: Max Dudler

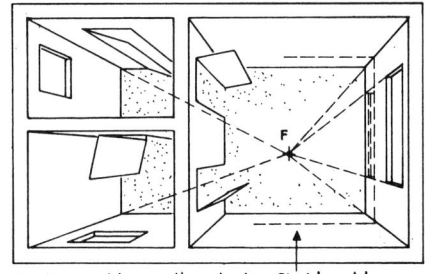

Eine **Vogelschauperspektive** ergibt sich, wenn der **Augpunkt** des Betrachters sehr hoch angenommen wird.

Vogelschauperspektiven mit einer Bildebene parallel zum Grundriß werden nach dem Schema der Zentralprojektion ausgeführt.

Im Vergleich zu dieser sind nur Grundriß und Seitenansicht vertauscht. Die Wandansicht wird zum Grundriß.

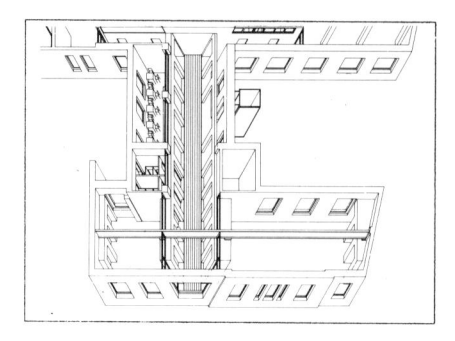

ANGEWANDTES ZEICHNEN 1

Verschiedene Sichthöhen
Verschiedene Wege
Addieren und Subtrahieren

Kapitelübersicht

1. Verschiedene Sichthöhen
   Verschiedene Wege
   Addieren und subtrahieren
2. Polygone und Bögen
3. Zylinder, Kuppeln und Spiralen

Sitzgruppe

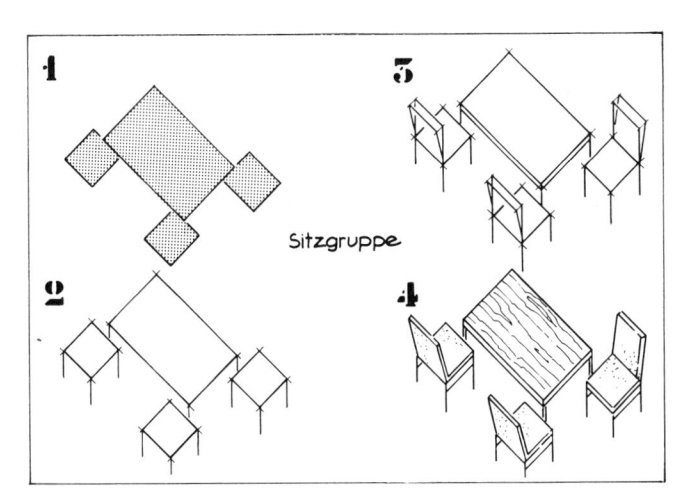

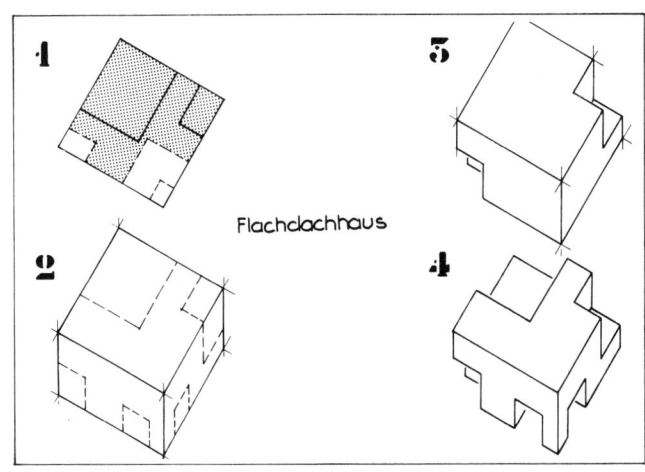

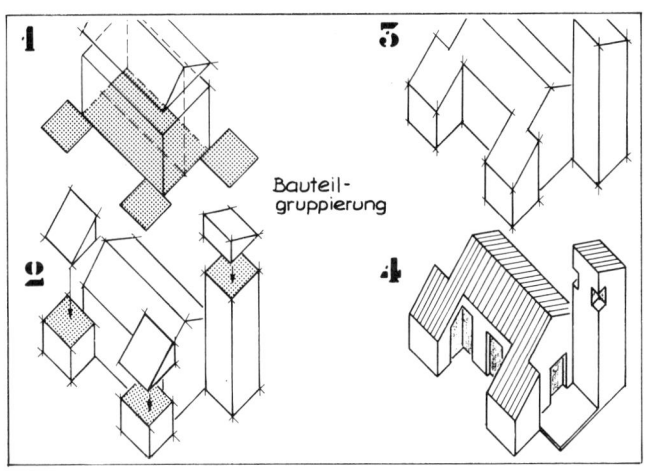

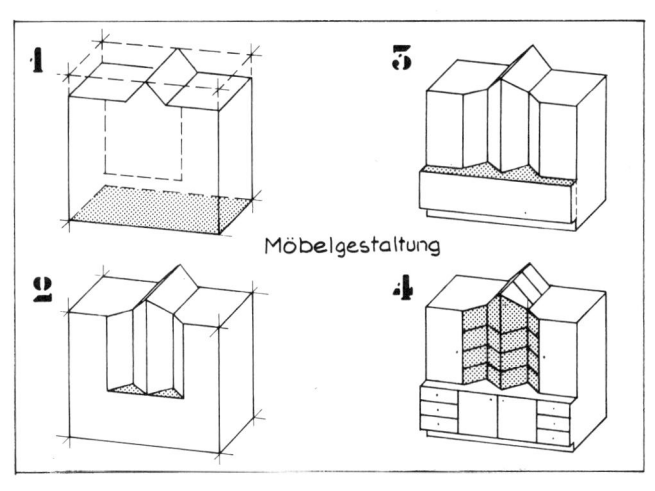

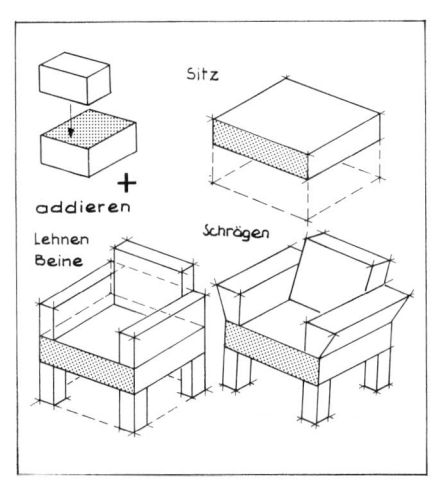

Flachdachhaus

Bauteilgruppierung

Möbelgestaltung

Die **Subtraktion von Bauteilen** aus einem Körper führt zur langsamen Aushöhlung bis zur Endgestalt.
Ein Sessel z.B. wird zuerst als voller Kubus dargestellt.
Danach wird die Sitzhöhlung ausgeführt und daraufhin die Fußfreiheit geschaffen. Zum Schluß werden gestalterische Feinheiten ausgearbeitet.

Die **Addition von Körpern** führt zum langsamen Zusammensetzen von Elementen zu einer Figur. Ein Sessel wird z.B. erst in seinen Sitzflächen dargestellt. Erst dann werden die Lehnenkörper montiert, die erst anschließend ihre schräge Form bzw. Lage erhalten.

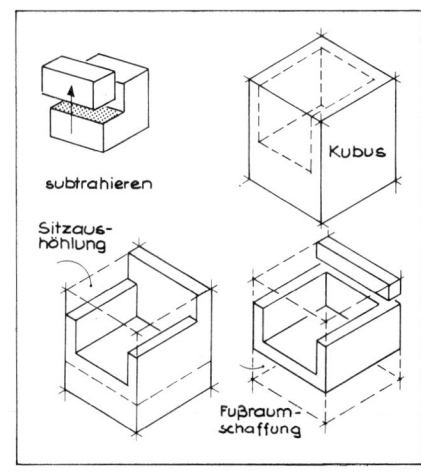

addieren — Sitz, Lehnen Beine, Schrägen

subtrahieren — Kubus, Sitzaushöhlung, Fußraumschaffung

Vielecke kommen in der Architektur öfter vor als einem bewußt ist. Manipulationen an isometrischen Körpern führen einem das vor Augen: Ecken werden gebrochen, Kanten durchgehend oder nur stückweise, horizontal, vertikal und diagonal geschnitten. Perspektivisch sind derartige Raumwirkungen gut zu kontrollieren.

Die Treppenanlage als polygonales Raumgebilde zeigt die Anwendung der Grundkenntnisse aus der rechten Spalte. Der Grundriß der Aufgabe wird vernetzt und perspektivisch gezeichnet.

Die Abbildungen 1-4 zeigen die schrittweisen Ergänzungen des Raumes mit der Treppe, den Deckenkörpern und den Geländerhöhen:

1. Treppen- und Podesterrichtung
2. Deckenabhängungen
3. Geländeanbringungen
4. Treppenhausgestaltung

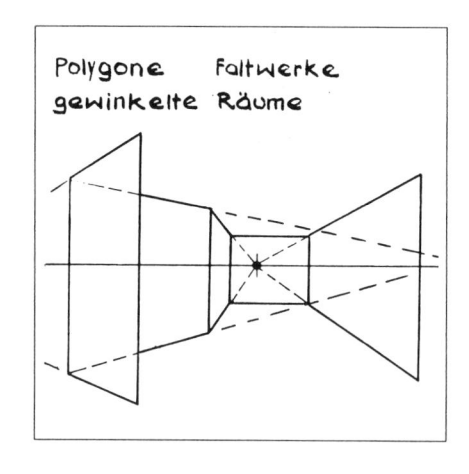

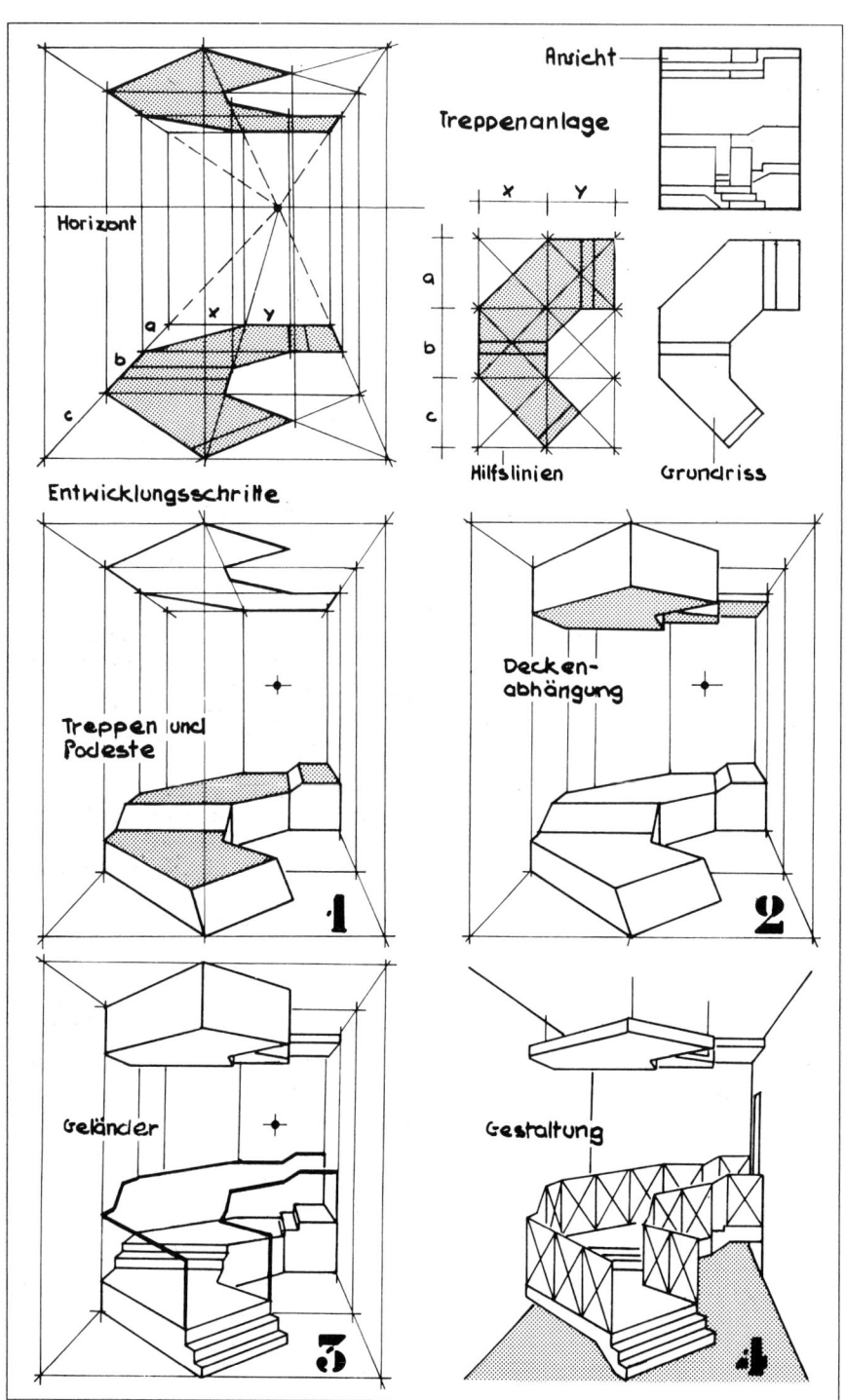

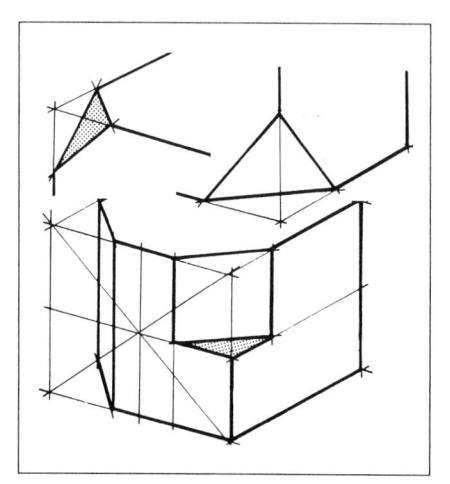

Polygone Faltwerke gewinkelte Räume

Das **Polygon** rechts oben zeigt, wie einfach sich die schwierigen Körper zeichnen lassen, wenn man sich bewußt ist, daß jede Schräge im Raum einen eigenen Fluchtpunkt im Horizont hat.

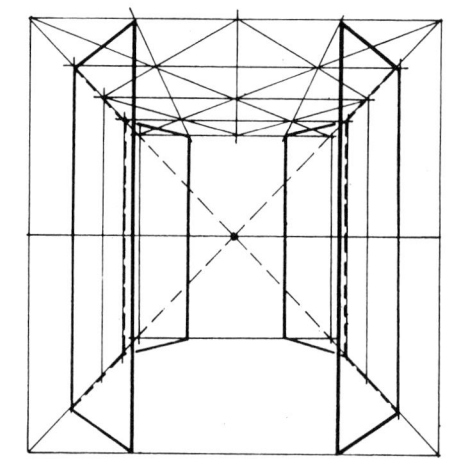

Die Figur rechts unten leitet zu Konstruktionen zylindrischer Körper über, die auf der nächsten Seite besprochen werden.

Vertikale und Horizontale lassen sich räumlich auch freihändig zeichnen, wenn man Hilfskonstruktionen dafür anwendet. Die Deckengewölbe in einem Flur werden z.B. in einem zentralperspektivischen Netz eingetragen.

Die Abbildungen zeigen die phasenweise Entwicklung der Konstruktion wie des Gewölbes:
1. Bodengliederung, Perspektivfelder
2. Portalrahmen aufrichten
3. Portalbögen einziehen
4. Seitenbögen ermitteln
5. Kreise und Tonnen und Fensteranschluß
6. Spitzbögen und Halbkreise eintragen

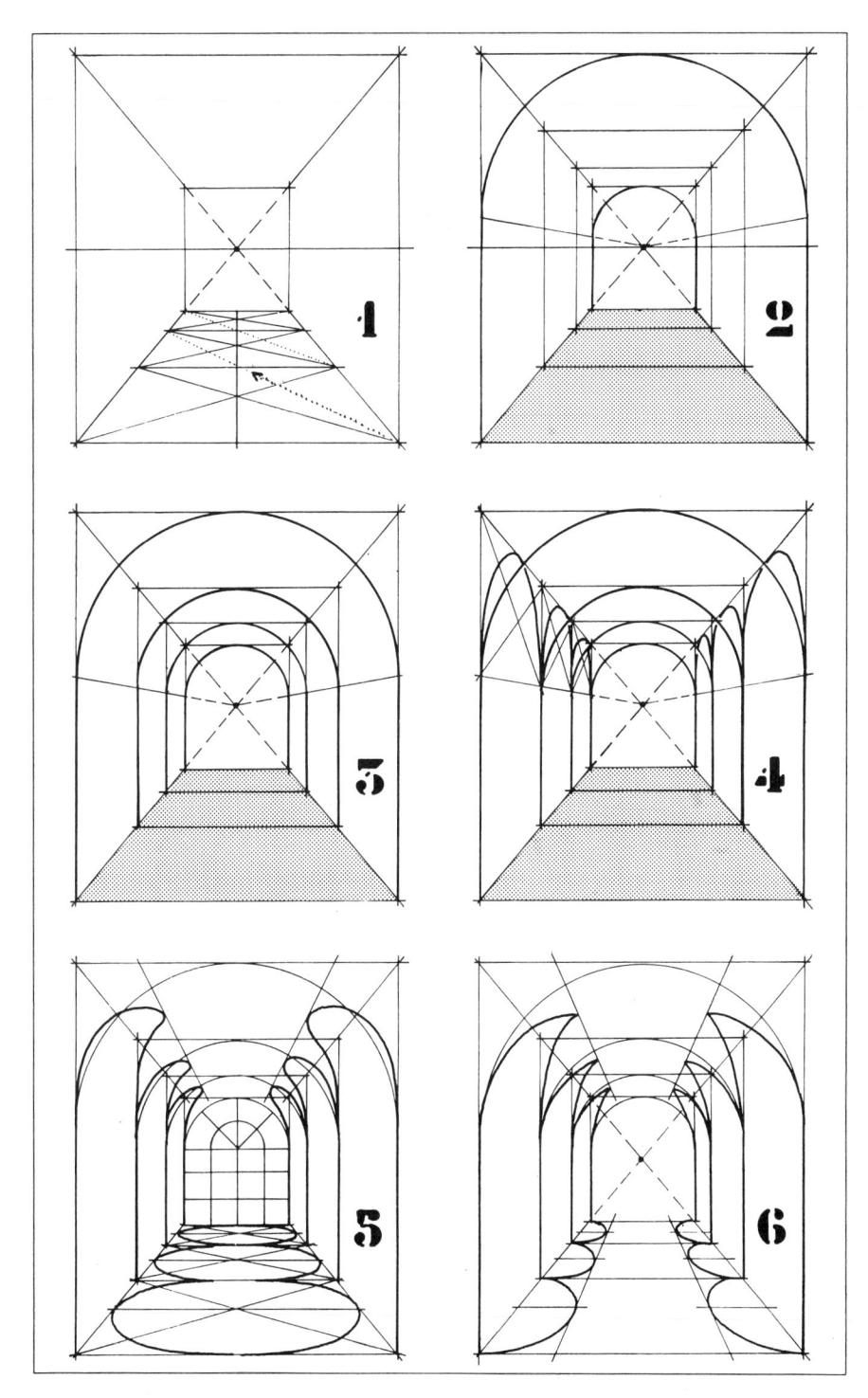

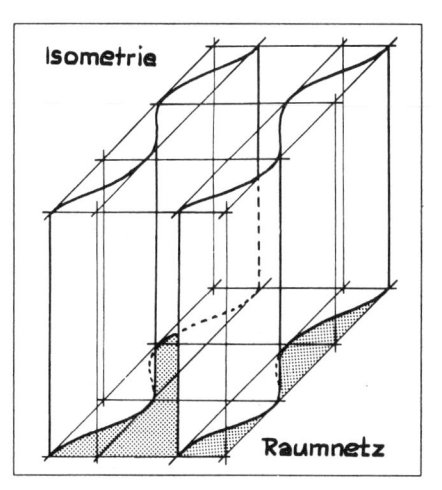

ANGEWANDTES ZEICHNEN 2

Polygone und Bögen

Geschweifte Linien lassen sich räumlich in der Isometrie darstellen und damit in ihrer Wirkung kontrollieren.

Eine Straße wird z.B. durch Hilfslinien zur zeichnerischen Darstellung vorbereitet. In einem Raumgitter werden die tiefsten und höchsten Punkte einer Wellenlinie eingetragen, die dann freihändig verbunden werden.

Die Perspektive aber zeigt erst einen wirklichkeitsgetreuen Eindruck. Sie tut dies nicht nur durch ihre Tiefenwirkung auf Grund von Verkürzungen, sondern auch durch die Horizontverlagerung gegenüber den Isometrien.

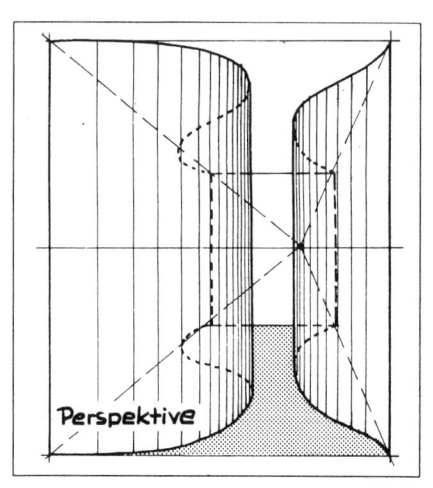

Kreis, Ellipse und Oval

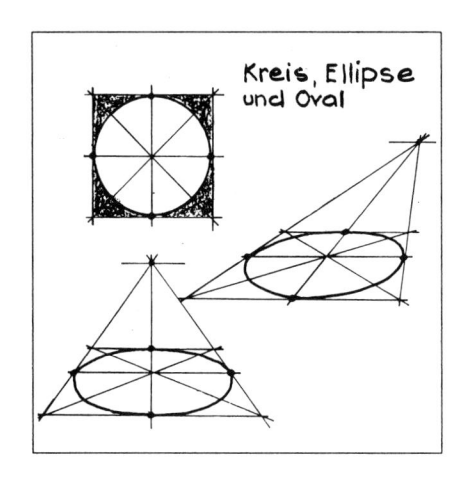

Die **Ellipse** als perspektivische Umsetzung des Kreises ist die Basiskonstruktion für Zylinder und Kuppeln. Ein perspektivisch dargestelltes Quadrat wird an allen vier Ecken unter 45 Grad abgeschnitten und führt so zur freihändigen Ellipsenkonstruktion. Ausdeutungen einer Ellipse sind eine Frage der Phantasie.

Die Abbildungen zeigen Innen- wie Außenräume sowie Möbel und Gebäude. Die Ellipse als Abbild eines horizontalen Kreises hat immer eine horizontale Achse. Das wird in Zeichnungen gern falsch gemacht, ist also besonders zu beachten.

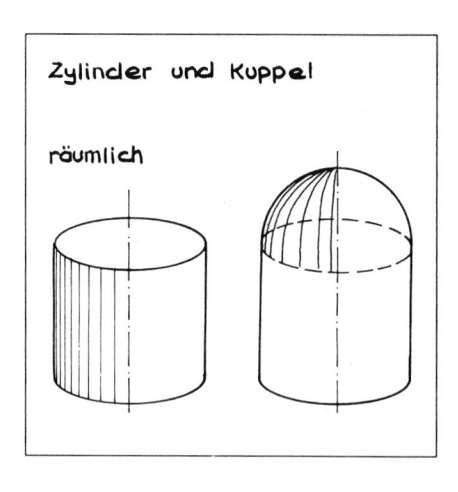

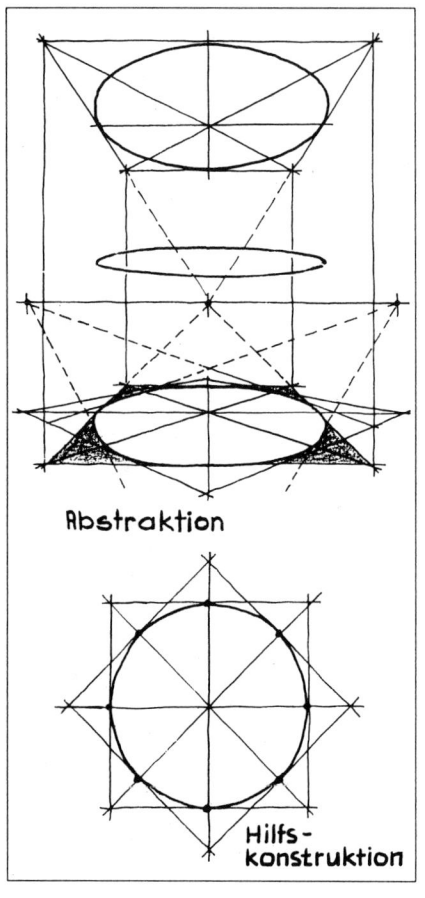

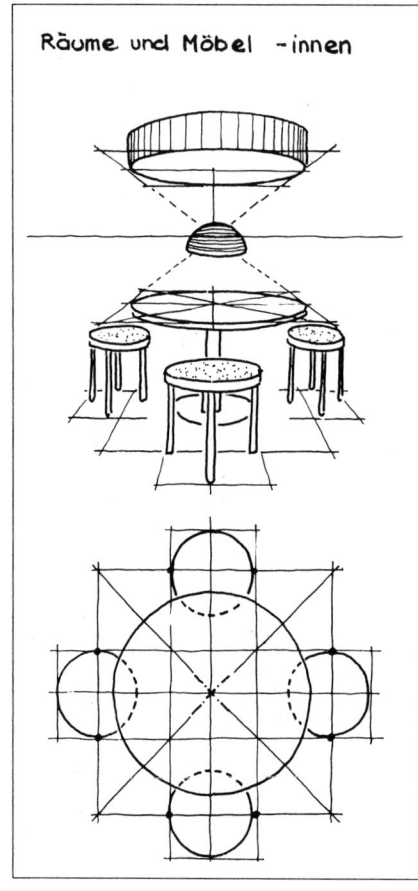

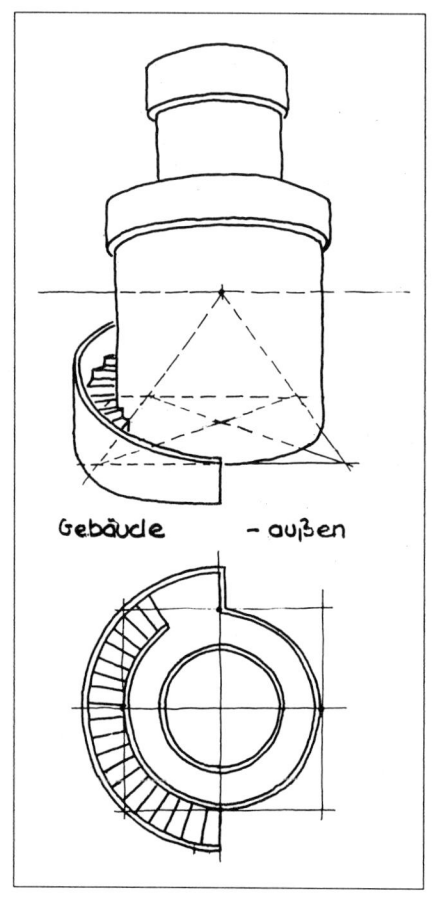

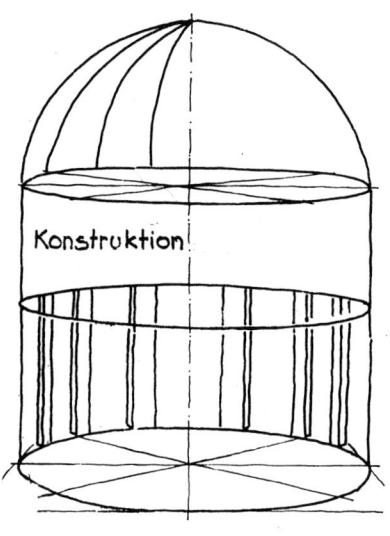

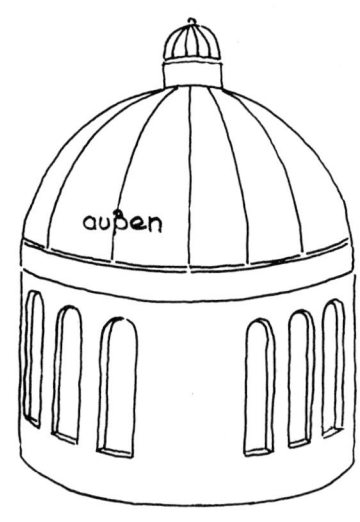

Zylinder und Kuppel

räumlich

Abstraktion

Hilfskonstruktion

Räume und Möbel -innen

Gebäude - außen

innen

Konstruktion

außen

Die Konstruktion von Spiralen erfolgt am leichtesten anhand der Hilfslinien für Spindeltreppen:
1. In den elliptischen Grundriß eines Zylinders werden Sektoren eingetragen.
2. Die Durchstoßpunkte ihrer Kanten auf dem Horizont ergeben die Fluchtpunkte für alle notwendigen Schrägen.
3. Die Höhen werden aus dem Schnitt auf die Spindel übertragen.
4. Die Setzstufen werden durch die Projektion aus dem Grundriß ermittelt.
5. Die Trittstufen entstehen aus der Verbindung der Setzstufenkanten mit horizontalen Zylindermantellinien.

ANGEWANDTES ZEICHNEN 3

Wendel- und Spindeltreppen

Zylinder, Kuppeln, Spiralen

Spiralen und Schraubenlinien perspektivisch zu zeichnen, gilt als besonders schwierig, ist es aber bei näherer Betrachtung nicht. Die Anwendung von Spiralen kommt in der Baupraxis bei jeder Spindel- und Wendeltreppe vor.

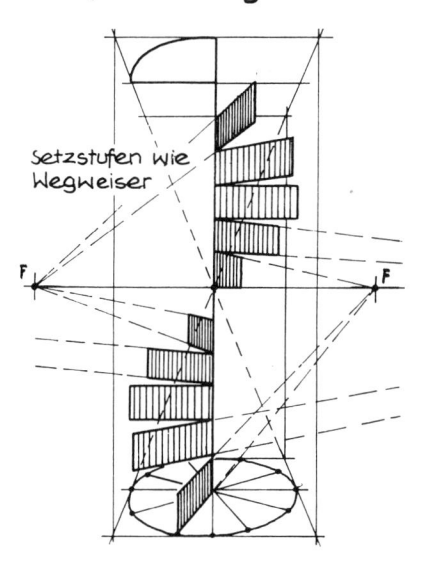

Spindeltreppen haben wahlweise nur Trittstufen oder zusätzlich Setzstufen. Die Spindelachse ist durchgehend oder stückweise zusammengesetzt. Die Geländerausbildung ist eine Frage der Gestaltung, der Handlauf ist jedoch immer eine Schraubenlinie.

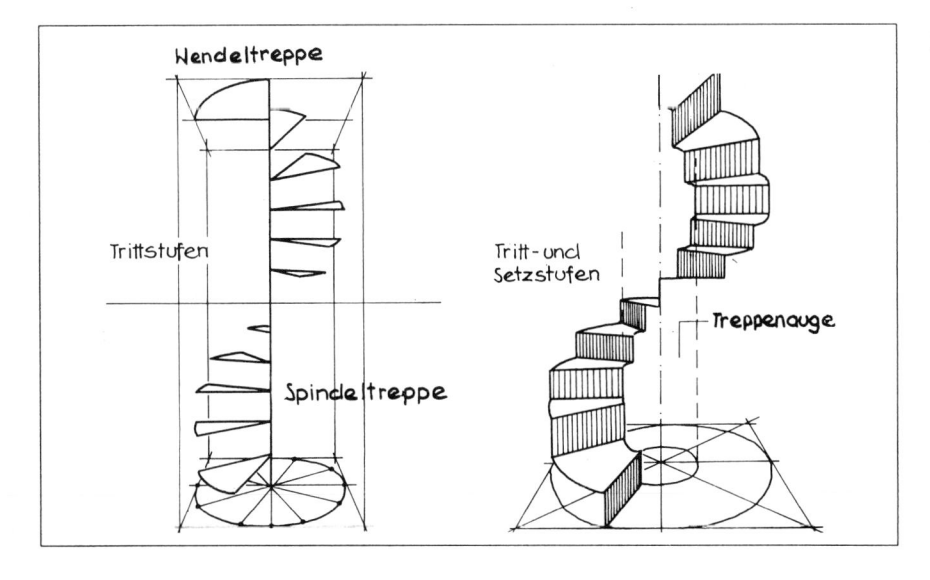

Eine **Wendeltreppe** läßt sich aus einer Spindeltreppe auch zeichnerisch ableiten. Die Stufen werden dazu nach außen verlängert, das Zentrum ausgelassen.

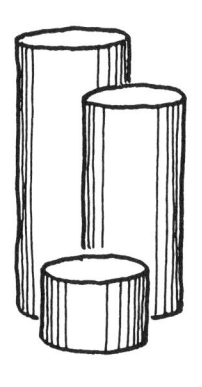

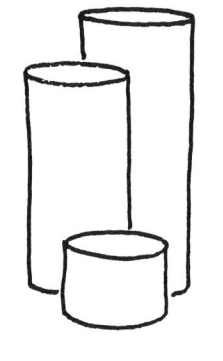

Der **Punkt** ist im einzelnen
- das Zentrum eines Kreises,
- die Spitze eines Kegels,
- der Ausgangspunkt einer Linie,
- aber auch der Abschluß eines Satzes.

In der Reihe steht der Punkt isoliert,
- in der Gruppe kann er gestreut oder gesammelt auftreten.
- In der Verdichtung bilden viele Punkte eine Fläche,
- an Rundungen schafft er feine Modellierungen.

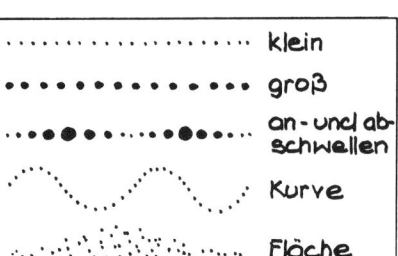

Darstellungsstrukturen berücksichtigen nicht den Oberflächenreiz, sondern machen das Wesen einer Sache sichtbar.

Ein und derselbe Gegenstand kann so zu einer völlig anderen Wirkung gebracht werden. Die Abbildung zeigt die Varianten, die durch geschlossene oder unterbrochene Striche, Punkte, Linien und Schraffuren entstehen.

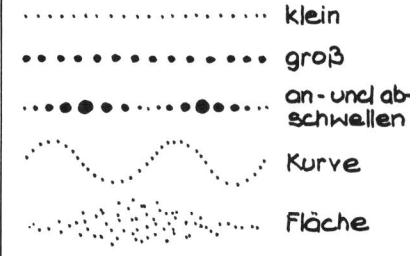

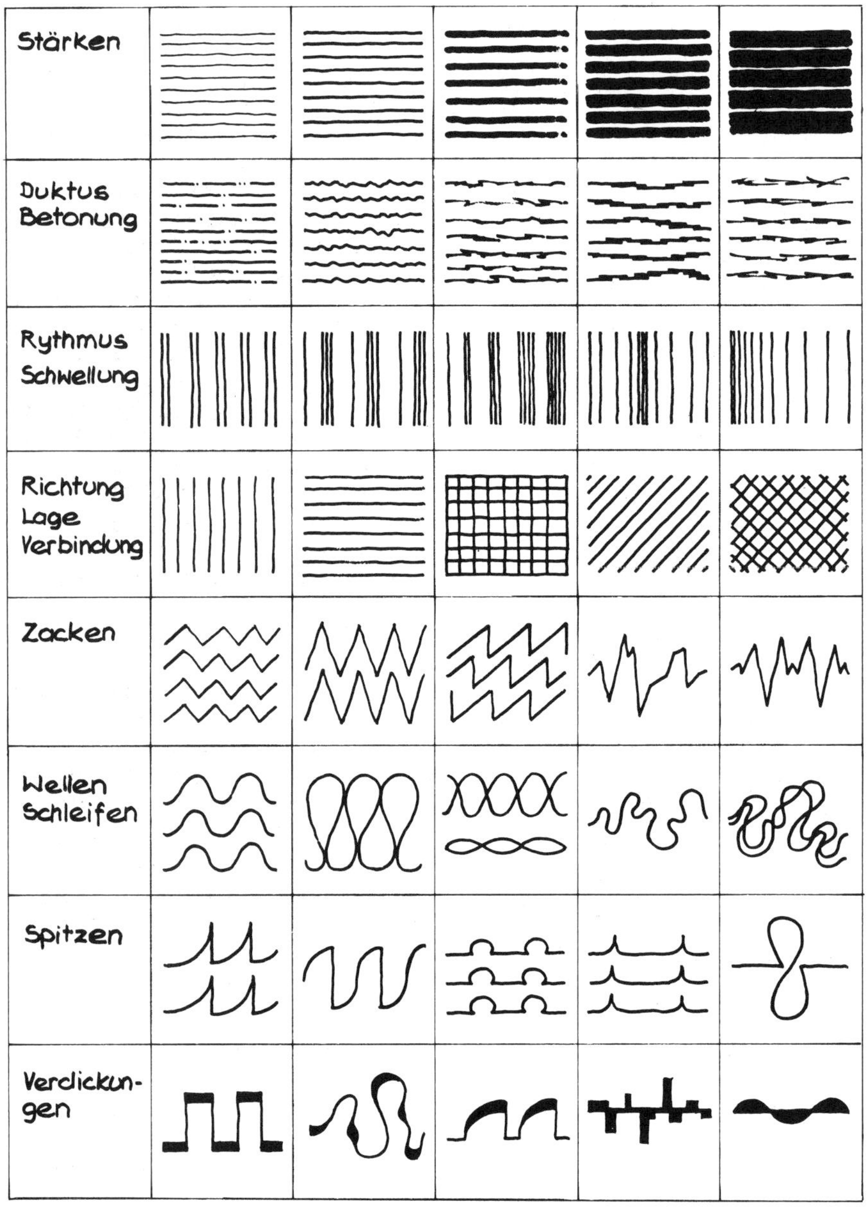

Punkte, Linien und Flächen sind elementare Mittel, aus denen sich alle zeichnerischen Gebilde und Strukturen zusammensetzen.

Die **Linie** dient auf verschiedene Art den unterschiedlichsten Zwecken:
- der Fläche als Begrenzung und Gliederung,
- dem Raum und Körper als Kontur,
- dem Empfinden durch ihren Verlauf, der gerade oder wellig, eckig oder weich sein kann,
- dem Ausdruck durch Rhythmen und Strukturen,
- dem Schmuck durch Muster, Dekor,
- dem Ornament durch Betonungen wie dick oder dünn, weit oder eng.

Linien assoziieren Vorstellungen und werden dazu bewußt eingesetzt.
- Bröckelige Linien vermitteln den Eindruck von Stein, wellige den von Wasser.
- Waagerechte Linien bieten Basen, Standlinien, z.B. bei Ansichtszeichnungen.
- Vertikale Linien zeigen aufwärts, gebieten Achtung.
- Wiederholungen von Linien vermitteln den Eindruck des Dauerhaften.
- Raster als geometrische Linienordnungen sind ohne Anfang und Ende. Randlos vermitteln sie leicht Monotonie.

Die Linienführung ist von großer Bedeutung bei einer Handschrift und erst recht beim Zeichnen und Gestalten.

Hell-Dunkelkontraste sind malerische Effekte.

Sie entstehen aus einer Vielzahl von Linien, die einzeln aber ihre Bedeutung zugunsten des Gesamteindrucks verlieren.

Schraffuren bzw. Linienbündel sind gleichförmig oder erzeugen besondere Wirkungen durch Auf- und Abschwellen. Die Tönungen der Hell-Dunkelkontraste ergeben sich aus Licht und Schatten, sie modellieren Räume und Körper.

Kapitelübersicht

1. Linien und Flächen
2. Körper und Räume, Durchdringungen
3. Kompositionen und Strukturen

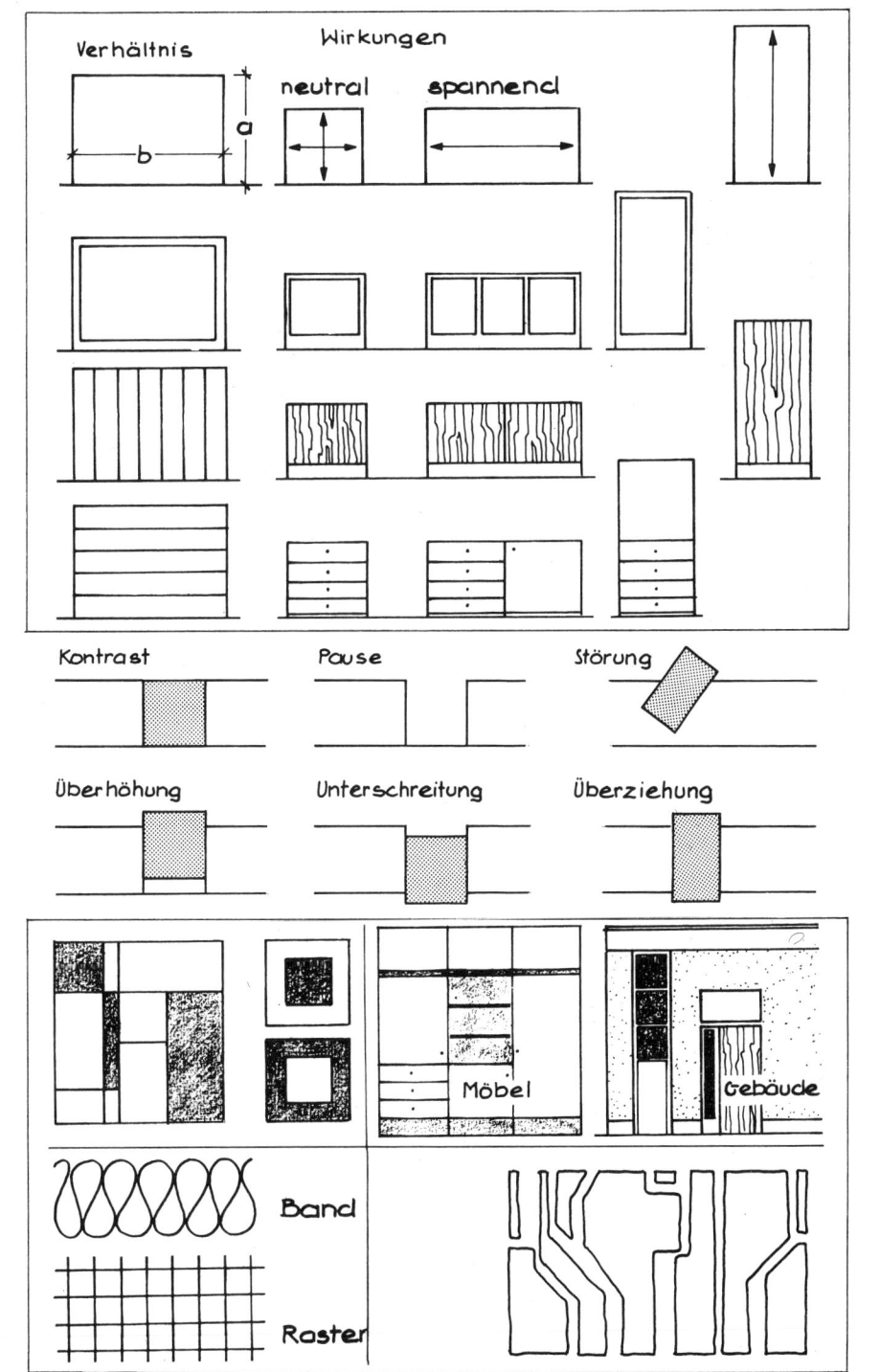

GESTALTEN 1

Linien und Flächen

Flächen können verschiedene Formen haben: geometrische wie freie.

Randlinien bilden ihre Konturen, sind aber als solche nicht zu sehen, wenn sie geschlossen sind.

Grafisch entsteht eine Fläche, wenn sich ein Farbton ausbreitet, sich in seinen Abgrenzungen festlegt und damit Formcharakter gewinnt.

Die **Proportionen** von Flächen sind die Verhältnisse von Längen und Breiten, sie sind gleich oder verschieden, vermitteln Ruhe oder Spannung, sind neutral oder gerichtet.

Die **Dimensionen**, d.h. Größenausdehnungen von Flächen, bestimmen die Art der Gliederung mit. Konstruktiv, funktionell und gestalterisch sind, z.B. bei der Herstellung und zum Öffnen von Flächen bei Möbeln, Stoß-Fugen notwendig, die darüber hinaus gliedern.

Die **Oberflächen** können plan, d.h. eben, oder ein- bzw. zweisinnig gewölbt sein. Geometrisch entsteht eine Fläche durch die Verbindung von Punkten. Drei Punkte bestimmen eine Ebene.

Die **Kompositionen** von Linien und Flächen sind nicht nur interessant, sondern haben auch inhaltliche Aussagen.

Die **Gliederungen** der Flächen sind nahezu unbegrenzt möglich. Sie können eng, weit, gleich und ungleich in Richtung, Addition und Farbe sein.

Sie sind zum Teil materialmäßig vorgegeben, z.B. bei Naturholz, aber auch frei wählbar wie bei Kunststoff.

Die **Helligkeitsstufen** sind bei eckigen Körpern hart, bei runden weich.

Bestimmungsfaktoren von hellen und dunklen Flächen sind

- die proportionalen Flächenausdehnungen,
- die harten und weichen Umgrenzungen,
- die horizontal-vertikale Ausrichtung,
- die einzelne oder allgemeine Helligkeitsform,
- die Tonwerte, d.h. die Abstufungen von schwarz bis weiß.

Zeichnen kann man nur schwer lernen. Hilfe kann eigentlich kaum gegeben werden, nur Orientierung. Es ist z.B. für eine Linie recht unerheblich, ob sie richtig, also vielleicht dem Vorbild genau entspricht oder sauber ausgeführt ist.
Es kommt auf den Ausdruck, der vermittelt werden soll, an.
Kenntnisse über Darstellungsmittel und Techniken lassen sich erlernen. Schwieriger ist es jedoch schon, zum Ausdruck des Wesenhaften eines existierenden oder erdachten Objektes zu gelangen.

Die fünf Sinne des Menschen sind unterschiedlich ausgeprägt.
Hundertmal mehr kann der Mensch sehen, als er zu hören vermag.
Das Denken in Anschauungen ist daher besser ausgeprägt als die verbale Begriffsbildung.
Ein Bild ist stärker als ein Wort. Ja mehr noch, ein Bild ist stärker als viele Worte.
Die Zeichnung ist daher der kürzeste Weg zur Vermittlung einer Vorstellung.

Es gibt zwei Raumarten, den geborgenen und den offenen Raum. Sie sind elementar und kommen auch oft in Kombination vor.
– Der geborgene Raum, als umschlossenes Kontinuum, ist durch Wände in Innen- und Außenbereiche getrennt. Die verbundenen Öffnungen sind proportional zur Bodenfläche klein.
– Der offene Raum, als sogenanntes Raumfeld, ist durch Stützen und Säulen mit dem Innen- und Außenraum verbunden.

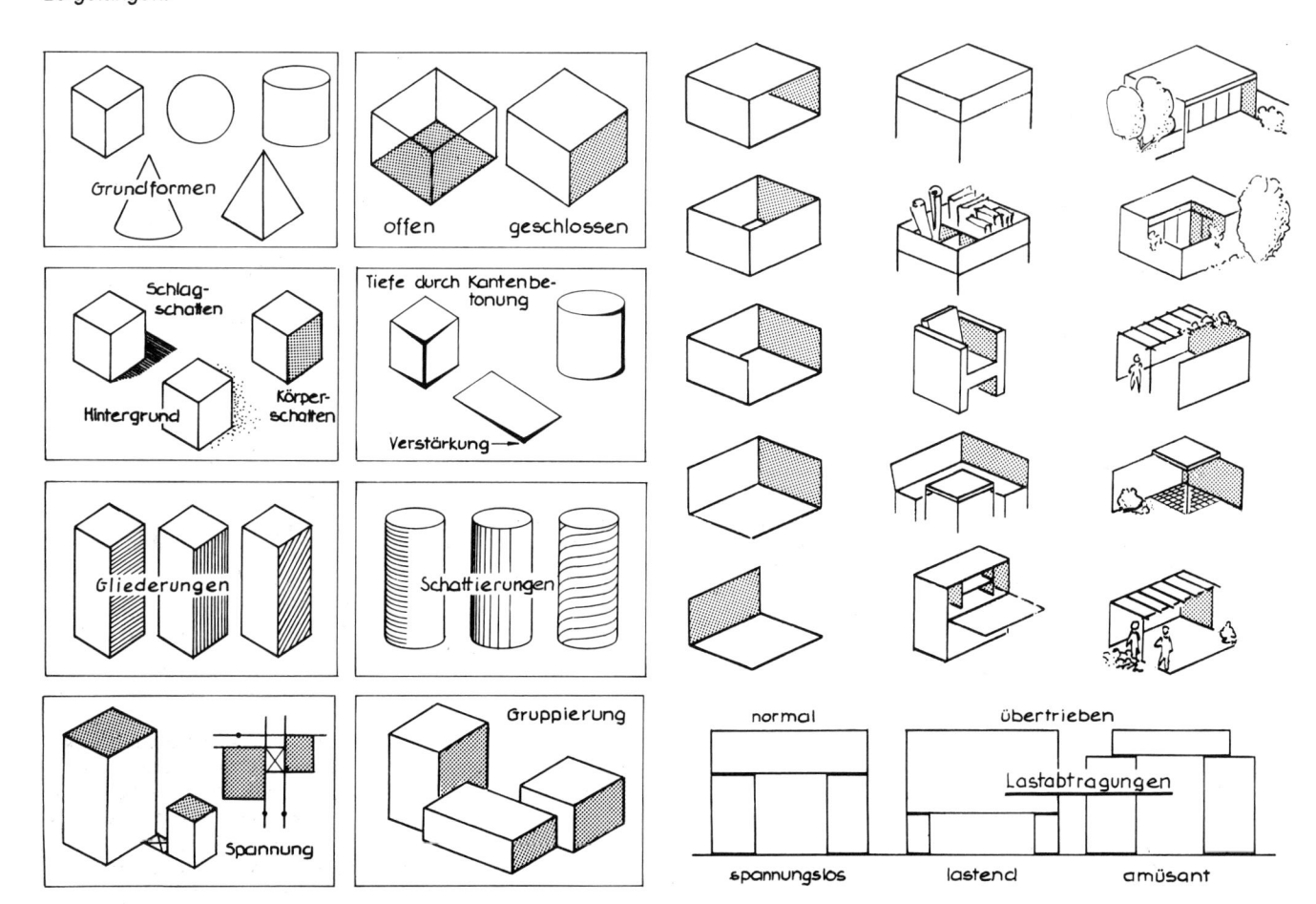

Körperformen rufen beim Betrachter bestimmte Assoziationen hervor.
– Runde Formen vermitteln Wärme und Plastizität,
– eckige Formen Kälte und Ernst,
– spitze Formen Schärfe und Agressivität,
– stumpfe Formen Harmonie und Geborgenheit.

Die **Plastizität** von Körpern läßt sich durch ihre Darstellungen betonen. Hintergründe werden angelegt, Körper und Schlagschatten eingetragen. Kanten betont man durch das Aufdrücken von Bleistiften, wodurch Dunkelheiten entstehen, die plastische Wirkungen erzeugen können.
Bei runden Körpern ist diese Betonung besonders effektvoll.

Die **Gliederung** von Körpern ist zu vergleichen mit denen von Flächen. Doch ist sie durch die Dreidimensionalität in der Wirkung zu unterscheiden.
– Eckige Körper können ein- oder mehrseitige Gliederungen tragen,
– bei Rundformen werden diese in der Regel durchgezogen.
– Horizontale Körper strecken, vertikale verbreitern.
– Spiralen bewirken den Eindruck von Bewegung.

Die **Schattierung** von Körpern zum Zweck plastischer Darstellungen kann ähnliche Wirkungen erzielen wie eine Gliederung der Oberfläche.
Dies sollte beachtet werden, um unkontrollierte Wirkungen zu vermeiden.

Die **Lastabtragung** von Körpern erfolgt nach statischen Notwendigkeiten sowie gestalterischen Gesichtspunkten.
– Die rein technische Erfüllung der Aufgabe kann sehr spannungslos sein.
– Übertriebene Ausführungen unterstreichen das Lasten oder amüsieren durch Überziehung bzw. Ausmagerung von tragenden bzw. getragenen Teilen.

Die **Kompositionen** von Körpern, d.h. ihre Zuordnung, wird bestimmt durch Form, Größe, Proportion und Oberfläche der Einzelkörper. Vor allem aber durch ihre Abstände und Fluchten untereinander.

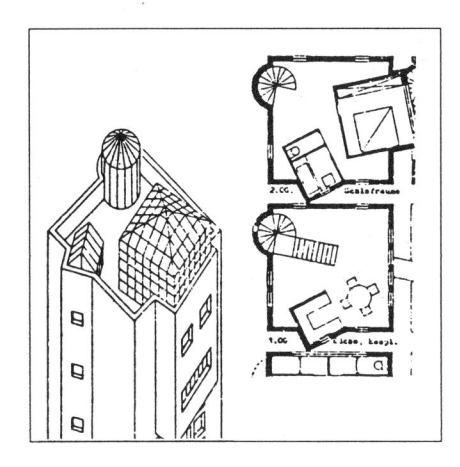

Durchdringungen bzw. Durchkreuzungen von Bauteilen und Baukörpern werden heute gern vorgenommen. Gestalterische Gründe überwiegen dabei. Die aus Durchdringungen resultierenden Formen scheint man ästhetisch zu genießen und die technischen Komplikationen willig in Kauf zu nehmen.

Technische und funktionale Gründe sind für Durchdringungen selten gegeben, das bauliche Erscheinungsbild der Lösungen ist jedoch eindrucksvoll.

GESTALTEN 2

**Körper und Räume
Durchdringungen**

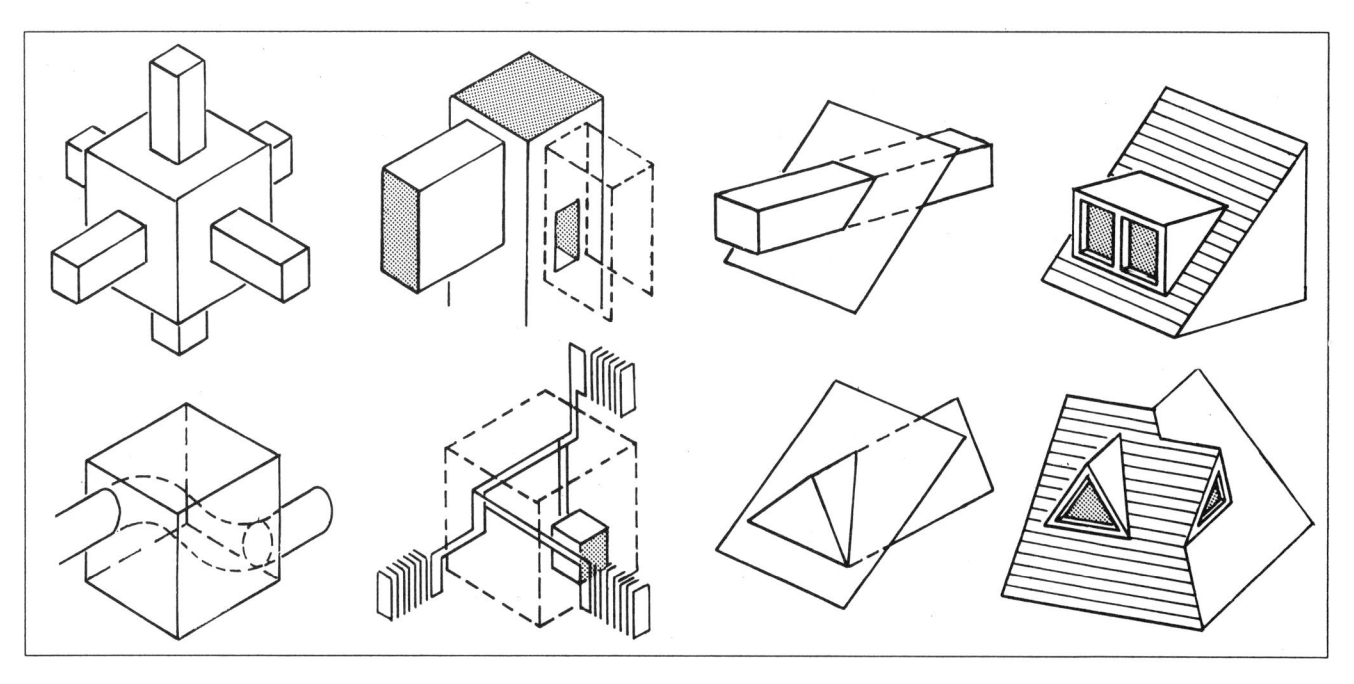

Besondere Gestaltung mit Hilfe von Durchdringungen zu betreiben, beruht auf Vorbildern aus dem Bereich ganz einfacher, meist ländlicher Bauaufgaben, aber auch modernster städtischer Architektur.

Beispiele aus:
Außergewöhnliche Architekturgestaltung, Klaus Pracht, Rudolf Müller Verlag, Köln.

Besondere Formen sind interessant. Sie zu erfinden, ist nicht einfach. Durchdringungen aber schaffen solche besonderen Formen. Deshalb werden sie geradezu als Strategie der Gestaltfindung geplant. Große Architekten wie Hollein in Österreich, Mohl in Deutschland, Botta in der Schweiz und Venturi in den Vereinigten Staaten begründeten diese Methode und werden heute fleißig kopiert.

Definition der Komposition:
„Die inhaltlich zweckvolle Unterordnung der Einzelelemente, des Aufbaus und der Mittel, der Spannung und Harmonie des Ausdrucks unter ein bildnerisches Ziel und dessen Lesbarkeit." Gropius

Elemente der Komposition sind Form, Struktur, Betonung und Inhalte, sowie Quantität und Qualität, Position und Tonwert.

Die **Primärformen** einer Komposition sind:
– der Kreis, als die einfachste Figur, wirkt äußerlich ruhig, innerlich aber spannungsvoll,
– das Quadrat, als eine neutrale Figur, wirkt bedeutsam und statisch,
– das Dreieck mit der Spitze nach oben zeigt aufwärts und symbolisiert Freiheit.
– Rechteck und Ellipse sind durch betonte Achsen ausgebildet und haben kein Zentrum.

Der Wert einer Komposition beruht auf der Aktualität des Themas, seiner Realenz und abstrakten Verwirklichung, dem Ausdruck, der heiter, ernst, anziehend, abstoßend wirken kann, und der Verständlichkeit und Gültigkeit der Symbolik.

Die Bedeutung einer Komposition hängt nicht von den Einzelelementen ab, sondern von den Verhältnissen unter ihnen.
„Ich habe einen ganz einfachen Geschmack. Ich bin immer mit dem Besten zufrieden." Oscar Wilde

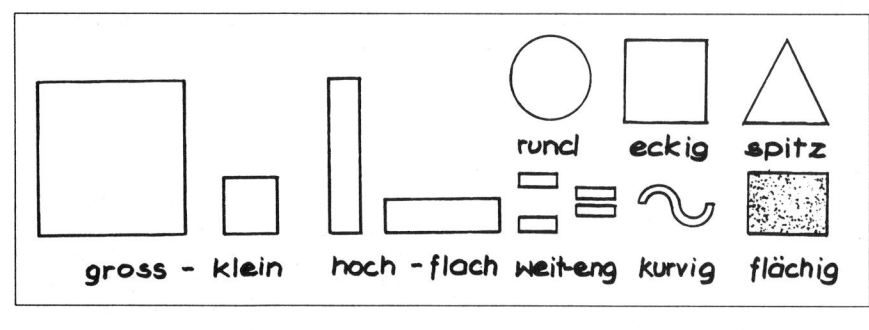

Die Komposition wird bestimmt durch die Art, wie der Mensch die Beziehung der Massen eines zu gestaltenden Gegenstandes ordnet.
Die **Maßverhältnisse** dieser Ordnung haben geistigen wie gestalterischen Wert.

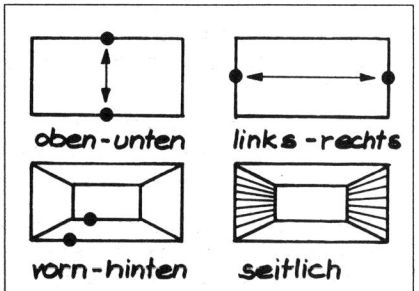

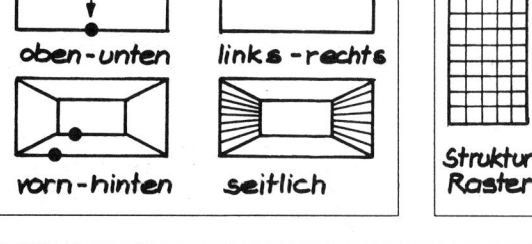

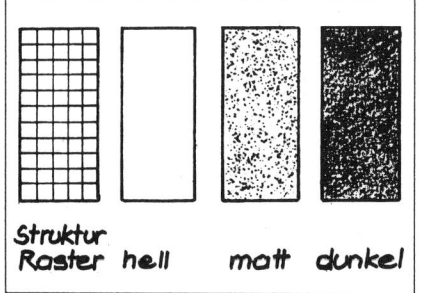

Die **Ordnung** ist die Grundkategorie des Zusammenhangs von Teilen in einer Einheit von Bewegung, Spannung und Harmonie.
Die Prinzipien des Ordnens gilt es immer wieder neu zu definieren, denn sie helfen, Störungen zu vermeiden. Störungen sind nicht immer nur negativ zu sehen. In Ausnahmefällen können sie die Ordnung sogar steigern.
„Der Zusammenhang einer Komposition zeigt sich in der Einheit der Vielfalt, der Ausgewogenheit der Spannungen von Form und Inhalt." Paul Klee

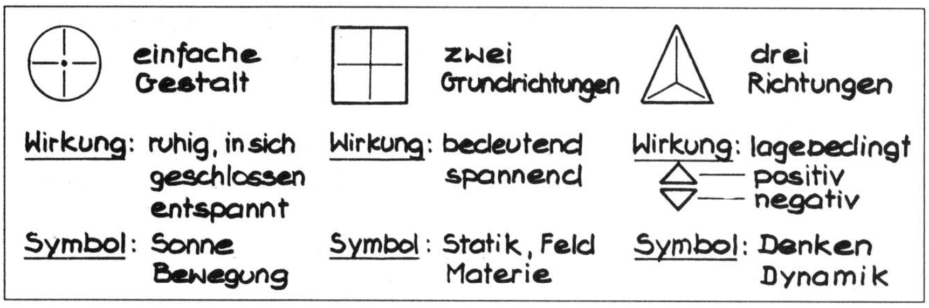

Bewegungen werden durch Richtungen bestimmt. Sie zeigen nach rechts oder links, nach oben oder unten und können auch schräg sein.
Achsen sind vertikal und horizontal orientiert.
Diagonalen wirken von links unten nach rechts oben positiv und von links oben nach rechts unten negativ.

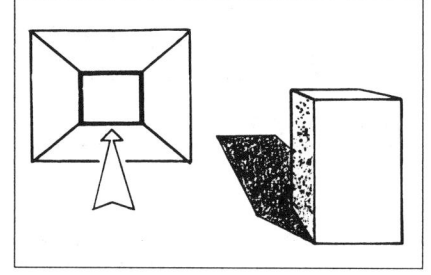

Statisches **Gleichgewicht** herrscht, wenn Flächen einer Bild- oder Körperhälfte stärker betont oder belastet sind.

Raumtiefen werden bewirkt durch Perspektiven und Betonungen im Vorder- oder Hintergrund, durch Farbe, Hell-Dunkelkontraste oder Berichtdichte und Unschärfen.

Struktur heißt eigentlich nichts anderes als Bauform und Gefüge. Eine Substanz oder ein Gegenstand setzt sich auf besondere Weise zusammen. Man spricht von Struktur, wenn etwas in irgendeiner Weise „aufgebaut" ist.
Strukturen unterscheiden sich sehr in ihrer Art und in ihrer Beziehung zum Körper.
Die Eigenstruktur beschreibt die materielle Beschaffenheit eines Gegenstandes. Holz z.B. hat eine sehr spezifische Struktur, längs zur Faserung als Fladerung, quer zur Faser als Hirnholz.

Oberflächenstrukturen, auch Strukturen und Texturen genannt, lassen sich unterscheiden in organische und anorganische Materialstrukturen (z.B. Haut und Stein) und nach geometrisch-technischen Konstruktionsstrukturen, wie z.B. Gewebe und Netze.
Der Charakter eines Gegenstandes wird durch seine Oberfläche bestimmt. Sie verrät etwas über seine Zusammensetzung.
Metalloberflächen z.B. sagen mit ihrer kreuzweisen Schleifspur etwas über die Härte des Materials aus, ebenso wie Haare etwas über die Weichheit von Fell.

GESTALTEN 3

Kompositionen und Strukturen

Symmetrische Strukturen wirken gesammelt und übersichtlich. Komplizierte Vielfalt, z.B. an einer Bauwerkfassade, wird durch Symmetrie erst erträglich, wie man an Barockschlössern sehen kann.
Schlichtheit mit Symmetrie wirkt dagegen nur bombastisch und kolossal.

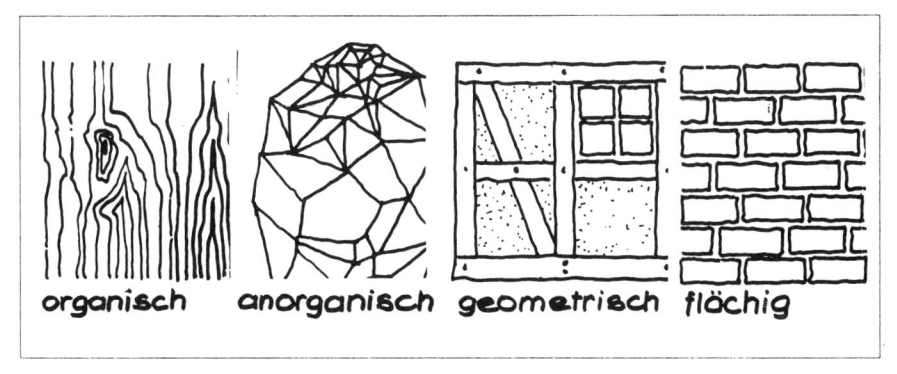

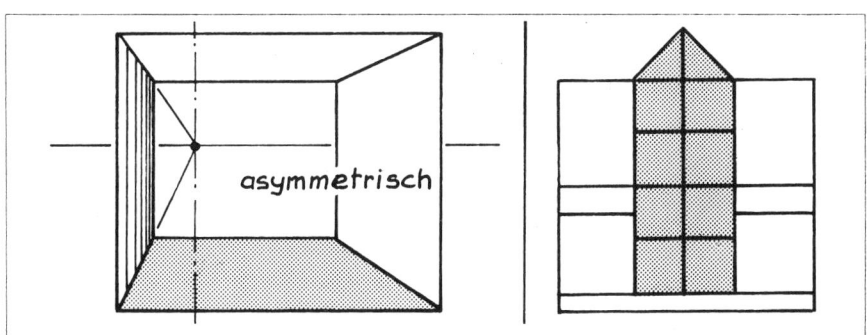

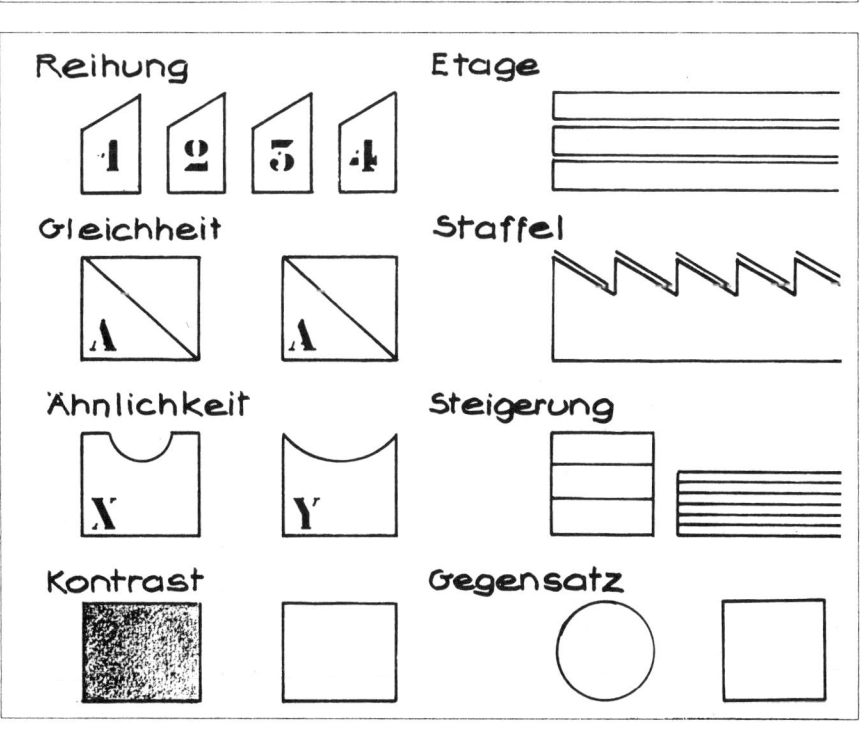

Asymmetrien wirken spannungsvoll und lockern auf. Der Reiz geringer Abweichungen von der Harmonie der Symmetrie ist groß. Ordnungen erfahren Steigerung durch eingebaute Störungen, u.a. durch Asymmetrie.
Phantasiestrukturen sind eigentlich gar keine Strukturen, sondern eher Dekore, denn sie zieren.

Es besteht aber kein Zusammenhang zwischen der Substanz und der Oberfläche.

Darstellungsstrukturen, auch Binnenstrukturen oder Kontrierungen genannt, kennzeichnen die Bedeutung eines Gegenstandes.

– Geradlinige Strukturen erscheinen geordnet, unbewegt, anonym.
– Schraffuren unterdrücken den Liniencharakter. Sie erhalten Ausdruck durch Strichrichtung und Lage, sowie durch helle und dunkle Betonungen.

Die Wirkung von Linien und Strukturen ist groß und variabel.

– Reihungen wirken konstruktiv,
– Ebenen, die übereinander liegen, vermitteln Stabilität,
– Staffelungen ergeben räumliche Tiefe,
– Streuungen schaffen Bewegung,
– Ähnlichkeiten gleichen aus,
– Wiederholungen verstärken,
– Häufungen schwächen ab.

Aufgaben auch von einer spielerischen Seite anzugehen, schafft neue Gedanken. Utopien beinhalten Ideen, die sich wie Salzkörner im Eintopfgericht unserer zu gestaltenden Umwelt ausmachen.
Außerordentliches ist mehr als Ordentliches. Es hat den Reiz des Besonderen, des Unüblichen.

Skribbeln nennt man die Tätigkeit, bei der man einmal die Dinge mit Kenntnissen über das Ordentliche betrachtet, zum anderen aber, angeregt durch utopische Ideen, Lösungsversuche skizziert.

Sammeln
von Informationen, Anregungen, Vorbildern, Aufforderungen,
in Form von Taschenbüchern, Zeichenblöcken, Loseblättern,
um anzuregen zu Ähnlichem, Anderem, Besserem,
als Gedächtnisstütze, Nachschlageakte, Archiv.
„Phantasie entzündet sich am Chaos des Unbedeutenden". Dettmar

- **Sensibilität**
  die Antenne der Kreativität

  - Beachten von Zufällen
  - Geltenlassen was passiert ist,
  - nicht nur Vorstellungen nachjagen

- **Kreativität**
  bestimmt Handeln mit Kalkül und Gefühl

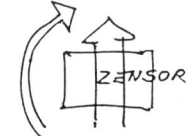

  Motto: Die kontrollierte Divergenz

- **Voraussetzungen**

  - Vertrauen in Bekanntes
  - Aufgeschlossenheit gegenüber Unbekanntem
  - Begeisterungsfähigkeit für Vieles
  - Geborgenheit durch positives Umfeld
  - Verständnis für Realitäten
  - Muße durch Entspannung

Sensibilität ist die Antenne der Kreativität, also auch eine der Voraussetzungen für Handlungen, die nicht allein vom Kalkül bestimmt werden. Sensibilität ist die Empfindsamkeit, die ein Mensch gegen sich selbst und gegenüber seiner Umwelt aufbringen sollte. Empfindsamkeit muß streng gegenüber Empfindlichkeit abgegrenzt werden. Es gibt zuviel empfindliche aber viel zu wenig empfindsame Menschen.

Kreativität wird bestimmt durch Handlungen, die nicht nur vom Kalkül, sondern auch vom Gefühl getragen werden. Jeder Mensch legt sich im Lauf der Zeit durch Erfahrungen verstandesmäßige Zügel an.
Der Zensor filtert wie ein Sieb Unvernünftiges aus, verhindert übertrieben emotionale Äußerungen. Divergente Wege am Zensor vorbei müssen neben den konvergenten aber Bedeutung behalten.

Voraussetzungen für die Kreativität lassen sich viele benennen.
Sie sind unterschiedlich angesiedelt:
Der Entwerfer als Person muß einiges an Qualität mitbringen.
Zum einen angeborene Begabung, Phantasie und Temperament, zum anderen anerzogene und antrainierte Eigenschaften wie Fleiß, Aufgeschlossenheit und Vertrauen.
Ebenso ist das Umfeld entscheidend.

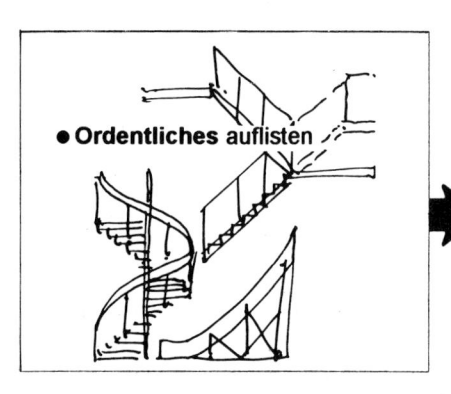

- **Ordentliches auflisten**

- **Außerordentliches** wollen und erzielen

- **Undenkbares** für möglich halten

Ordnungen führen zu Regelungen im Bereich der Gestaltung. Sie schaffen Bezüge zwischen Flächen, Räumen und Körpern. Wo Ordnung herrscht ist Übersicht gegeben. Wer Ordnung hält braucht nicht zu suchen.
Aber ordentlich ist nicht gleichzusetzen mit richtig. Ordentlich zu sein, ist wirklich nicht alles. Das Gegenteil von ordentlich ist nicht zwangsläufig unordentlich. Positiv gesehen ist es „außerordentlich".

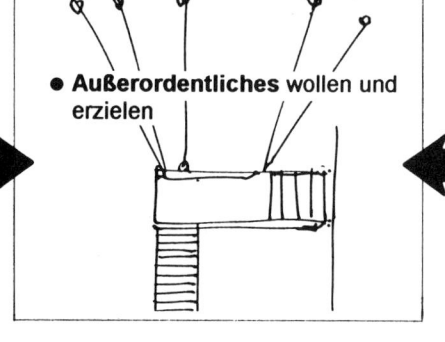

Die **unübliche Form** interessiert. Begründungen dafür werden nachgeliefert. Funktionen schlüpfen allemal hinein. Das Beispiel zeigt eine Treppe mit aufgehängtem Podest.
Über eine Brücke ist sie mit dem Obergeschoß verbunden. Die Lösung steht hier zwischen ordentlich Aufgelistetem und für möglich gehaltenem Undenkbarem. Ohne diese Flankierungen käme es nicht zum Außerordentlichen.

Spinnen ist eine handwerkliche Tätigkeit zur Garngewinnung. Früher wurde es an langen Winterabenden in Gruppen ausgeführt, und dabei kam man ins Plaudern, spann nicht nur Fäden, sondern auch Gedanken.

Spinnen ist zum anderen eine kreative, geistige Tätigkeit, die oft recht Unsinniges erträumt, Undenkbares für möglich hält. So werden manchmal seltsame Skizzen gefertigt und Projekte sondiert.

ENTWERFEN 1

Kapitelübersicht

1. Sensibilisieren, Sondieren
2. Entwickeln und Kontrollieren
   Skizzieren und Inspirieren
3. Skribbeln und Visualisieren
4. Ausrichten und Orientieren
5. Interpretieren und Modifizieren
6. Nutzen und Steigern
7. Taktieren und Optimieren
8. Präzisieren und Realisieren

Sensibilisieren und Sondieren

● Skizzenheft

● Unterlagenmappe

● Ideenbuch

Das **Skizzenheft** dient dem Festhalten von Erlebnissen und Eindrücken, z.B. von Formen, Konstruktionen, Räumen, Bauwerken und Landschaften.
Auf Reisen ist es eine fast notwendige Ausstattung für alle kreativen und gestalterisch tätigen Menschen, wie Designer aller Fachrichtungen und Architekten.
Das Heftformat sollte DIN A4 nicht unterschreiten und über DIN A3 nicht hinausgehen.

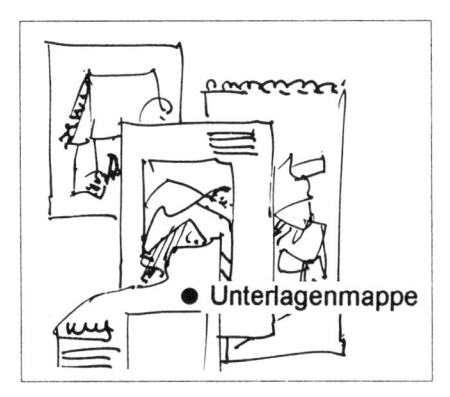

Die **Unterlagenmappe** dient zum Sammeln von Abbildungen. Viele Informationen kommen heute durch Zeitschriften, Prospekte, Karten, Kalenderblätter usw. auf uns zu. Fotos und Drucke finden zum Teil Gefallen und regen an. Sie zu sammeln ist eine gute Sache.
Viele Unterlagen sind oft zu wertvoll. Dagegen sollte man bedenken, daß man die Informationen nicht im eigentlichen Sinne im Besitz hat, wenn man sie nicht auffinden kann.

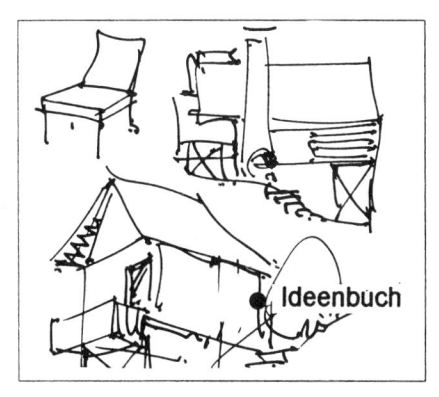

Das **Ideenbuch** hält Visionen, Einfälle, Programme und Aktionen fest. In ihm wird spontan fixiert, was lohnend scheint. Die Unschärfe der Notizen wirkt eher befruchtend als irritierend.

Selbst wenn man nicht mehr erkennen sollte, was man einst gemeint hat, kann die Wirkung dessen, was einen anschaut, groß genug sein, um zu neuen Ideen zu gelangen, und um die geht es bei der Gestaltung nun einmal.

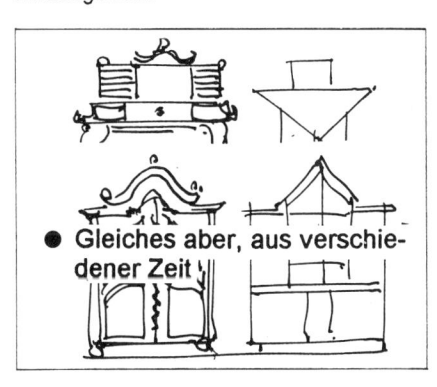

● Gleiches aber, aus verschiedener Zeit

● Gleiches aber, an verschiedenem Ort

● Gleiche Art, aber verschiedene Ausführung

Gleiches läßt sich am leichtesten miteinander vergleichen, beispielsweise Möbel unterschiedlicher Entstehungszeit, aber gleicher Nutzungsart. Beide erfüllen voll ihre Funktion, aber die Gestaltung ist entsprechend der verschiedenen Stile total anders.

Bewußt werden durch diesen Vergleich die Stilmerkmale der Epochen, und das schafft Standortbewußtsein für den eigenen Beitrag.

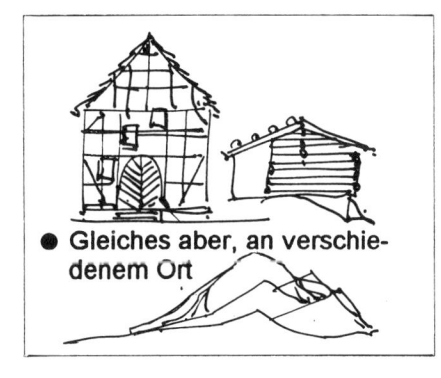

Besonderheiten beruhen oft auf unterschiedlichen lokalspezifischen Ausprägungen, die die Menschen mit ihren verschiedenen Sprachen und Gewohnheiten, Glaubensrichtungen und Vorstellungen hervorgebracht haben.
Ein Niedersachsenhaus erfüllt die gleiche Funktion wie ein Tiroler Haus, aber die besonderen Unterschiede sind bestimmt durch Klima, Topographie und Ökologie.

Ungleiches miteinander zu vergleichen lehnen viele verstandesmäßig ab. Es kommt aber darauf an, was man erfahren will. Studieren heißt vergleichen. Einen Apfel mit einem Apfel zu vergleichen hilft nur, deren Qualitäten gegeneinander abzuwägen.

Vergleichen macht bewußt, was das Typische einer Sache gegenüber der anderen ist. Lang und rund, gerade und gebogen sind Kontrastpaare.

Entwerfen ist eine kreative Tätigkeit. Sie kann ebenso erfüllend sein wie auch quälend.
Ein Entwurf ist der erste Niederschlag einer Idee. Er kann und muß noch keine Gültigkeit haben, das stellt sich erst bei mühevollen Weiterentwicklungen heraus, wenn Korrekturen hinsichtlich Konstruktion, Nutzung und Preisgestaltung überstanden sind.

Entwickeln ist die Arbeit, die einen Entwurf zur Reife bringt. Methodisches Vorgehen dient der Entwurfsoptimierung. Logisch begründbare, wie emotional bedingte Forderungen können den Arbeitsablauf absichern.
Eine Arbeit wandelt sich mit ihren Veränderungen und reift. Ein Balkon z.B. wird mit offenem Geländer als zu zugig empfunden und somit geschlossen.
Verbesserungen werden vorgenommen und die Lösungen damit gesteigert. Ein Rad, als geschlossene Scheibe entworfen, wird mit Speichen ausgestattet und im Radius vergrößert.

Betonungen helfen eine Sache in ihrem Wesen zu charakterisieren. Ein Haus z.B. wird durch Anhebung der Geschoßhöhen, der Sockel- und der Dachpartien gestreckt.

Das **Weglassen** von Nebensachen führt zur Reduzierung auf Wesentliches.

Das **Hinzufügen** von Einzelheiten ergänzt Anlagen, spezifiziert sie und erläutert Funktionen.

Das **Zusammenlegen** von Funktionen optimiert gelegentlich Lösungen hinsichtlich des Platzbedarfs und der Kosten.

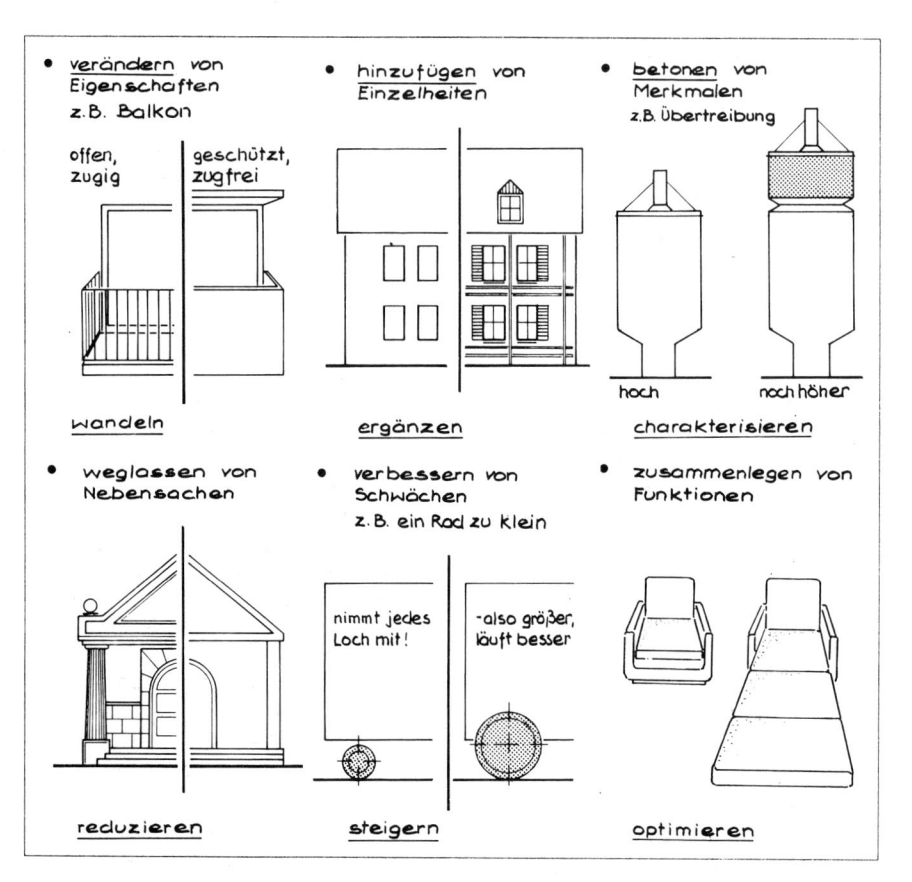

Kontrollen des Entwurfs sind notwendig, denn **Einfälle** beruhen oft auf sehr spontanen Eingebungen. Die Qualität eines Entwurfes muß überprüft werden nicht dem Zufall überlassen.

Alternativen müssen daher entwickelt werden. Diese erlauben Vergleiche und bieten Maßstäbe für Beurteilungen. Solche Standortbestimmungen schaffen einen Überblick und helfen.

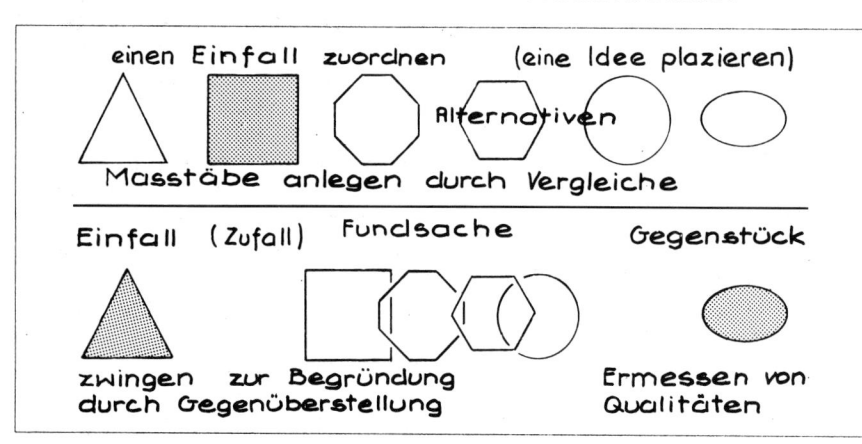

Die **Ausdeutung** von Formen erfordert Phantasie. Es ist nicht jedem bewußt und geläufig, wie vielfältig sich einfache Figuren variieren lassen.
Ein Körper kann über einem Grundriß in der Höhe z.B. flach, schräg geknickt, rund, gefaltet und abgetreppt ausgeformt werden.
Ein Möbel über einem rechteckigen Grundriß mit einem Vorsprung in der Front läßt in den Fassaden noch enorm viel Möglichkeiten der Gestaltung offen.
Skizzen sind, je nach Temperament,
– bei den einen filigranhaftes Gekritzel,
– bei den anderen der erste Niederschlag einer Idee.
– Für den Laien ist es oft Geschmiere,
– für den Kenner aber etwas Lebendiges. Diese Formen erweisen sich als verwendbar, bilden ein Repertoire, das man nicht mehr zu erfinden braucht.

Feste Linien beschreiben Flächen und Körper. Sie vermitteln Statik oder Dynamik, schaffen Plastizität, legen fest oder helfen zu sondieren.

Freie Linien dagegen fixieren Ideen nur und erlauben Ausdeutungen (siehe Abbildung). Die Skizze von einem Sitzmöbel beinhaltet ebensoviel Informationen über Sitz-, Rücken- und Armlehnen, wie für ein modernes oder historisches Möbel nötig sind.

Sie erlaubt Ausdeutung in vielen Richtungen.

Der **Punkt** in einer Zeichnung kann für sie soviel bedeuten wie ein Salzkorn in einer Suppe, denn der Punkt ordnet, belebt und steigert.

Viele Punkte können streuen oder sammeln, öffnen oder schließen.

Die Plazierung von Punkten ist so wichtig wie ihre Menge.

Ihr Anteil in einer Zeichnung muß proportional zu den Linien sein.

Wenige Punkte schon würzen ein Gericht. Doch können auch sehr viele gerechtfertigt sein, so daß sie gegenüber den Linien dominieren.

ENTWERFEN 2

**Entwickeln und Kontrollieren
Skizzieren und Inspirieren**

Die **Form suchend** zu beschreiben, ist sehr lebendig, hat aber eher erzählenden Charakter. Es inspiriert, läßt Entscheidungen noch offen, wirkt aber auch unruhig durch die zwar verständlichen, aber nun einmal wirksamen Unschärfen.

Ein leeres Blatt verursacht dem Entwerfer immer wieder Qualen, denn anfangen, heißt wählen. Doch ist die Wahl gar nicht groß. Wir sind eingebunden in zeitliche und räumliche Zusammenhänge, und nichts entsteht voraussetzungslos, sondern hängt ab von dem, was vorher war und von dem, was möglich ist.

Anfänge müssen dennoch gefunden werden.

Ein Fleck kann ebenso Ausgangspunkt einer großen Komposition sein wie wahllose Striche. Solche simplen Anfänge sind ernsthaften Entwerfern geradezu peinlich, sie sind ihnen zu oberflächlich, doch stellen sie einen möglichen Weg dar.

Die „**geskribbelte**" Darstellung von Gegenständen ist eine leicht hingeschriebene Ideenskizze, eine flüchtig vornotierte Vorstellung. Sie ist zwar schon umrissen, aber im Detail nicht festgelegt und damit entwicklungsfähig.

Unterbrechungen von Linien bei der Darstellung von Entwürfen sollen dem schon genauen Bericht die steife Wirkung nehmen.

Das Auge ergänzt zwar Unterbrechungen, aber nicht immer und überall.

Eine Linie kann unterbrochen werden, der Linienfluß ist aber trotzdem gewährleistet.

Unterbrechungen sind oft aus zeichnerischen Gründen bedingt. Der Anschluß gerader Linien an geschweifte kann zu Strichverstärkungen führen, die dann stören würden. Es ist daher besser, daß man hier einen kleinen Abstand läßt.

Eine Körperecke darf nicht offen gezeichnet werden, das Auge wandert ab und die Form wird unklar.

Runde Eckausbildungen lassen einen Körper vielleicht weich, aber schnell auch glitschig erscheinen. Das Auge rutscht ab.

Scharfe Körperkanten dagegen sind markant. Das Auge bleibt stehen und taxiert die Flächen.

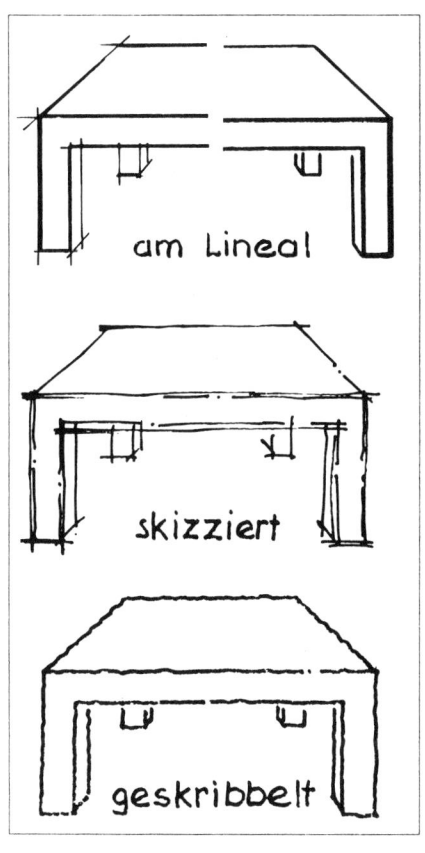

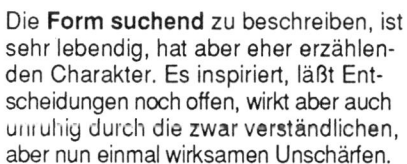

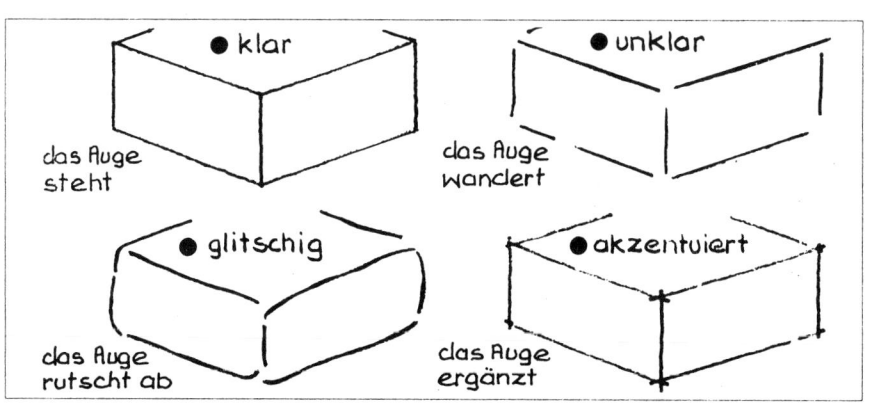

57

Das **Skribbeln** ist das intuitive, freie Skizzieren von Formen, Flächen, Körpern, Räumen und es ist vorerst ohne besondere Ausrichtung.
– Im Gespinst von grafischen Aussagen treten Akzente auf, veranlassen zu Verstärkungen und werden zu Flächen und Körpern.
– Ein Funke entsteht, der ein Feuer entfacht, eine Idee hervorbringen kann. Empfindungen werden anhand solcher Skizzen oft erst bewußt. Unkontrolliert passiert so mehr als verstandesmäßig veranlaßt.

Formen gilt es zu empfinden und zu erfinden, damit sie Gestalt gewinnen.
– Freie Kunst, wie Malerei und Plastik, ist ungebunden in der Formfindung. Sie zielt ganz auf Ausdruck ab.
– Angewandte Kunst, wie Architektur, ist gebunden an die Erfüllung konkret definierter Aufgaben.

Die Formfindung ist aber auch für ganz praktische Funktionserfüllungen unglaublich schwer.
– Ein Haus z.B. kann ebenso eckig, aber auch rund gebaut werden.

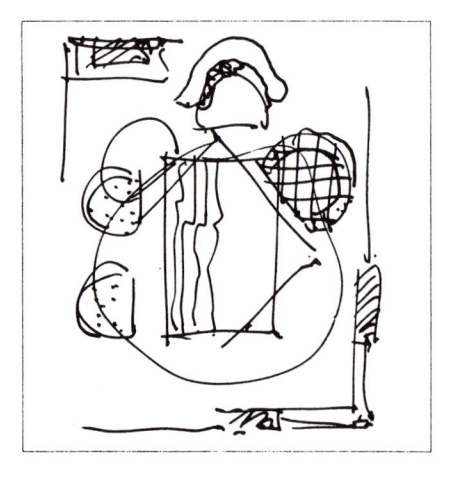

Orientierung bietet beim Entwerfen die Verpflichtung zum **Ausdruck der Zeit** und Rücksicht auf lokalspezifische Fakten wie Klima, Topographie und Ökologie.

Gestaltung wird anonym wenn sie vom Standort gelöst ist, denn dann ist sie austauschbar.

Internationale Stile sind daher unglaubwürdig und gehen auf Kosten vitaler Bezüge.

Sensibilität ist dagegen notwendig, um nicht nur richtig zu planen, sondern auch gut zu entwerfen.

Viele Wege sind begehbar, um Gestaltfindung zu betreiben. Einige aufzuzeigen kann helfen, neue werden immer dazukommen.

Um einen Gegenstand zu formen, muß man zunächst Vorstellungen von seiner Aufgabe und seinem Inhalt entwickeln.

Funktionelle Forderungen sind zu erfüllen, einzeln auszuprägen und im Verbund zu koordinieren.

Die Nutzungsplanungen zielen auf die Erfüllung von konkreten Aufgaben ab. Es gibt jedoch auch dafür immer mehrere Möglichkeiten.

Gestaltung sollte nicht nur Tätigkeiten erlauben, sondern zu einer speziellen Nutzung herausfordern. Eine Funktion sollte immer durch eine Form Erläuterung finden.

Es gilt Empfindungen zu visualisieren. Freude und Heiterkeit lassen sich vielleicht mit harmonischen Linien ausdrücken, Ernst und Sorge dagegen mit strengen und harten.

Aller Anfang ist schwer, so auch beim Zeichnen.

Der Bann, der von einem leeren Blatt ausgeht, muß gebrochen werden.

Das **Skizzieren** ist schnell von Erfahrungen belastet. Diese sind zwar wertvoll, jedoch werden sie schnell zu geistigen Trampelpfaden.

Das Gegenteil von einer Sache sollte man sich immer dann vorstellen, wenn man glaubt, sie im Griff zu haben.

Technische Ausführungsschwierigkeiten gibt es heute kaum noch. Nur Kosten- und Terminfragen. Funktionen schlüpfen nahezu in jede Form. Wie gäbe es sonst immer mehrere Lösungen für eine Aufgabe?

Vorentwurfsskizzen von Hans Sharoun

Ein Tisch kann z.B. rechteckig, aber auch rund sein und diagonal gestellt werden. Eine Form kann hart und kantig, aber auch weich und geschwungen sein.

Das Planen erfüllt nur Aufgaben, das Entwerfen aber fühlt sich verpflichtet, den Standortbezug und Zeitausdruck zu berücksichtigen.

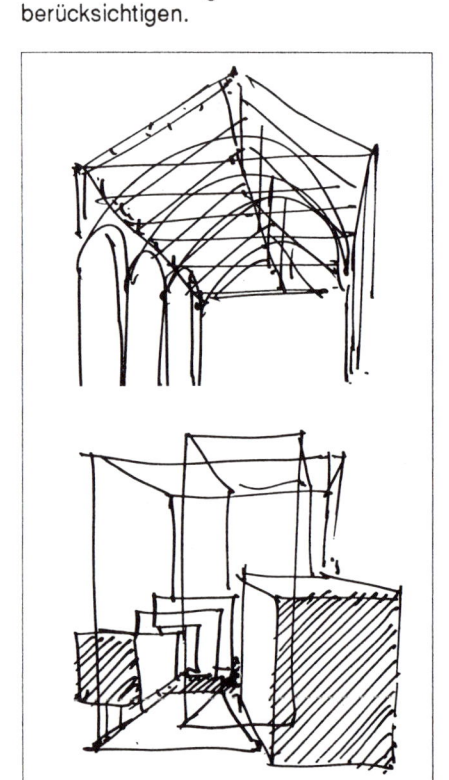

Es gilt, sich nicht zu früh festzufahren, sondern Vergleiche zu schaffen und Entwürfe zu überprüfen.

Was tun, wenn einem nichts einfällt? Wenn man keine **Idee** aufbringt? – Jeder ist einmal ausgebrannt. Aber es gibt Mittel und Wege, ja Strategien, um sich selbst in Gang zu bringen.

Halbdunkel sollte ein Raum sein, denn dann sind Konturen unscharf, alles ist geheimnisvoll verdeckt. Es muß mehr gedacht und erraten werden, als man sehen kann. Gelegentlich zu skizzieren, ohne recht sehen zu können, weder den Gegenstand noch das Papier, das bringt etwas.

In einer Kirche z.B. trifft man das Halbdunkel an, dort stehen auch Bänke parat und eine Blattauflage ist meist möglich.
Im Hellen darf man dann danach aber nicht gleich nachschauen, sonst reißt ein Traum ab, eine Illusion erlischt. Später kann man sich einmal von diesen Skizzen anregen lassen, vielleicht zu etwas ganz anderem.
Aus der Zentralperspektive der Kirche wird z.B. die Vogelschau zu einem Sitzungssaal mit ganz besonderen Fenstern und Türen.

ENTWERFEN 3

Skribbeln und Visualisieren

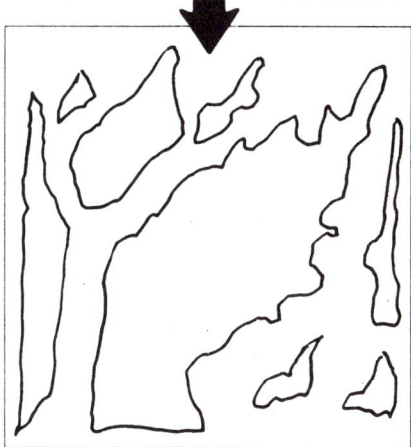

Illusionen müssen aufgebracht und Träume bei Tag wie bei Nacht gelebt werden. Träumen kann man auch ganz real mit offenen Augen. Wunschbilder und Profile, ja Wunschhorizonte muß es geben. Sie sollen bereichern, dürfen nicht enttäuschen und sollen der Aktivierung der Phantasie dienen.

Das **Umsetzen** von Skizzen der Natur in Flächenkompositionen ist für manchen Designer ein probates Mittel zu besonderen Gestaltungen zu gelangen.

Textildesigner beispielsweise abstrahieren von Rinden und Blättern für Stoffdrucke und Tapeten; gespiegelt, gruppiert und rapportiert ergeben sich Dekorationen, für die sonst kaum die Vorstellungskraft ausreichen würde.

Bauen und Architektur sind zwar verwandt, stehen sich aber geradezu distanziert gegenüber.
Bauen deckt Bedarf, erfüllt Programme.
Architektur dagegen ringt um Ausdruck, ist Baukunst.

Planungen erfüllen Forderungen hinsichtlich Form und Funktion, Material und Konstruktion. Gestalt aber nimmt eine Sache erst an durch den Entwurf, der Ausdruck schafft.

Formen sind neben Materialien und Farben die wichtigsten Mittel der Gestaltung. In Räumen werden Formen meist so gewählt, daß sie harmonisch und schön wirken, denn der Mensch soll sich wohlfühlen bzw. auf eine bestimmte Stimmung hin ausgerichtet werden.
In einer Kirche z.B. auf Ruhe und Andacht, in einem Wohnraum auf Entspannung und Freizeitgestaltung. Es werden also Raummilieus geschaffen.

Die Erhaltung **historischer Bausubstanz** ist eine Frage des Respekts vor bedeutenden Aussagen abgeschlossener Stilepochen, eine Verpflichtung der Erben. Ob alte Gebäude erhalten werden, hängt von ihrer Nutzung ab. Ohne diese ist sie kaum durchzusetzen. Schon allein von der Finanzierung her.

Eine Erhaltung ohne Nutzung, wie bei Ruinen, ist eine Ausnahme.

Die Vergangenheit
• pflegen
<u>gestern</u>   erhalten
integrieren   reparieren
restaurieren sanieren

Die Gegenwart
• gestalten = modern
<u>heute</u>   formulieren
         zeitadäquat
         lokalspezifisch

Die Zukunft
• bedenken
<u>morgen</u>   entwickeln
         forschen
         erproben

Die Vergangenheit zu pflegen ist ein Auftrag, der erfüllt werden muß. Damit verbindet sich das Restaurieren, Reparieren und Sanieren, die Kombination neuer Substanz mit alter, mit dem Ziel, das Alte wiederherzustellen und nutzbar zu machen.
Die Integration neuer Bausubstanz in alte bestimmt Entwürfe auf besondere Weise.

Der Normalfall ist, die Gegenwart gestalten zu wollen.
Über den Auftrag praktischer Programmerfüllung hinaus erfahren Entwürfe vielerlei Ausrichtung hinsichtlich ihrer Gestaltwirkung.
Die Ausrichtung von Formen auf den **Zeitgeist** kommt hinzu.
Schönheit und Harmonie sind also nicht allein ausreichend für gute Gestaltung. Eine Form ist erst dann ein überzeugender Beitrag, wenn sie den Ausdruck ihrer Entstehungszeit trägt, d.h. modern ist.

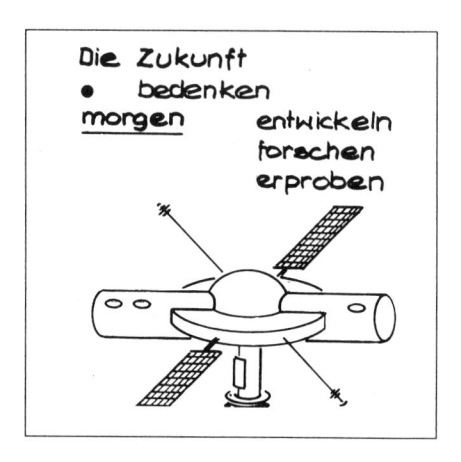

Die Zukunft zu bedenken ist ein weiterer Auftrag. Forschung und Entwicklung werden betrieben. Deshalb muß auch Neues erprobt werden. Ist eine Ausrichtung aber auch auf andere Materialien und Technologien gegeben, eine Einflußgröße, die die Gestaltung mitbestimmt.

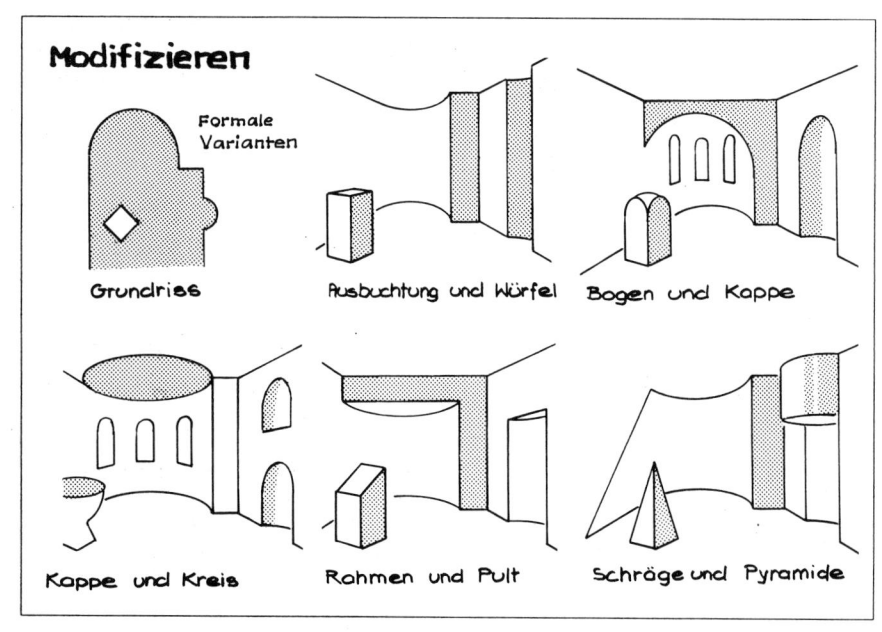

Modifizieren

Formale Varianten

Grundriss — Ausbuchtung und Würfel — Bogen und Kappe
Kappe und Kreis — Rahmen und Pult — Schräge und Pyramide

Grundformen sind in allen Gegenständen verborgen. Ohne sie zu erkennen, würde der Mensch seine Umwelt nicht erfassen können.

Körperformen lassen in ihrer Vereinfachung Ordnungen erkennen.

Die Körperhaftigkeit wird durch Raumgestelle deutlich. Hilfslinien bei perspektivischen Zeichnungen bewirken diese. Der Raumcharakter wird definierbar durch Sichtbarmachung von Hohlräumen.

Oberflächen von Körpern bieten durch Strukturen Informationen über ihre Inhalte.

Punkte stehen für Poren, Wellenlinien für Wasser, gezackte Linien für Holzmaserung. Unsere Vorstellung von Plastizität wird mit solchen Darstellungsarten trainiert.

Die Umnutzung historischer Gebäude ist ein Ausweg, wenn alte Funktionen erloschen sind, wenn beispielsweise eine Kirche durch Strukturwandel der Umgebung ihre Gemeinde verloren hat, oder eine Wassermühle keinen Auftrag mehr findet.

Umbauten aller Art sind daher bei Altbauten unumgänglich, denn nur so lassen sich neue Nutzungen ermöglichen. Gebäudeerweiterungen erfolgen durch Um- und Vorbauten sowie durch Aufstockungen und Überbauungen.

ENTWERFEN 4

Ausrichten und Orientieren

Der Umgang mit alten Bausubstanzen verlangt in jedem Fall die Modifizierung neuer Architekturen durch deren Integration.

Das **Einbringen eigener Ausdrucksformen** bei der Gestaltung neuer Teile von bestehenden Substanzen ist eine Frage der Identifikation mit der eigenen Zeit und dem Respekt vor dem baulichen Erbe.

Die formalästhetische Angleichung von neuen Bauteilen an alte ist falsch verstandener Respekt, so etwas führt nur zur Verwässerung des Originalbestandes.

Die **Rekonstruktion** verlorener Bauteile ist eine besondere Ausnahme. Denkmalpflege sollte da aufhören, wo nichts mehr zu pflegen ist, also der Verlust einer Aussage gegeben ist.

Das Bekenntnis zur eigenen Zeit läßt sich mit der Forderung nach Rekonstruktion dennoch durchsetzen.

Die stellvertretende Massendarstellung von Substanzen ist eine intellektuelle Lösung. Nachbildungen sind nicht direkt, sondern nur indirekt vorzunehmen.

Ein Gewölbe z.B. wird als eine Drahtnetzkonstruktion nachgebildet, die den alten Raumeindruck erweckt und die Imitation umgeht.

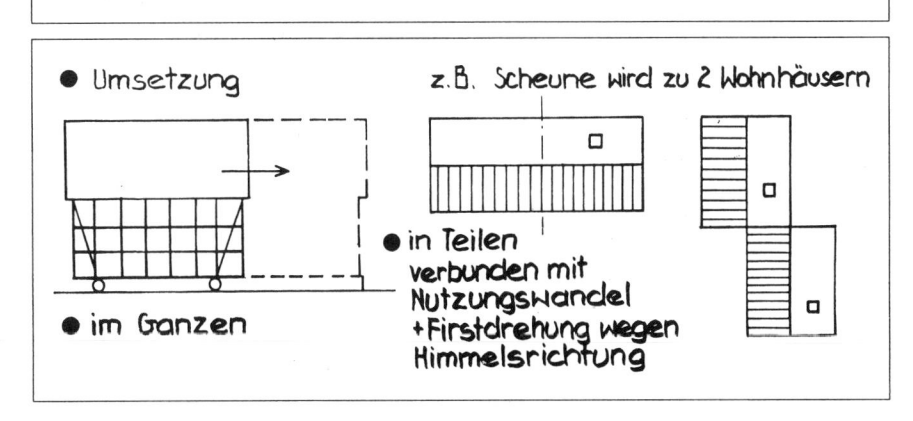

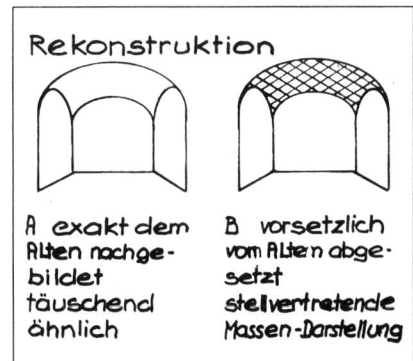

Das **Auge** sieht nicht objektiv, sondern der Blick ist gefärbt durch den Zeitgeschmack.

Die **Lesart** einer Form beruht auf Beobachtungen in der Umwelt.
In unserer heutigen Zeit, der sog. Postmoderne, treten Pilzformen auf, die nun auch an anderen Stellen empfunden und damit gesehen werden.

„**Zitate**" nennt man den Einsatz von Architekturelementen aus abgeschlossenen Stilepochen.
Versatzstücke sind z.b. Säulen, Rundbögen sowie Gesimse und Tympanongiebelfelder, die auf neue Bauteile appliziert werden.

Raumwahrnehmungen hängen vom Standort des Betrachters ab.
– Subjektiv sind Raumerlebnisse nicht meßbar.
– Objektiv lassen sich dagegen kaum Beziehungen bewerten.
Raumverdichtungen als Mittel der Erlebniswirkung werden im Wechsel von Raumweiten und Verbindungen von Höhen und Tiefen genutzt.

Der **Formenvorrat** von Körpern ist groß und wurde in den einzelnen Stilepochen verschieden stark genutzt:
– die Griechen schätzen Kuben und Rechtecke,
– die Ägypter Pyramiden,
– die Römer Kreise und Halbkreiskugeln,
– die Barockbaumeister die Ellipse,
– die Vertreter der Neuzeit das Raster,
– die Moderne übt sich derzeit in Neuauflagen von Versatzstücken.

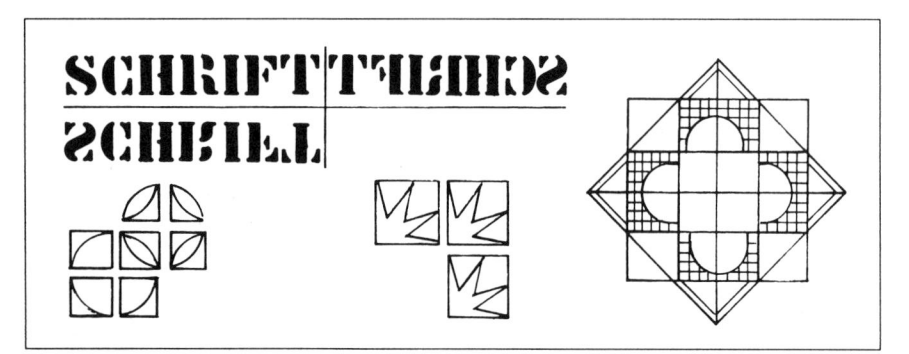

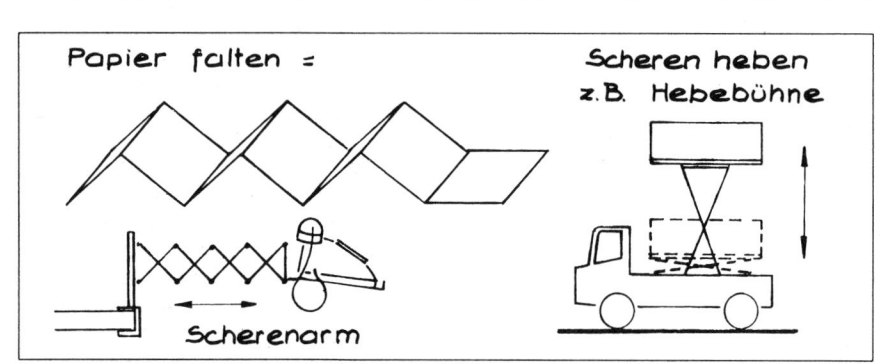

Das **Verfremden** von Formen kann, wenn man geschickt operiert, zur Entstehung schmückender Dekorationsformen führen. Haben diese mit dem zu gestaltenden Gegenstand eine Beziehung, kann es zu Ornamenten kommen. Die Mittel der Verfremdung reichen von Drehen und Kippen über Stürzen und Spiegeln bis zum Rapportieren.

Das **Übertragen** von Erkenntnissen von einer Anordnung auf eine andere kann zu völlig neuen Ideen führen. Die Lösungen sind bisweilen so interessant, daß sie kaum auf andere Weise erfunden werden könnten.

Gefaltete Papierstreifen können z.B. zur Idee eines Scherenarmes führen. Dieser kann in der horizontalen wie in der vertikalen Richtung angewandt werden. Darauf zu kommen ist ebenfalls eine Frage der Übertragung gewonnener Erkenntnisse von einer Ebene auf die andere.

Die **Umsetzung** von einer Form auf die andere ist für die Gestaltung ein sehr praktisches Mittel, um schnell zu Ergebnissen zu kommen. Altes auf Neues umzusetzen, kann bei Nutzungsformen und Konstruktionen ebenso Anwendung finden.

Ein Schrank z.B. kann die gleiche Funktion behalten, aber in eine neue Form umgesetzt werden.

Ein Haus kann mit seiner Fassade Anregungen für die Frontgestaltung eines Möbels geben.

Die **Ableitung** von Kompositionen aus Naturskizzen ist vor allem von Flächengestaltern, wie Textildesignern, ein gern genutztes Mittel.

Das Vorbild Natur ist derart ergiebig mit seinen großen und kleinen Strukturen, daß die Phantasie des Besten nicht ausreichen würde, um etwas hervorzubringen.

Dabei können Landschaftsskizzen ebenso wie kleine Details Vorbild sein. Die Anregungen reichen von einem ganzen Baum über dessen Rinde bis zu Mikroschnitten seiner Zellstruktur.

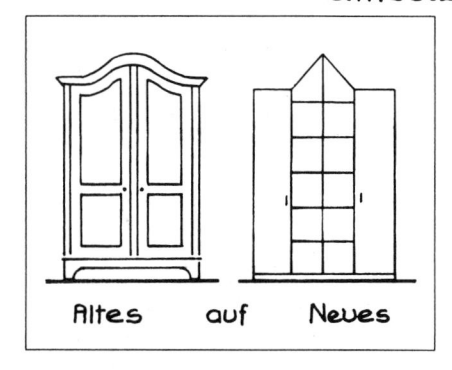

Formale Varianten sind von jedem Gegenstand möglich, sogar über ein und demselben Grundriß, wie die Abbildung zeigt. Verschiedene Raumeindrücke wurden durch formale Änderungen geschaffen. Es gilt immer wieder neue Lösungen zu finden, am besten solche, die es noch nicht gab. Ein Formenvorrat kann sich auch erschöpfen. So sind manche Kompositionen nachweisbar von früheren Epochen besetzt.

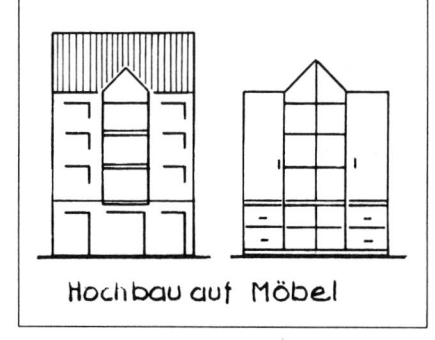

Neuinterpretationen sind die Folge, d.h. Wiederholungen, wenn auch in neuem Zusammenhang.

Die Milieus in den Abbildungen erinnern zum Teil an romanische Kirchen. Um so erstaunlicher ist es, wie sich der Ausdruck wandeln läßt, sogar bei starker Bindung an den Grundriß.

ENTWERFEN 5

Interpretieren und Modifizieren

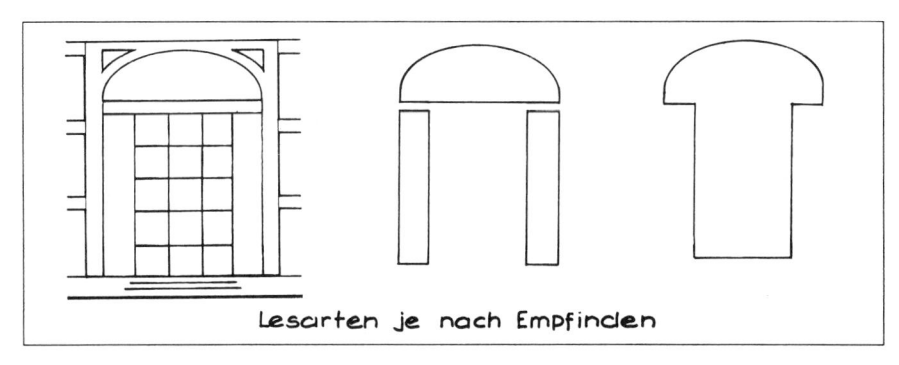

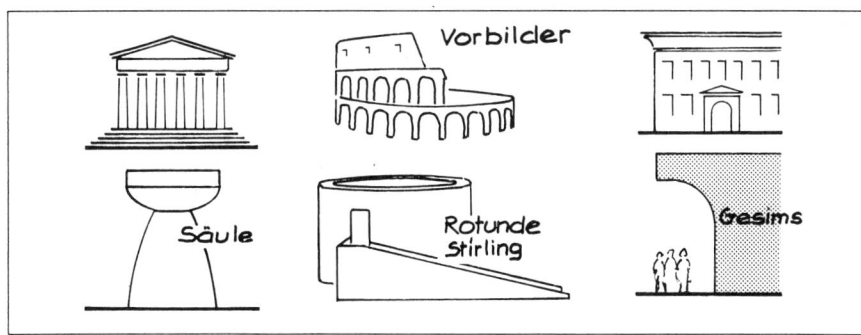

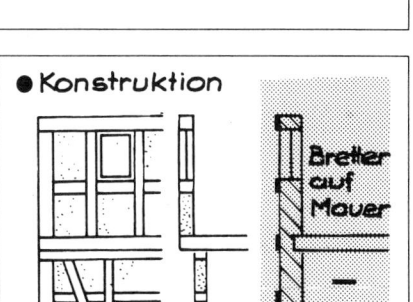

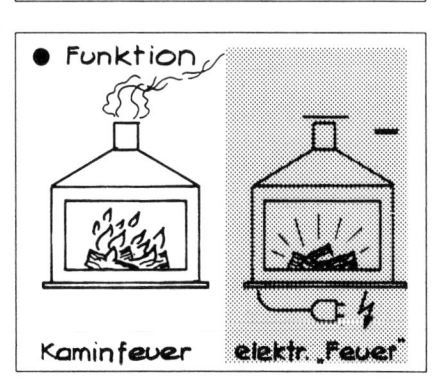

Interpretationen, d.h. Ausdeutungen eines Gegenstandes sind in sehr unterschiedlicher Weise möglich.

Ein Kreis von oben gesehen kann eine Kugel oder auch ein Zylinder sein. Selbst ausgeführte Arbeiten, die eindeutig festgelegt sind in Gestalt, Funktion und Konstruktion, erlauben noch Interpretationen. So lassen sich Formeninhalte unterschiedlich herauslesen und werden individuell empfunden.

Das Tor eines Fachwerkhauses z.B., über dem sich ein rundes Oberlicht mit Glasfenstern daneben befindet. 1975 wurde es so entworfen, daß das gebogene Glasfeld auf den seitlichen Streifen lastet.

Eine andere Interpretation bietet sich schon nach zehn Jahren an. Das Oberlicht und das Tor bilden nun eine Pilzform.

Lesarten je nach Empfinden

Vorbilder: Säule, Rotunde Stirling, Gesims

- ● Material: Holz, Kunststoff
- ● Konstruktion: Fachwerk, Bretter auf Mauer
- ● Funktion: Kaminfeuer, elektr. „Feuer"

Vor nicht allzu langer Zeit wäre niemand, jedenfalls kein guter Architekt darauf gekommen, Formen zu imitieren. Das war verpönt und gehörte sich nicht. Möbel dieser Machart jedoch werden in erschreckendem Umfang von Kunden akzeptiert. Wenige bewundern sogar noch die Perfektion der Imitate und zahlen einen nicht geringen Preis dafür.

Imitationen sind grundsätzlich abzulehnen, da sie als Vortäuschung nicht gegebener Tatsachen, als Unaufrichtigkeit und als Lüge empfunden werden.

Leider treten Imitationen immer wieder auf, und das auf allen Gebieten. Skrupellose Geschäftemacher betreiben Preisdruck durch Billig-Imitationen.
– Holz z.B. wird in Kunststoff imitiert, und zwar perfekt mit Porenfinish.
– Konstruktionen von Fachwerk werden durch aufgenagelte Bretter, die in Putz eingebettet sind, imitiert.
– Funktionen werden vorgetäuscht, so gibt es Kaminfeuer mit flatternder Seide.
– Formen aus abgeschlossenen Stilepochen zu übernehmen ist geistiger Diebstahl.

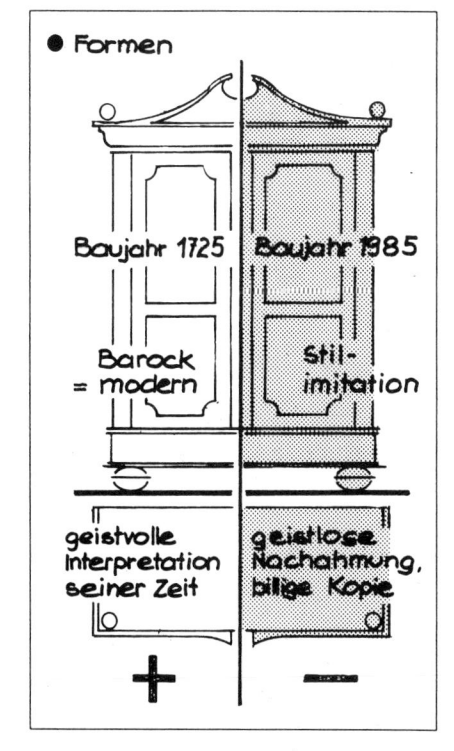

● Formen

Baujahr 1725 — Baujahr 1985
Barock = modern — Stilimitation
geistvolle Interpretation seiner Zeit (+) — geistlose Nachahmung, billige Kopie (−)

Bedingungen gilt es zu nutzen, um Besonderheiten daraus abzuleiten. Das trifft vor allem auf Gestaltungsfragen zu. In der Architekturplanung gilt es eine Menge Bedingungen zu erfüllen. Es gilt, Nutzungsprogrammen, Funktionen und Materialien zu entsprechen und Konstruktionen zu entwickeln.

Als Belastungen werden von unkreativen Planern z.B. schräge Baugelände empfunden. Sie bauen lieber auf dem flachen Land als an einem Hang. Dort lassen sie ggf. einen Bagger kommen, der das Gelände ebnet, damit sie ein Fertighaus daraufsetzen können.

Harte Bedingungen werden von kreativen Architekten als **Chance** empfunden. Ein spitz geschnittenes Grundstück stellt für sie kein Problem dar. Im Gegenteil, sie finden so zu außerordentlichen Architekturen, auf die sie sonst nicht kämen.
- Schräges Gelände forciert Staffelgeschosse.
- Schlechter Baugrund führt zu Aufständerungen.
- Ein Baum in der Flucht einer Mauer ist Anlaß zu einer Umgehungsform.
- Konstruktionen werden nicht verdeckt. Aussteifungen werden herausgestellt, Bauanschlüsse gestaltet.

- Bögen zwischen Mauervorlagen werden von künstlerischen Planern nicht unbedingt rechnerisch mit dem Ziel eingemessen, daß alle Teile gleich sind. Sie würden schwungvoll entwerfen, dem Geist der Zeit entsprechend. Ein Reststück, das sich ergeben könnte, wird mit einer Sonderform ergänzt. Sie bildet die Ausnahme der Regel.

Gut geplante und gestaltete Bauten bestehen nicht nur aus Holz, Stahl oder Stein, sondern sind von den materialspezifischen Besonderheiten gekennzeichnet.

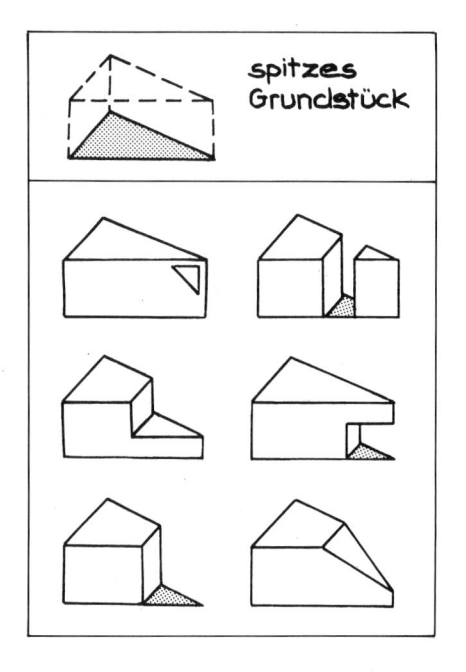

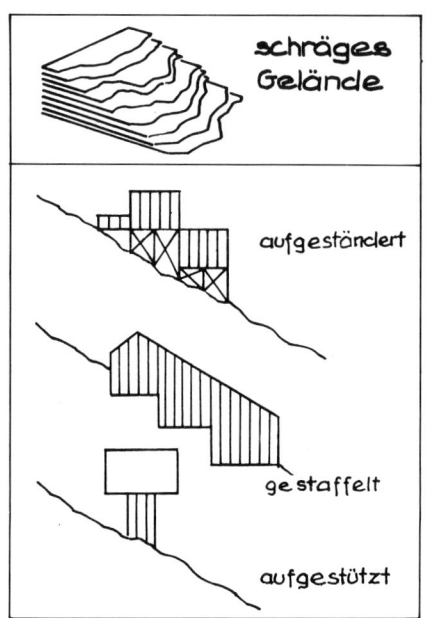

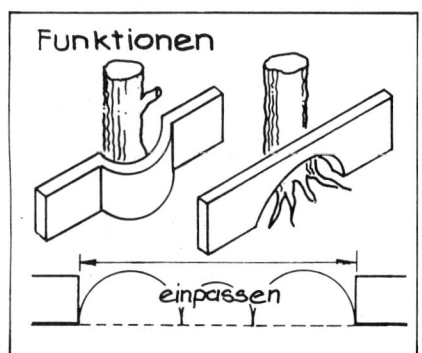

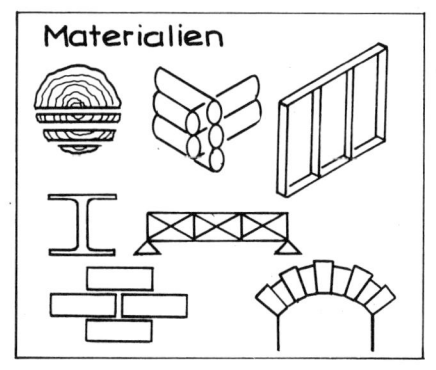

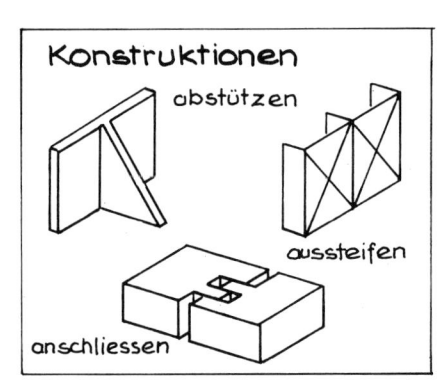

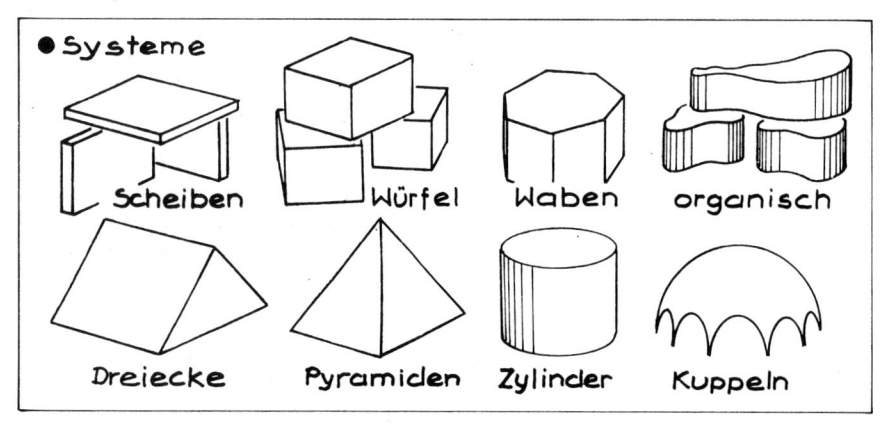

Systembindungen sind Planungsauflagen. Die freie Gestaltung wird damit behindert, auch wenn gewisser Planungsspielraum besteht.

Vorgegebene Bedingungen, wie Scheiben und Würfel, lassen sich noch fertigungstechnisch begründen, z.B. als Wand- und Deckentafeln oder Raumzellen. Preßt man Programme allerdings in Waben, Pyramiden und Zylinder, so sind dies meist selbstauferlegte Bedingungen.

Problemnutzung zu betreiben ist besser, als nach Problemlösungen zu suchen, denn letztere stellen oft gar keine dar, wenn sie Bedingungen ausweichen.
Auf einem spitzen Grundstück so weit zurückzugehen, daß ein Haus darauf paßt, ist für viele eine Lösung.
Der „Problemnutzer" jedoch baut ein spitzes Haus, daß durch die Bedingung außerordentlich werden kann, wenn es gut entworfen ist.
„Ein Problem zu lösen, ist leichter, als eine Idee zu haben."

Probleme sind schwierig zu lösende Aufgaben. Sie fordern heraus und provozieren besondere Leistungen.
„Not macht erfinderisch" heißt es im Volksmund.

Je härter die Bedingungen, um so köstlicher können Lösungen sein. Das zeigen viele Erfahrungen. Probleme sind geradezu notwendig, um vom Ordentlichen zum Außerordentlichen vorzustoßen; das scheinen viele Planer erkannt zu haben, denn sie erfinden sogar Probleme.

ENTWERFEN 6

Nutzen und Steigern

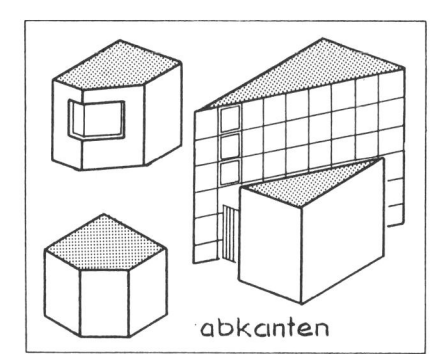

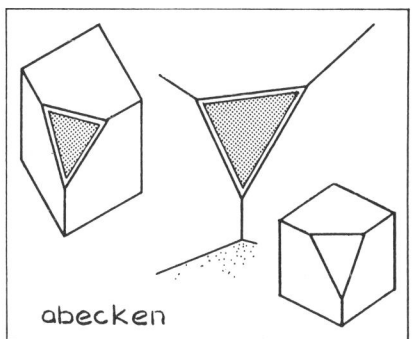

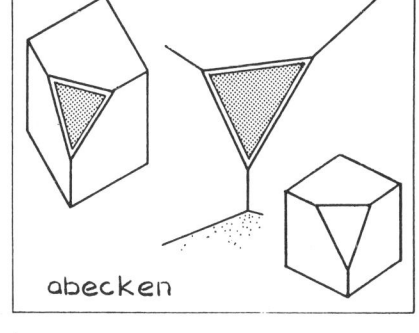

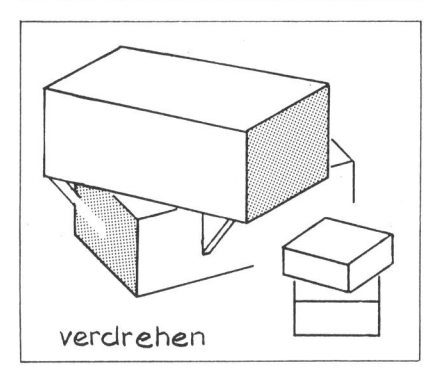

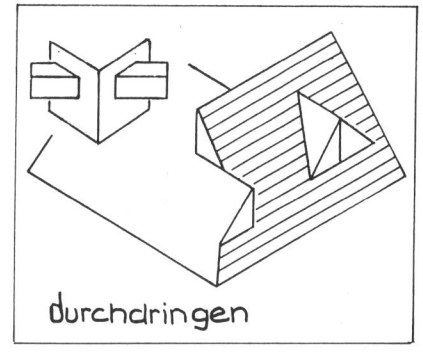

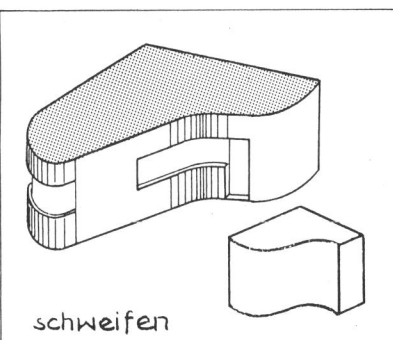

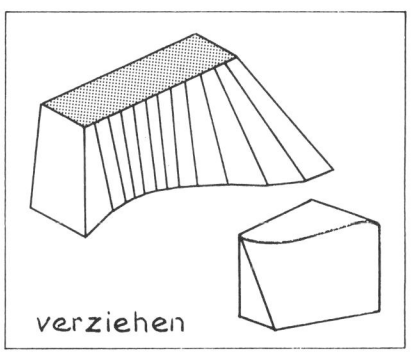

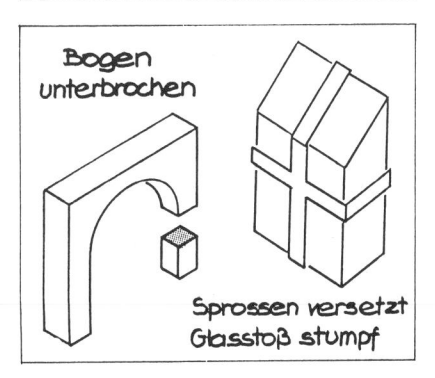

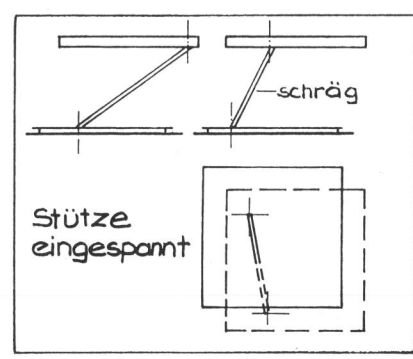

Problemeinsetzungen werden nachweislich betrieben, um besondere Veranlassung für Entwürfe zu finden.

– Gebäude werden z.B. abgekantet und abgeeckt.

– Grundstücke diagonal geteilt, um dreieckige Bauformen zu begründen.

– Bauten werden aufgeständert oder gedreht, das schafft Gelegenheit zu Auskragungen und veranlaßt zu Abspitzungen.

– Durchdringungen von Körpern führen zu Formen, die nicht nur interessant, sondern auch plastisch sind.

– Fassaden werden geschweift und verzogen, denn der Reiz windschiefer Flächen ist lange erkannt.

Heute ist man technisch in der Lage, so etwas zu lösen, der Erlebniswert von Fronten wird so gesteigert.

Konflikte werden installiert, Außerordentliches wird provoziert. Dachfenster z.B. werden gerade dort angebracht, wo sie noch nie waren, wie z.B. am Gratsparren eines Satteldachs. Das Ergebnis dieser Formfindungsstrategie ist ein besonders anschaulicher Beweis, wie praktikabel diese Methode ist.

Erwartungsbrüche in der Gestaltung nennt man heute Verblüffungseffekte. Eine Fenstersprosse nicht dort anzuordnen, wo sie gewöhnlich sitzt und auch heute noch technisch richtig wäre, das hat einen Reiz, dem sich keiner entziehen kann.

– Kräfte werden so auch umgeleitet, ein Statiker würde sagen „spazierengeführt". Natürlich kostet das mehr, aber wir können es uns leisten, z.B. werden Bögen unterbrochen und Stützen schräg eingespannt.

Auch schon früher beruhten **Gestaltungsqualitäten** nicht nur auf Harmonien. Schinkel z.B. hat in einer Kirche einen Pfeiler herausgeschnitten und gerade dort eine Kanzel eingebaut. Das muß seinem König wohl imponiert haben, sonst wäre es nicht zur Ausführung gekommen.

Gestaltungsaufgabe: An einer vorgegebenen achteckigen Kassenbox sollen:
1. die Glaswände besonders gestaltet
2. am Tresen befestigt werden.
– Ordentliche Lösungen wurden zuerst probiert und sind hier (links) den
– außerordentlichen (rechts) gegenübergestellt.
– Die Kassenbox zeigt als Beispiel, wie methodisch außerordentliche Lösungen gesucht und gefunden werden können, wenn nicht eine zündende Idee gleich aufgebracht wird.

– Die **Formgebung** wurde mit einem Profil, später mit zweien versucht, welche im Fugenbereich wechselten. Gewählt wurde dann aber eine unregelmäßige Form. Der Höhenwechsel erfolgte vorsätzlich nicht im Fugenbereich, sondern im Glasfeld.
– Die Glasanschlüsse am Tresen wurden hinsichtlich der Position und Höhe untersucht. Gewählt wurde dann eine mit Abstand übergreifende Lösung.

– Die oberen Enden des Glaskörpers wurden flach und geneigt skizziert. Gewählt wurden dann aber gestaffelte Gläser.
– Die Glashalterung wurde an den Kantenecken und im Glasfeld probiert. Gewählt wurde dann aber eine Halterung zwischen den Gläsern.
– Die Abstützung des Glases wurde auf dem Boden wie auf dem Tresen durchlaufend oder mit Bügeln vorgeschlagen. Gewählt aber wurde dann ein stückweiser Glassteg zwischen den Tafeln.

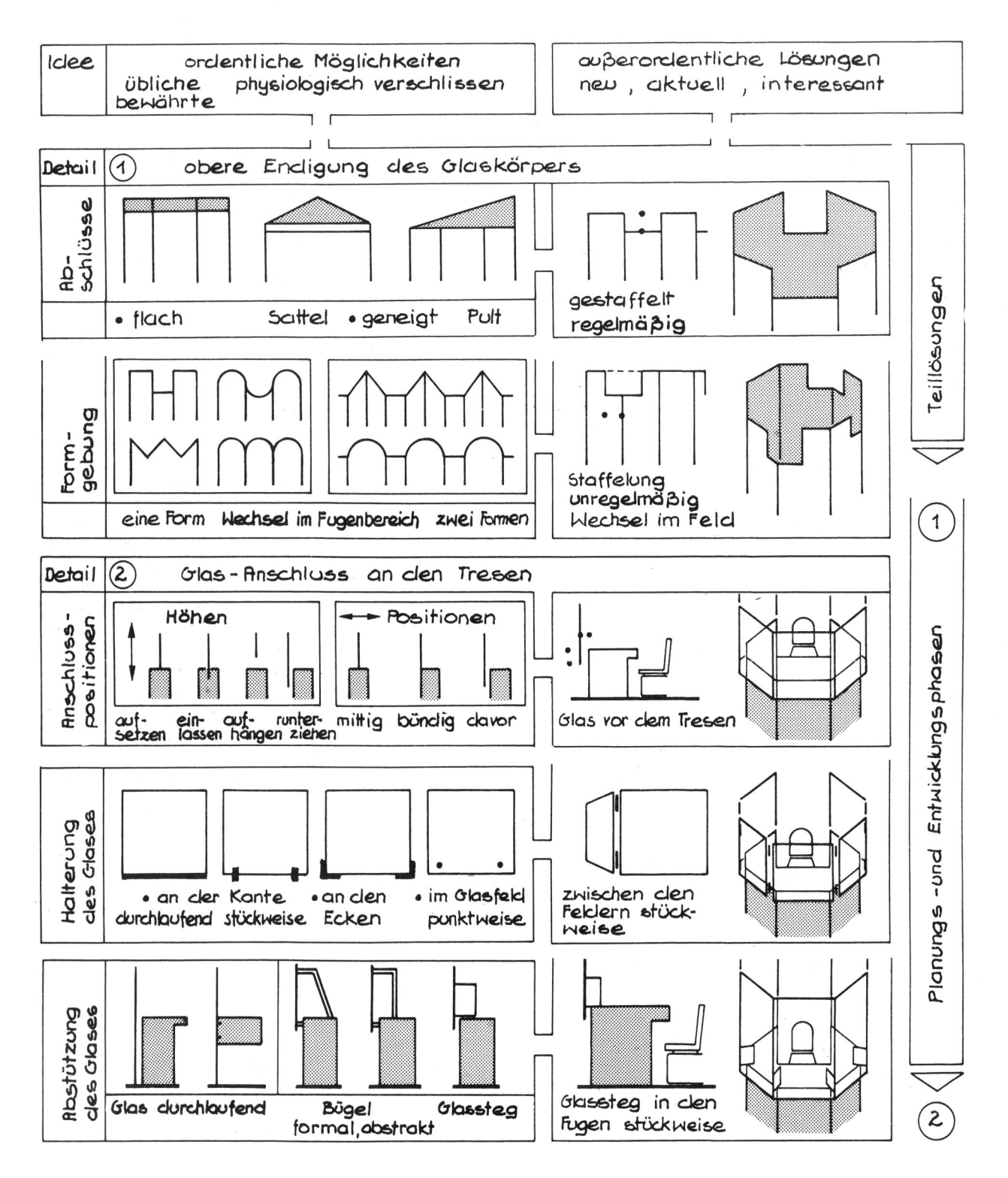

„Entwickle eine unfehlbare Technik und überlasse Dich dann der Gnade der Inspiration" Walter Gropius

Die üblichen, allgemein als ordentlich empfundenen Möglichkeiten, fallen auch einem Designer bei der Entwurfsplanung zuerst ein.
Sie werden kurz aufgelistet, dann als verbraucht deklariert, auch wenn sie sich noch so sehr bewährt haben. Es ist eben nicht genug, Altbewährtes immer wieder vorzuschlagen.

Planungsfehler sind: der Mangel an Methode, die Korrekturen ohne Kenntnis, die Dominanz von Kalkül, der Mangel an Gefühl, das Fehlen von Sensibilität, die Unterdrückung von Kreativität, das Fehlen von Konzeptionen, das Vertrauen auf Erfahrungen, die Scheu vor Risiken, Entscheidungen ohne Alternativen und Mangel an Ideen.

ENTWERFEN 7

Taktieren und Optimieren

Außerordentliche Lösungen sind gefragt, sie müssen geradezu vorsätzlich angepeilt werden und sind gekennzeichnet von dem Bemühen, in jedem Fall einen neuen Ansatz für eine alte Aufgabe zu finden.
Garantien für Erfolge gibt es nicht, deshalb sind immer neue Versuche nötig. Gestaltet wird ohne Netz, schnell kann man durchfallen. Es stimmt leider nicht, daß das Bessere auf das Gute folgt. Vielmehr löst das oft erst als häßlich Empfundene das Bewährte und Überprüfte und Vollausgereifte ab.
Möbel z.B., die heute als progressiv gehandelt werden, sind doch wohl im Vergleich zu den besten Stücken von gestern recht skurril, bestimmt nicht schön, und vielleicht nur interessant, weil sie neu sind. Eine spätere Reife ist nicht gewiß, nicht jedes Stück gewinnt an Bedeutung durch den zeitlichen Abstand und läßt sich weiterentwickeln. Man denke etwa an den Nierentisch. Er war zeittypisch und steht heute schon in den Museen. Eine besondere Gestaltqualität hat er aber nie gehabt und ist auch nicht zu Bedeutung gelangt.

Der Hocker zeigt als Beispiel, wie altbewährte Konstruktionen verlassen werden müssen, um neue Formen zu finden. Vorsätzlich wurde die senkrechte Kraftableitung einer diagonalen zuliebe ausgetauscht.

Eine gewisse Federwirkung ist nur ein interessanter Nebeneffekt.

Die Idee ist eben alles, eine Funktion schlüpft allemal in eine Form.

Entwicklungen erlauben Vergleiche mit Naturgesetzen. Eine Blüte, sei sie noch so schön, verblüht einmal. Auf dem Höhepunkt ihrer Entfaltung vermittelt sie schon einen Hauch von Trauer.

Eine Knospe kann die Gültigkeit einer Blüte nicht erreichen, aber sie verspricht es; nur ist auch ihre Zeit begrenzt.

Entwicklungen sind Wellenbewegungen, es ist nur eine Frage, wie schnell ein Berg auf ein Tal folgt. Neuland ist karg.

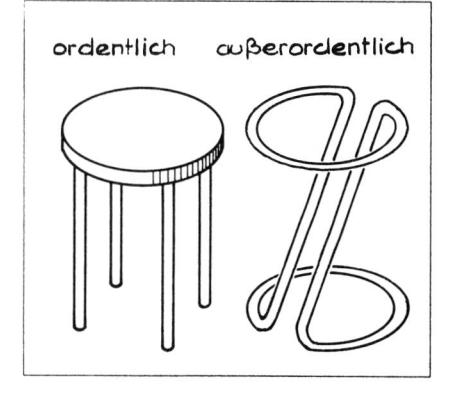

Nur durch permanentes Düngen wird es und bleibt es Ackerland.

Ideen sind gut, man kann nicht genung davon haben.
Spekulationen dagegen sind gefährlich, denn sie stützen sich auf Zufälle.
Erfahrungen sind wertvoll, wenn es sich nicht um geistige Trampelpfade handelt.
Kreativität ist notwendig. Sie beruht auf Sensibilität und führt zu Handlungen, die bestimmt sind von Kalkül und Gefühl.
Korrekturen sind heilsam, wenn man die Richtung besser kennt.
Methoden sind besser, sie helfen sondieren und bewerten.
Strategien sichern ab und versprechen Erfolge.
Entscheidungen sind schwer, oft sind sie nicht mehr als der Beweis dafür, daß man aufgehört hat, weiter nachzudenken.

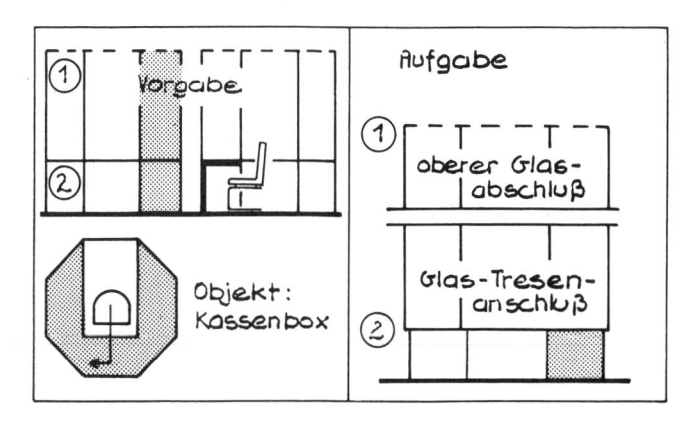

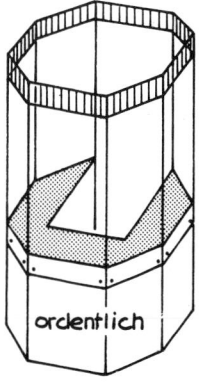

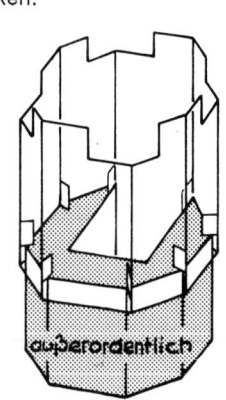

Die Kombination von Qualität, **Courage** und Vertrauen provoziert auch handwerkliches Können.

Formale Vorlieben kristallisieren sich heraus, schräge Decken und Rundungen, vor allem Treppenhäuser von choreographischem Raffinement. Mehrzweckfoyers werden wie Marktplätze gedacht, diese liegen manchmal still, ein anderes Mal sind sie belebt.

Fassaden werden nicht entworfen, sondern sind zu 90% nur die Ergebnisse von genauen Vorstellungen über das Innere eines Gebäudes.

Das **Präzisieren** von Skizzen über Vorentwürfe zu Entwürfen ist ein harter Weg. Schnell kann eine Idee verändert und verfälscht werden, ja verloren gehen.

Die Umsetzung von Skizzen in sog. Reinzeichnungen ist bereits ein Schritt, der Vorstellungen zerstören kann. Behutsamkeit ist am Platze, Ideen sind zu pflegen, Gedanken müssen vertieft werden.

Die Freihandzeichnung über perspektivische Skizzen hinaus auch für geometrische Darstellungen einzusetzen, ist ein guter Weg. Nicht zu früh dürfen Gedanken erstarren und Rhythmen gestört werden. Es ist wichtig, Grundrisse und Ansichten im steten Wechsel freihändig weiterzuentwickeln, räumlich zu kontrollieren sowie alles im Zusammenhang zu lassen.

„Architektur muß erst zeichenbar werden, um dann planbar zu sein."
Max Bense

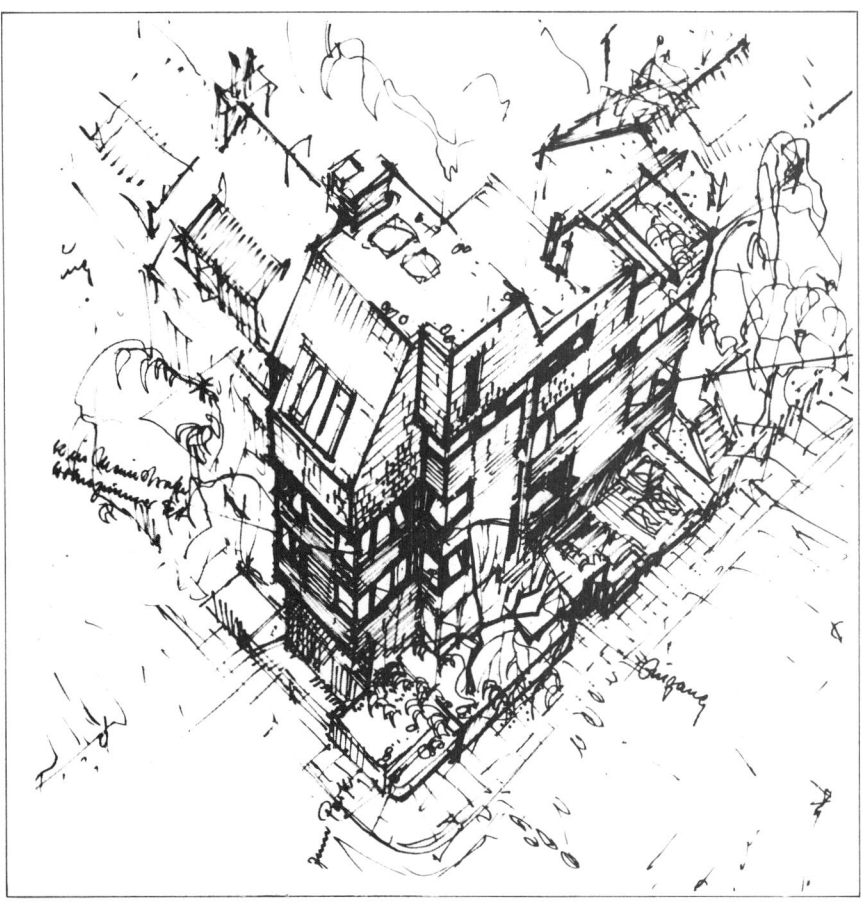

Das Kaufhaus am Münster zu Freiburg wurde vom Architekten Mohl in den Gebäudeabschnitten ebenso freihändig skizziert wie die perspektivischen Fassadenstudien und Werkpläne.

Das Seagrambuilding in New York von Mies van der Rohe und Joanson entspricht in seiner Realisierung exakt den ersten Entwurfsskizzen. Bei einem so rechteckigen Gebäude ist der Vergleich aber auch besonders gut möglich. Der Entwurf ist so knapp formuliert, daß er gar nicht weiter entwickelt und verändert werden konnte.

Seagram Building in New York, Vorentwurf und Ausführung

Thomas Pöhlmann, Betonskulptur in einem norwegischen Fjord, Glasforum 2/90.

Die Berliner Architekten Fehling und Gogel gehören zu denen, die über unzählige Skizzen zu ihren Entwürfen finden.

„Wenn die äußeren Abmessungen, Winkel und Radien festliegen, gehen wir erst einmal wieder an den Kern einer Sache. Es geht uns darum, Vorstellungen umzusetzen."

Die Bauten sehen teuer aus, sind es aber gar nicht. Qualität ist mehr eine Angelegenheit der Phantasie als des Geldes.

ENTWERFEN 8

Präzisieren und Realisieren

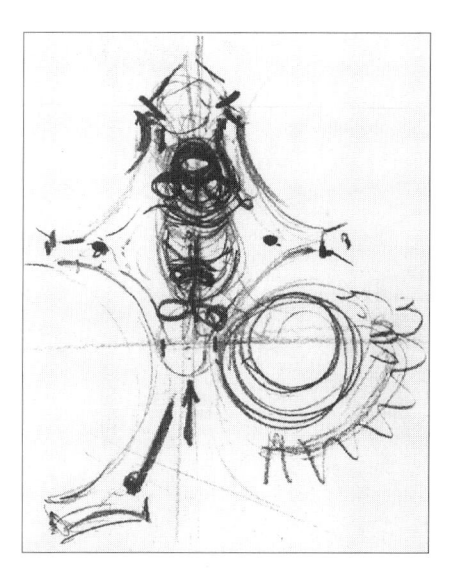

Max Planck Institut Berlin, Arch. Daniel Gogel.

Grundsatzskizze mit der Pultdachgruppierung. Vorentwurfszeichnung mit Detailentwicklungen.

Arzthaus in Hameln, Arch. Klaus Pracht.

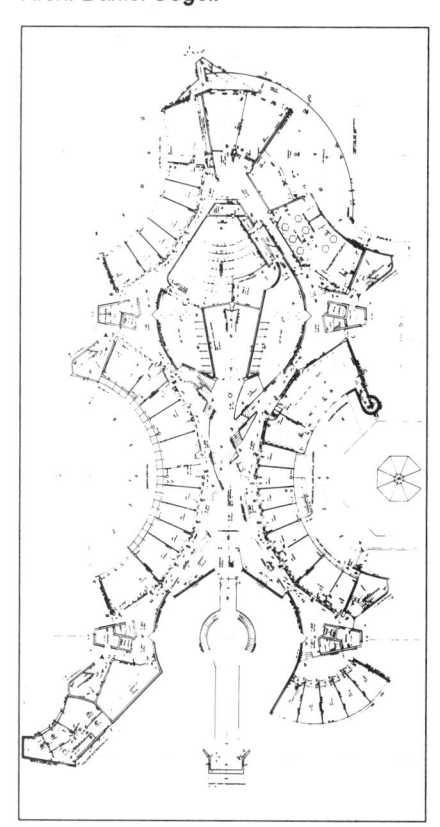

Möbelskizzen werden beim Entwerfen gefertigt, sie entstehen auf individuell verschiedene Weise, auf losen Blättern oder in gebundenen Heften.
Sie können flüchtig notiert oder bereits detailliert ausgeführt werden.
Impressionen erläutern Milieus, z.B. eines Cafés, zu dem dann die Bestuhlung entworfen wird.

Konstruktionen werden meist schon in frühen Entwurfsstadien der Möbel näher untersucht. Holzstärken werden überlegt, Verbindungen geklärt, Beschläge erörtert.

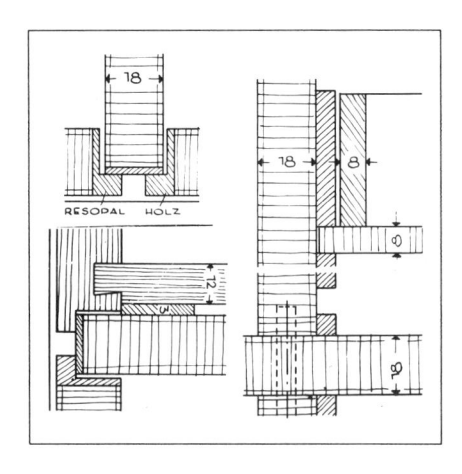

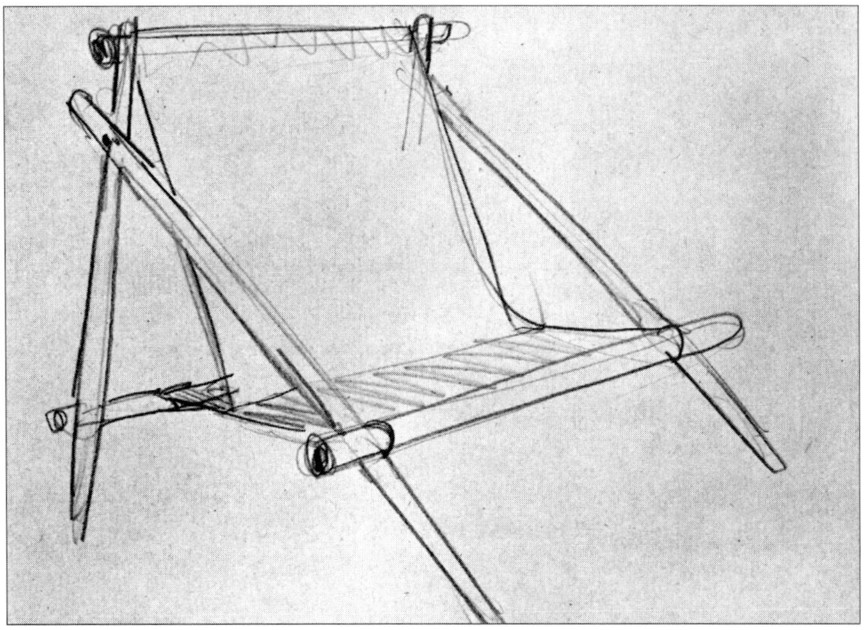

Zu unterscheiden sind Notizen für einen selbst oder für andere. Sie müssen dafür nicht etwa sauberer oder vollständiger sein, doch spielt es wohl eine Rolle, für wen man etwas skizziert, das hat schon Einfluß darauf, wie man etwas anlegt.

Perspektiven schaffen räumliche Vorstellungen von Ideen. Meist sind sie Ausgangspunkte für spätere Skizzen, denn der Mensch denkt doch allgemeinhin räumlich und nicht in abstrakten Figuren. Ansichten und Schnitte werden erst später zur Kontrolle gefertigt.

Egon Eiermann,
Architekten Zeichnen Coulin
Julius Hoffmann Verlag, Stuttgart

Skizzen mit Schatten steigern die Plastizität. Die Schatten wirken, je nachdem wie sie eingetragen sind, als Hinweis auf Strukturen oder sind nur anonyme Dunkelheiten.

Frontalansichten und Aufsichten zeigen Einzelheiten schon sehr genau. Dimensionen und Proportionen werden dunkel gegeneinander abgesetzt. Oberflächen erhalten ggf. Aussagen, die andeuten, ob es sich um glatte Flächen, Geflechte oder Bespannungen handelt.

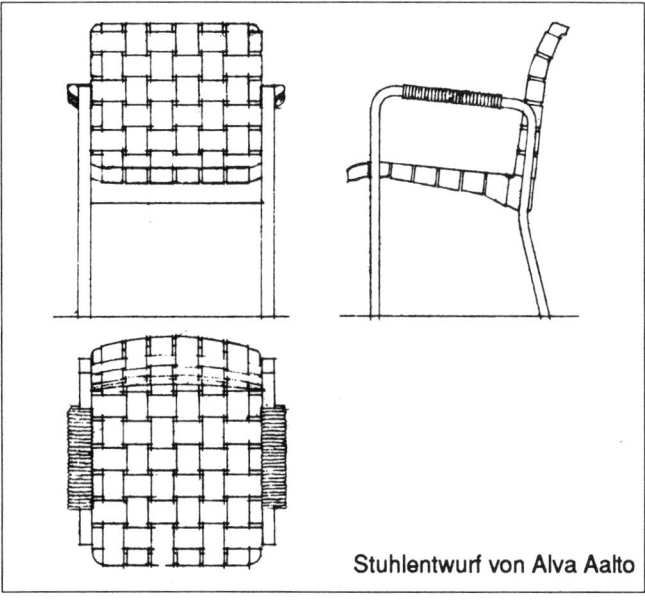

Stuhlentwurf von Alva Aalto

ARCHITEKTUR 1

Möbel und Objekte

Kapitelübersicht

1. Möbel und Objekte
2. Innenräume am Lineal und freihändig gezeichnet
3. Gebäude in Kontur am Lineal und mit Struktur gezeichnet
4. Landschaftsbilder/ Städtebilder
5. Pflanzendarstellungen
6. Personen und Gruppen
7. Fahrzeuge und Objekte

Lineare Skizzen formulieren Gedanken sehr prägnant, wirken sauber und damit schon recht endgültig.

Die Malmittel sind ganz verschieden. Man nimmt, was zur Hand ist, im Atelier oder unterwegs. Vom Bleistift über den Kugelschreiber bis zum Pinsel.

Die Zeichenmittel haben aber ihrerseits Auswirkungen auf die Darstellung. Strichstärken bestimmen die Skizzengröße und Berichtdichte mit. Spitze Bleistifte erlauben Feinheiten, eine Feder setzt Akzente, der trockene Pinsel simuliert Texturen.

Materialien und Farben lassen sich in Schwarz-Weiß-Skizzen nur schlecht angeben, so werden nicht selten verbale Ergänzungen eingetragen. Die Zeichnung selbst kann dadurch aber gestört werden, darum legt man Legenden an und beziffert die Zeilen.

1 – SIX red,
2 – FOUR red,
3 – SIAMKARO ebony,
4 – NINE beige,
5 – TWELVE beige,
6 – TWO black,
7 – SEVEN black.

Schaukelstühle = „WK"

Technisch ausgeführte **Innenraumskizzen** oder Zeichnungen sind im Vergleich zu freihändigen Zeichnungen sauberer. Sie wirken perfekter, aber auch streng, kühl und sachlich. Deshalb werden sie von Ingenieuren eher als von Architekten eingesetzt.

Die einen sind kalkülhafter bestimmt als die anderen, bei denen es mehr auf Kreativität ankommt.

Am Lineal gezeichnete Innenraumdarstellungen sind eigentlich eher konstruiert. Sie werden vorgezeichnet, entwickelt und in einer anderen Phase sauber ausgeführt.

Die Vorzeichnungen werden stets in Blei angefertigt. Sie lassen sich schnell und leicht korrigieren, eventuell werden auch schon Akzente eingesetzt, sowie Schatten und Strukturen ausprobiert.

Ohne Durchzeichnen kann eine Zeichenarbeit sogar besser mit Bleistift vorgezeichnet werden. Später kann man sie dann in Tusche ausziehen und abradieren.

Die Ausführungszeichnungen erfolgen meist in Tusche auf Transparentpapier, denn der Strich steht dann besser, d.h. er kommt in Kopien besser heraus.

Die **Zentralperspektive** ist für Innenraumdarstellungen optimal geeignet. Bis auf eine Wand sind alle raumbildenden Flächen zu sehen. Eine Verbindung mit dem Bildrand besteht dadurch, daß die nichtzentralen Linien parallel zu ihm verlaufen.

Zentralperspektiven haben große räumliche Tiefen, vor allem, wenn der Bericht Informationen im Vordergrund wie im Hintergrund erfaßt. Verlagerungen des Zentralpunktes schaffen Spannungen.

Schatten werden durch Lichteinfall bestimmt. Mancher Zeichner trägt sie in Skizzen ein und arbeitet sie dann als Dunkelheit aus.

Auch Schatten können Aussagen machen, je nachdem ob sie mit Oberflächenstrukturen oder einfach nur als Dunkelheiten ausgestattet und eingetragen werden. Schatten bewirken eine enorme Plastizität und werden daher gern eingesetzt. Sie können aber auch einen Bericht unklar machen. Deshalb lohnt es sich, Vergleiche mit Konturzeichnungen anzustellen.

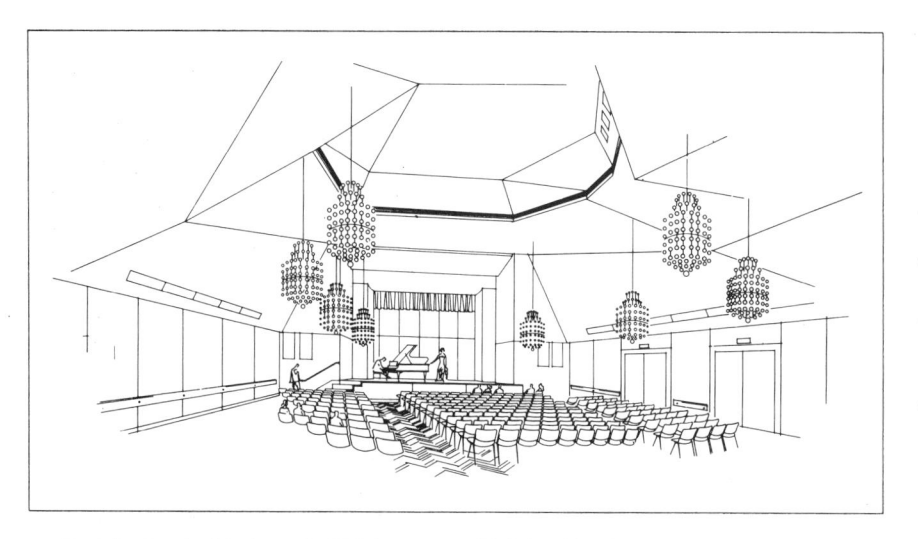

o.: Projekt der Architekten A. Chipkov und Truchynch
l.u.: Kurhaus in Bad Abbach, Arch. Prof. Wunibald Puchner, Nürnberg

Gleichzeitige **Betonungen** vorn und hinten heben Tiefenwirkungen auf, machen Raumdarstellungen zu Flächenkompositionen, die kein vorn und hinten, sondern eher ein oben und unten haben.

Halbtöne können Skizzen sehr bereichern. Sie werden durch Lavieren, also Verwischen von Blei- oder Kohlezeichnungen, oder durch Lasieren mit Wasserfarben und Pinsel erreicht.

Diffuse Raumdarstellungen berichten nicht so sehr über Einzelheiten, sondern regen den Betrachter an, die Skizzen auszudeuten. Unschärfen legen nicht fest. Somit erlauben solche Skizzen eher eine Übereinstimmung mit Dritten, z.B. Bauherren, als genaue Zeichnungen.

Accessoires beleben Raumdarstellungen, sie erläutern auch deren Nutzung.

Maßstäbe zu bieten ist für Größeneinschätzungen von Räumen enorm wichtig. In Landschafts- und Städtebildern werden so Menschen und Fahrzeuge eingetragen. Bei Innenraumdarstellungen sind es Türen und Sitzmöbel, die Größenvorstellungen erlauben.

Die **Verkleinerung** von Zeichnungen ist über Kopierer heute überhaupt kein Problem mehr. Fast alle Informationen wirken verkleinert besser als in Orginalgröße. Daher ist es ein guter Weg zur Steigerung von Resultaten.

Vergrößerungen sind aus technischen Gründen oft wünschenswert, Details werden ausgearbeitet und Rückverkleinerungen sind möglich.

ARCHITEKTUR 2

Innenräume am Lineal und freihändig gezeichnet

Freihändig ausgeführte **Innenraumskizzen** sind im Vergleich zu den am Lineal gefertigten lebendiger. Nicht jedem aber liegt das freihändige Zeichnen, andere dagegen gehen darin auf.

Freihandzeichnungen informieren nicht nur über die Objekte, sondern vermitteln sehr viel vom Zeichner selbst. Wie Handschriften haben sie ihren Duktus.

Ohne Vorzeichnen weisen Skizzen naturgemäß auch einige suchende Linien auf, die nicht so sauber und ordentlich sind. Dafür haben sie aber einen ganz anderen Ausdruck, vielleicht sogar eine größere Wirkung.

Konturzeichnungen ohne Akzente wirken meist sehr flächig. Das ist von großem Reiz, dient aber nicht der Raumwirkung. Es handelt sich dabei eher um freikünstlerische Interpretationen von Raumvorstellungen.

Akzente schaffen Betonungen an Gegenständen oder in Räumen. Je nachdem wo sie liegen, werden gleichzeitig Tiefenwirkungen damit erreicht.

Stukturangaben vermitteln Materialvorstellungen. Punkte können Putz darstellen, Linienscharen Dachflächen, Schraffuren Brettlagen.

Pausen sind notwendig, sie verhindern Gleichförmigkeit und Langeweile. Dem Auge genügt es oftmals schon, wenn etwas nur angedeutet wird.

Die Umkehrung von Positivzeichnungen in **Negativdarstellungen** hat große Wirkung ist aber eher ein Überraschungseffekt. Es lassen sich damit Akzente setzen. Wie hier z.B. auf der Seite demonstriert.

Teilweise negative Zeichnungen lassen sich natürlich auch mit weißer Tusche auf schwarzem Grund ausführen. Einfacher ist es jedoch, Abschnitte umzukopieren und anschließend als schwarze Fläche in weiße Zeichnungen einzukopieren.

Weiß **überhöhte Zeichnungen** heben die Plastizität ebenso wie Dunkelheiten, nur in umgekehrter Weise.

oben: Passage in Hamburg, Arch. Patschan - Werner - Winking

Zeichnungen von Hans Döllgast

Am Lineal ausgeführte Gebäudezeichnungen sind strenger als freihändige, lassen jedoch viele gestalterische Varianten zu.

Sie werden von Architekten, Ingenieuren und Grafikern vor allem dann ausgeführt, wenn es nicht um handschriftliche Interpretationen, sondern um klare Berichterstattung geht.

Fassaden werden gern mit allen Details dargestellt.

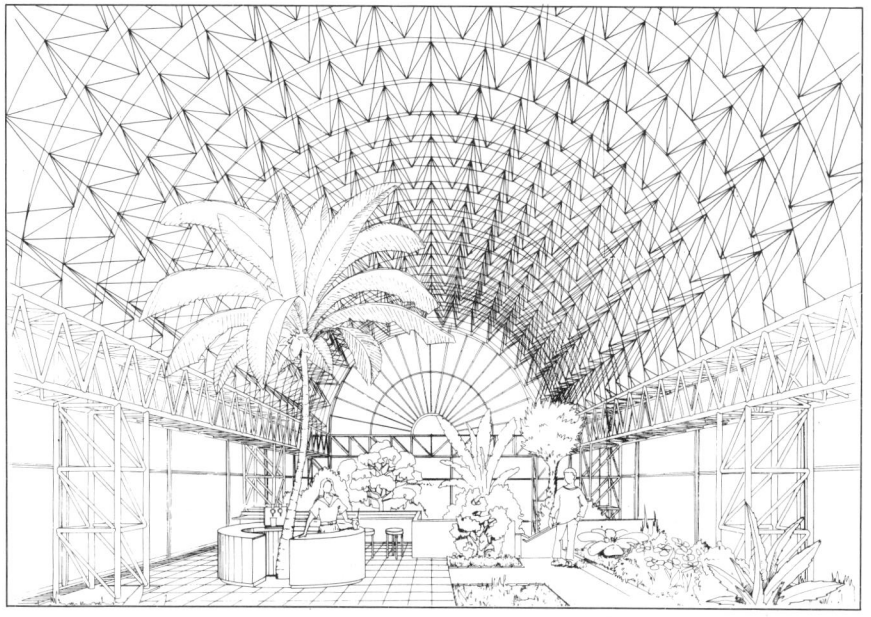

Rathaus in Sollerod, Arch. Arne Jacobsen

Palmenhaus in Hohenheim, Joachim B. Kieferle

Auslassungen vor Fassaden in Form von Bäumen ergeben interessante Resultate. Sie wirken als Pausen im Architekturreport. Andererseits bilden sie Vordergrund und schaffen damit Tiefe.

Aussagestarke Strukturen lassen Materialwechsel erkennen und beschränken sich durchaus nicht nur auf horizontale und vertikale Gliederungen.

Die Darstellungsart muß auf den Zweck der Zeichnung ausgerichtet werden. Neue, moderne Architekturen verlangen einen anderen Bericht als alte, Bauten in ländlicher Umgebung einen anderen als in der Stadt.

Bei der Wahl der technischen Mittel und Grafiken muß auch die Zielgruppe bedacht werden.

Fachleute verlangen eine andere Darstellung als Laien. Erwachsene eine andere als Kinder.

Accessoires dürfen da nicht fehlen. Bäume werden zur Einstimmung von Architekturen gern dargestellt.

Zeichnungen fangen nach einer gewissen Ausarbeitung an, selbst zu regieren. Sie verlangen Hinzufügungen wie Abstriche.

Die **Komposition**, der Blattaufbau muß stimmen. Plötzlich kommen freikünstlerische Aspekte zum Tragen, dann wird mehr über ein Objekt berichtet, als daß man es nur genau wiedergibt. So arbeitet man frei, auch wenn an der Schiene gezeichnet wird.

Sollen **Hintergründe** Architekturen hervorheben, so werden Landschaften skizziert, Sonne und Wolken markiert.

Getönte Flächen stellen Einzelheiten heraus. Sie können auf dem Papier erfolgen oder hinterlegt werden. Folien werden aufgeklebt oder gerieben, Flächen laviert oder lasiert und Papiere hinterlegt.

Die Darstellung von **Figuren** schafft Maßstäbe, erläutert ihre Tätigkeiten und damit Raumnutzungen.

Fenster, die in der Sonne liegen, sind meist dunkel, im Schatten aber hell. Man kann das auch umgekehrt betreiben, in jedem Fall kommt es auf den Kontrast an.

Helle Partien sind gegen dunkle abzusetzen und umgekehrt. Dabei ist zu bedenken wieviel, wie stark und wie oft.

Hell-Dunkelkontraste werden gezielt eingebracht. Sie resultieren nicht nur aus Schattenwirkungen und Materialangaben.

ARCHITEKTUR 3

Gebäude am Lineal und freihändig gezeichnet

Griechische Kapelle, Zeichnung Prof. Hans Sasse, Hannover
Ferienhaus in der Algarve, Klaus Pracht, Hannover
Opernhaus in Hannover, Zeichnung Prof. Hanns Jatzlau

Gezeichnet wird nur so viel, bis das Auge sagt „usw."

Nicht **Vollständigkeit**, sondern Triftigkeit bestimmt einen Bericht. Sonst entsteht Überdruß und Langeweile.

Freihändige Gebäudezeichnungen als reine Konturzeichnungen ohne starke Kontraste sind eine besondere Darstellungsart.

Die Linien sind von unterschiedlicher Stärke und Intensität,

– Dicke und **feste Linien**, mit verhältnismäßig breiter Feder auf das Papier gesetzt, verleihen der Zeichnung den Ausdruck von Stabilität und Standfestigkeit.

– **Zarte**, dünne **Linien**, mit spitzer Feder ausgeführt, vermitteln den Eindruck von Sensibilität und Feinsinnigkeit.

– Viele Linien beruhen auf Berichtdichte und Detailgenauigkeit oder sollen Schattenseiten betonen.

– **Wenige Linien** beweisen Zurückhaltung. Sie beruhen auf großen Flächen und wenig Details am Objekt oder auf großen Helligkeiten, so daß manche Information weggespiegelt scheint.

– Durchlaufende Linien schaffen Zusammenhänge von Flächen und Körpern, die nicht immer am Objekt gegeben sind.

Zusammengesetzte Linien, aus einzelnen Strichen addiert, haben einen beschreibenden Charakter.

– Zu unterscheiden sind zum einen in der Länge gestückelte Linien und zum anderen solche, die sich in Schräglagen eher zusammenschließen und dann schon Schraffuren bilden.

– Linien können auch so weit aufgelöst werden, daß sie nur noch aus Punkten bestehen.

– **Kurze Striche** alleine wirken wie Kürzel, und dennoch kann ein Bericht mit ihnen enorm inhaltsreich ausfallen, denn das Auge ergänzt rasch und will nur gut geführt sein.

Wenige Punkte können schon die Illusion von einem Bau entstehen lassen.

– Die Kombination von Linien und Punkten ist sehr reizvoll.

Die Wahl unter den Möglichkeiten ist nicht immer frei, es kommt auf den Zeichner, sein Können und seine Vorstellungen ebenso an wie auf das Objekt, das es darzustellen gilt.

Der **Bleistiftstrich** ist weicher, erlaubt Halbtöne und Strichverstärkungen, Korrekturen sind leicht möglich.

Der **Tuschestrich** ist deutlicher, er verwischt nicht und eignet sich besser zur Reproduktion.

Naturalistische Zeichnungen gehen soweit, daß einzelne Blätter zu erkennen sind.

Abstrakte Zeichnungen dagegen zeigen Bäume meist ganz ohne Laub, damit sie nicht die Gebäude verdecken.

Städtebilder aus der Fußgängerperspektive oder Vogelschau gezeigt, erlauben Kontrollen über Gebäudeplanungen in Straßenzeilen und an Platzwänden.
- Aus der Fußgängerperspektive haben die Zeichnungen große Wirklichkeitsnähe.
- Von oben gesehen machen sie einen relativ abstrakten Eindruck.

Geometrische Zeichnungen der Städtebilder zeigen die Hausansichten mit allen Einzelheiten. Manchmal werden dabei auch Gebäude im Querschnitt erfaßt.

Städteaufsichten können sehr realistisch sein. Hohe Standorte ergeben sich z.B. auf Bergen, dann sind die Entfernungen meist sehr weit.
- Von Burgtürmen, Brücken und Viadukten hat man schon aus großer Nähe herrliche Dachaufsichten auf Städte.
- Von Kirchtürmen herunter erhält man jedoch die garantiert besten Stadtbilder. Die Straßen und Plätze sind mit all ihren Einzelheiten sehr gut zu erkennen. Das Zeichnen solcher Stadtübersichten bedarf großer Übung. Das Auge wird von Einzelheiten überfüttert.

Zentralperspektiven haben große Tiefenwirkungen, gern werden die Sichten so gewählt, daß städtebauliche Akzente in den Blickpunkt geraten.

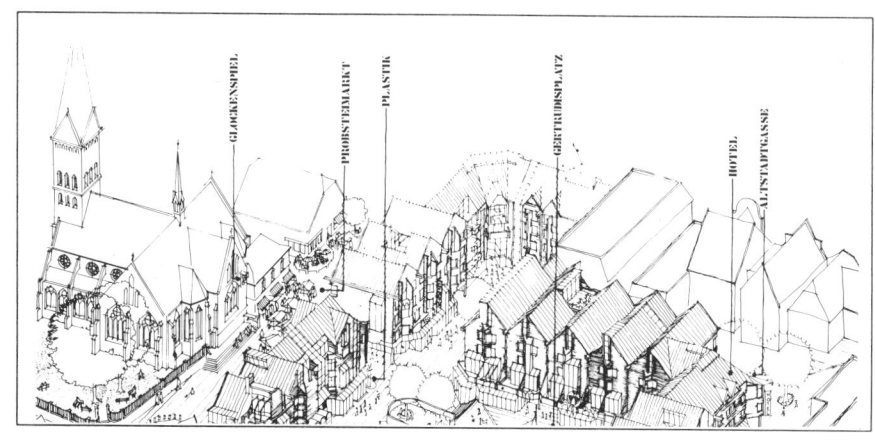

Zeichnung Christoph Mäckler, Frankfurt

Corrippo Bergdorf im Val Verzasca

Picadilly Circus, London Prof. Hanns Jatzlau

Es ist praktisch, einige Festpunkte zu wählen, um sich dann an markanten Straßenzügen entlangzuarbeiten.

Die Zeichnung bekommt dabei ganz plötzlich genügend Substanz und verlangt von sich aus Ergänzungen und Auslassungen. Man arbeitet an einer Komposition vor dem Städtebild, organisiert Akzente und disponiert Flächen.

Die **Informationsdichte** nimmt zum Horizont hin meist ab und damit auch die Prägnanz des Berichtes.

Umgekehrt kann jedoch der Anlaß einer Arbeit am Horizont liegen, z.B. eine Burg über einer Stadt. Dann wird dort, wo man am wenigsten erkennen kann, am genauesten gezeichnet.

Städtebilder werden als strenge Architekturzeichnungen im Zusammenhang mit Städteplanung zeichnerisch notwendig.

Die Themen der Städtebilder sind sehr verschieden.

Straßenzüge werden als Fassadenabwicklungen der Häuser dargestellt oder räumlich gezeichnet.

Plätze bzw. Straßenkreuzungen oder Märkte wirken überzeugend, wenn sie in Funktion, d.h. mit vollem Verkehr gezeichnet werden, z.B. Autos aller Art, Größe und Farbe.

Die Lage der Städte beeinflußt Stadtbilder ebenso, wie ihre Bauepochen es tun:
- Kirchtürme charakterisieren die Dörfer,
- Stadttürme die mittelalterlichen Städte und Tore.
- Rathäuser und Bahnhöfe kennzeichnen die größeren Orte,
- Hochhäuser die Geschäftszentren der größten Städte.
- Dorfstrukturen zeigen niedrige Bebauung und einfache Fassaden,
- Siedlungen haben viel Grün, die Häuser haben Vorgärten.

Landschaftszeichnungen im Rahmen von Architekturdarstellungen präsentieren Gebäude im Zusammenhang mit der Umwelt.

Zeichnungen von flachen Landschaften beziehen den Himmel mit ein.

Wenn die Sonne nicht zu sehen ist, sich also im Rücken des Betrachters befindet, sind Lichtrichtung und Neigung von größter Bedeutung.

Schatten, nicht nur als Körper- und Schlagschatten auf den Gebäuden, sondern in der Landschaft, schaffen Plastizität.

Der Anteil der Naturdarstellungen in der Zeichnung ist sehr unterschiedlich.
– Einige Linien im Hintergrund können schon Gebirge andeuten.
– Andererseits kann der Himmel das ganze Blatt einnehmen.

Täler mit ihren Hängen, sanft oder schroff, begrünt, bewaldet, bilden für die Häuser einen wesentlichen Rahmen.

Berge, möglicherweise mit Felsen, sind dramatische Kulissen hinter Baugruppen.

ARCHITEKTUR 4

Städtebilder, Landschaftsbilder

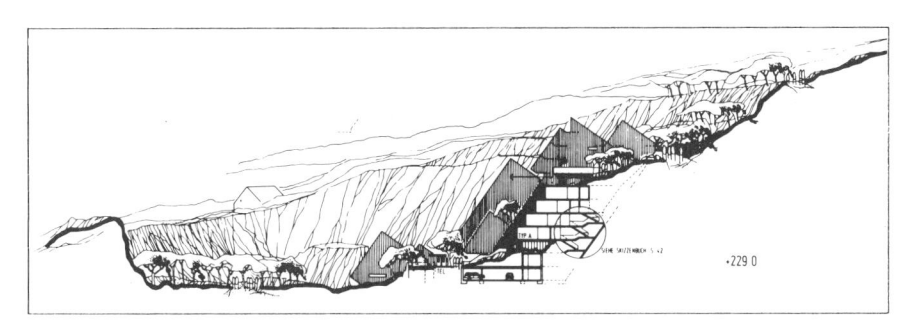

Museum in Sudbury-Ontario, Arch. Moriyama und Teshima, Toronto

Ein **Bildaufbau** muß immer rein kompositorisch bedacht werden.

Brücke am Vadi el Kuff, Arch. Morandi Roma

Bestimmte Tages- und Jahreszeiten vermitteln ganz spezielle Stimmungen.

Brücke bei Intragna im Tessin, Zeichng. Josef Heinen

Wasser ist ein großes, wichtiges Thema in Zeichnungen von Landschaften, speziell für die Architektur, z.B. Bäche, Tümpel, Teiche, Seen oder Meere.

In stehenden Gewässern spiegeln sich Gegenstände besonders klar. Ganze Schloßfassaden können sich in ihnen verdoppeln.

Wellen verzeichnen die Bilder. Vertikale Linien werden dabei zu Schlangen, Häuser lösen sich in Kreisen auf.

Boote und Segelschiffe auf dem Wasser oder an Land, am Steg oder im Hafen, signalisieren Wasser.

Landschaftszeichnungen, am Reißbrett entstanden, zeigen nicht nur Ansichten, sondern auch Schnitte und Grundrisse. Das hat besonderen Reiz durch den Kontrast zwischen technischen und natürlichen Strukturen.

Landschaftszeichnungen, vor der Natur gefertigt, sind Freihandzeichnungen, gekennzeichnet durch die persönlichen Handschriften der Zeichner.

Der eine schätzt die reine Strichzeichnung mit Verdichtungen, der andere setzt Akzente durch Schwärzen.

77

Pflanzendarstellungen in der Architektur werden einerseits bestimmt von den Fähigkeiten und der persönlichen Handschrift des Entwerfers, andererseits vom Anwendungszweck.

Das können Landschaftsplanungen wie Architekturdarstellungen und Bilder sein.

In technischen Zeichnungen werden auch die Pflanzen besonders sachlich dargestellt.

Die Abstraktion von Bäumen geht hin bis zu Symbolen wie Kreise, Dreiecke und hochkant stehende Ellipsen.

In räumlichen Architekturzeichnungen, also Schaubildern von Gebäuden, dienen die Pflanzen der Einstimmung von Architektur in die Landschaft. Dort sind freihändige Perspektiven naheliegend, angebracht und möglich.

Naturalistische Pflanzendarstellungen unterliegen aber auch einer relativen Abstraktion, einmal durch die starke Verkleinerung, z.B. eines Baumes um das Hundertfache, zum anderen, weil man nicht jeden Zweig und jedes Blatt einzeln zeichnen kann. Stellvertretende Massen- und Strukturdarstellungen sind daher bei allen Zeichnungen die Regel.

Die **Baumarten** lassen sich charakteristisch darstellen, ihr Wuchs ist signifikant.

Laub- und Nadelbäume sind ebenso zu unterscheiden wie einheimische Pflanzen von Exoten.

Die Laubbäume werden mit und ohne Laub gezeichnet, nicht unbedingt der Jahreszeit entsprechend, sondern vielmehr wie es zur Architekturdarstellung paßt.

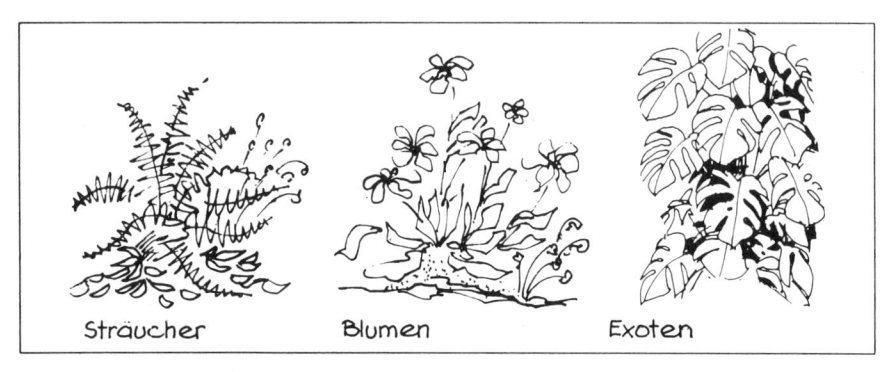

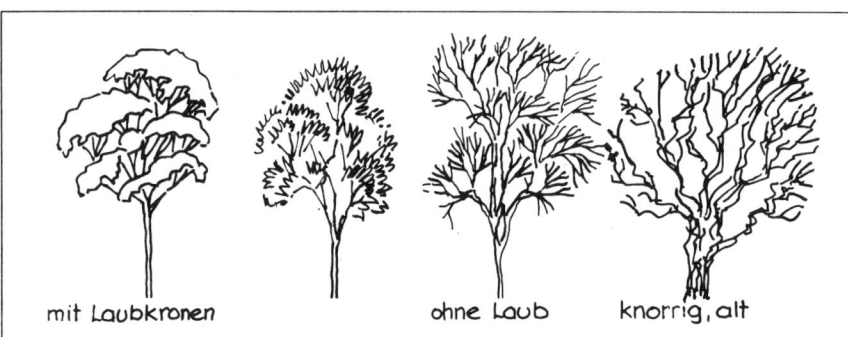

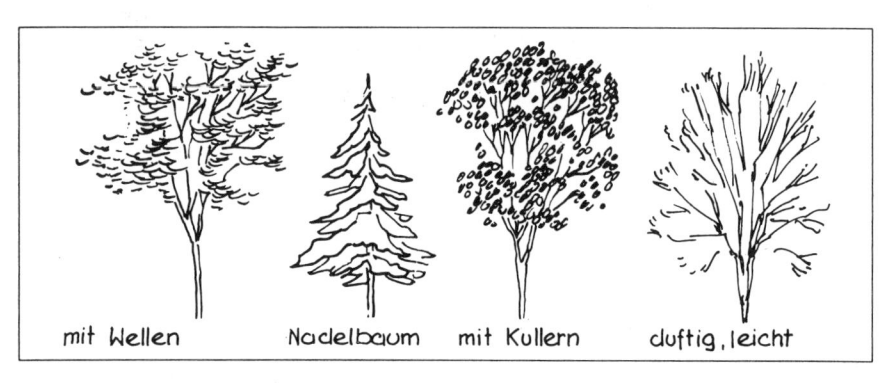

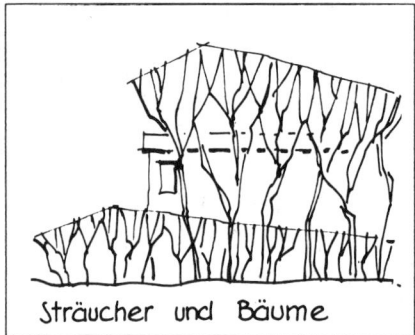

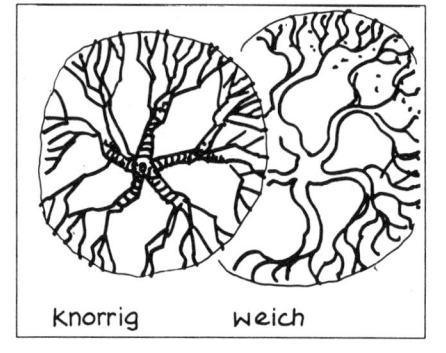

Sträucher — Blumen — Exoten

mit Laubkronen — ohne Laub — knorrig, alt

mit Wellen — Nadelbaum — mit Kullern — duftig, leicht

Sträucher und Bäume

knorrig — weich

Weiche Astformen, wie sie Buchen, Weiden und Kastanien haben, lassen sich durch fließende Linien wiedergeben.

Harte, knorrige Äste wie bei Eichen zeigen eckige Strichführung. Nadelhölzer wie Kiefern, Pinien oder Fichten und Tannen sind markant.

Die **Baumformen** werden entweder mit Linien umspielt, also offengelassen, und wirken wie Flächen oder werden andererseits durch Einzelstriche relativ vollflächig erzeugt. So entsteht der Eindruck von Zweigen und Blättern. Die Verbindung beider Techniken ist gut möglich.

Die Darstellung der Pflanzen erfolgt einzeln, in Gruppen oder als Wald in Form von Linien, Strichen, Punkten oder Flächen.

Hilfslinien dienen zur Formfindung.

Die Kontur wird leicht aufgetragen und man arbeitet dann mit Ästen und Blättern dagegen an, so daß sich die Form ergibt.

Die grafischen Mittel sind unbegrenzt, die Entscheidung fällt mit Rücksicht auf die Darstellung der Architekturzeichnung.

Die Bäume harmonieren mit der Architekturzeichnung, oder stellen einen bewußten Kontrast dar.

Sie stehen im Vordergrund oder bilden eine Kulisse hinter den Gebäuden.

In Fassadenzeichnungen heben sie sich hell vor dunklem Hintergrund ab (oder umgekehrt). Das geht so weit, daß sie nur in Erscheinung treten, indem man sie in der Fassade als Kontur herausgelassen hat.

In Vertikalschnitten wirken Bäume besonders lebendig, da sie noch technischer sind als Fassaden, die dagegen Bildcharakter haben.

In Grundrissen werden Bäume vor allem von Landschafts- und Gartenarchitekten in ihrer Größe, Art und Zahl durch Symbole gekennzeichnet. Manche sind so treffend, daß auf weiche oder knorrige Laubbäume zu schließen ist.

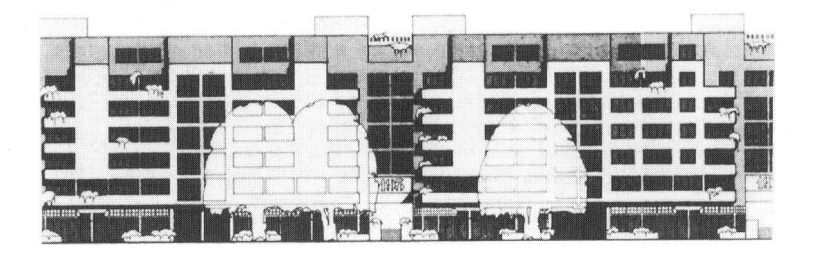

ARCHITEKTUR 5

Pflanzendarstellungen

Die **indirekte Darstellung** durch Auslassungen vor einem Hintergrund ist vielfältig möglich.
Vor Fassaden bietet sich das an, dort ist ihr Bericht intensiv genug.

Vor dem Himmel läßt sich eine Baumkrone dadurch ausprägen, daß die Wolken gegen die Kontur gearbeitet sind.

Weiden, Klaus Pracht, Dubrovnik

Birken, Hanns Jatzlau, Steinkrug

Es geht nicht darum, einen Baum oder Strauch genau zu zeichnen, sondern einen Eindruck von seiner Art und Größe zu vermitteln.

Kinderzeichnung, Karin Brand, Schloß Wolfsburg

Menschen in den Zeichnungen dienen dem Maßstab der Architekturen.
Es fällt schwer, sie darzustellen, vor allem in großem Maßstab.
Über konkrete Empfehlungen hinaus wird daher auf Zusammenarbeit mit Grafikern und Künstlern hingewiesen.
„Nicht Du mußt das Bild anschauen, laß Du Dich doch einmal von ihm anschauen. Das kann Dich bisweilen recht betroffen machen." Dr. Gisela Götte
Anläßlich einer Ausstellungseröffnung über Paula Modersohn-Becker in Neuß.

Die Darstellung von Menschen in Architekturzeichnungen ist in Art, Größe und Genauigkeit ganz auf die Gebäudedarstellung abzustimmen.
– Einmal dienen die Menschen nur als Maßstab für ein Bauobjekt, daß damit in seiner Größe definiert wird.
– Zum anderen können mit Menschen Nutzungen zum Ausdruck gebracht werden.

Tätigkeiten, an den Menschen ablesbar, erläutern die Nutzung von Gebäuden oder Räumen.
– Spielende Kinder lassen einen Kindergarten vermuten.
– Jugendliche vermitteln durch ihre Kleidung z.B. eine Atmosphäre von Studium, Freizeit, Schule.
– Erwachsene stehen einzeln oder in Gruppen, warten und sprechen miteinander oder laufen geschäftig umher. Die Figuren stehen, bewegen sich oder sitzen, das gibt Aufschluß über Raumatmosphären und Milieus.

Es geht im Prinzip nicht darum, Menschen genau zu zeichnen, sondern darum, eine Darstellungsart zu finden, welche den Eindruck der Menschen und ihrer Tätigkeiten vermittelt.

Sie werden deshalb auch nicht isoliert gezeigt, sondern mit ihren Geräten, Fahrrädern und Kinderwagen sowie Autos, und sie stehen immer in Verbindung mit ihnen, ebenso wie mit Pflanzen und Bäumen.

Bei abstrakten Darstellungen werden zuerst die Größen und naturnahen Umrißformen festgelegt. Dann sind Wesensmerkmale anzudeuten, z.B. weiblich oder männlich, Tätigkeiten zu kennzeichnen wie Gehen, Sitzen, Tragen, Schieben, Stehen.

Genaue Miniaturen sind zu vermeiden, sie lenken ab von der Aufgabe Maßstab für Architekturen zu sein. Auf keinen Fall dürfen mehr Details als an den Gebäuden eingebracht werden.

Naturalistische Darstellungen sind dennoch möglich, etwa wenn Figuren im Vordergrund sehr groß sind. Man kann damit viel zum Ausdruck bringen:

Kinder in einer Schulbank können viel über den Schultyp vermitteln, Mädchen tuscheln in den Bänken, Buben sinnen vor sich hin. So kann in ein Thema eingestimmt werden.

Dann liest man aus abstrakten Schulbauplänen viel mehr heraus, solche Darstellungen bleiben Ausnahmen. Sie machen auch die Hinzuziehung von Künstlern und Grafikern nötig, was Architekturdarstellungen generell gut tun würde.

Halbprofile sind selten, gern aber werden Rückansichten gezeichnet, der Betrachter guckt so den Figuren über die Schulter und mit ihnen auf das Objekt.

Es genügt eine Haarlocke oder eine Schulterlinie zu konstruieren oder eine Hutschleife anzudeuten und schon ist der Blick ausgerichtet und das Bild hat Tiefe.

Schatten verlebendigen die Figuren, sie sind ganz gezielt einzusetzen.
– Schlagschatten auf dem Boden bringen Figuren zum Stehen.
– Schlagschatten auf den Figuren gliedern diese partiell und heben sie vom Hintergrund ab.
– Schatten innerhalb der Figuren heben Details hervor.
– Figuren im Vollschatten setzen sich wie Scherenschnitte vor hellem Hintergrund ab.

Einzelfiguren wirken leicht verloren, daher setzt man sie gern in Beziehung zu einem Gegenstand oder Bauteil.

Gruppen von Menschen sind in sich zu organisieren. Da gibt es Pausen zwischen und Betonungen unter ihnen.

Die gleichzeitige Plazierung von Figuren vorn und hinten schafft Tiefe durch den enormen Größenunterschied.

Die Anordnung in der Höhe richtet sich nach dem Horizont. An dieser Linie sind sie praktisch aufgefädelt.

Die Proportionen des Menschen sind vorgegeben. Der Kopf beträgt in der Größe ungefähr 1/8 der Höhe. Kinder haben etwas größere Köpfe.
– Weibliche Figuren entsprechen im Aufbau in etwa einer Pyramide.
– Männliche eher dem umgekehrten Aufbau (breite Schultern).

Die Darstellungen reichen vom Punkt am Horizont über den Strich zu Hohlformen, bei denen sich schon der Kopf als Punkt und später als Kreis vom Körper absetzt.

Gegenlichtfotos zeigen deutlich, daß sich der Kopf vom Körper absetzt, indem der Hals vom Licht überspielt wird.

Erst im Vordergrund gehen Kopf und Körper wieder zeichnerisch zusammen, sind aber im jedem Fall abgesetzt.

Alle Elemente, also auch Zutaten, werden in Zeichnungen gebaut, plaziert, einander zugeordnet, haben also über ihren Inhalt hinaus Aussagekraft. Das sollte auf jeden Fall bedacht werden.

- Punkt
- Strich
- Hohlform
- Geschlecht
- Bewegung
- Details der Kleidung
- Erkennen von Einzelheiten
- Einbringen von Tätigkeitsmerkmalen

ARCHITEKTUR 6

Personen und Gruppen

Die **Figuren** werden offen oder geschlossen gezeichnet, je nachdem, wie sie sich besser vom Hintergrund abheben. Offene Figuren sind inhaltlich nicht festgelegt, wecken aber Vorstellungen.
Geschlossene Figuren, sog. Schattenrisse, haben Profile, die durch unser anerzogenes Wissen automatisch vom Auge ergänzt werden, so daß räumliche Vorstellungen resultieren.

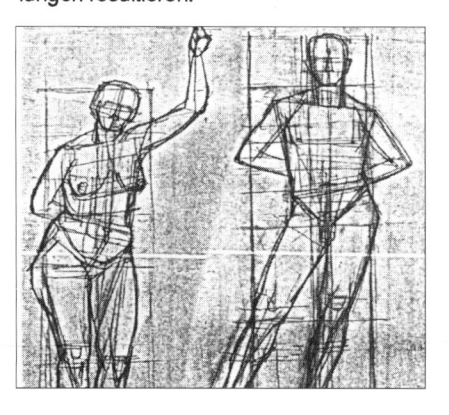

„Figürliches Gestalten", 3 Skizzen, Gottfried Bammes, Volk und Wissen Verlag, Berlin

81

Ergänzungen von Architekturzeichnungen durch Menschen, Bäume und **Fahrzeuge** binden Baulichkeiten in ihr Umfeld ein, bieten dem Betrachter Maßstäbe.

Ein zuviel an Zutaten ist zu vermeiden, auch dürfen sie nicht an Stellen auftreten, die es zu erläutern gilt.

Die Zeichnung von Fahrzeugen auf der Straße, auf dem Wasser oder in der Luft muß treffend sein, sonst moniert das Auge Schwachstellen. Das bedeutet aber nicht, daß sie detailliert dargestellt werden müssen. Im Gegenteil, mit wenigen aber typischen Linien muß ein signifikanter Eindruck hervorgebracht werden.

Boote und Schiffe haben schöne Formen und wirken damit von selbst auf den Betrachter, denn die Details wie Spanten, Masten, Takelagen und Ruder sind einfach interessant.

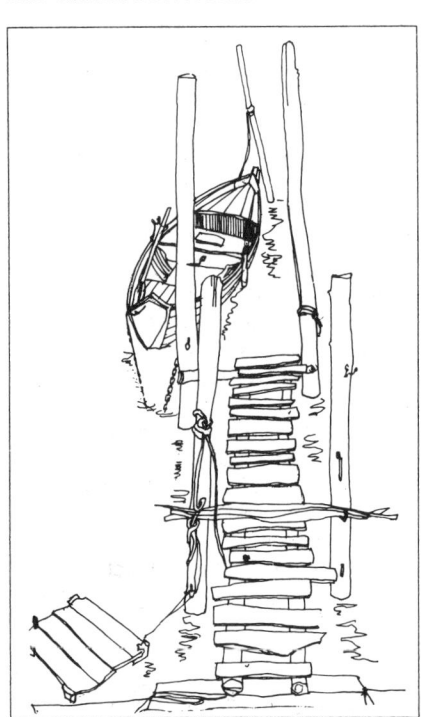

Nur durch Übung im Beobachten und Zeichnen kann man herausfinden, was wirklich typisch ist: an einem Fahrrad die Felgen oder die Speichen, an einem **Auto** das Schutzblech oder die Reifen, am Boot die Form oder die Aufbauten, am Flugzeug die Turbinen oder die Heckflossen.

Prospekt der AEG

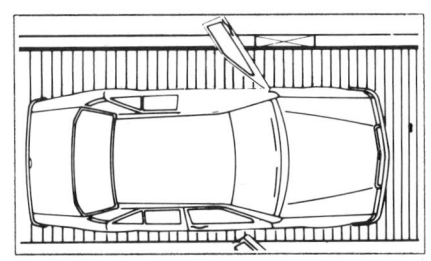

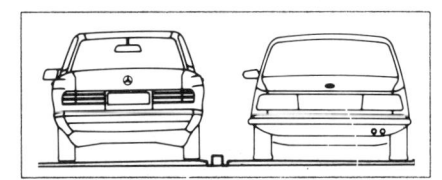

Autos kommen in Zeichnungen oft vor. Jeder Mensch hat heute so viel Kenntnisse von Automobilen, daß man schnell nach Merkmalen von Typen Ausschau hält und Fehler sofort beanstandet. Wenn ein VW-Käfer nicht die richtige Form hat, stößt er auf Ablehnung und der Zugang zu der Zeichnung kann blockiert werden.

Karikierungen von Fahrzeugen werden daher nicht selten vorgenommen, beliebt sind Oldtimer oder Ufos.

Doch sollte man sie erst auf den zweiten Blick erkennen, damit sie nicht stören, dann aber sollten sie in einigen Details das halten, was sie auf den ersten Blick versprachen.

Autotypen, groß oder klein, einfach oder teuer, vermitteln, wie in der Praxis, so auch auf der Zeichnung, Vorstellungen von Bewohnern eines Hauses. Damit kennzeichnen sie das Haus, dienen also der Veranschaulichung.

Die Form von Fahrzeugen von Fotografien abzuleiten ist für Ungeübte wohl ein Mittel; sie werden aber genug zu tun haben, um eine angemessene Kurzform, d.h. eine Übersetzung für die Zeichnung zu finden.

Keinesfalls dürfen die Zutaten einer Zeichnung genauer detailliert sein als die Gebäude, um die es geht.

Hilfskonstruktionen können helfen, die Grundformen von Fahrzeugen zu ermitteln, sie werden beim Zeichnen überspielt oder später ausgelöscht.

Figuren neben den Fahrzeugen geben diesen wiederum Maßstab. Nicht alle LKW oder Transporter sind in ihren Abmessungen so bekannt, daß man sie als Maßstab nutzen könnte.

Grundrisse von Fahrzeugen sind in Architekturdarstellungen oft nötig. Sie markieren Stellflächen oder kennzeichnen Garagen.

Unterlagen für die geometrischen Darstellungen der Fronten sind durch Werbeprospekte zur Hand. Über Kopierer lassen sich die Maßstäbe steuern.

Freihändige Zeichnungen sind interessant, denn da kommt es auf Einzelheiten, wie z.B. Scheibenwischer an. Dies scheint dem Auge bisweilen wichtiger als die Grundrißform, denn die ist dem Betrachter nicht geläufig.

Das Architekturzeichnen ist angewandtes Zeichnen, es stützt sich auf die Erfahrungen des Sachzeichnens, doch geht es dabei nicht um das Darstellen, Berichten und Interpretieren, sondern um Erfindungen, um Entwürfe.
Der Mensch denkt räumlich, so dürfte die dreidimensionale Zeichnung bzw. Skizze wohl der Ausdruck einer Idee sein.
Andererseits ist Architekturzeichnen die Darstellungsform bereits vorher geometrisch festgelegter Entwürfe.
Hof in Busada Valle Verzasca, Fanny Pracht

Beim Entwerfen geht es um das Schöpfen und Ersinnen von einzelnen Stücken zur Ausübung von Tätigkeiten und Ausgestaltung von Räumen. Raummilieus sind für ganz bestimmte Nutzungsweisen in öffentlichen und privaten Bereichen zu schaffen, für Einzelpersonen und Gruppen, für einfache wie aufwendige Ausführung. All das will erfunden und gezeichnet sein.
Die Wirkung von Formen, Proportionen, Dimensionen, Oberflächen und Farben, Licht und Schatten muß man dazu vorher einmal erfahren haben, um sie gut gestalten zu können.

ARCHITEKTUR 7

Fahrzeuge und Objekte

Das **Sachzeichnen** von Objekten, **Geräten** und Strukturen schult das Sehen als die Voraussetzung für die Wiedergabe von Beobachtungen, die Darstellung von Vorstellungen.
Materialstudien erschließen die Natur, schaffen einen Fundus von Kenntnissen, machen reich an Erfahrungen und regen zu Ideen an.
Vor der Natur gilt es Bildausschnitte zu wählen, Details zu eliminieren, zu beobachten, zu entdecken und darzustellen.
Im Atelier werden Stilleben aufgebaut, Gruppierungen organisiert, Künstliches wird installiert und dokumentiert.
Sachzeichnen ist mehr als die grafische Beschreibung eines Gegenstandes, sie ist mehr die Erläuterung des Wesens einer Sache.
Es geht also nicht um die fotografisch genaue Wiedergabe, sondern um die Erfahrung und Mitteilung von Eigenschaften, z.B. einer Stofflichkeit.
Die Malmittel sind daher so zu wählen, und ggf. so lange auszutauschen, bis das passende Mittel für einen Ausdruck gefunden ist.

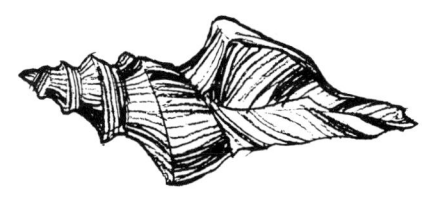

Geeignete Themen für das Sachzeichnen sind leicht zu finden. Alte Stücke eignen sich besonders gut, da über die Form hinaus durch Beschädigungen Anlaß zum Bericht und damit zu Ausdruck gegeben wird.
An glatten Oberflächen rutscht das Auge gleichsam ab. Hier ist es schwierig, Ausdruck zu geben.
In der Natur finden sich Rinden und Wurzeln, Steine und Muscheln, im Garten Gemüse und Obst, im Dorf beim Schmied oder Schlosser altes Eisen und Geräte, in Städten findet man nicht selten Sperrmüll, der dazu herausfordert, ihn zu zeichnen, wie er gerade da liegt.

Als **Projektstudien** bereiten Skizzen einen Entwurf vor, indem sie die Abstraktionen zum technischen Plan durch Varianten prüfen und damit einen Filter für Vorstellungen bilden.

Als **analytische Zeichnungen** helfen Skizzen Vorhandenes zu erfassen, zu definieren, zu erkennen und zu interpretieren.

Als **synthetische Zeichnungen** bieten Skizzen Anschauungen von Vorstellungen auf unterschiedlichen Ebenen.

Als **poetische Arbeiten** machen Skizzen Aussagen über einfache oder komplizierte, übertriebene oder realistische, über ernste und ironische Dinge, sie kritisieren und korrigieren und sind Muster einer besonderen Wirklichkeit.

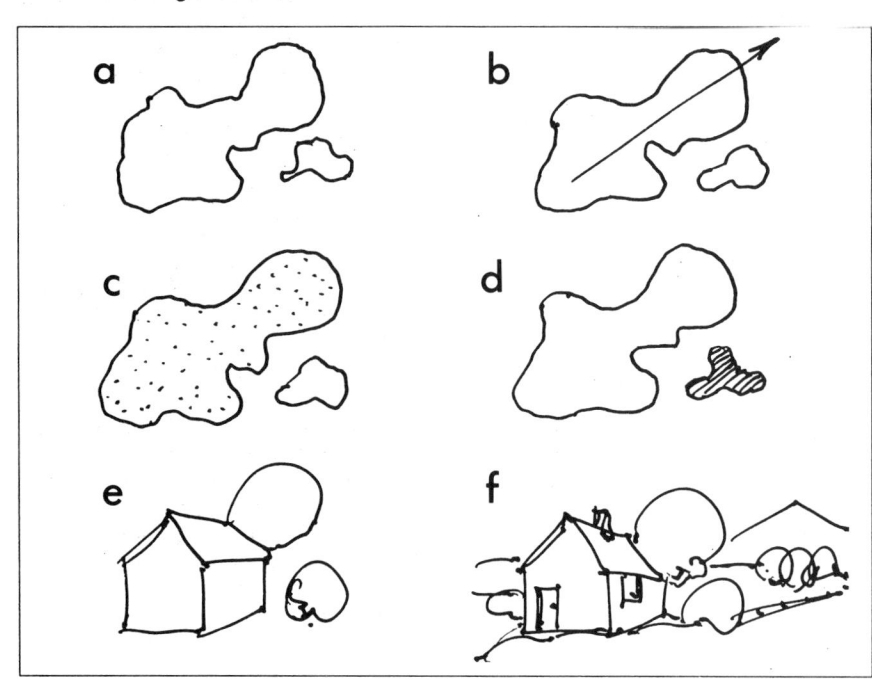

Bildkontrollen sind wichtig, aber nicht immer objektiv meßbar, denn sie erfolgen nicht nur hinsichtlich perspektivischer Richtigkeit, sondern auch unter gestalterischen Gesichtspunkten im Hinblick auf ästhetische Belange.

1. Das **Bild** wird vor dem Objekt in der Natur erarbeitet, bei der Ausführung also durch Augenschein wahrgenommen.

   Die Kontrolle aller Einzelheiten von den Proportionen und Dimensionen bis in die Baudetails ist möglich und die Genauigkeit damit besonders groß.

2. Das Bild wird dann aus den abstrakten technischen Angaben über ein Haus, im Atelier am Reißbrett aus den Grundrissen, Schnitten und Ansichten zu einem Schaubild konstruiert. Die Wirkung zweidimensionaler Angaben wird in der dritten Dimension kontrolliert.

3. Das Bild wird aus der Erinnerung geschaffen, also ein visueller Bericht abgegeben. Die Detailgenauigkeit ist damit nicht groß, dafür wird das Wesenhafte und Typische intuitiv betont.

4. Das Bild wird aus der Vorstellung entworfen, also phantasievoll erdacht (bestenfalls besteht ein lokalspezifischer Bezug, z.B. der einer Landschaft, in die das Haus hineinkomponiert wird).

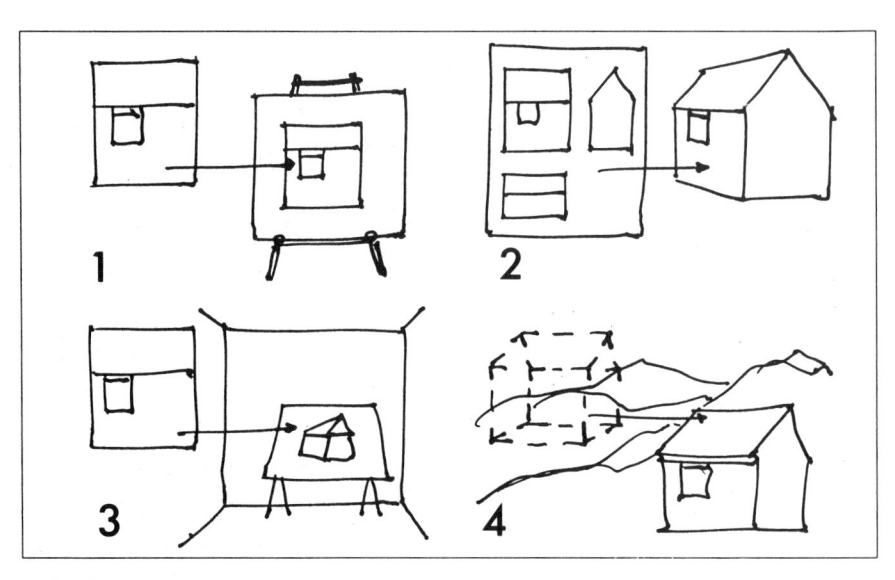

Die Arbeitsmethoden bei einer **Bilderarbeitung** sind individuell. Allgemeingültige Hinweise über sinnvolle Arbeitsabläufe lassen sich jedoch aus Beobachtungen von Personen über lange Zeit hinaus ableiten und zur allgemeinen Orientierung aufführen.

Die bildbestimmenden Faktoren werden hier in Einzelbetrachtungen analysiert und zur schrittweisen Korrektur von Arbeiten empfohlen.

Die Reihenfolge der einzelnen Prüfverfahren ist beliebig. Ausgangspunkt kann ebenso eine freie Komposition sein wie ein konkretes Haus.

a) Die Schöpfung einer freien Figur wird als ein erster Wurf aus der Intuition heraus flüchtig skizziert.

b) Die **Bewegungsrichtung**, die aus der Lage der Teile einer Komposition resultiert, wird beurteilt. Die aufwärtsstrebende Bewegung nach rechts oben wird allgemein als positiv, die nach rechts unten als negativ empfunden.

c) Die Flächenausdehnung der einzelnen Bildelemente wird bewertet, auch hinsichtlich ihrer spannungsvollen Korrespondenz untereinander.

d) Die **Farben, Strukturen** und Tonwerte werden komponiert, Kontraste berücksichtigt.

e) Eine **Komposition** wird inhaltlich umgesetzt, hier z.B. in ein Haus.

f) Das Bild wird ergänzt durch einen Hintergrund, z.B. in Form einer Landschaft. Die Figur erhält damit zusätzlich eine horizontale Verspannung zwischen den Bildrändern, womit Ruhe bewirkt wird.

DARSTELLEN 1

Methoden und Kontrollen

Kapitelübersicht:

1. Methoden und Kontrollen
2. Bildformate und Objektplazierung
3. Raumtiefen und Wirkungen
4. Gegenständlichkeit und Abstraktion
5. Mit Schatten im Vergleich
6. Symbolentwicklungen und Akzentuierungen
7. Computerunterstüzte Entwurfsarbeit

Kontrolle der perspektivischen Richtung

Zentralpunkt

Zentralperspektive

Fluchtpunkt — Fluchtpunkt
Horizont
Diagonalkreuz ermittelt Hälften
Die Fluchtpunkte liegen auf dem Horizont

Zweifluchtpunktperspektive

Unkontrolliert

Gespiegelt — a

Zum Teil abgedeckt — b

Auf den Kopf gestellt — c

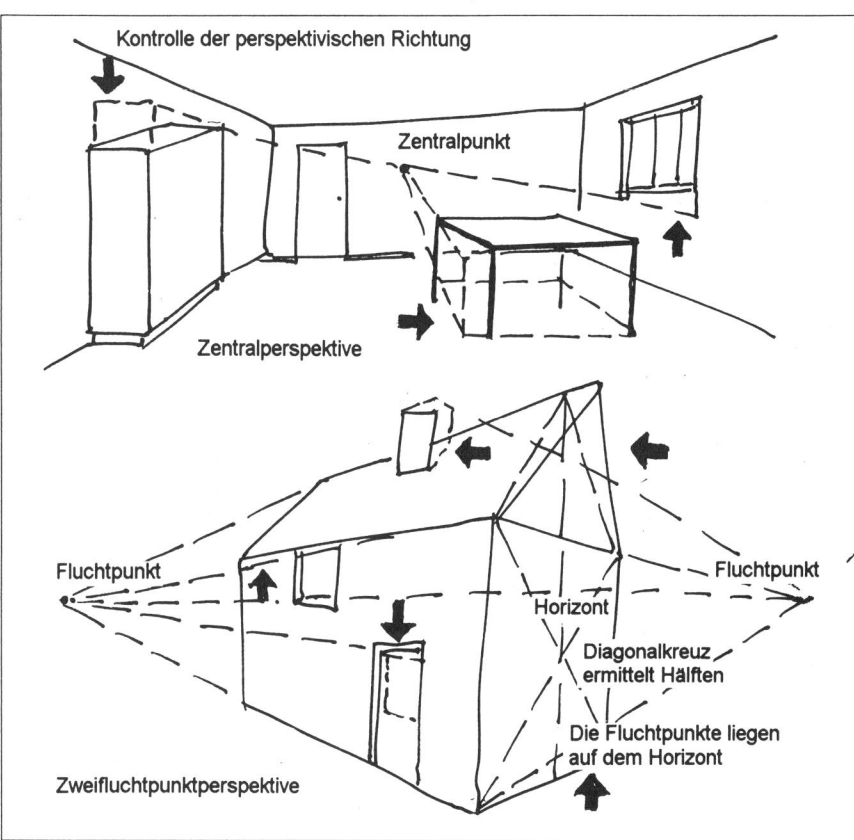

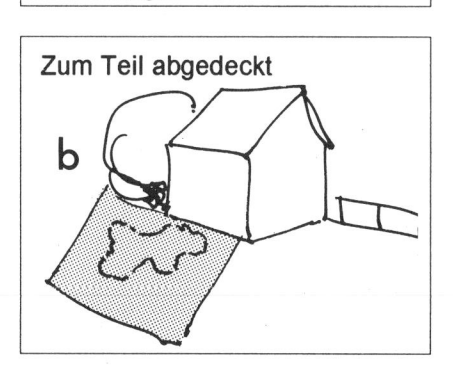

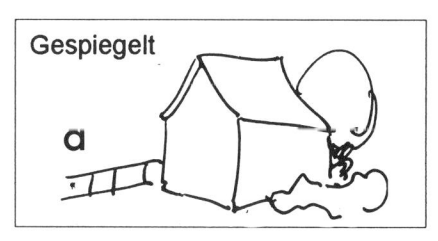

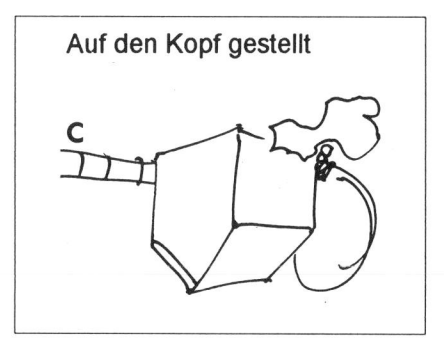

Korrekturen an **Freihandzeichnungen** sind nach folgenden Grundkenntnissen der Perspektive vorzunehmen.

In der **Zentralperspektive** müssen sich alle Linien, die parallel zum Sehstrahl laufen, in einem Fluchtpunkt treffen. Alle anderen Linien verlaufen waagerecht bzw. senkrecht parallel zu den Bildrändern.

In der **Zweipunktperspektive** laufen alle Linien mit Ausnahme der lotrechten zu den zwei Fluchtpunkten, die beide auf dem gemeinsamen Horizont liegen. Die Mittelachsen lassen sich in der Perspektive leicht durch Diagonalkreuze ermitteln.

Die **Kontrolle** von freien Zeichnungen **hinsichtlich** ihrer perspektivischen **Richtigkeit** ist nach deren Grundregeln möglich. Die Horizonthöhe und Fluchtpunkte sind zu ermitteln und die Linien sind darauf zu beziehen.

Die **Bildkontrolle nach ästhetischen** und kompositorischen **Gesichtspunkten** ist schwieriger, denn der Gegenstand, z.B. ein Bild mit einem Haus, wird auf den ersten Blick erfaßt, gelesen, inhaltlich verstanden und akzeptiert. Kritik entsteht ggf. am Objekt, aber nicht an der Bildkomposition, eben diese muß aber kontrolliert werden.

Praktische Prüfungen

a) Das Bild wird gespiegelt und damit verfremdet, es muß deshalb neu gelesen werden. Aber bevor dies erfolgt, hat das Auge Gelegenheit, objektiv das zu erkennen, was es erlebt hat und nicht das zu akzeptieren, was die Abbildung meint.

b) Das Bild wird auf entbehrliche Zutaten hin überprüft. Wenn etwas entnommen werden kann, ohne daß es fehlt, war es überflüssig. Um herauszufinden, wie zu reduzieren ist, werden einzelne Bildteile abgedeckt.

c) Um Flächenkompositionen der Formen- und Tonwerte bewußt und damit korrigierbar zu machen, wird das Bild auf den Kopf gestellt. Der Inhalt entzieht sich nun der Betrachtung, denn es kann nicht mehr ohne weiteres gelesen werden.

Die **Plazierung von Bildern** auf einer Fläche ist von großer Wirkung. Dafür gibt es ein halbes Dutzend verschiedene Möglichkeiten. Sie einander gegenüberzustellen bietet Gelegenheit, sich von Fall zu Fall für die eine oder andere zu entscheiden.

Proportionsgesetze sind nicht an Stilformen gebunden, ebensowenig wie sie Gestaltungsweisen bedingen. Sie vermitteln jedoch Klarheit und Ausdrucksstärke.
Einfache Zahlenverhältnisse bilden Grundprinzipien für die Gliederung von Formen und Räumen.

Harmonikale Grundlagenforschung wird seit etwa 20 Jahren in Wien wissenschaftlich betrieben.
Proportionsgesetze sollen der Gestaltung jedoch nur eine Orientierung bieten, keinesfalls aber Kreativität behindern.

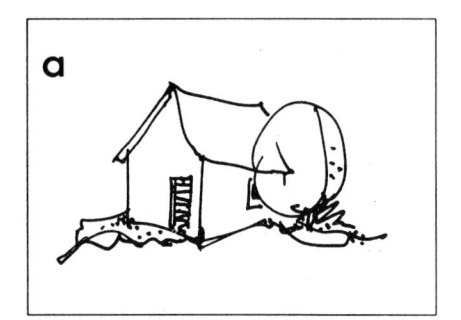

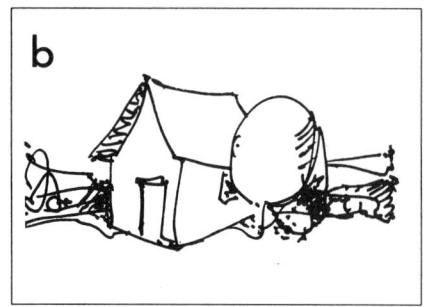

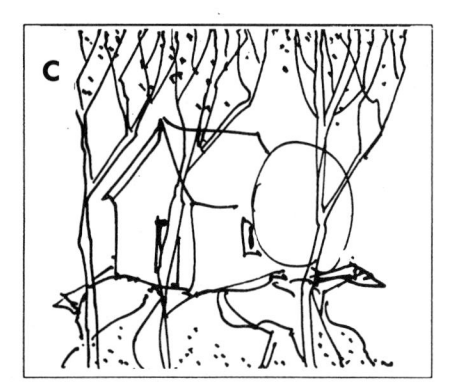

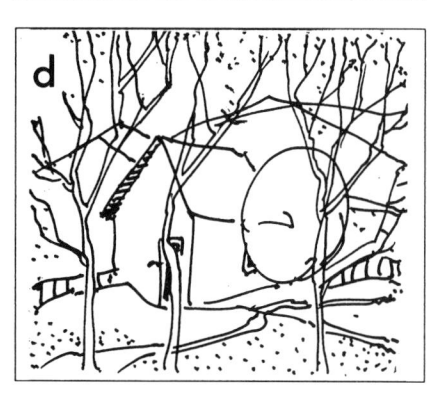

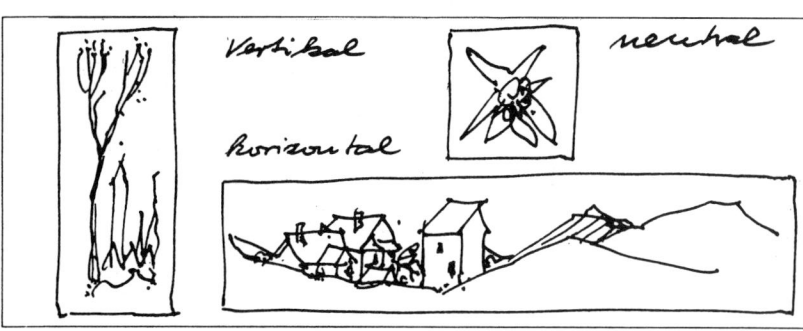

a) Die Figur steht frei auf der Fläche. Damit wird ihre Form vom Auge umspielt und die Umgrenzungslinien bekommen enorme Bedeutung. Sie können der inhaltlichen Aussage des Bildes gradezu Konkurrenz machen.

b) Die Figur ist zwischen den seitlichen Bildrändern horizontal verspannt, das bewirkt Ruhe und erlaubt Konzentration auf das Thema und das Zentrum.

c) Die Figur ist vertikal zwischen den oberen und unteren Bildrändern verspannt, das bewirkt eine starke Aufwärtsbewegung. Das Bildobjekt wird quasi gestreckt und wirkt damit höher.

d) Die Bildfläche ist vollständig ausgearbeitet, damit wird die Figur zwischen den Bildrändern seitlich ebenso verspannt wie oben und unten.
Die Plazierung der Figur ist ohne Gewicht für das Thema. Es sei denn, es werden andere, zusätzliche Akzente gesetzt.

e) Die Figur ist an den oberen Bildrand angeschlossen. Durch die Ausarbeitung der Himmelspartie wirkt sie wie aufgehängt und schwebt über dem unteren Bildrand. Das verleiht der Arbeit den Eindruck von Leichtigkeit, ja Heiterkeit.

f) Die Figur ist an den unteren Bildrand angeschlossen. Durch die Ausarbeitung der Bodenpartien wirkt sie aufgestellt. Das vermittelt den Eindruck von Erdverbundenheit und Solidität.

Die **Bildformate** stehen im Bezug zum Bildthema.

Im Regelfall korrespondieren die Zeichnungen selbst oder deren Passepartout und Rahmen mit dem Bildinhalt und unterstreichen Tendenzen.

Hohe Formate stützen aufrechte Themen, flache Formate liegende Kompositionen. Quadratische Rahmen sind neutral.

In Ausnahmen divergieren die Inhalte mit den Formaten.

Bildwirkungen werden sehr beeinflußt vom Bildaufbau. Dieser ist daher bei der Bearbeitung von Themen genau zu beachten, sonst kann es leicht dazu kommen, daß die inhaltliche Aussage mit der kompositorischen Bildwirkung divergiert und damit evtl. sogar ausgelöscht wird.

Der **Bildaufbau** soll ein Thema positiv unterstützen, ja betonen. Ein aufbauendes Thema kann z.B. nicht mit einer Figur ausgedrückt werden, die auf der Spitze steht, denn das macht einen sehr labilen Eindruck.
Vielmehr müßte der Bildaufbau wohl eher dem einer Pyramide gleichen, die mit ihrer breiten Basis stabil wirkt und deren Schrägen aufwärts zeigen. Die Beispiele verdeutlichen die Wirkung sehr unterschiedlicher Kompositionen.

DARSTELLEN 2

Bildformate und Objektplazierungen

1
Steigende Tendenzen nach rechts oben
Bildwirkung: positiv

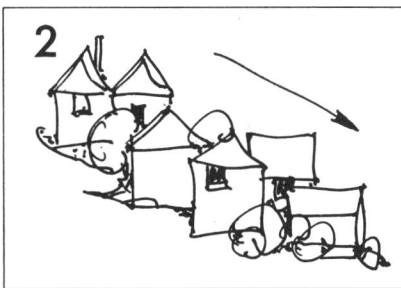

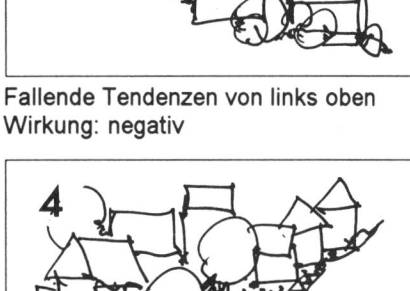

2
Fallende Tendenzen von links oben
Wirkung: negativ

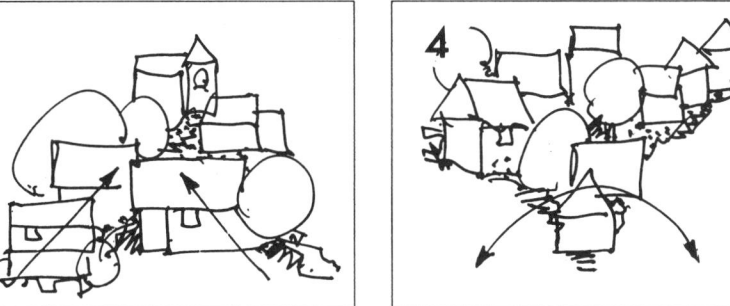

3
Auf der Basis stehendes Dreieck
Wirkung: aufwärtsgerichtet, stabil

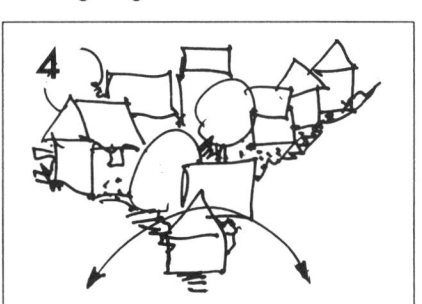

4
Auf der Spitze stehendes Dreieck
Wirkung: wackelig, labil

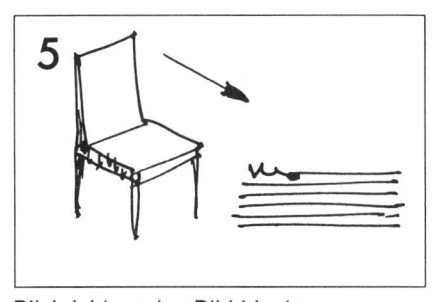

5
Blickrichtung ins Bild hinein
Wirkung: harmonisch

6
Blickrichtung aus dem Bild heraus
Wirkung: abweisend

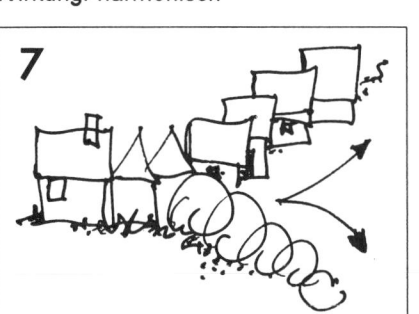

7
Bildaufbauten divergieren in der Richtung horizontal und vertikal

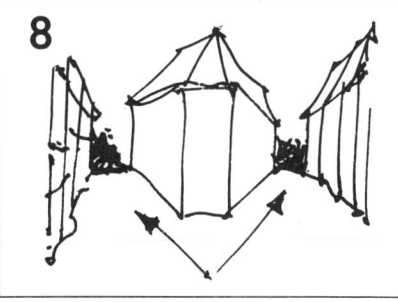

8
Die Wirkung spannungsvoll aber auch zerrissen, zweigeteilt

1. Die **positive Wirkung** der Bildkomposition links beruht auf der steigenden Tendenz der Figurengruppe von links unten nach rechts oben.
2. Die **negative Wirkung** der rechten Bildkomposition beruht auf der fallenden Tendenz der Figurengruppe von links oben nach rechts unten.
3. Die **stabile Wirkung** der linken Figurengruppe beruht auf ihrer breiten Basis und auf dem Aufwärtsstreben.
4. Die **labile Wirkung** der rechten Figurengruppe beruht darauf, daß sie auf der Spitze steht, was die Sorge des Kippens in einem hervorruft.
5. Die **Ausrichtung** eines Gegenstandes zur Bildfläche hat eine besondere Wirkung. Wendet sich die Figur der Bildmitte zu, so hat sie Bezug zum Thema und nimmt Anteil am Inhalt.
6. Die Ausrichtung eines Gegenstandes aus der Bildfläche heraus wirkt abweisend, denn die Figur wendet sich vom Inhalt weg, sie scheint so desinteressiert und nach anderem ausschauend.

Der Bildaufbau mit Tendenzen in mehrere Richtungen stört die Konzentration und läßt den Blick hin- und herwandern.

Je nach Anordnung, horizontal oder vertikal, wird der Blick gleichzeitig nach oben und unten oder nach rechts und links gezogen. Das schafft Unruhe.

7+8
Der Vergleich der Abbildungen macht Unterschiede deutlich. Sie beruhen auf der Art der Teilung.
– Das rechte Bild ist fast symmetrisch aufgebaut und hat gleichförmige Aussagen.
– Das linke Bild dagegen hat unterschiedliche Aussagen und Gewichte. Die Formen sind eckig und rund im Thema Haus und Baum.

Räumliche Tiefe läßt sich durch sehr unterschiedliche Darstellungstechniken hervorrufen.
Die Beispiele zeigen mehrere.
a) **Überschneidungen** schaffen Tiefenwirkungen durch das Hintereinanderstaffeln von Gegenständen, vor allem wenn die vorderen oder hinteren Figuren noch Betonungen erfahren.
b) **Verkleinerungen** vermitteln den Eindruck großer Tiefe, besonders dann, wenn die Berichterstattung und Detailgenauigkeit proportional mit der Verkleinerung abnimmt.

Luftperspektiven nennt man solche räumlichen Darstellungen, die Raumwirkungen zeichnerisch oder malerisch bewirken.
Verminderung der Farbintensität durch Verdünnungen oder Veränderungen der Farben zum Bildhintergrund hin bewirken Tiefe.

Die Farben ins Blau abzuwandeln, entspricht den natürlichen Farbveränderungen in der Atmosphäre.
Berge erscheinen in der Entfernung blau, obwohl sie grün sind.
Die Veränderung von Strichstärken erzeugt plastische Wirkungen.
Bleistiftstriche können nach hinten zarter oder dünner werden und Tuschelinien Unterbrechungen erfahren.

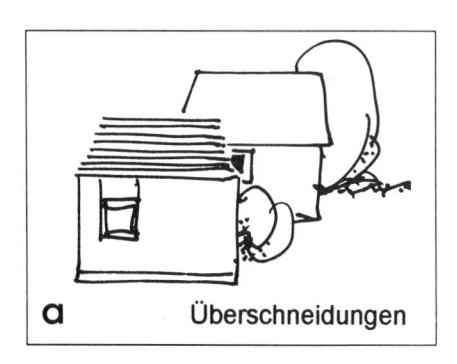

a Überschneidungen	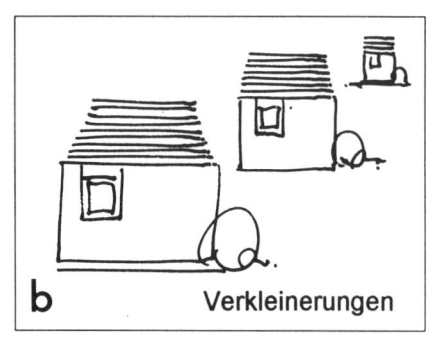 b Verkleinerungen	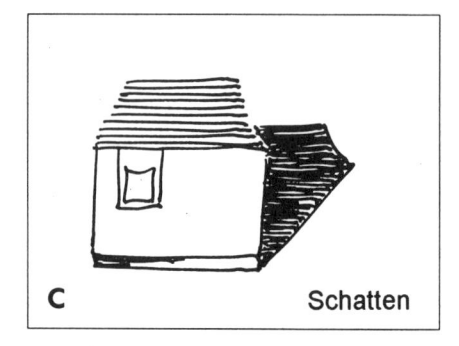 c Schatten
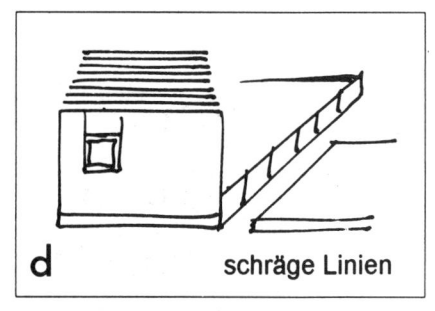 d schräge Linien	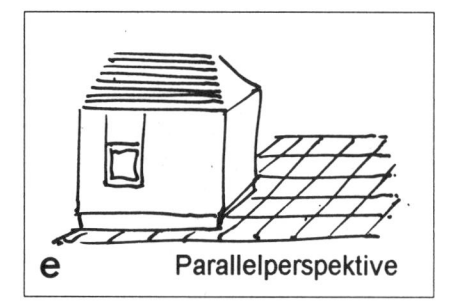 e Parallelperspektive	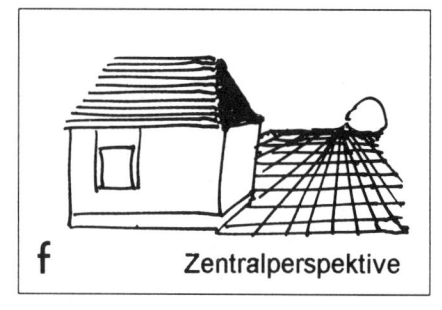 f Zentralperspektive
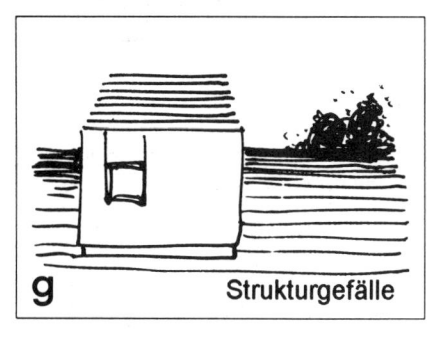 g Strukturgefälle	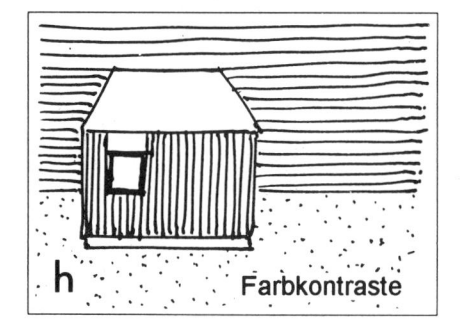 h Farbkontraste	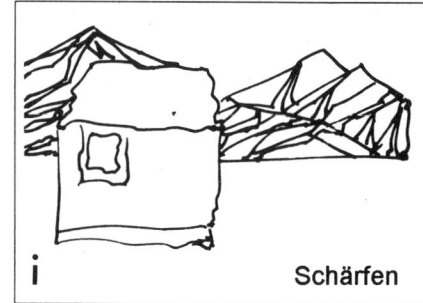 i Schärfen

c) **Schatten** vermitteln Tiefe durch Tonkontraste, indem sich die hellen und dunklen Gegenstände voneinander absetzen.
d) **Schräge Linien** bewirken generell Räumlichkeiten, sie müssen sich nicht einmal nach hinten verjüngen.
e) Parallele Perspektiven wurden als sogenannte Scheinperspektiven entwickelt. Sie dienen als rationale Techniken vorsätzlich der Vermittlung von räumlichen Darstellungen.
f) **Zentrale Perspektiven** sind in ihrer räumlichen Tiefenwirkung nicht zu überbieten. Die auf einen Fluchtpunkt zulaufenden Linien reißen den Blick förmlich in die Tiefe. Nicht nur die Flächen sind perspektivisch strukturiert, sondern auch die Körper sind räumlich ausgearbeitet.
g) **Strukturgefälle** bewirken Raumtiefen durch die sich kontinuierlich nach hinten oder vorn verdichteten Linien, Punkte oder Raster. Wenn sich, wie hier im Bild, der dunkle Hintergrund noch gegen die helle Fläche der Hauswand absetzt, ist der Effekt doppelt so groß.
h) **Farbkontraste** schaffen räumliche Tiefen, wenn aktive und passive Farben gegeneinander ausgespielt werden. Blautöne wirken tief und kühl, rote nah und warm, glänzende Flächen sind aktiv, stumpfe passiv.
Ein Haus in glänzendem Orangeton auf einem matten blaugrauen Hintergrund würde geradezu aus dem Bild heraustreten.
i) **Unschärfen** vermitteln Tiefenwirkungen und können vorn oder hinten im Bild auftreten. Das Auge nimmt die Darstellung an und deutet sie als eine mögliche Verzeichnung, z.B. aufgrund von Luftflimmern bei Hitze.
Der Kontrast zwischen scharfen und präzisen Bildpartien zu ungenauen lenkt den Blick.

DARSTELLEN 3

Raumtiefen und Wirkungen

Betonungen in Zeichnungen oder Bildern setzen Akzente, die inhaltlich begründet werden. Ihre Plazierung provoziert aber, gewollt oder ungewollt, in jedem Fall zusätzliche Wirkungen. Dies gilt es bei den Darstellungen zu berücksichtigen bzw. zusätzlich einzusetzen.

Die Bildreihen zeigen in vergleichbaren Gegenüberstellungen Anwendungsbereiche aus dem Hochbau und der Innenarchitektur.

Das Schloß erfährt in den verschiedenen Darstellungen Bedeutungswandel. Einmal empfindet man das Schloß im Park, das andere mal einen Park mit Schloß.

Der Innenraum wird zu verschiedenen Tages- oder Jahreszeiten empfunden, einmal mit der Sonne gesehen auf eine sich klar zeigende Landschaft, zum anderen fällt im Gegenlicht die Aufmerksamkeit auf die Einrichtungsgegenstände.

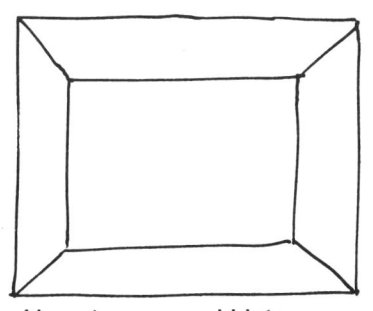

Akzente vorn und hinten gleich flächige Wirkung

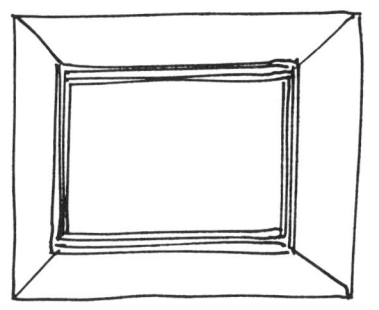

Akzente hinten ergeben räumliche Tiefe

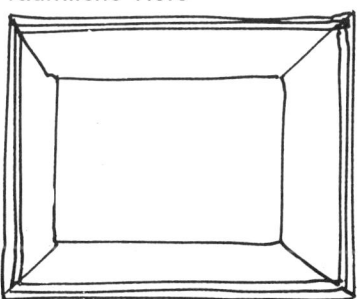

Akzente vorn ergeben ebenfalls räumliche Tiefe

Akzente hinten im Bild schaffen Raumtiefen. Der Vordergrund wird im Bericht nur sparsam erwähnt.

Die Gegenstände werden dort nur ungenau dargestellt oder sogar ganz ausgelassen, haben jedoch entscheidende Bedeutung, da ohne sie kein Tiefenkontrast gegeben wäre.

Die Hintergrundinformationen werden gegen die Konturen im Vordergrund quasi ausgespielt.

Reine Liniendarstellungen ohne Akzente durch Dunkelheiten wirken neutral, flächig und ruhig, leicht aber auch trocken und langweilig. Eine gewisse räumliche Tiefenwirkung ist durch den Wechsel von verdichteten Linien zu weiten Flächen dennoch möglich.

Berichtdichte vorn oder hinten im Bild verursachen Linienbündel, die sich plastisch ausnehmen.

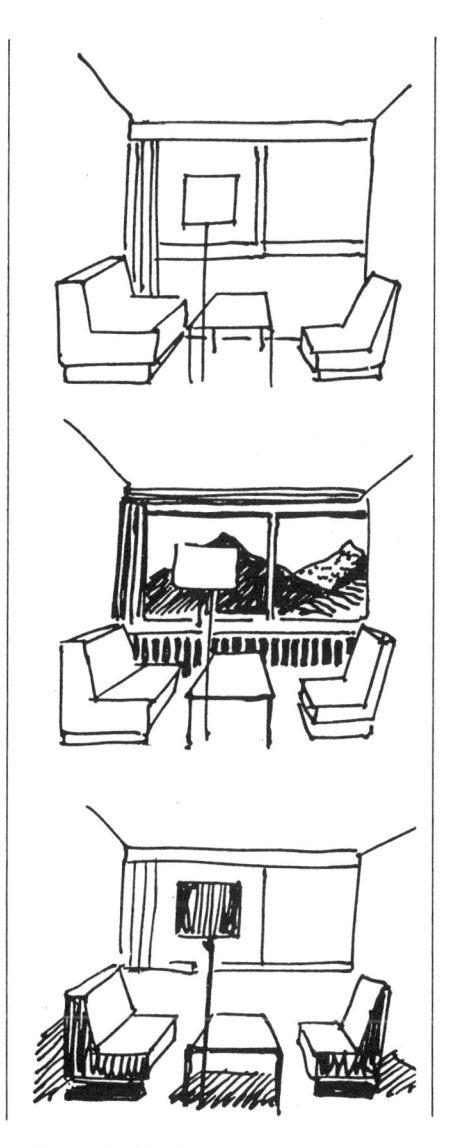

Akzente im Vordergrund müssen inhaltlich besonders gerechtfertigt sein, denn die Gegenstände treten hier stark in Erscheinung. Es muß damit über sie auch genügend Kenntnis vorhanden sein, was im Stadium der Entwurfszeichnung nicht immer gegeben ist.

Dunkelheiten im Vordergrund bewirken den Eindruck von Gegenlichtblickrichtungen. Das läßt sich dann glaubwürdig einsetzen, wenn es mit den Lichtverhältnissen im Objekt vereinbar ist.

Beschränkungen sind bei zeichnerischen Darstellungen nützlich. Unwesentliche Dinge lassen sich reduzieren, unwichtige können entfallen. Wesentliche Stücke finden damit gleichzeitig indirekt Betonung.

Die Empfehlungen lassen sich bei räumlichen wie bei flächigen Arbeiten, bei freihändigen wie bei technischen Darstellungen berücksichtigen. Weniger ist mehr, heißt es. Nur muß man nicht bloß vernunftmäßig, sondern auch gefühlsmäßig entscheiden, wo etwas fehlen kann oder muß.

Die Schnittzeichnungen links zeigen, wie man verfahren kann. Der Grundriß eines Wohnraumes zeigt hier die Möblierung. Sie wird durch Betonung hervorgehoben. Die Angaben reichen bis zu den Vorhängen an den Fenstern, was auch angedeutet ist. Damit bot sich sachlich an, ebenfalls die dort anzuschließenden dicken Außenmauern anzulegen, aber genau das wäre zu viel gewesen und hätte von der Einrichtung abgelenkt.

Der Vertikalschnitt mit Wandansicht desselben Raumes zeigt die selbe Zurückhaltung wie der Grundriß, erfaßt jedoch die Mauer am Fenster, um auch die Heizung und den Vorhang abzuklären.

Der Bericht klingt nach rechts aus, um die Möbel zu zeigen. Der Tisch vor dem Sofa ist betont, damit er sich plastisch abhebt.

Die Innenraumperspektive hat ihren Akzent in einer Raumecke. Damit wird Tiefe erreicht, räumliches Milieu durch Gegenlichtwirkung vermittelt und Einzelheiten bis hin zur Heizung werden deutlich.

Die Außenperspektive zeigt Tiefe. Das Haus wird mit wenigen Strichen beschrieben, die Wand ist verputzt, die Markise gestreift, die Terrasse begrenzt.

Der Vorteil von **Auslassungen** dieser Art liegt darin, daß eine Übereinstimmung von Darstellung und Betrachter erzeugt wird, wie sie nur selten erreicht werden kann.

Was in einer Zeichnung ausgelassen werden kann, hängt von Zielsetzung und Kenntnis ab.

Der Baum vor dem Haus links ist bis zur Blattform bekannt, das Haus selbst aber nur als Holzfachwerk markiert.

Der ausgelassene Baum rechts ist als Laubbaum noch erkennbar, das erläutert sein Umriß. Er bietet dem Haus, das selbst sehr genau erklärt ist, aber hauptsächlich Maßstab.

Verkürzungen in der Berichterstattung können sehr nützlich sein. Wesentliches läßt sich besser signalisieren als eingehend beschreiben. Das Haus in der linken Abbildung unten zeigt eine Gegenüberstellung von Signal und Bericht.

Das Auge liest in der linken Hälfte kurz und bündig: Fachwerkhaus in historischer Bauart. Auf der rechten Bildhälfte werden Details angehäuft. Statt der Holzstützen werden Gefache, statt des Daches die Steine, statt des Vorplatzes Platten gelesen.

Daraus ist zu lernen, daß die Detailfülle dem Maßstab angemessen sein muß.

Unterbrechungen sind besondere Auslassungen, sie erfolgen stückweise, dürfen aber nicht zur Auflösung einer Fläche oder eines Körpers führen.

Geschweifte Linien lassen sich gut unterbrechen, die Formen bleiben dennoch gut erhalten.

Kanten aber müssen geschlossen werden. Das Auge will an den Ecken herumgeführt werden, denn der Linienfluß reißt sonst ab.

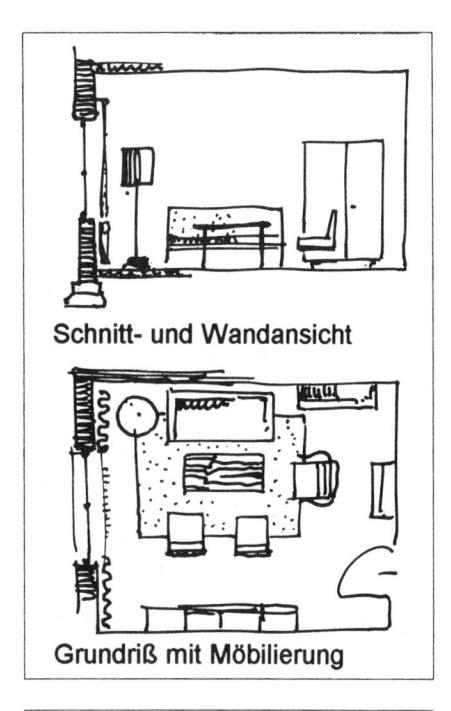

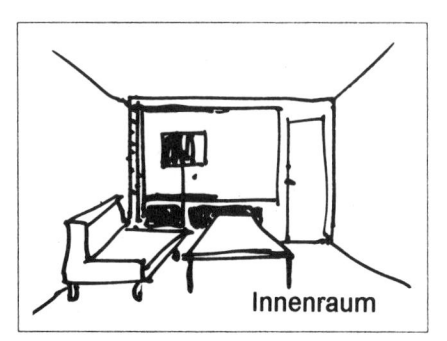

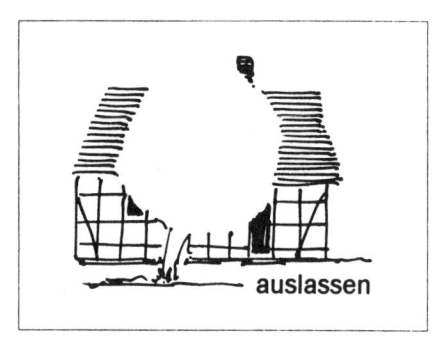

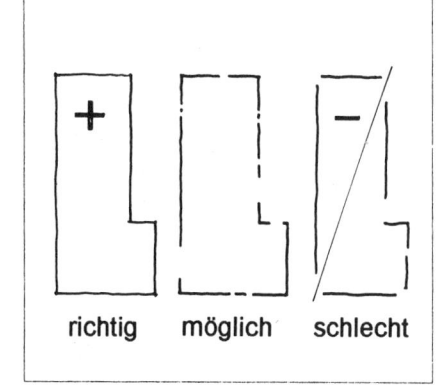

Darstellungen von Objekten sind gegenständlich naturalistisch oder abstrakt. Je nach Größe, Thematik und Sicht ist unter diesen Möglichkeiten zu wählen.

Natürlichkeit grenzt an photografische Genauigkeit, sie ist durchaus mit grafischen Mitteln erreichbar und wird z.B. bei Schnittzeichnungen von Maschinen gern eingesetzt.

Abstrakte Darstellungen bieten mehr Übersichten, gehen aber auf Kosten von Detailaussagen.

Vereinfachungen erfahren auch die natürlichen Darstellungen, denn jede verkleinerte Abbildung verlangt Berücksichtigung des Maßstabes. Vielfach handelt es sich einfach nur um symbolische, stellvertretende Angaben mit sehr weitgehender Ähnlichkeit zur Natur.

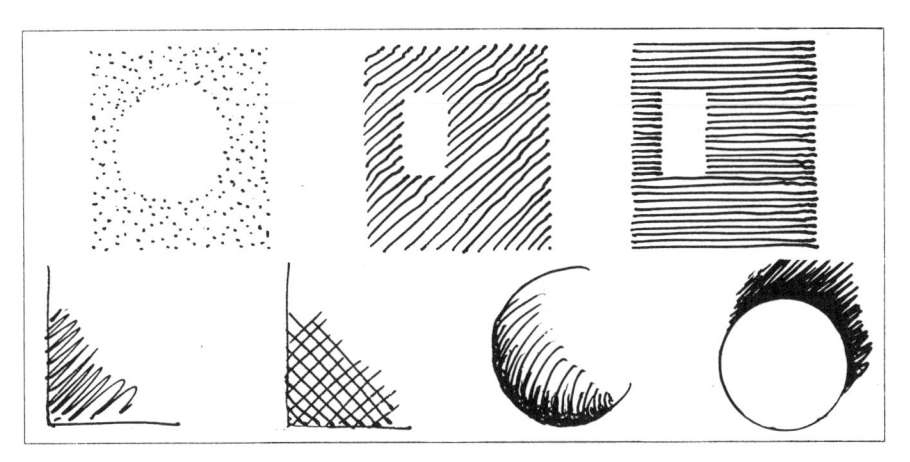

DARSTELLEN 4

Gegenständlichkeit und Abstraktion

Schraffuren, frei neben Flächen angelegt, ergeben Kontraste. Als Schatten neben Körpern plaziert, schaffen sie Raum.

– Schraffuren haben unterschiedliche Aufgaben und machen auch verschiedene Aussagen.

In Skizzen helfen sie beim Suchen nach Betonungen und Kontrasten. Sie schaffen vorläufige Akzente, die später gegen genaue Angaben eingetauscht werden, und zwar über Oberflächen als Strukturen, über Materialien als Texturen, über Formen als Konturen.

Punkte, Linien und Flächen sind elementare Gestaltungsmittel.

Raster, am Lineal gleichförmig gezogen und in geschlossenen Flächen eingetragen, sind anonym.

Freihändig und grobmaschig mit offenen Enden gezogen, bleibt dem Raster eine gewisse Lebendigkeit. Eine Aussage ist damit jedoch kaum verbunden.

Gebogene Linien auf gekrümmten Flächen sind formbezogen, erläutern den Gegenstand.

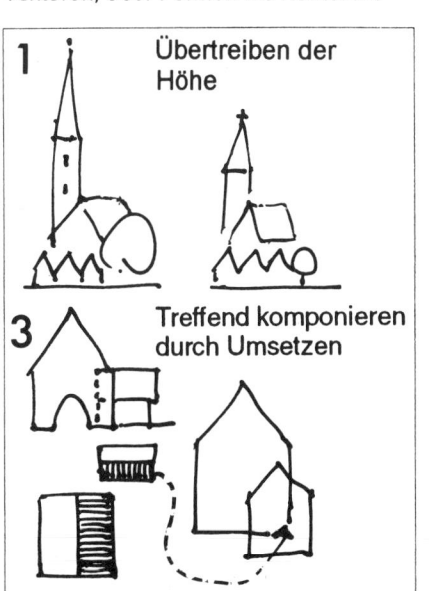

1 Übertreiben der Höhe

2 Genauigkeit ist relativ
nicht messen
sondern ermessen

3 Treffend komponieren durch Umsetzen

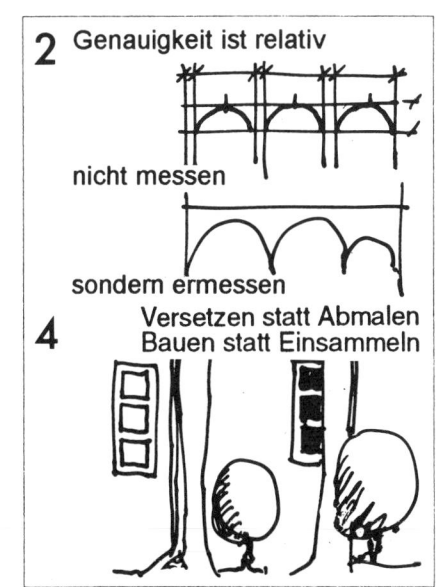

4 Versetzen statt Abmalen
Bauen statt Einsammeln

Übertreibungen können, positiv gesehen, manchesmal gerechtfertigt und nützlich, ja sogar notwendig sein. Wesentliche Teile, gleichgültig welcher Sache, lassen sich so zur Geltung bringen und in ihrer Bedeutung unterstreichen.

Es gilt oft einen Gegenstand nicht so darzustellen wie er ist, sondern wie man ihn kompositorisch braucht.

„Bauen statt Abmalen, Karikieren statt Berichten, Signalisieren statt Erzählen." Das alles läßt sich wohl empfehlen.

1: Das linke Beispiel zeigt die **Überhöhung** eines Kirchturmes. Die Häuser davor sind außerdem etwas verkleinert, so daß sich die Spannung noch vergrößert. Man zeichnet nicht die Natur, sondern vor der Natur, so wird man ihrem Wesen gerecht.

2: Die **Bögen** eines Bauwerks haben genau gemessen und nur konstruiert keine Spannung. Beim Entwurf ist es daher sogar richtig, so weit zu gehen, die Bögen frei zu schöpfen, auch wenn einer kleiner werden muß, was den Reiz wiederum erhöhen kann.

Dann handelt es sich bereits um eine Umsetzung im Sinne einer Interpretation.

3: Das **Umsetzen** als geistige Tat kann bisweilen wörtlich genommen werden. Das Haus links im Bild, mit einem Stall quer dahinter, wurde so (wie rechts gezeigt) dargestellt, daß ein kleines Haus vor dem großen steht.

Treffender könnte ein Bericht über diese Baugruppe gar nicht ausfallen. Hier wurde im doppelten Sinne umgesetzt.

4: Das **Versetzen** von Bauteilen, ihrer Komposition zuliebe, ist in Darstellungen oft nötig.

Der Baum, das Fenster und der Strauch sind nicht nebeneinander zu zeichnen, sondern voreinander. Das schafft Räumlichkeiten statt Größenvergleich.

„**Ehrlichkeit** hat ihre Grenzen, und richtig ist auch nicht gleichzusetzen mit gut".

Schatten, in Abbildungen eingezeichnet, bewirken große Plastizität der Darstellung. Der Eintrag von Schatten erfolgt nicht nur in räumliche, sondern auch in geometrische Zeichnungen.
Die Schattengröße und die Richtung werden durch den Lichteinfall und dessen Winkel bestimmt.
Parallele Schatten werden in abstrakte Zeichnungen, z.B. Ansichten und Grundrisse, eingetragen. Scheibe, Kubus, Kugel und Zylinder zeigen parallel konstruierte Schatten in den Grundrissen, wie in den Isometrien darüber (vgl. Abb.).

Die **Lichtrichtung** wird meist frei festgelegt, der Winkel nach praktischen Gesichtspunkten meist unter 30 oder 45 Grad gewählt, und zwar von der Seite, die dem Gegenstand besonders günstig zur Erläuterung dient.

Zentrale Schatten werden mit Fluchtpunkten konstruiert. Der Lichteinfall wird dabei von einem Punkt oben ausgehend über die Körperkanten geführt und mit den Projektionen im Grundriß verbunden.

Schatten können Formen erläutern, die ohne sie nicht erkennbar und damit auch nicht zu unterscheiden wären. Die Zeichnung zeigt verschiedene Analysen von Gebilden, die in der Seitenansicht völlig gleich sind.

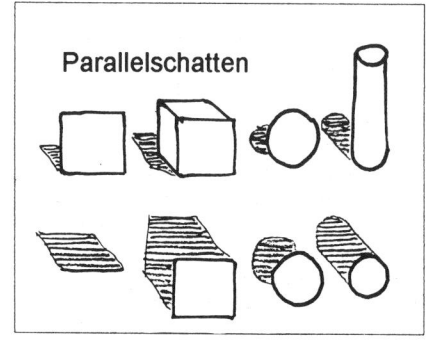

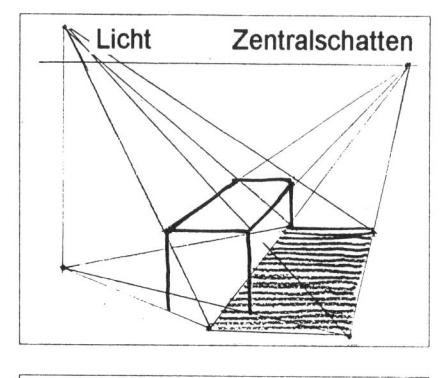

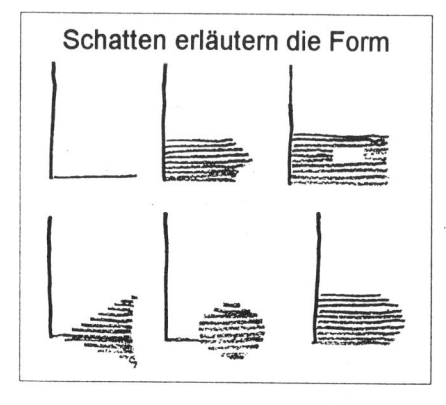

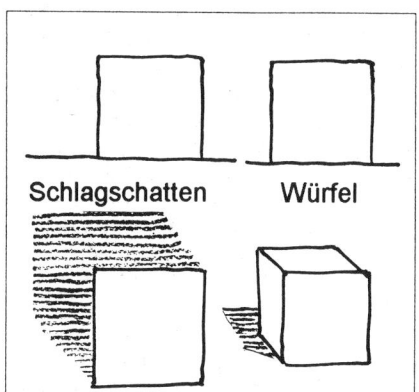

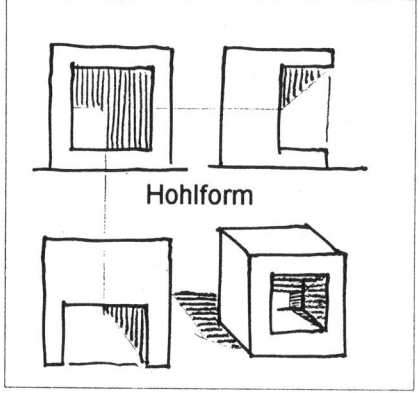

Schlag- und Körperschatten sind zu unterscheiden und werden meist unterschiedlich stark getönt dargestellt. Der Schlagschatten eines Würfels wird in der Abbildung links unter 45 Grad konstruiert.

Hohlkörper werden in ihrer Plastizität erst durch die Eintragung von Schatten lesbar.

Spiegelungen ergeben sich in der Praxis durch Glasflächen, z.B. bei Fensterscheiben.
Im Lichtbereich sind sie dunkel, im Schattenbereich hell. So wirkt es auch in den zeichnerischen Darstellungen besonders markant.
Spiegelungen wirken im Licht dunkel, im Schatten dagegen hell.

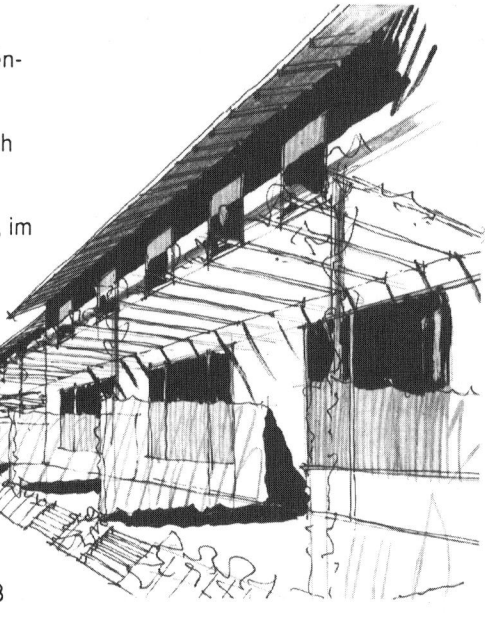

Möblierungszeichnungen werden in ihrer Lesbarkeit unterstützt, indem Schatten so eingetragen werden, daß die Gegenstände scheinbar eine Höhenentwicklung haben.

Die Ausführung von Schatten:
In Bleistiftzeichnungen werden die Schatten meist freihändig eingetragen. Auf die vorgezeichneten Schattenkonturen werden dabei abschnittweise Lineale gelegt und die Schraffuren zwischen diesen Anschlägen ausgeführt. Die Kanten werden so sauber, die Strukturen lebendig.

In Tuschezeichnungen werden gern Folien eingetragen. Die präzisen Punkte, Linien und Raster passen gut zu den sauberen Tuschestrichen. Die Folien sind selbstklebend oder werden aufgerieben.

In Farbe werden Schatten gern ausgeführt, wenn man Zeichnungen kopiert hat. Der Darstellungseffekt geht dann noch über den der plastischen Vorstellung hinaus.

Der **Vorteil** von Schatten ist der, daß sie räumliche Abbildungen herausstellen.

Ein **Nachteil** ist es allerdings, daß Schatten die Kontrolle von Flächen nahezu unmöglich machen. Der Vergleich der oberen großen Zeichnung mit den beiden kleinen derselben Wand (unten auf der Seite), macht die Vor- und Nachteile von Schattendarstellungen deutlich.

DARSTELLEN 5

Mit Schatten im Vergleich

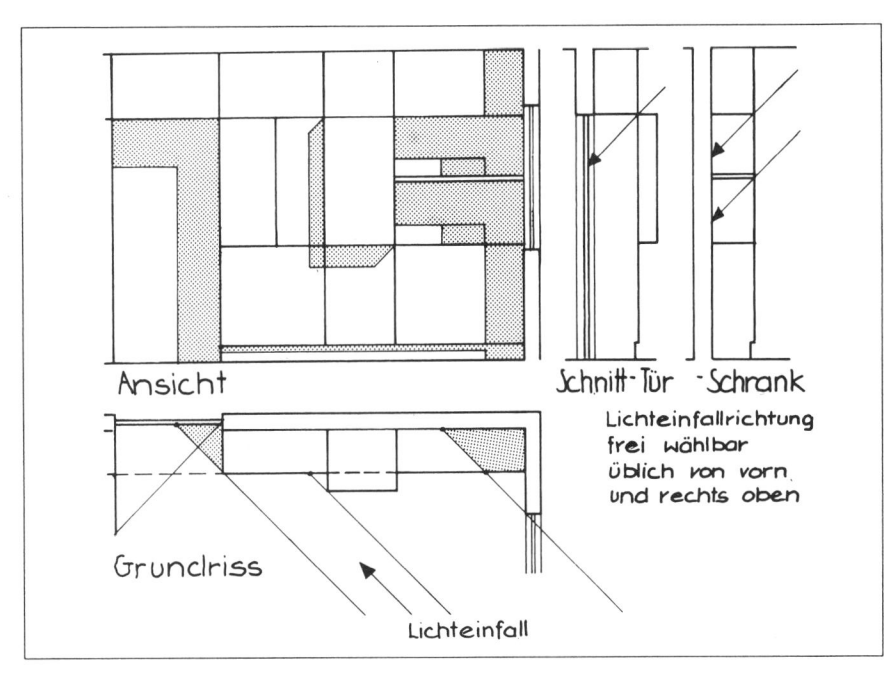

Die Zeichnung ohne Schatten (unten links) zeigt in der Wandansicht ein Linienspiel, das die Kontrolle aller Proportionen gut erlaubt.

Als Darstellung wirkt die Zeichnung sehr neutral, wird so aber auch vorwiegend als Werkzeichnung eingesetzt.

Die Zeichnung (unten Mitte) zeigt die Betonung einzelner Flächen durch eingetragene Strukturen mit unterschiedlicher Ausrichtung.

Eine Kontrolle solch einer Zuordnung wäre mit eingetragenen Schatten unmöglich.

Die Zeichnung zeigt die Einbauwand im großen Maßstab mit allen Schatten. Ihre Projektion erfolgte mit Hilfe des Grundrisses und der Schnitte, einmal links durch die Tür, zum anderen durch den vorstehenden Hängeschrank.

Die Wandansicht liegt im Raumquerschnitt, der durch das Fenster gelegt ist, so daß der Stuhl sowie die Arbeitsplatte davor geschnitten sind. In der Wandansicht sind diese geschnittenen Teile ganz dunkel angelegt, damit sie sich vom Hintergrund abheben.

Man hätte sie aber auch nur stark konturieren können, sowie die geschnittene Außenwandfläche und das Fenster.

Der Schattenwinkel ist so angelegt, daß die Zimmertür, ganz links im Bild, nur so vom Schatten getroffen wird, daß das Licht fast bis zur Hälfte der Fläche reicht. Auf so etwas ist bei der Schattenkonstruktion zu achten, es macht Darstellungen unklar, da es Gliederungen vortäuscht, die nicht vorhanden sind.

Der **zeichnerische Aufwand** von Schattendarstellungen ist erheblich, aber zur Präsentation von Entwürfen oft gerechtfertigt. Ein Modell würde darüber hinaus noch bessere Anschauungen bieten.

Die Zeichnung unten rechts zeigt Kantenbetonungen plastischer Vor- und Rücksprünge in einer linearen Ansichtszeichnung.

Das ist eine schnelle Arbeitshilfe und ein brauchbarer Kompromiß zwischen den anderen aufgezeigten Möglichkeiten. Die Regalrückwände für die Türnische liegen tief, der Hängeschrank steht vor.

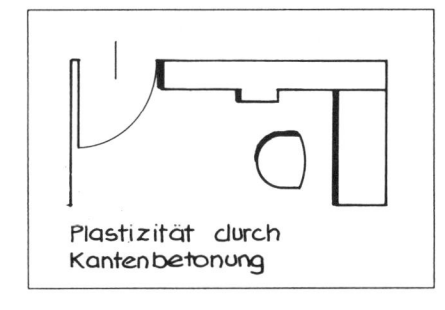

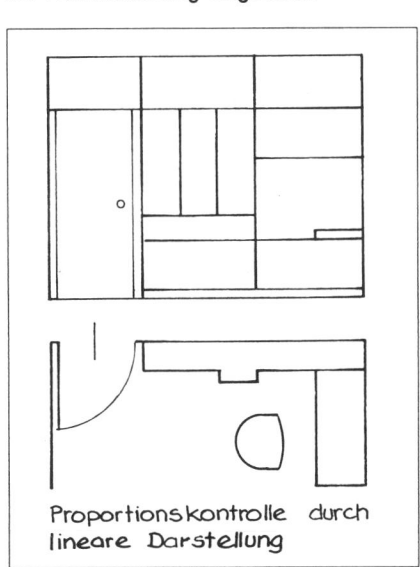

Die **Handzeichnung** ist bis heute neben dem Baumodell das individuelle Ausdrucksmittel des Architekten zur Entwicklung, Darstellung und Vorlage einer Bauidee.

Sie übernimmt die Vermittlung zwischen der normgerechten Ingenieurzeichnung und der Zeichnung des kreativen Künstlers.

Im Entwurfsprozeß deckt sie einen großen Bereich ab. Die **Ideenskizze** fixiert flüchtig erste Vorstellungen. Sie wird bestimmt von der Spontanität und der Handschrift des Verfassers.

Die **Entwurfszeichnung** hält dann die konkretere Form der Idee fest. Konstruktive und wirtschaftliche Aspekte fließen ein.

Der Entwurf als Bauvorlagenzeichnung ist dann verbindlich, wird DIN-gerecht ausgeführt und als rein technische Leistung nahezu übertragbar.

Die Detailzeichnungen dienen den Handwerkern zur Bauausführung.

Schaubilder verdeutlichen die Bauidee vor allen dem Laien.

Eine **Handzeichnung** wird bestimmt vom Verhältnis eines Menschen zu seiner Umwelt und Zeit.
Die Zeichnung ist weniger eine vollendete Arbeit als ein Impuls.
Sie ist ein flexibles Medium und Mittler von Gedanken, Ideen und Intuitionen.
„Zeichnen bedeutet, Bewußtsein zu erlangen, Stellung zu beziehen und Aussagen zu machen."
  Wieland Schmied.

Skizzen sollen leicht und schnell erstellt werden und mit wenigen Strichen über spezielle Themen treffend berichten.
Skizzen sind so etwas wie Karikaturen, sind in ihrer Wesenhaftigkeit überzeichnete Darstellungen, die geradezu Symbolcharakter haben.
Die Gegenüberstellung auf der rechten Seite zeigt blasse und ausdrucksstarke Skizzen im Vergleich.
Pflanzen kann man natürlich nicht in allen Einzelheiten darstellen, doch müssen einzelne Teile sehr genau berichtet werden, denn diese sollen den Gesamteindruck bestimmen.
Baumstämme erhalten Plastizität durch Schatteneintragungen. Mit ihnen können aber auch gleichzeitig Aussagen über die Oberflächenstruktur, also über die Rinde gemacht werden.

Es ist sicherlich lohnend, einmal an einem Beispiel aufzuzeigen, wie Anfang und Ende einer Zeichnung aussehen können (auch wenn das sicher individuell sehr verschieden gehandhabt wird).
Typische Merkmale zuerst anzulegen, liegt ebenso nahe wie schmückende Details zuletzt eingebracht werden.
Das Café als Beispiel wurde in den ersten Skizzen 1-3 in seinen wesentlichen Elementen als Grundstruktur fest umrissen.
Die Abbildungen 4-6 zeigen dann Varianten weiterer Durcharbeitung mit unterschiedlicher Zielsetzung. Der Akzent liegt einmal auf Materialangaben, zum anderen wird ein Bericht über Raummilieus gegeben.
1. Mit der Raumecke wurde begonnen, dann folgten die zwei Schwünge der Fenster, sodann der Eintrag der Sprossen. Alles wird nur angerissen, kurz, aber treffend signalisiert.

2. Die Fenstergliederung wird ergänzt, die runden Caféhaustische eingetragen. Alles ist gebaut, die Ellipsen sind gruppiert, die Elemente in Spannung. Zwei Fenster stehen drei Tischen gegenüber.
3. Die Stühle werden hinzugefügt. So ist die Harmonie zu den Rundbogenfenstern ebenso wie zu den Tischen gegeben. Der Abstand zwischen den Fenstern und den Stuhllehnen bewirkt die Raumtiefe.
Der Verbund der Sitzgruppe schafft Berichtdichte und damit auch Vordergrund und zusätzlich eine Querbetonung am unteren Bildrand.
Die Fensterflächen stehen zu den Sitzgruppen im Verhältnis 1:2.
4. Eine Raumecke wird angelegt. Durch die Betonungen in der Wand, auf den Sprossen und einigen Stuhllehnen entsteht eine Raumstimmung, die auf einem Gegenlichteffekt beruht.

5. Ein Bildstreifen ist ausgearbeitet. Er weist das Material aller vom Schnitt betroffenen Bauteile auf.

Die schraffierten Teile stehen in Spannung zu den geschlossenen Flächen, die dunklen ebenso zu den hellen. Alles ist organisiert, nichts von ungefähr. Auch der Bildstreifen ist genau plaziert. Er erfaßt nicht das ganze Fenster und gliedert das Bild.

6. Die Skizze ist als Vorentwurfszeichnung für den Kunden ausgearbeitet. Leuchten und Vorhänge sind in Form und Anordnung konzipiert.

Dennoch ist alles ausdeutbar. Die Oberlichtsprossen können ein Zentrum haben, die Stühle können rund oder eckig sein. Die Fenster haben Gardinen oder Lamellen.

So wird der Kunde eingestimmt und kann nun bei Einzelentscheidungen mitwirken.

Symbolstarke und damit gut lesbare Skizzen im Vergleich mit ungünstigen (gerastert).

Vorhänge z.B. rechts werden gekennzeichnet durch Faltenwürfe, die sich an ihren Aufhängungen und Endigungen besonders markant darstellen lassen. Sprossenfenster darunter werden durch ihre Glasfelder typischer dargestellt als durch ein Sprossenholz. Regenrinnen werden erst durch ihre Querriegel zu solchen.

Die Übungen der darstellenden Geometrie, der Perspektive und das Freihandzeichnen dienen dem Begreifen der Qualität und Wirkung von Räumen und dem Erkennen ihrer Gesetzmäßigkeiten.

Sie befähigen, aus dem Spezifischen der Aufgabe und dem Besonderen der Situation Formen abzuleiten.

Dieser kreative Vorgang und sein Ergebnis sind untrennbar mit der Person, deren Begabung und Qualifikation verbunden.

DARSTELLEN 6

Symbolentwicklung und Akzentuierung

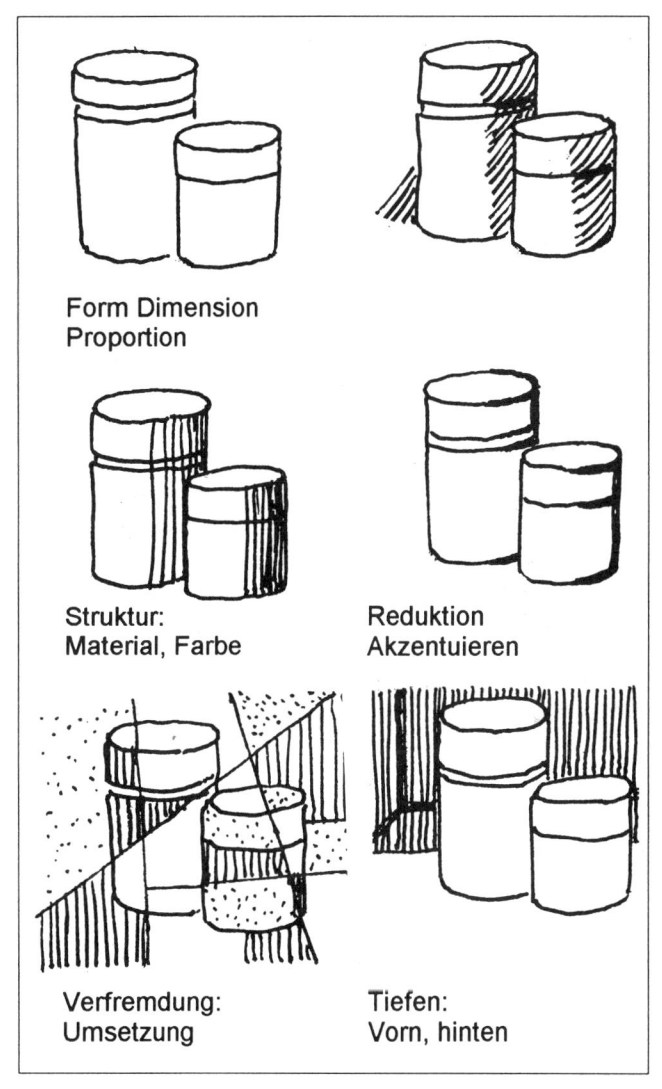

Form Dimension Proportion

Struktur: Material, Farbe

Reduktion Akzentuieren

Verfremdung: Umsetzung

Tiefen: Vorn, hinten

Das **Zeichnen als Prozeß** wird bestimmt durch:
- Motivation: Anregung und Impuls
- Standort: Abstand und Augenhöhe
- Bezug: Räumlichkeiten, Größen, Weiten
- Schwerpunkte: Ausschnitte und Betonungen
- Zeichenmittel: schwarz, weiß, Farbe
- Zeitaufwand: Skizze oder Ausarbeitung
- Duktus: Persönliche Handschrift.

Darstellungsarten unterliegen grafischen und malerischen Aspekten.
- Herausfinden verschiedener Eigenschaften.
- Betonung von Besonderheiten, z.B. Form, Struktur, Plastizität und Tiefe.
- Umsetzung und Verfremdung.

Anliegen
- Sehen, Erkennen, Darstellen,
- Training zeichnerischer Techniken,
- Entwicklung persönlicher Begabung,
- Aufbau eines Vokabulars,
- Entfaltung von Kreativität.

Auch das Entwerfen mit Hilfe von elektronischen Datenverarbeitungsmaschinen, kurz **EDV** genannt, ist möglich.

CAD nennen es die Amerikaner, das heißt, **Computer-aided-design** oder auf deutsch rechnergestütztes Entwerfen.

Die Ausbildung von Designern, die mit Computern entwerfen, kann gar nicht sensibel genug erfolgen, denn neben seinem Fachwissen für die Bedienung der Geräte, muß er mindestens ebensoviel Verantwortung für das erlernen, was er mit den technischen Hilfsmitteln bewirken kann.

Die Einarbeitung in **CAD-Programme** verlangt Englischkenntnisse und eine positive Einstellung.

Die theoretische Einführung dauert etwa eine Woche, die praktische Einübung ca. drei Wochen.

Eine Sicherheit im Umgang der Geräte kann sich nach etwa drei Monaten ergeben.

Die Anwendung der **CAD-Arbeitsmethoden** reicht heute im Bereich der Architektur von Städtebau über Gebäudeplanungen und Innenraumgestaltung bis zur Produktentwicklung.

People-Software-Hardware: das ist die Formel für den Einsatz von CAD-Systemen. Der Mensch muß die Arbeit mit dem Computer begrüßen, das ist eine Voraussetzung für gute Ergebnisse in Zusammenarbeit von Mensch und Maschine.

Nachdem anfängliche Schwierigkeiten überwunden wurden, wenden sich heute Architekten den elektronischen Hilfsmitteln der Planung zu.

Einst waren die Ergebnisse der Geräte simpel und die Preise hoch.

Heute ist das Preis-Leistungsverhältnis interessant, so daß nützliche Einsatzmöglichkeiten auch für Designbüros gegeben sind.

Die Entwicklung der Geräte war zuerst auf die Arbeit von Ingenieuren ausgerichtet, die mehr mit Berechnung als mit Gestaltung zu tun hatten.

Die Rechenfähigkeit der Maschinen stand damit einst an erster Stelle.

Dann begann das Speichervermögen an Bedeutung zu gewinnen.

Heute dagegen steht die Darstellungsqualität im Vordergrund.

Die **Arbeit mit EDV-Systemen** bringt nicht nur Erleichterungen, sondern auch Verbesserungen, u.a. in der Technik der Darstellungen von Entwürfen.

Die Verbesserung von Plänen erfolgt z.B. nicht mehr durch aufwendiges Radieren von Bleistift- und Tuschelinien, sondern durch schnelles Korrigieren, durch Auslöschungen wie Ergänzungen am Bildschirm.

Die Entwicklungsabläufe von Planungen müssen nicht mehr mühsam durch die Archivierung von Vorentwürfen und von Konzepten festgehalten werden, sondern sind im Computer gespeichert, wodurch sich Entwurfsprozesse in jeder Phase schnell nachvollziehen lassen.

Die räumliche Darstellung von Entwürfen muß nicht länger mühsam im Anschluß von Entwurfsarbeiten von Hand erfolgen, sondern kann schon während der Arbeit an zweidimensionalen Plänen gleichzeitig auf die Wirkung in der dritten Dimension hin kontrolliert und gesteuert werden.

Ein Programm bietet bis zu 20 verschiedene Darstellungsarten, von der Isometrie über die Stereoskopie und Axonometrie bis zur Zentralprojektion.

Das **Entwerfen mit Hilfe von EDV-Anlagen** wird heute vor allem durch die Möglichkeiten grafischer Darstellungen bestimmt.

Das Entwerfen selbst wird damit zwar entscheidend erleichtert, jedoch keinesfalls ersetzt.

Die Entwurfsarbeit wird immer bestimmt sein durch die Persönlichkeitsstruktur und die Begabung des Menschen. Er ist emotional veranlagt, sein Handeln wird nicht nur durch Kalkül, sondern auch durch sein Gefühl bestimmt.

Das Skribbeln als eine Vorstufe des Entwerfens besteht aus unscharfen Skizzen, deren Ungenauigkeit viele Lösungen beinhaltet.

Diese Chance der Ideenfindung muß erhalten bleiben und kann nicht maschinell erledigt werden.

Die Maschine kennt kein Ungefähr. Die Genauigkeit ihrer Angaben hängt ab von der Exaktheit ihrer Eingaben. Sie arbeitet schnell und präzise, kann aber nicht wägen und ermessen.

Die Maschine kann nur helfen, vorgegebene Daten zu bearbeiten, Lösungen, durch Selektion von Alternativen zu erfinden, z.B kann die Akustik eines Raumes schon bei der Vorplanung dadurch besonders gut ermittelt werden, indem man Schallfrequenzen, Aufprallwinkel und Materialkomponenten einspeist und die Ergebnisse abfragt.

Entwerfen beinhaltet nicht nur formale Entscheidungen, sondern auch solche über Material und Farbe.

Rechnergestütztes Entwerfen kann diese Faktoren in die Entscheidungsprozesse miteinbeziehen.

Die Prüfung von Entwurfsqualitäten, auch ingenieurmäßiger Art, kann so in den Formfindungsprozeß integriert werden.

Das Konstruieren und berechnen ist heute durch den Computer nicht mehr nachträglich, sondern gleichzeitig mit dem Entwerfen möglich.

Die zweidimensionalen Darstellungstechniken hatten einst Priorität. Die grafischen Eingaben lassen sich schnell abrufen und in jede gewünschte Position dirigieren. Darüber hinaus sind Vergrößerungen und Verkleinerungen selbstverständlich geworden.

Die Übersetzung von Skizzen in Zeichnungen ist ein wichtiges Anliegen bei der Entwurfsarbeit, aber gerade das machte den Geräten Schwierigkeiten, da sie auf exakte Angaben angewiesen sind und keine Auslegungen vornehmen können. Raster helfen bei der Übersetzung von Skizzen sie werden diesen hinterlegt, so daß die Geräte jede beliebige Linie aufnehmen können.

Dreidimensionale Schaubilder übertreffen flächige Darstellungen in der Anschaulichkeit.

CAD-Systeme erlauben diese heute schon so gut, daß die Entwurfsarbeit in der zweiten und dritten Dimension gleichzeitig betrieben werden kann.

Sie werden auf unterschiedliche Weise erzeugt.

Die einen gehen von zweidimensionalen Darstellungen, z.B. von Grundrissen aus, denen Höhen zugewiesen werden.

Die besten Geräte erreichen vollkommene perspektivische Wirkungen u.a. durch die Krümmung des Bildschirmes, so daß selbst Randverzerrungen ausfallen.

Die Eingaben für die Perspektivzeichnungen erfolgen hierbei gleichzeitig von Grundrissen und Ansichten, womit die technischen Möglichkeiten praktisch erschöpft sind.

Überlagerungen und Durchdringungen von Elementen werden vom Computer berechnet. Die Darstellung kann durch Zuordnung der Komponenz auf bestimmte Kategorien, z.B. auf einzelne Wände und Stützen beschränkt werden.

Das räumliche **Entwerfen am Computer** ist damit der eigentliche Fortschritt.

DARSTELLEN 7

Computerunterstützte Entwurfsarbeit

CAD-Anlagen bestehen aus drei Komponenten:
- dem Bildschirm mit Tastatur und dem grafischen Eingabegerät,
- dem Rechner mit seinen Arbeits- und Massenspeichern und
- dem Plotterzeichner auf Papier, der die Ergebnisse auswirft.

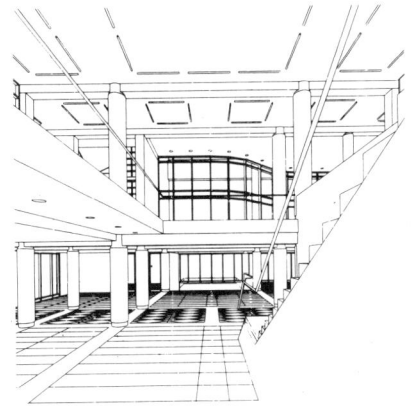

Computergrafik   Foto: Bremer Spezial

Auswahlkriterien für Geräte sind Bildgröße, Speichervermögen, Antwortschnelligkeit und Benutzerfreundlichkeit.

Die Genauigkeit der Zeichnungen wird durch die Feinheit des Bildschirmrasters bestimmt.

Kopien von Farbeingaben bieten heute erst wenige Geräte, auch wenn das Kodieren einfacher geworden ist.

Ein Rechner gilt als leistungsfähig, wenn er 15 - 30 Bits leisten und auch gleichzeitig verarbeiten kann.

Das Abspeichern von Linien und Symbolen ist die einfachste Darstellungsart, sie bedingt aber große Vereinfachungen.

Gebogene Linien und gekrümmte Flächen ließen sich anfangs nur als Liniengrafiken erzeugen, heute sind sie über Raster perfekt darzustellen.

Das Speichern von räumlichen Gebilden läßt differenzierte Darstellungen zu.

Kanten auszubilden, war der erste Weg, allerdings mit dem Nachteil, daß auch verdeckt liegende Kanten in Erscheinung traten, was den Bildeindruck belastete.

Flächen darstellen zu können, ist eine erhebliche Weiterentwicklung, so lassen sich auch Farben und Materialien berücksichtigen.

Perspektivische Darstellungen sind nicht länger aufwendiger als Isometrien, also werden sie auch verstärkt eingesetzt.

Standorte und Horizonte lassen sich dabei beliebig verändern, damit Blickwinkel kontrollieren und Raummilieus verbessern.

Der **Computerdesigner** kann dabei schnell darauf verfallen, mit bereits eingespeicherten Menüs zu operieren, ohne eigene Gedanken zu integrieren.

Perfektion ist das Resultat, wenn Maschinen die Führung übernehmen.

Gestaltung aber wird getragen von Sensibilität und Kreativität des Planers.

Die Systemkosten sind etwa so hoch wie die für die Organisation.

Die Organisationskosten beinhalten die Aufwendungen für Miete, Schulung und Einführung.

Die Wirtschaftlichkeit einer Anlage beruht vor allem auf verbesserten Leistungen der Entwurfsarbeit und der Planungsergebnisse.

Bauherren werden es künftig honorieren, besser kontrollierte und auch räumlich dargestellte Entwürfe vorgelegt zu bekommen, anhand derer sie leichter entscheiden können.

Die Ausführung der **CAD-Systeme** ist verschieden in ihrer Qualität, Handlichkeit und im Preis.

Vor billigen Geräten kann nur gewarnt werden, auch die teuren sind nicht gleich die besten.

Die kleinen Systeme bieten vor allem Beschriftungshilfe.

Die großen Systeme fertigen zweidimensionale Zeichnungen.

Die besten erlauben plastische, also dreidimensionale Darstellungen.

Die Qualität einer **EDV-Anlage** ist heute viel eher von denen abhängig, die sie bedienen, als durch das Leistungsvermögen der Geräte.

Die **stufenlose Computergrafik** als neustes technisches Hilfsmittel nutzen Designer, aber auch kreative Wissenschaftler und finden zu besonderen gestalterischen Ausdrucksformen.

Jeder Punkt im Computer bedeutet eine komplexe Zahl, ihr Schicksal im Rechenprozeß wird aufgezeigt, der Rückkoppelungsprozeß macht Muster mit ihnen. Der optische Eindruck grafischer Darstellungen und mathematischer Sachverhalte verblüfft.

Die Wahl unter den Programmen sollte auf erprobte fallen, die über Jahre hindurch ständig optimiert wurden und ausgereift sind.

Anwendungsprogramme bleiben heute noch hinter den technischen Möglichkeiten zurück.

Softwarepakete bestehen aus über 50 Einzelprogrammen, die durch ein räumliches Modell verbunden sind.

Ein Raumnetz aus frei bestimmbaren Abszissen und Ordinatenachsen überlagert einzelne Ebenen, in die Elemente, sog. Komponens, plaziert werden.

Der Bildschirm, ein Planfeld wie ein Tisch, das sog. Digitizerboard, zeigt ein Fadenkreuz auf, daß den Handbewegungen entspricht.

Elementeingaben, z.B. einer Tür, werden nur einmal gezeichnet, abgespeichert und lassen sich dann beliebig oft abrufen und plazieren. Das gewonnene Bild kann vom Computer in Ansichten, Schnitten, ja sogar in Perspektiven eingesetzt werden.

Vorhandenes wird kopiert und neu plaziert.

Veränderungen lassen sich durch Auslöschungen und Hinzufügen leicht vornehmen.

Neues läßt sich schnell entwickeln.

97

Das Besondere der Architekturgestaltung gegenüber anderen Künsten ist es, daß sie von der Projektierung zur realen Gestalt als ein Prozeß der Mitteilungen verstanden werden muß.

Zeichnungen und **Modellbau** sind nicht selbständige Kunstobjekte bzw. Formen, sondern Kommunikationsmittel.

Sie helfen dem Architekten, Instruktionen an diejenigen weiterzugeben, die sein Werk realisieren.

Architektur selbst ist das Ziel, sie gründet sich auf dem Sinn des Lebens.

Einführung
Das Kapitel Modellbau soll Einblick geben in die Möglichkeiten und Techniken auf diesem Gebiet.
Es handelt sich dabei nur um einen Teil der Entwurfsarbeit, und er wird bewußt nicht als selbständiges Tätigkeitsfeld bewertet.
Der Modellbau darf nicht über-, aber auch nicht unterschätzt werden.
Schon im Mittelalter haben sich Baumeister dieses Mittels bedient, um sich und ihren Bauherren Klarheit über Baustrukturen und Gestaltungen zu verschaffen.

Der Schwerpunkt liegt gemäß der Zielsetzung des Buches auf dem einfachen **Selbstbau von Modellen** als eine Art der Entwurfsfindung und Darstellung. Dem Einsatz von Papier ist daher ein eigenes Kapitel gewidmet.

Modelle stellen eine dreidimensionale, kleinmaßstäbliche Übersetzung von Gebäuden, Anlagen und Einrichtungen dar. Sie dienen der Vorstellung von räumlichen Kozeptionen, der Erläuterung von Volumen und der Beweisführung von Wirkungen.

Foto: Architekturmodellbau, Michael Schulcz, Hannover

Modellbauarten unterscheiden sich hinsichtlich ihrer Funktionen, Größen und Materialwahl.
Arbeitsmodelle helfen dem Architekten bei der Ideenfindung und beim Entwerfen von Räumen und Konstruktionen.
Der Planer sucht und untersucht an ihnen in unterschiedlichen Maßstäben und Genauigkeiten, er kontrolliert und verändert bis hin zur Herstellungsreife.

Das **Ideenmodell** demonstriert, vergleichbar mit den anfänglichen Skizzen, eine erste Fassung räumlicher Konzeptionen, oft unabhängig von konkreten Maßstäben.

Entwurfsmodelle begleiten schon in genauen Maßstäben Entwicklungszeichnungen als plastische Kontrollen, an ihnen wird variiert und optimiert.

Konstruktionsmodelle helfen statische Strukturzusammenhänge zu klären, auch dienen sie der Entwicklung von Elementverbindungen. Detailpunkte werden gern in natürlicher Größe untersucht.

Ausführungsmodelle fassen die Untersuchungsergebnisse zusammen. Es sind abstrakt simulierte Abbildungen späterer Ausführungen. Je nach Objekt sind die Maßstäbe verkleinert, sehr oft aber wird auch der Maßstab 1:1 gewählt, z.B. zur Klärung von Details.

MODELLBAU 1

Kapitelübersicht

1. Einführung
2. Einsatzgebiete
3. Bauarten
4. Werkzeug und Geräte
5. Arbeitsweisen
6. Maßstäbe, Farbgebung und Ausstattungen
7. Gelände und Wasser
8. Bäume und Sträucher
9. Modelltransport und Fotografie

Das Kapitel zeigt auf, wann man wofür Modelle bauen kann und auf welche Art und Weise.

Studienarbeiten an der FH Hannover, Abt. Innenarchitektur

Modellbaumaterialien wie Holz und Kunststoff sowie Metall werden eingehend beschrieben, aber entsprechend der Einsatzbreite und Bedeutung unterschiedlich lang behandelt.
Holz und Metall werden seltener im Modellbau eingesetzt. Holz dient vor allem der Darstellung von Baumassen, Modellen und Prototypen.
Metall bedingt umständliche Lötarbeiten, die nicht immer sauber ausfallen.

Kunststoffe nehmen eine überragende Stellung im Modellbau ein.
Acryl steht an erster Stelle.
Papier und Karton sind dagegen billig und von jedem schnell und leicht zu bearbeiten. Dieses Material wird daher im Buch hauptsächlich behandelt und zwar so, daß Entwurfsarbeiten damit besonders einfach betrieben werden können. Fotos und Zeichnungen demonstrieren schrittweise die Ausführungen.

Die Beispiele beweisen aber auch, daß bei aller Werkgerechtigkeit der Modelle die Demonstration gegenüber Dritten, z.B. Bauherren, nicht leiden muß.

Die Modellbaumaterialien sind so bestimmend, daß sie in zwei getrennten Kapiteln abgehandelt werden.

Modellbaukosten gehen zu Lasten des Bauherren über das Honorar des Planers hinaus. Auch von dieser Seite her ist eine preiswerte Ausführung zu bedenken.

Aufwendige Modelle haben jedoch ebenso ihre Berechtigung, vor allem wenn es um dauerhafte Ausführungen geht, wie z.B. in Museen.

Die **Modellfotos** zeigen hier am Kapitelanfang die Einsatzbreite von Architekturmodellen. Sie reicht von der Landschafts- und Städtebauplanung bis zu den Gebäudeeinrichtungen und Möbeln.

Die Maßstäbe erstrecken sich im Städtebau von 1:1000 und 1:500 über die bei Gebäuden von 1:100 und 1:50 bis zum Möbelbau 1:10 und 1:5.

Die Darstellungen reichen von naturalistischen Wiedergaben mit vielen Einzelheiten in Ausstattung und Farbgebung bis zu starken Abstraktionen.

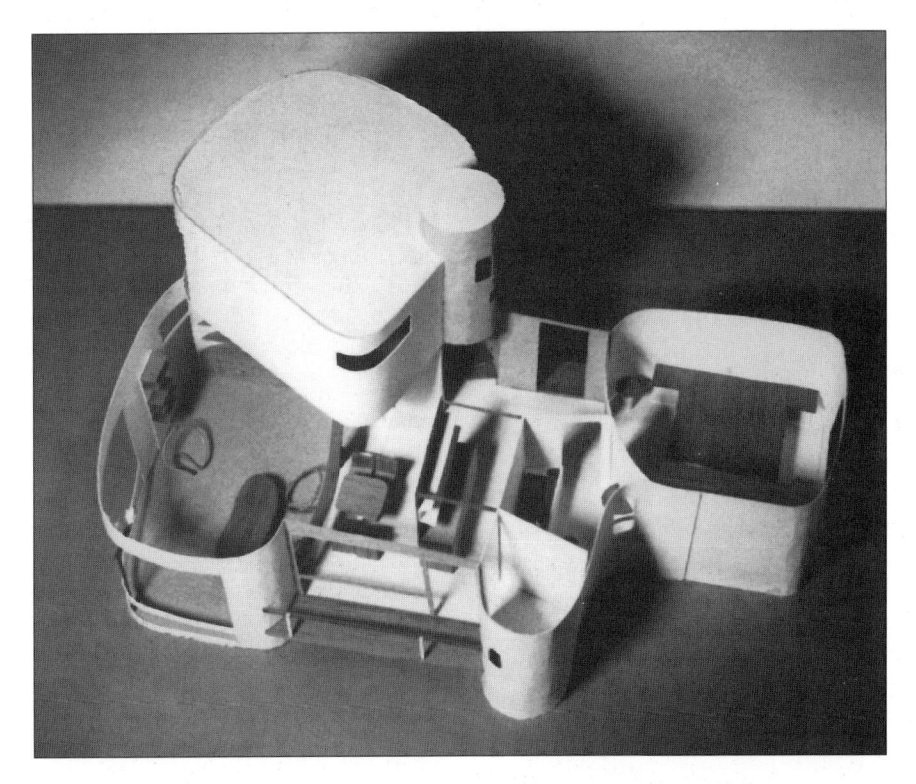

Städtebaumodelle dienen der Darstellung und Untersuchung von regionalen Zusammenhängen, vom Einzelbauwerk über Gebäudegruppen und Siedlungen bis hin zu Stadtbezirken und Zentren.

Ihr Einsatz ist für alle Planungsämter und Unternehmen geradezu selbstverständlich geworden.

Gebäudeordnungen und Gebäudehöhenentwicklungen werden an ihnen geplant, beraten und festgelegt.

Die Belange städtebaulicher Ordnungen und Bebauungen, Erschließungen und Begrünungen finden so Berücksichtigung hinsichtlich ihrer Nutzung, der Technik, der Wirtschaftlichkeit und Gestaltung.

Die räumliche Beziehung zwischen vorhandenen und neuen Bausubstanzen wird an städtebaulichen Modellen am besten überblickt.

Gebäudemodelle müssen einerseits Gliederungen erkennen lassen, andererseits aber abstrakt abgefaßt werden.

Nicht Spielzeughäuser, wie für Modelleisenbahnen, auch nicht Eigenheimmodelle, wie sie Bausparkassen zeigen, sondern Architekturmodelle sind gemeint, die von den Gundprinzipien architektonischer Planung geprägt sind.

Modellmaßstäbe 1:500 ermöglichen es schon, Baukörpergliederungen darzustellen.

Fassadenstrukturen herauszuarbeiten ist nötig, darf aber nicht zu detailliert vorgenommen werden. Das lenkt nur vom Wesentlichen ab, auch wenn die Feinheit der Ausführung Eindruck macht.

Innenraummodelle geben Auskunft über Auswirkungen von Planungen innerhalb von Gebäuden.

Perspektivische Zeichnungen werden durch ihre Anschauungen noch übertroffen, da sie veränderbare Blickpunkte aus verschiedenen Richtungen erlauben, wenn die Modelle entsprechend zerlegbar sind oder sich aufklappen oder aufschieben lassen.

Spezielle Innenraummodelle konzentrieren sich auf die Darstellung der Räume und vernachlässigen dafür jede äußere Ausarbeitung.

Wandstärken sind somit unwichtig, dafür sind aber Einrichtungsgegenstände und Möbel um so deutlicher darzustellen.

Ausschnittmodelle veranschaulichen Teilbereiche von Fassaden oder Konstruktionen. An ihnen werden z.B. Wand- und Deckenstärken, Elementanschlüsse und Installationen oder Schutzeinrichtungen, wie Geländer und Blenden, abgeklärt.

o.: Architekturmodellbau Michael Schulcz, Hannover

Doris Binder, Akademie der Bildenden Künste München
Raumgestaltung
Prof. M. Kovatsch, Foto Mitte.

Modelle dienen der räumlichen Darstellung von Entwurfskonzepten, erläutern die Planungsabsichten und erlauben die Kontrolle von Wirkungen.
Die Darstellung muß die Ideen betonen und Gestaltungen demonstrieren. Eine Abstraktion ist schon durch die maßstäbliche Verkleinerung bedingt.
Eine **Reduktion** auf das Wesentliche ist darüber hinaus wegen der Wirkung der Modellpräsentation nötig.
Die Fassadengestaltung von Gebäudemodellen verdeutlicht den Entwurf und leistet Kontrolle bis zur Ausführung. Die Fassaden definieren die Charakteristik bis ins Detail.

MODELLBAU 2

Einsatzgebiete

Simulationen im Maßstab 1:1 sind auch bekannt und beliebt. Mit Gerüsten und Segeltuchverkleidungen lassen sich gut und sehr preiswert natürliche Proportionen, Dimensionen und Farben darstellen.

In der Schweiz z.B. werden alle Gebäude während des Baugesuchs durch Stangen und ihre Abmessungen simuliert, und erlauben damit allen Nachbarn, einen Eindruck vom neuen Bauwerk zu gewinnen, damit ggf. Einspruch eingelegt werden kann.

Echte Demonstrationen, z.B. von Steinformaten und Oberflächen, bieten die beste Anschauung, haben aber den Nachteil großer Gewichte und Kosten.

Modelle in natürlicher Größe können genaue Angaben über Formen, Konstruktionen, Farben und Materialien machen. Raummodelle werden einfach in Form von Gerüsten und Schnurverspannungen hergestellt.

Prototypen sind Erstausführungen von Serienstücken und damit kaum noch als Modell zu bezeichnen, obwohl an ihnen u.U. noch sehr lange und entscheidend geändert und entwickelt wird.

In der Möbelindustrie wie im Gerätebau sind diese Anschauungshilfen üblich. Im Bauwesen sieht man ebenfalls ganze Fassadenabschnitte als Prototypen zur letzten Kontrolle am Ort der späteren Gebäudeerrichtung.

Der Modellbau ist für Menschen, deren räumliches Vorstellungsvermögen wenig ausgebildet ist, ein bewährtes Mittel zur Veranschaulichung.
Zeichnungen geben im Gegensatz dazu nur abstrakte Informationen von beabsichtigten Planungen. Modelle aber lassen sich von mehreren Seiten betrachten.

Der Modellbau stellt eine Interpretation der Architektenleistung dar, darf daher nicht zur Verfälschung der Handschrift und des Gestaltungswillens des Planers führen.

Zurückhaltung ist im Modellbau damit ebenso gefragt, wie die Ausschöpfung von Modelltechniken.

Der Eigenbau von Modellen seitens des Entwerfers ist eigentlich das beste Verfahren, das in der Praxis aus Zeitmangel jedoch nicht immer angewandt wird.

Studenten aber erlangen ein gutes Training im angewandt plastischen Gestalten, am besten aus Papier und Karton.

Ideenmodelle dienen der Komposition von Baumassen zur Entwicklung und Überprüfung von Entwürfen. Sie werden daher aus schnell zu bearbeitenden Materialien wie Plastilin, Styropor, Papier oder Balsaholz gefertigt.

Entwurfsaufgaben lassen sich nur schwer ausschließlich auf dem Reißbrett entwickeln.

Über zeichnerische Untersuchungen hinaus versucht man, durch Modellstudien zu optimalen Lösungen zu gelangen.

Entworfen wird nicht mit Modellen, sondern an Modellen.

Die Modellbauarten unterscheiden sich grundsätzlich:

Schichtenmodelle vermitteln den Gesamteindruck von geplanten Gebäuden und ihre Einbindung in bereits vorhandene Bebauungen.

Sie zeigen durch die Stapelung von Geschoßdecken Höhenentwicklungen auf. Ein Nachteil besteht bei ihnen darin, daß sie den Eindruck großer Transparenz vermitteln, der bei der Ausführung von Gebäuden oft nicht erzielt wird.

Massenmodelle von Gebäuden stellen lediglich Ausdehnungen, aber keine Details dar. Sie lassen sich leicht und schnell aus Plastilin formen, aus Holz schneiden oder aus Kunststoff gießen.

Skelettmodelle verdeutlichen Systemkonstruktionen, z.B. eines Fachwerk- oder Ständerbaus mit seinen Stützen, Riegeln und Zangen.

Die Geschoßflächen und Wandfelder werden oft erst an den Modellen gestalterisch geplant.

Konstruktionsmodelle dienen der Überprüfung von technischen Einzelheiten. Der Maßstab 1:50 erlaubt schon die Abklärung vieler Dinge.

Arbeitsmodelle dienen zur Kontrolle plastischer Formen oder räumlicher Auswirkungen von städtebaulichen Anlagen sowie von Möbeln und Geräten.

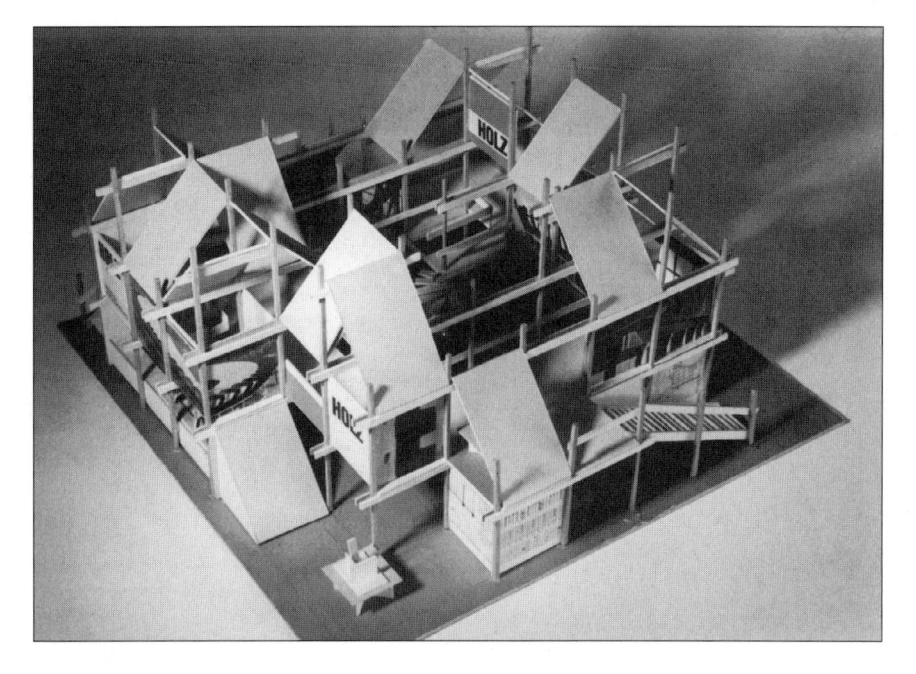

Messestand Hannover, Arch. Klaus Pracht

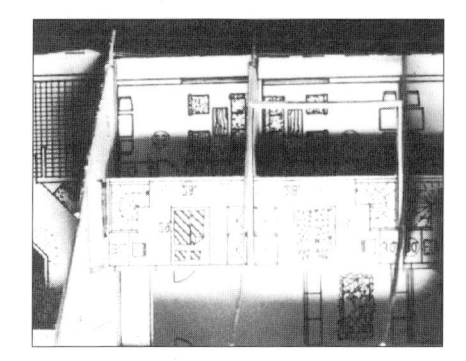

MODELLBAU 3

Bauarten

Modellbaukerne mit ausgeschnittenen Kopien von Zeichnungen zu bekleben, das ist schnell und leicht auszuführen.

Hohlkörpermodelle sind dann zweckmäßig und nötig, wenn es gilt, auch Innenräume zu zeigen.

Etagenmodelle zeigen Räume sowie deren Einrichtungen und Möblierungen in den einzelnen Geschossen. Die Etagen lassen sich abheben und gewähren Einblick in alle Räume.

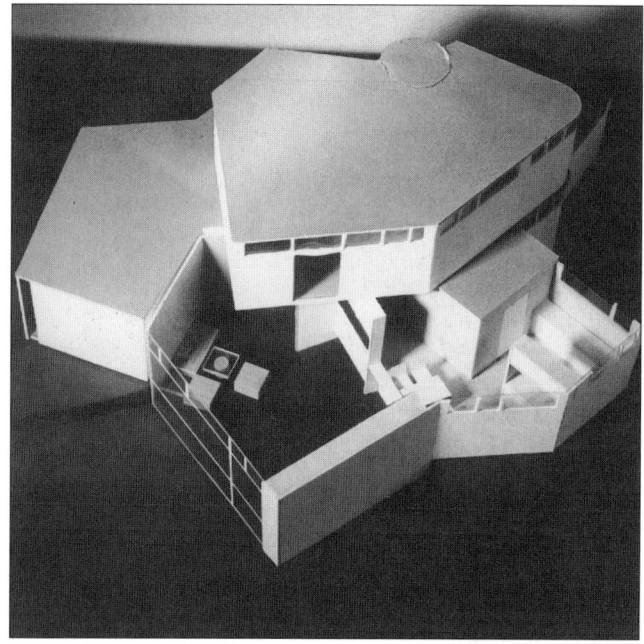

Anschauungsmodelle zeigen nur noch endgültige Lösungen.
Sie veranschaulichen Planungsabsichten indem sie Wirkungen späterer Ausführungen simulieren.
Sie helfen Entscheidungsträgern, ihre Entscheidungen auf der Basis konkreter und anschaulicher Informationen zu treffen und zu tragen.

Pyramiden-Wochenendhaus
Dr. Kayser, Bremen, Arch. Friedrich, Düsseldorf

u.: Kongreßzentrum Berlin, Modellbau Michael Schulcz

Kleber und Leime sind für den Modellbau die Verbindungsmittel und vielfältig auf dem Markt. Neben Universalklebern gibt es spezielle Fabrikate, z.B. Weißleime für Holz, Uhu für Papier, Zweikomponentenkleber für harte Materialien wie Steine, Metall und Glas.

Alleskleber ist ein klarer, schnell trocknender Kleber auf Zellulosebasis. Er ist besonders geeignet für Holz, Pappe, Metall, Kunststoff und Glas. Uhu und Pylogom werden für Papier verwendet, da diese Kleber nicht durchfeuchten.

Kontaktkleber bestehen aus Kautschuk, der in organischen Mitteln gelöst ist. Sie werden, je nach Gebrauchsanweisung, auf beiden Seiten aufgetragen und einige Minuten abgelüftet. Die Verbindung erfolgt unmittelbar nach dem Zusammendrücken. Besonders geeignet sind hierfür Kunststoffe, Holz und Hartschaum. Entfernung überschüssiger Kleber erfolgt mit Azeton oder Tetrachlorkohlenstoff.

PVC-Kleber eignen sich für Styropor, da sie dieses nicht auflösen.

Epoxidharzkleber sind Zweikomponentenkleber. Eine Tube enthält den Binder, die andere den Härter. Miteinander vermischt, entsteht aus beiden ein starker Klebstoff, der besonders geeignet ist für Metall, Porzellan und Gummi. Die Verarbeitungszeit kann durch den Härter verkürzt werden, Klebeüberschüsse werden durch Farbentferner beseitigt.

Klebebänder dienen zum Fixieren von Werkstücken bei ihrer Bearbeitung, z.B. beim Kleben oder Löten. Tesafilm und Tesakrepp sind hier die bekanntesten.

Klebefolien dienen zum Abdecken von Flächen während der Farbgebung, z.B. durch Spritzen, oder aber als farbgebende Flächen selber.

Dispersionskleber gibt es in wasserlöslicher und in wasserfester Form. Lösliche Kleber gehen starke Verbindungen ein, benötigen aber bis zu 30 Minuten Abbindezeit. Sie sind besonders geeignet für Kartons mit Schaumstoffen. Feste Stoffe sollten während der Abbindezeit verklammert werden. Aber Vorsicht ist geboten. Aus Textilien lassen sich manche Kleber nicht mehr entfernen.

Spezialkleber für Polystyrol kann nur für Hartplastik, nicht aber für Styropor verwendet werden. Er ist glasklar und schnell trocknend.

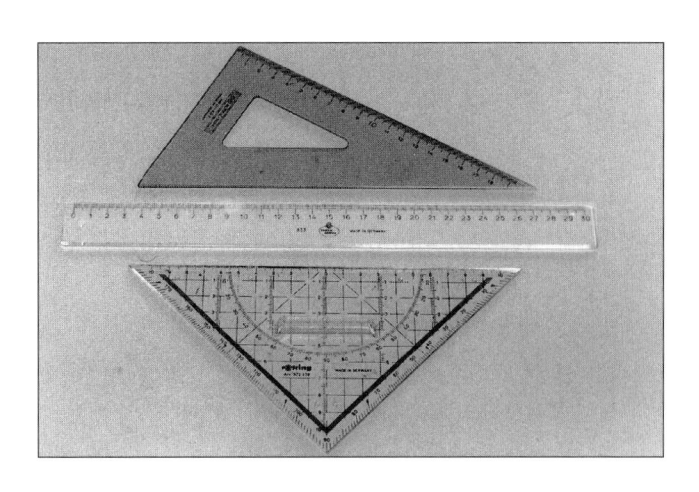

Das **Werkzeug des Modellbauers** ist ein Sortiment aus den Werkstätten der Tischler, Metallbearbeiter und Maler.

Die Grundausstattung umfaßt Sägen, Hobel, Stecheisen, Hammer, Zangen, Raspeln, Feilen und Bohrer unterschiedlicher Größe.

Die Geräte und Maschinen genügen in kleinster Ausführung zum Schneiden, Schleifen und Bohren.

Universalgeräte, wie sie von Bosch und AEG geliefert werden, empfehlen sich mit den Vorsatz- und Ergänzungsausstattungen.

Universalstich- und Dekopiersägen sowie Bandschleifmaschinen sind selbstverständliche Anschaffungen.

Zusatzteile zum Fräsen, Bohren, Polieren, Drechseln, Hobeln, Raspeln und Schneiden gehören ebenfalls zur Ausrüstung.

Die Schaumstoffverarbeitung verlangt zusätzlich ein Heizdrahtschneidegerät. Nützlich ist auch eine Biegevorrichtung.

Bei häufigem Färben sollte eine Spritzkabine nicht fehlen.

Das **Material** umfaßt fast alle natürlichen wie künstlichen Werkstoffe. Die Auswahl unter ihnen erfolgt hinsichtlich Maßstab, Bauart, Funktion, Dauerhaftigkeit und Detailgenauigkeit.

Für Arbeits- und Entwicklungsmodelle, vor allem in Selbstbauweise seitens des Planers, sind Papier und Karton sowie Holz am besten geeignet.

Für Demonstrationsmodelle mit höchstem Anspruch an naturgetreue und detailgenaue Wiedergabe sind Kunststoff und Acryl in ihrer Bedeutung unschlagbar.

Plastilin, Ton und Gips sind nach wie vor wichtig für spezielle Bauarten, ebenso Metall und letztlich auch Textilstoffe, z.B. für Zeltkonstruktionen.

Messer sind zur Bearbeitung fast aller Modellbaumaterialien notwendig. Zu unterscheiden sind Messer mit stehenden und beweglichen sowie auswechselbaren Klingen. Auch gibt es große und sehr kleine, leichte und schwere, gerade, spitze und geschweifte Ausführungen, die je nach Material sehr speziell geeignet sein können.

Das Schärfen von Werkzeugen, z.B. von Stech- und Hobeleisen, vor allem aber von Messern erfolgt fachgerecht durch das Schleifen und Abziehen auf wasser- und ölbenetzten Abziehsteinen. Die Arbeit des Schleifens ist nicht leicht zu erlernen und erfordert Geschick.

Der Austausch von Messerklingen ist eine gute Möglichkeit, stets scharfe Messer zur Verfügung zu haben. Die Klingen werden entweder abgebrochen oder ausgewechselt.

Messer mit herausschiebbaren Abbruchklingen dienen zum Schneiden von Papier, Karton, Folien, Styropor und Balsaholz.

Teppich-Schneidemesser haben auswechselbare Klingen mit jeweils zwei Spitzen. Sie eignen sich zum Schneiden von dickem Material, wie z.B. von Kork, Pappen, Furnieren, Hartschaum und Geflechten.

Die Stecheisen der Tischler und Bildhauer dienen vor allem dem Modellbau aus Holz.

Anreißnadeln und Spitzbohrer werden für die Herstellung großer und kleiner Löcher benötigt.

Zangen unterschiedlicher Größe und Schneidenausbildung benötigt man für Draht und Blecharbeiten.

MODELLBAU 4

Werkzeug und Geräte

Das **Schneiden** von Modellbaumaterialien geschieht entweder von Hand oder mit Hilfe von Geräten. Schneidehilfen bieten dabei Schienen und Winkel aus Metall oder preiswertem Hartholz.

Schneideunterlagen bestehen aus starker Pappe oder Sperrholz.

Für dünne Materialien eignet sich auch Gummi, dessen Oberfläche sich nach dem Schnitt wieder zusammenzieht.

Schneidegeräte erleichtern das Arbeiten am Modell, ein Messer wird dabei an einer Kante entlang heruntergedrückt.

Papier, Kartons, ja auch relativ starke Pappen lassen sich so schnell und gerade, vor allem aber auch rechtwinklig schneiden.

Das hat den Vorteil, daß alle Abschnitte ohne viel Verlust wieder eingesetzt werden können.

Das Zeichengerät des Modellbauers ist das eines technischen Zeichners oder Architekten. Bleistift und Spitzer, Radiergummi, Lineal, Reißschiene und Winkel gehören zur Grundausstattung. Spezialgeräte sind Anschlagwinkel und Wasserwaage.

Schneidegeräte erleichtern die Arbeit beim Papierzuschnitt. Es gibt sie in unterschiedlichen Formaten und Bauarten. Sogenannte Fotoscheren im DIN A 3- oder DIN A 4-Format sind sehr nützlich und vor allem für den Modellbau hervorragend geeignet.

Der Modellbau wird einmal von hauptberuflichen Spezialisten betrieben, zum anderen als Nebentätigkeit von Architekten bzw. Studenten dieser Fachrichtung.

Das Modellbauen ist zwar kein Lehrberuf, verlangt aber ein einschlägiges Wissen über Gestaltung allgemein und Architekturplanung im speziellen, darüber hinaus auch praktisch handwerkliche Fähigkeiten in der Bearbeitung von Metall, Holz und Kunststoff.

Der **Modellbau** erfolgt einmal ohne zeichnerische Vorgabe, ggf. auch ohne konkreten Maßstab, einfach intuitiv aus irgendeinem greifbaren Material.

Zum anderen wird nach genauen Plänen maßstabgerecht Schritt für Schritt ein späteres Bauwerk aus verkleinerten Einzelteilen montiert.

Für das Zeichnen und Planen, Kleben und Montieren ist ein Raum mit Atelierqualität notwendig.

Für die Materialverarbeitung durch Schneiden, Feilen, Bohren, Spachteln, Gipsen, Streichen, Spritzen ist eine Werkstatt erforderlich.

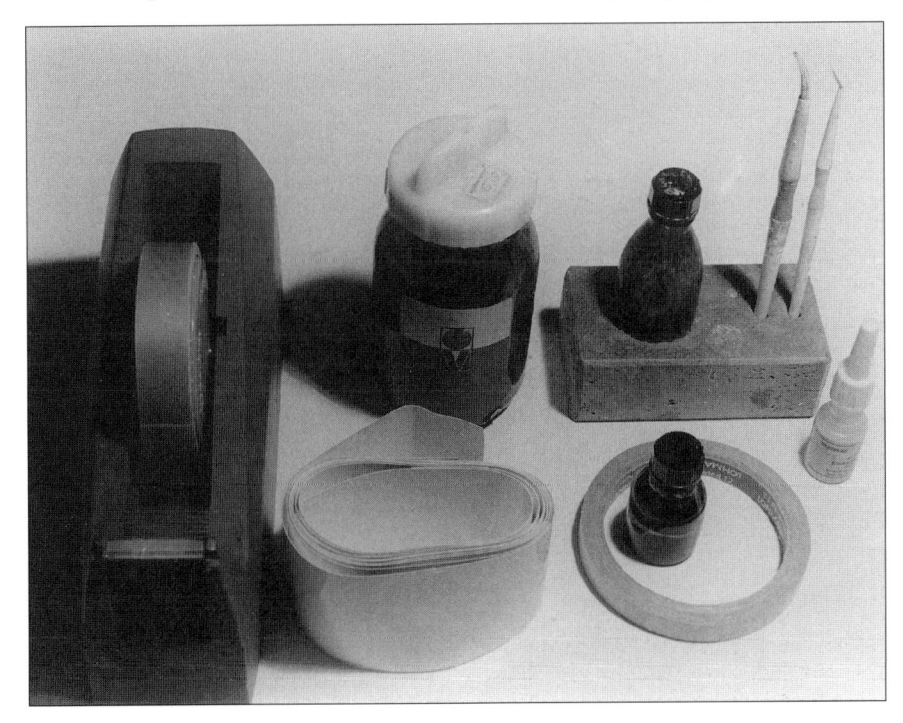

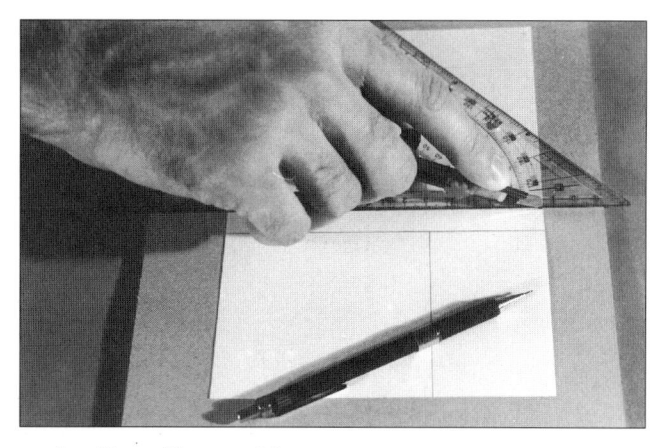

a. Anreißen, d.h. vorzeichnen

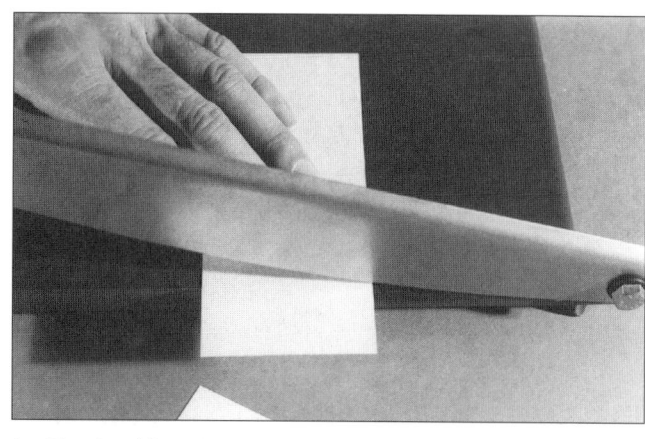

b. Zuschneiden, d.h. vorrichten

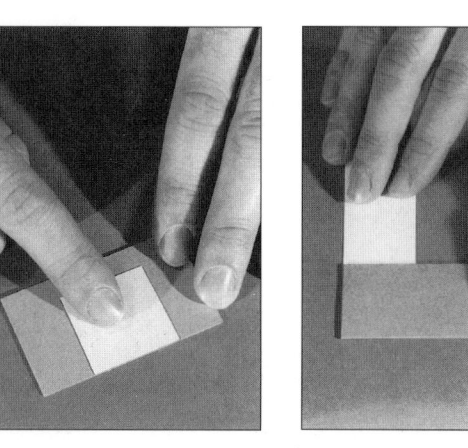

c. Auflegen und ggf. fixieren

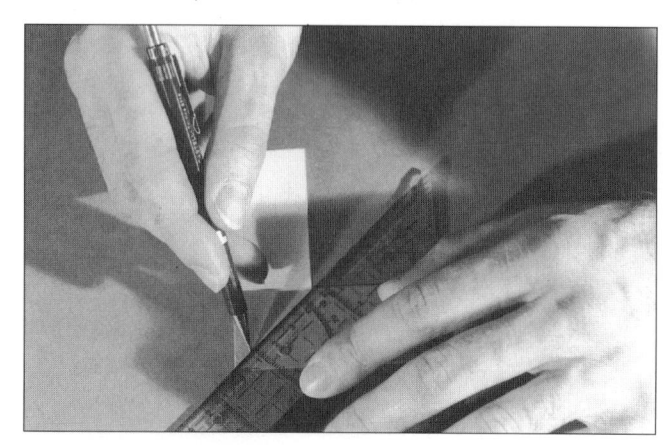

d. Gehrung auf Profilstoß auftragen

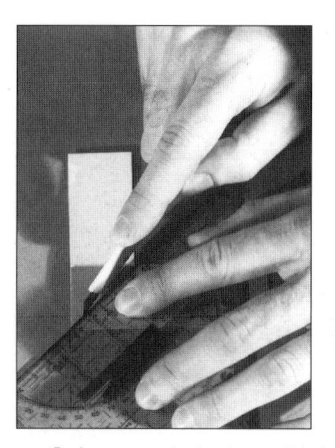

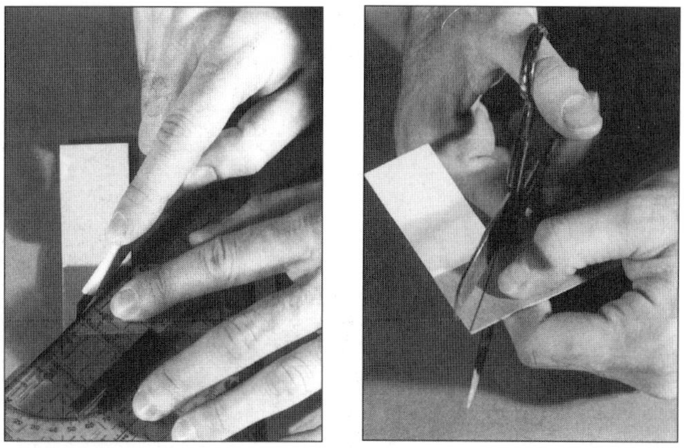

e. Gehrungsschnitt doppellagig

f. Gehrung zusammenlegen

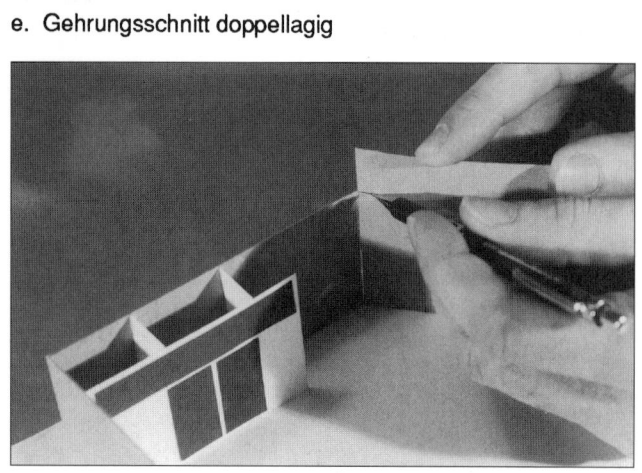

g. Wandhöhe anreißen

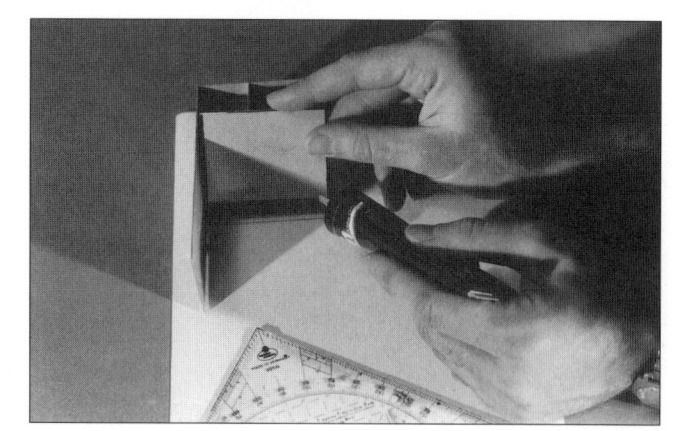

h. Wand einkleben

Papier der ideale Modell-Werkstoff, preiswert, immer zur Hand, leicht zu bearbeiten und abzuwandeln.

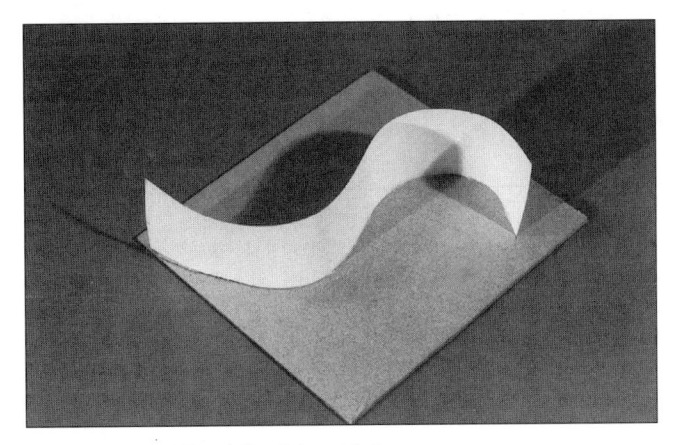

MODELLBAU 5

Arbeitsweisen

i. Gebogene Wand; in sich schief

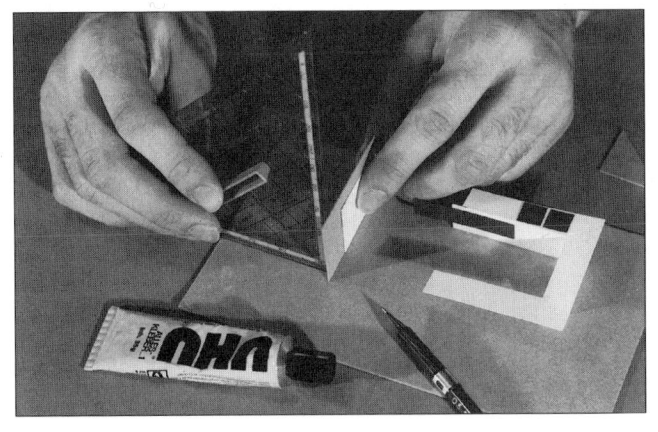

j. Lotrechte Wand ausrichten

k. Geneigte Wände zusammenkleben

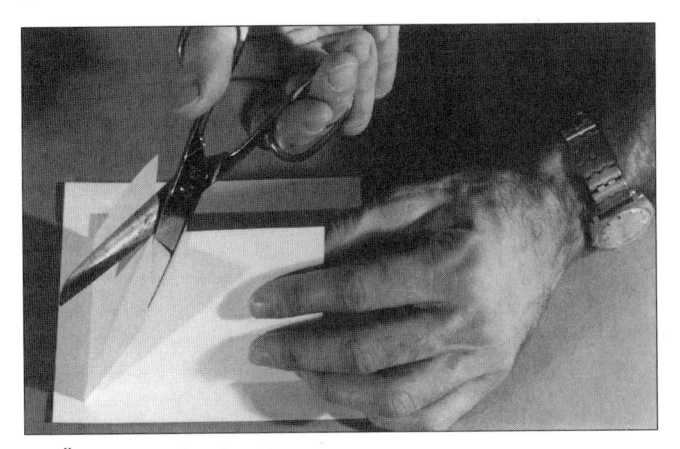

l. Überstand abschneiden

m. Dachschrägen komplett

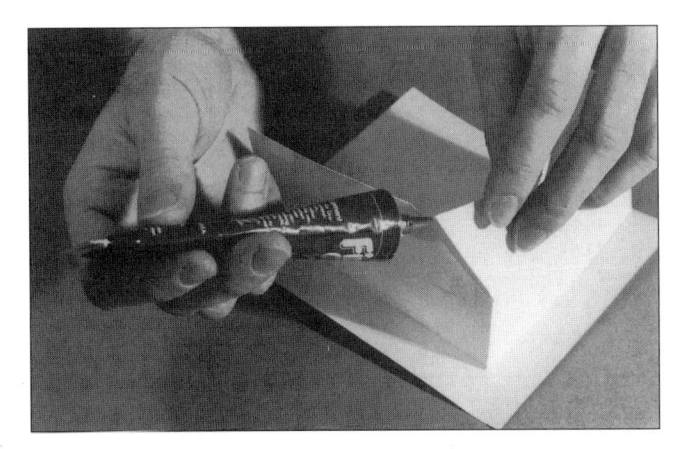

n. Abdeckung kleben

o. Abbinden lassen

107

Modellgrößen und damit den Maßstab der Verkleinerung festzulegen, ist oft nicht ganz einfach.
Kleine Modelle bieten guten Überblick, geben aber wenig Auskunft über Einzelheiten.
Große Modelle verpflichten zum Bericht, auch über viele Details.
Das bedingt einmal gute Kenntnisse und vorherige Entscheidungen und zum anderen viel Aufwand in der Materialherstellung.

Die Wahl der Modellgröße hängt u.a. ab von der Verwendung, dem Transport und der Einbeziehung vorgefertigter Teile.
Fahrzeuge und Menschen z.B., die den Maßstab eines Modells erläutern, werden gern vorfabriziert eingesetzt und bestimmen damit nicht nur die Größe, sondern auch die Bauart und Ausstattung.

u.: Haus Cap D'Antibes, Architekt André Bloc und Claude Parent

Die **Farbgebung von Modellen** ist entscheidend für den Gesamteindruck. Die Farben dürfen nicht zu zahlreich, zu grell und zu blank gewählt werden. Der Verkleinerungsmaßstab von Modellen verlangt dabei Berücksichtigung bis hin zu Abstraktionen.
Natürliche Farben, wie sie am Bau eingesetzt werden, sind damit unbrauchbar. Sie müssen eine angemessene Übersetzung und Modifikation erfahren. Sie müssen den Eindruck einer späteren Farbe, aber nicht die Farbe selbst demonstrieren.

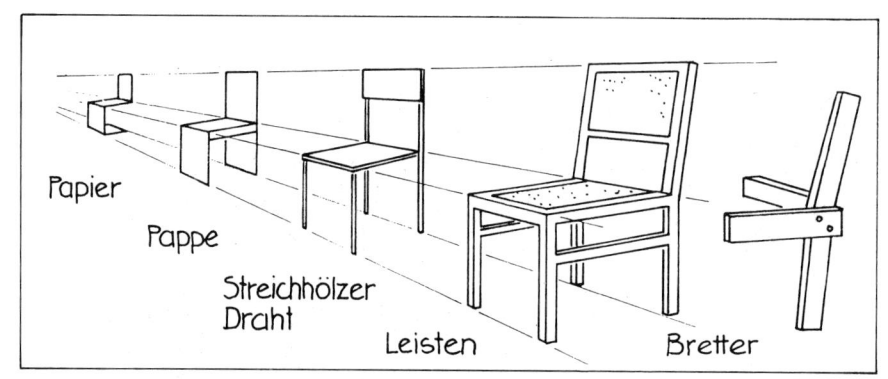

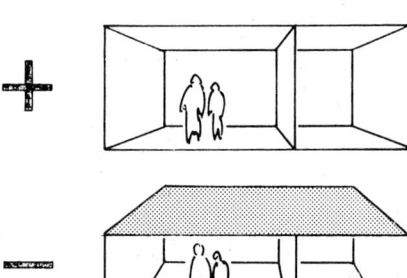

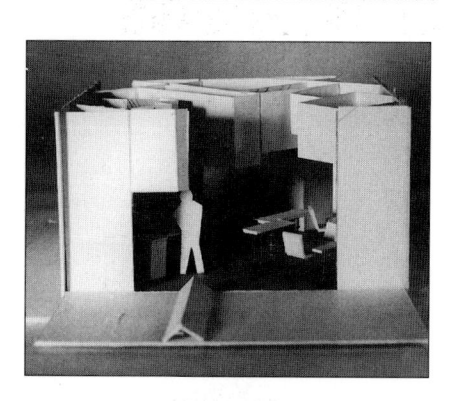

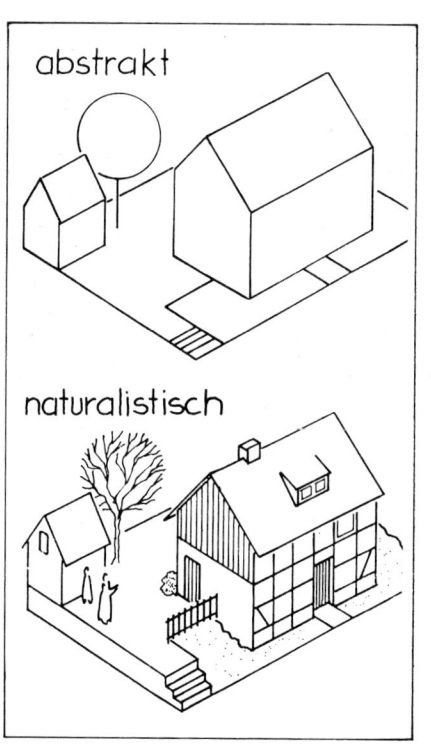

Die **Farbgebung durch das Modellbaumaterial** selbst ist die einfachste Art.
Einfarbige Modelle, z.B. ganz in weiß hergestellt oder gespritzt, sind besonders abstrakt, wirken fast ausschließlich durch Licht und Schatten.
Zweifarbige Modelle, z.B. grau-weiß, sind differenzierter, horizontale und vertikale Ebenen sind gut voneinander abzuheben.
Dreifarbige Modelle haben eine sehr gute Wirkung, wenn z.B. graue und weiße Flächen durch eine Farbe akzentuiert werden. Die Farbe selbst ist dabei nicht so wichtig wie die Anordnung der gefärbten Modellteile. Hierbei sind die Menge, die Position und die Ausführung (matt oder blank) der Farbgestaltung wichtig.
Mehrere Farben lassen ein Modell schnell bunt erscheinen, wenn sie nicht gut aufeinander abgestimmt und zu zahlreich sind.
Die Art der Farbe hängt vom Untergrund und dessen Verträglichkeit ab. Papier, Pappe und Holz quellen z.B. auf.
Der Farbauftrag darf nicht zu dick, zu feucht und nicht zu grob erfolgen. Das Spritzen ermöglicht einen gleichmäßigeren Farbauftrag als der Pinsel.
Größere Flächen wie z.B. Grundplatten erhalten gleichmäßige Oberflächen und Strukturen durch Abtupfen mit einem Schwamm.

Die **Betrachtung von Modellen** sollte vor allem aus der Augenhöhe erfolgen, die dem Modellmaßstab entspricht.
Der Blick auf ein Modell von oben ist zwar informativ, kann aber kaum eine Kontrolle über die Einschätzung von Wirkungen ergeben.

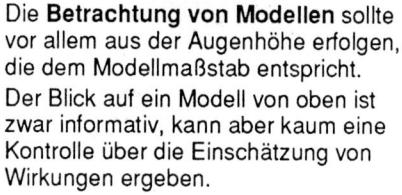

Festgefügte Modelle sind zwar stabil und damit gut transportabel, verwehren jedoch meist den Blick auf die Fassaden oder erst recht den Blick in Räume. Es empfiehlt sich daher, bei der Modellplanung darauf zu achten, daß die Betrachtung von allen zu wünschenden Blickwinkeln aus vorgenommen werden kann.

Flexible Modelle erlauben günstige Blickrichtungen von allen Seiten, auch bei Innenräumen.
Wände lassen sich z.B. abklappen, Decken und Dächer abheben, Räume herausziehen.
Modellplatten auseinanderschieben zu können ist aufwendig, aber oft eine sehr gute und nicht selten die einzige Möglichkeit, Einblick z.B. für das Fotografieren zu bieten.

Die **verschiedenen Farben** sind unterschiedlich geeignet. Es gibt:
- Kunstharzlacke zum Spritzen,
- Plakatfarbe zum Streichen,
- Dispersionsfarben, auch zum Mischen mit
- Öl-, Plakat- und Lackfarben, matt und glänzend.

Matte Tuschen und lasierende Aquarellfarben kommen ebenfalls zum Einsatz.

Die Abbindezeiten der Farben sind zu beachten, um den Modellbau nicht zu behindern, Proben sichern ab.

Verschiedenfarbige Darstellungen stellt man am besten durch Abkleben der entsprechenden Flächen mit Selbstklebefolien her.

Kombinationen von Materialien sind dann gut für ein Modell, wenn sie im einzelnen in ihrer Qualität zum Wirken kommen.

Bodenplatten z.B. erhalten gekörnte Oberflächen aus Sandpapier, Häuser Fassaden aus Karton, Dächer Strukturen aus Wellpappe, Bäume seitliche Verzweigungen aus Tüllenbürsten, Felsformationen scharfe Kanten aus Knete, Gewässer Oberflächen aus Alufolie und Glas.

MODELLBAU 6

Maßstäbe und Ausstattungen

Die Darstellungsart von Modellen ist nicht nur eine Frage des Materials, der Oberflächen und Farbgestaltung, sondern vielmehr die der Abstraktion, d.h. der Vereinfachung.

Die Verkleinerung eines Gegenstandes, Raumes oder Hauses stellt schon eine Vereinfachung der Sicht dar, sie muß auf die Gesamtgestaltung ausgedehnt werden. Naturalistische Darstellungen mit allen Feinheiten belasten meist den Gesamteindruck. Es muß also im Ganzen und nicht nur in der Größe vereinfacht werden.

Abstrakte Darstellungen müssen auf Zweck- und Zielgruppen abgestimmt sein. Akademisch trockene Darbietungen sind zwar sehr reizvoll, dürfen jedoch nicht an der Aufgabenstellung vorbeigehen.

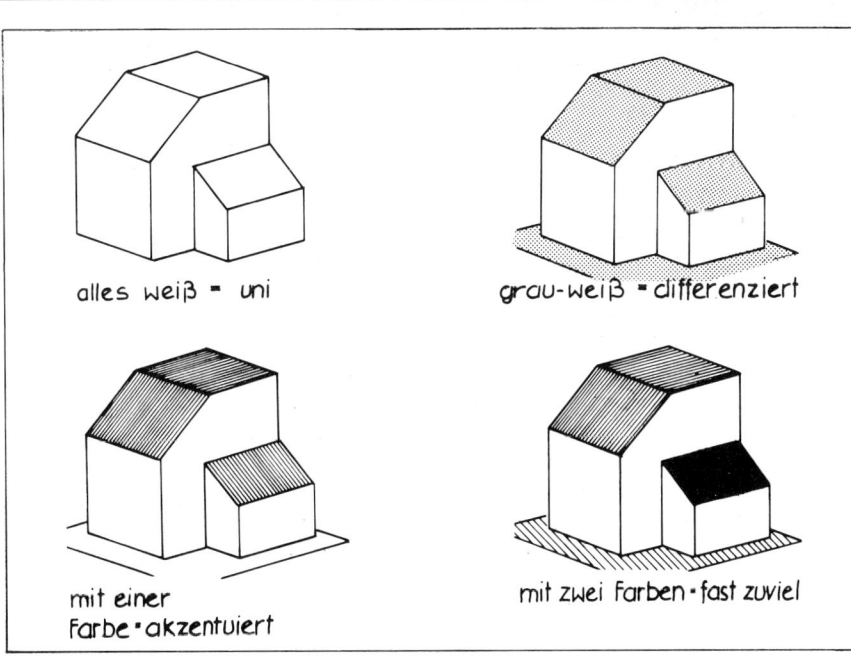

alles weiß - uni

grau-weiß - differenziert

mit einer Farbe - akzentuiert

mit zwei Farben - fast zuviel

Geländemodelle werden auf mannigfache Weise aus verschiedenen Materialien hergestellt.
Grundplatten für Modelle müssen steif sein, um Objekten eine Basis zu bieten. Sperrholz und Spanplatten unterschiedlicher Stärke und Ausführungsqualität eignen sich sehr dafür. Die Konturen der Geländesprünge können, falls notwendig, mit Spachtelmasse geglättet und verwischt werden.

Krankenhausprojekt, Modellbau Michael Schulcz, Hannover

u.: Altenheimprojekt bei Syke, Arch. Klaus Pracht

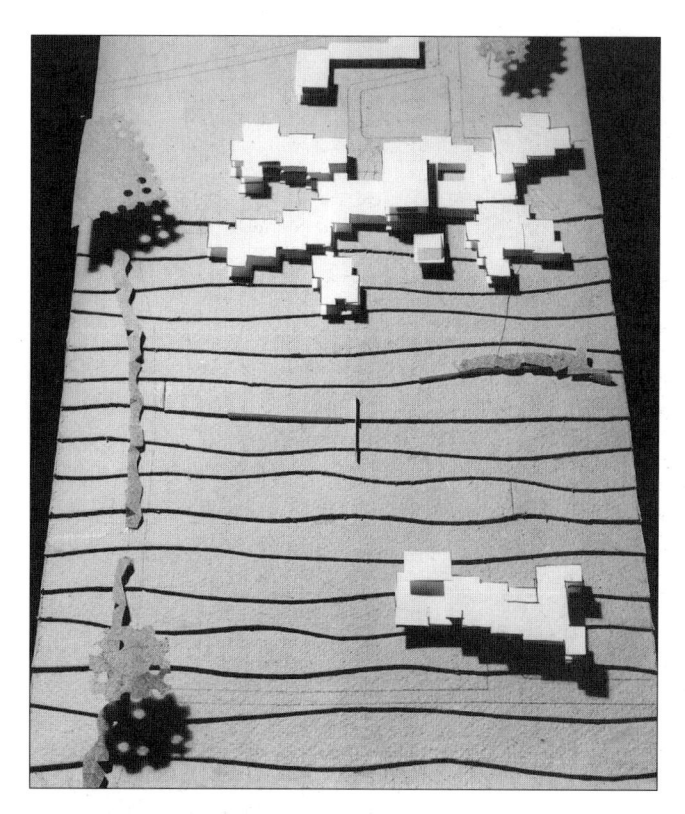

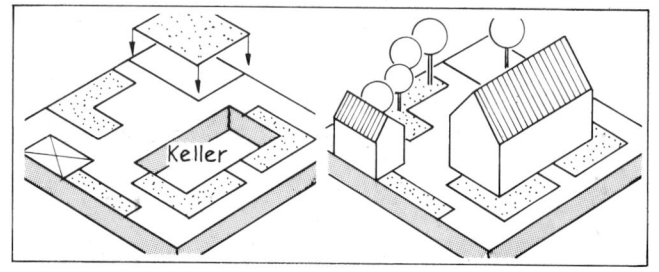

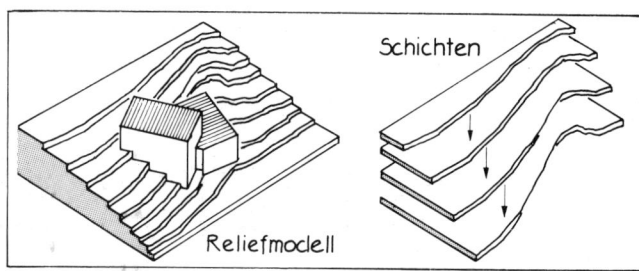

Schichtenmodelle werden aus Pappe oder Holz in der Form hergestellt, daß die einzelnen Dicken mit den geschweiften Vorderkanten entsprechend Isohypsen aufeinandergeklebt und eventuell zusätzlich genagelt werden.

Gips auf Maschendrahtgeweben mit Jute verstärkt ist gut geeignet für die Geländeprofilierung, aber schwer an Gewicht. Die Unterkonstruktion wird am besten mit Dübeln an markanten Punkten hochgeständert und mit Textilstreifen überdeckt.

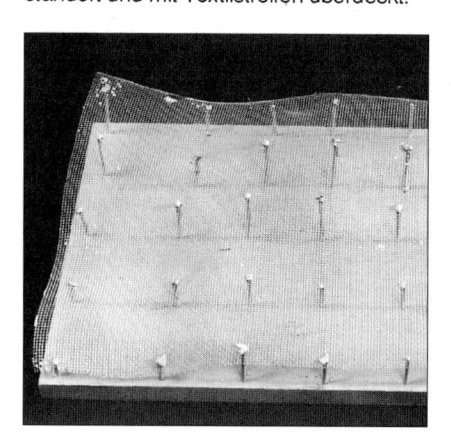

Kunststoffschaumplatten von großer Stärke stellen eine letzte Entwicklung für die Herstellung von Geländeprofilplatten dar. Die Platten werden mit Heizdrähten entsprechend den Höhenlinien ausgeschnitten und dann den Geländesprüngen folgend in der Höhe gegeneinander verschoben und fixiert. Filzpappe auf einem stehenden Pappraster als Untergrund ist gut geeignet für die Modellherstellung und sehr leicht. Pappstreifen, an den Oberkanten dem Geländeprofil entsprechend ausgeschnitten, werden überkreuz zusammengesteckt und verklebt. Die Geländefläche wird aus filzähnlichem Pappmaterial mittels Zelluloskleber lagenweise fabriziert.

Geländestrukturmodelle, Lorenz Riethmüller, Hameln.

MODELLBAU 7

Gelände und Wasser

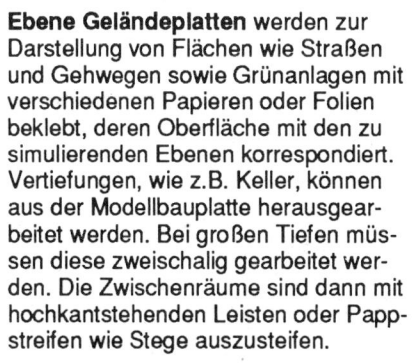

Das Foto oben zeigt eine wellig strukturierte, farbig getönte Glasplatte als See, auf der Boote aus Balsaholz und Papier schwimmen.

oben: Science North -Museum in Ontario, Glasforum 4/85

Wasserflächen lassen sich mit Aluminiumfolien, Zellophan, Acryl- oder Spiegelglas gut simulieren
Die Modellausführung schwarz/weiß oder farbig unterscheiden die Darstellungen von Wasserflächen. Blanke Folien in blau oder türkis werden vom Betrachter schnell als Wasserflächen erkannt. Schwarz/weiß-Ausführungen werden in ihrer Lesbarkeit als Wasser unterstützt durch die Einbringung von Wasserfahrzeugen, einmal auf den Flächen, zum anderen an Landungsstegen. Die Modellmaßstäbe entscheiden darüber, ob die Wasserflächen glatt oder gewellt dargestellt werden können. Auch die Uferkanten können markant ausfallen, größere Maßstäbe erlauben auch deren schräge Ausbildungen.

Ebene Geländeplatten werden zur Darstellung von Flächen wie Straßen und Gehwegen sowie Grünanlagen mit verschiedenen Papieren oder Folien beklebt, deren Oberfläche mit den zu simulierenden Ebenen korrespondiert. Vertiefungen, wie z.B. Keller, können aus der Modellbauplatte herausgearbeitet werden. Bei großen Tiefen müssen diese zweischalig gearbeitet werden. Die Zwischenräume sind dann mit hochkantstehenden Leisten oder Pappstreifen wie Stege auszusteifen.

Profilierte Geländeplatten werden voll oder hohl gearbeitet; das ist eine Frage der Größe, des Gewichtes und des Transports. Die Höhenlinien sind in Schichten markiert oder mit weichen Übergängen ausgebildet. Die Plastizität der Gelände wird oft auch durch eine bewußte Übertreibung der Höhendifferenzen betont, z.B. im Verhältnis 1:2 zur horizontalen Ausdehnung.

Die **Oberflächenstrukturen** entstehen durch das Geländeprofilierungsmaterial selbst, z.B. Papplagen, und sie weisen dann Höhenstufen aus oder werden durch abschließende Folienüberzüge bzw. Farbaufträge geschaffen.

Die Farbgestaltung ist eine Frage der Untergründe, der Farben und deren Auftragmöglichkeiten. Streichen, Tupfen, Spritzen oder Bestäuben sind bewährte Verfahren. Strukturen besonderer Art lassen sich verschieden ausbilden, z.B. durch das Aufbringen von Sand, Kies oder Spänen, die in den Kleber hineingedrückt werden.

Die **Unterkonstruktionen** von großen Modellplatten sind ganzteilig oder zerlegbar, fest oder beweglich. Rahmenbauarten sind leicht und steif. Die Platten werden mit ihnen fest verbunden oder lose aufgelegt. Gestelle werden nötig, wenn Modelle aufgeständert werden müssen, z.B. in Tisch- oder Augenhöhe, man denke dabei an Stadtmodelle, wie sie in Museen und Rathäusern stehen. Sockel werden für das Aufstellen von Modellen nicht selten unter Verwendung ihrer Transportkisten gebildet.

Natürliche Werkstoffe reichen von Ästen, Zapfen, Eicheln über Moose, Rinden und Schwämme bis zu Hölzern, ja sogar Eierschalen finden imposanten Einsatz. Die Kreativität des Planers ist entscheidend, sie gibt auch seinen Planungsobjekten einen gewissen Touch.

Künstliche Werkstoffe für Baummodelle umfassen Pappen, Watte, Drähte, Nadeln, Streichhölzer, Nägel und Schrauben, Kugeln und Perlen, Packmaterial und Bürsten und vieles andere mehr.

Korkkugeln eignen sich durch ihre Oberflächen und Färbungen besonders gut für Modellbäume im Maßstab 1:1000 bis 1:500.

Bürstenbäume mit einem Besatz aus Kokos sind kugelig oder tannenförmig und haben einen Stamm aus gedrehtem Draht. Der Kokosbesatz ist licht, so sind hinter den Bäumen liegende Baukörper noch gut zu erkennen. Der Besatz hält durch Eintauchen in Kontaktkleber. Statt Kokos findet auch Sägemehl gelegentlich Verwendung.

Zahnstocher oder Tapetennägel dienen als Baumstämme.

Pflanzenschaum ist ein Kunststoff, dessen Vernetzungen ihm das Aussehen eines Schwammes verleihen. Im Maßstab 1:2000 bis 1:500 lassen sich damit ganze Wälder, im Maßstab 1:500 begrünte Flächen und Beete andeuten. Im Gegensatz zu Irischmoos bleibt das Material liegen und kann gut geschnitten und farbig gestaltet werden.

Vorgefertigte Baummodelle gibt es im Handel, je nach Baumart, in verschiedenen Maßstäben in naturalistischer und abstrakter Form. Die abstrakte Abfassung von Bäumen entspricht den meisten architektonischen Anliegen und paßt besser zu den Häusern, die naturalistischen Bäume und Pflanzen bis hin zu differenzierter Farbgebung von Blättern und Stengeln bewirken meist den Eindruck von Spielzeuganlagen. Dies gilt es zu vermeiden.

Die Aufgabe von **Modellbäumen** ist es, das pflanzliche Umfeld von Gebäuden zu signalisieren und Maßstäbe zu setzen. Der Maßstab eines Modells ist entscheidend für die Wahl unter den Materialien, aus denen die Bäume gefertigt werden.

Die Darstellung der Bäume erfolgt einzeln oder auch im Verbund. Das hängt wiederum vom Maßstab ab. Eine Sandpapierfläche, mit einem Locher perforiert und aufgeständert auf Stecknadeln, kann Wald signalisieren. Eine Holz- oder Kunststoffkugel, mit oder ohne Stiel, kann eine Einzeldarstellung bewirken.

Die Genauigkeit der Baumdarstellung kann bis zur Erkennung bestimmter Baumarten gehen, selbst wenn eine Abstraktion gewählt wird. Eine Tüllenbürste z.B. simuliert eine Tanne oder Lärche, eine Eichel vielleicht eine Pappel und eine Perle eine Buche.

Baummodelle sind aus den unterschiedlichsten Materialien herstellbar und im Selbstbau geradezu billig.

MODELLBAU 8

Bäume und Sträucher

Eicheln	Papier	Streichhölzer
Zapfen	Pappe (Waldflächen)	Zahnstocher
Flechten	Drähte	Borsten
Zweige	Drahtgeflecht	Glas-Kunststoff
Moos	Stahlwolle	Holzkugeln-kegel
Schwämme	Nadeln	Eierschalen
Späne	Nägel	Sandpapier

Die **Modellfotografie** ist heute sehr weit entwickelt und erlaubt die Dokumentation von Einblicken in Modelle.

Die Qualität der Modellfotografie wird durch folgende Faktoren bestimmt:
- die Modellausführung und -größe,
- die Fotoausrüstung hinsichtlich der Leistungsfähigkeit in Bezug auf Bildausschnitte und Tiefenschärfen,
- die Filmqualität,
- die Lichtverhältnisse bei Kunstlicht z.B. 500 bis 1000 Watt,
- den Kamerastandort, ausgerichtet in horizontaler und vertikaler Richtung,
- die Kreativität des Fotografen mit Sinn für Architekturdokumentation.

Die Vorteile der Modellfotografie:
- die Belichtung kann gesteuert werden. Lichtrichtung und Lichtneigung werden den natürlichen Gegebenheiten entsprechend genutzt,
- der Hintergrund läßt sich ebenso frei wählen, im Atelier durch entsprechende Flächen, vor der Natur durch geschickte Bildausschnitte und durch Doppelbelichtungen über Schablonen,

Die Eingliederung von Modellfotos in Realaufnahmen erlaubt beste Kontrolle über spätere Wirkungen von ausgeführten Bauten, z.B. in einem Stadtbild.

Das Medium der **Endoskopie**, heute etwa hundert Jahre alt, wird seit kurzem verstärkt auch für die Fotografie nutzbar gemacht. Endoskope waren anfangs vornehmlich technische Hilfsmittel für Mediziner der Urologie und Laparoskopie. Endofotografie wird einer neuen Ästhetik zugeordnet. Mit ihr lassen sich Teile unserer Umwelt darstellen, die wir nie zuvor gesehen haben. Alex Kempkens ist ein Pionier auf diesem Gebiet.

Die Konstruktion der Endoskopie ist so simpel wie genial. Das Hauptelement ist ein Glasfaserkabel, in dessen Inneren viele haardünne, je nach Durchmesser, einige hundert Glasfasern gebündelt sind. Sollen diese Faserbündel nur Licht transportieren, genügt ein ungeordnetes Zusammenfügen. Sollen jedoch Bilder geschaffen werden, müssen sie geordnet sein, so daß sich ein logisch aufgebautes Bild des anvisierten Objektes ergibt. Ein Instrumentarium mit vielen Verbesserungen für die Endoskopie entwickelte der Physiker Hopkins im Jahre 1966. Anstelle der bisher üblichen Glaslinsen wird in seinem System Licht in Quarzstäben geleitet und an sogenannten Luftlinsen gebrochen. Dabei werden Streustrahlen bei gleichzeitig hoher Brillanz des Bildes vermieden.

Endoskop-Kameras werden heute von mehreren Firmen gebaut. Metroskope haben sich sehr bewährt und werden von Hochschulen der Architektur vermehrt eingesetzt.

Literatur
„Umweltsimulation" der Schriftenreihe 11 des Städtebaulichen Instituts der Universität Stuttgart, Karl Krämer Verlag, Stuttgart
Foto: Periskopische Modellsimulation, Wilfried Täubner, Kürten/Köln

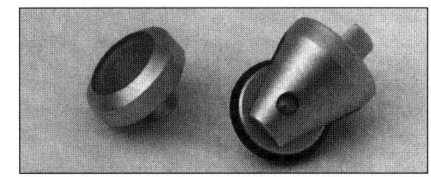

Die **Modellfotografie** benötigt zur Kontrolle realistischer Blickwinkel besondere Aufnahmegeräte.

Metroskope erlauben Aufnahmen in Augenhöhe, z.B. von Architekturmodellen, auch aus sehr engen Positionen heraus. Die Geräte bestehen aus folgenden Elementen:

- Ein Kameragehäuse für übliche Kleinbildaufnahmen wird mit Spezialelementen ausgestattet, die unterschiedlich groß und leistungsfähig sind.
- Ein Adapter, der direkt auf das Gehäuse geschraubt ist, macht Bilder im Durchmesser von 12 bis 20 mm.
- Das Metroskop, das dem Gerät seinen Namen gibt, ist das Hauptbauteil.
- Ein Telekonverter ist als Zusatzteil für Aufnahmen von 24 bis 36 mm nötig.
  • Der Boroskopschaft hat eine Länge von 313 mm und einen Durchmesser von 10 mm.
  • Das Objektiv ist 6,5 mm vom Ende des Boroskopstabes eingebaut.
  • Das Distanzstück am Stabende dient als Standpolster.
  • Das Führungsrad eines speziellen Distanzstückes erlaubt die ruhige Kameraführung.
- Das optische System beruht auf dem Einsatz von Stablinsen.
  • Die Fokussierung reicht von 5 mm bis Unendlich.
  • Die Brennweite 3,8 mm, der Blickwinkel 80 Grad, Blickrichtung seitlich 90 Grad.
  • Das Objektiv hat 5 Linsen, die plan und farbkorrigiert sind und eine eingebaute Blende haben.

Die Aufnahmen mit dem Metroskop erfolgen per Foto, Film- oder Videogerät direkt von der Objektebene.

Die Kosten sind beträchtlich, nicht nur durch die teuren Fotogeräte und Ausstattungen, auch die Modelle selbst müssen hochwertig sein.

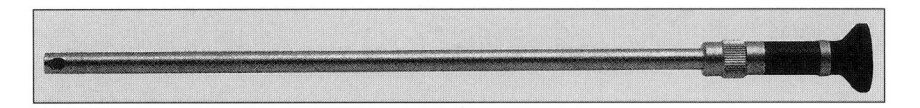

MODELLBAU 9

Modelltransport und Fotografie

Der **Transport von Modellen** ist eine Frage der Größe und des Gewichtes, der Festigkeit und der Kosten. Er ist schon bei der Modellbauplanung zu bedenken.

Die Verpackung von Modellen ist eine Voraussetzung des Transportes. Bei ihr muß auch bedacht werden, wohin sie während der Modellaufstellung verstaut wird.

Das Beispiel oben zeigt eine praktische Lösung aller gestellten Anforderungen: der Deckel des Transportkoffers greift über das Modell bis auf die Grundplatte. Während der Präsentation wird er als Sockel für das Modell benutzt.

Visualisierung durch Computer

Sie zeigt nicht nur Zeichnungen mit farbigen Flächen, sondern auch mit Materialwirkungen, mit Schatten usw. Hier lassen sich alle Bilder und Blickwinkel herstellen, auch eine Filmanimation, in der Licht und Schatten sich mit der Bewegung ändern. Computeranimationen dieser Art werden z.B. in verschiedenen Simulatoren bei Fluggesellschaften, Automobilfabriken usw. benutzt.

Trotz des großen Aufwandes ist bei der Computersimulation eine realitätsnahe Darstellung nicht erreichbar, da wesentliche Details wie Menschen, Gewächse usw. nicht befriedigend darzustellen sind. Untersuchungen haben ergeben, daß auch die besten Computerbilder von Laien als künstlich und steril empfunden werden.

Für den Normalfall bleiben die Endoskopfotos vom Modell in Form von Dias oder Papierbildern für die Dokumentation. In beiden Fällen ist die Qualität des Modells ausschlaggebend. Die enorme Vergrößerung durch das Endoskop stellt kleine Fehler im Modellbau als große Bauschäden dar. Aber hier liegt auch die Stärke der Modellvisualisierung: Sie schafft eine Illusion der Realität, was das Modell auf dem Tisch nicht vermag.

Der **Einsatz** der Metroskope geht über den Modellbereich der Architektur hinaus bis zur Städte-, Landschafts-, und Verkehrsplanung. Die Dokumentation bietet:

– plastisch wirklichkeitsgetreue Einblicke wie Ausblicke,

– Einblick selbst in schwer zugängliche Details von Räumen und Konstruktionen.

– Stadt- und Verkehrsplanern ermöglichen Metroskope simulierte Rundfahrten durch künftige Stadtviertel.

– Präsentationen können nicht nur attraktiv, sondern auch realitätsbezogen gestaltet werden.

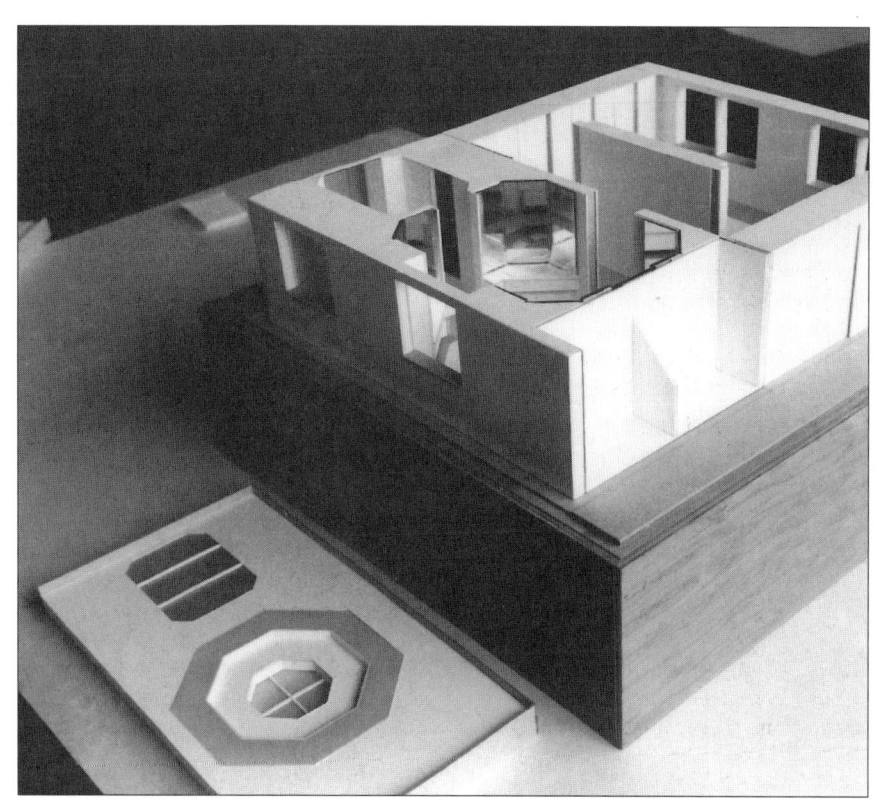

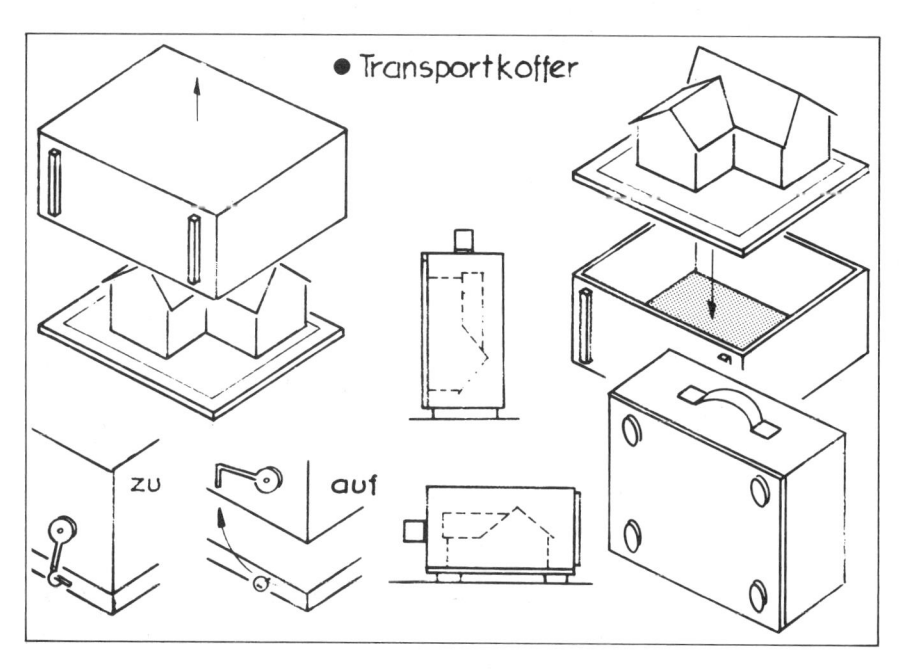

● Transportkoffer

Die **Hartschaum-Thermosäge** ist für viele Kunststoffbearbeitungen ein unerläßliches Gerät, das mit seinen Zubehörteilen fast alle Arbeiten ermöglicht.

Die Hartschaumsäge Styrocut 2 hat als Grundgerät eine Arbeitsplatte von 410 x 265 mm, eine Schnitthöhe von 80 - 120 mm sowie eine Ausladung von 255 mm dazu Anschlag- und Verstellwinkel sowie Schneidedrähte. Zubehörteile verlängern die Schnitthöhe, erlauben Gehrungsschnitte und das Schneiden von Zylindern. Ein Fußschalter erlaubt das Arbeiten mit beiden Händen.

Beim Schneiden balanciert der **Hartschaum** statisch gesehen auf dem Draht. Der Druck der Finger beim Schneiden soll deshalb gleichsam durch den Draht hindurchgehen. Wichtig sind gleichmäßiger Vorschub und geringe Drahthitze, das ergibt saubere Schnittflächen.

Rechtwinklig umgrenzte Körper können in einem Zug umfahren werden.

Styrocut mit Zusatztisch und Verlängerung für große Teile
Hartschaumsäge mit Fußschalter

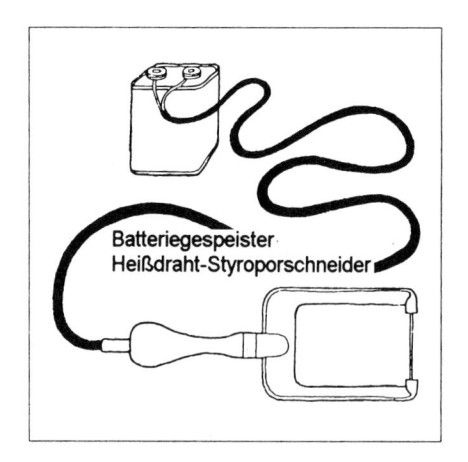

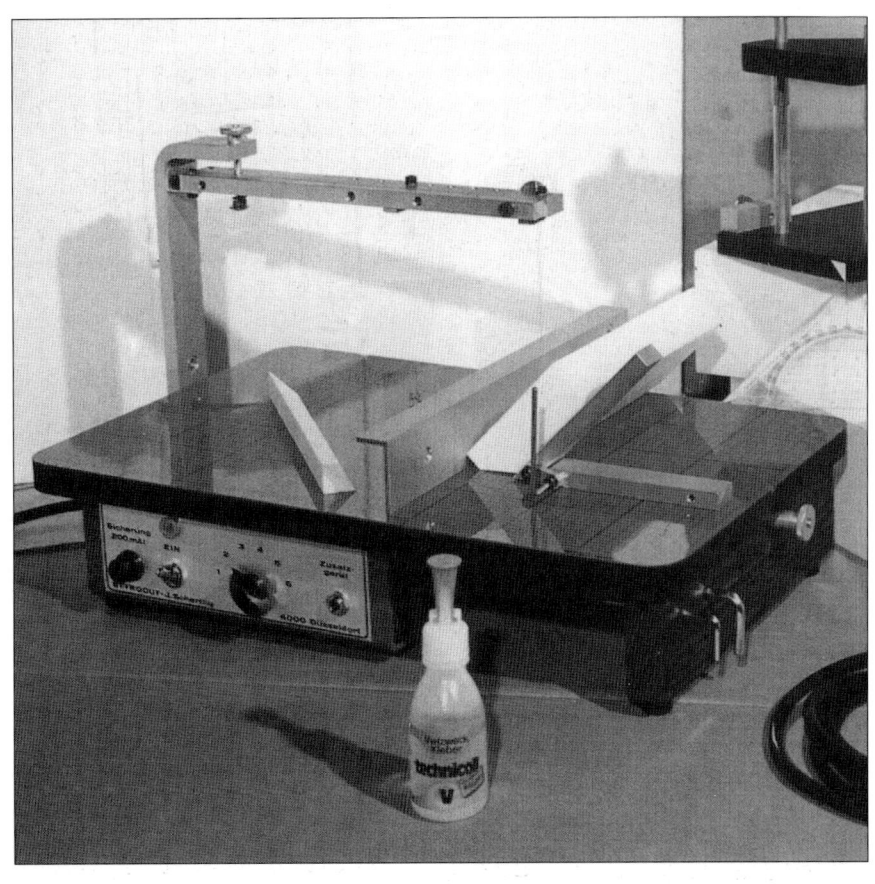

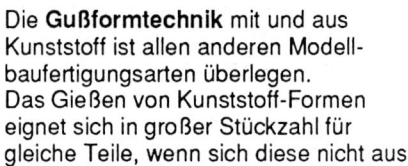

Plastilin wird gern für Entwurfsmodelle verwendet, da es sich sehr leicht formen und verändern läßt. Es ist in verschiedenen Farben erhältlich.

Styropormodellblock höhenvariabel, Modellbau Schulcz

Die **Gußformtechnik** mit und aus Kunststoff ist allen anderen Modellbaufertigungsarten überlegen.
Das Gießen von Kunststoff-Formen eignet sich in großer Stückzahl für gleiche Teile, wenn sich diese nicht aus geraden Stücken herausschneiden lassen, also Vor- und Rücksprünge zeigen. Die Gußform wird von einem Prototyp abgenommen. Sie muß biegsam sein, um die Abgüsse leicht entnehmen zu können.

Die Modellbauarten in Kunststoff:

Der Blockbau aus vollen Körpern eignet sich einmal für Massenmodelle im kleinen Maßstab, zum anderen überall dort, wo Hohlformen zu arbeitsintensiv sind. Der vermehrte Materialaufwand ist sekundär. Die Weiterverarbeitung der blockartigen Körper kann z.B. durch Aufdicken sehr wohl in Details gehen.

Der Hohlkörperbau wird eingesetzt, wo Fassaden genau dargestellt werden müssen, demnach einzeln gefertigt und anschließend zum Bauwerk zusammengeführt werden. Die Modelle beschränken sich z.T. auf Fassadenausschnitte (s. rechte Seite oben Mitte).

KUNSTSTOFF- 1
MODELLE

Kapitelübersicht

1. Material
2. Bauwerke
3. Teile speziell gefertigt
4. Teile vorgefertigt
5. Kunststoffmöbel
6. Glas und Acryl

Kunststoffmaterial

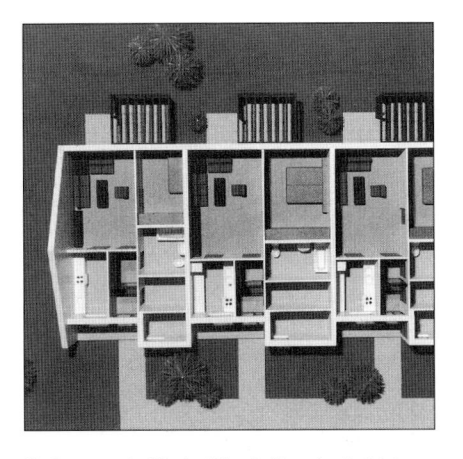

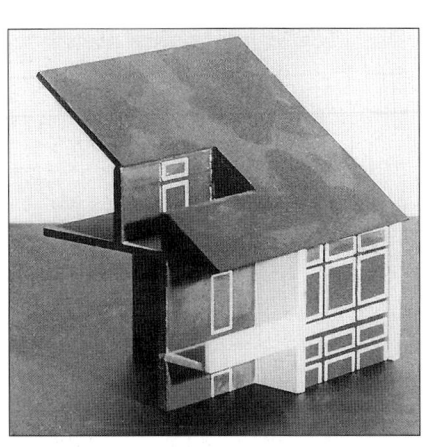

Schaumstoff als Modellmaterial ist sehr billig. Grundstoffe sind Polysterol und Polyurethan und Phenol. Sie werden durch Gase aufgeschäumt und erhärten beim Erkalten. Die Verträglichkeit von Wärme oder Klebern ist zu testen.

Die Platten und Blöcke sind leicht und verhalten sich neutral gegen Wärme und Feuchte. Empfindlich sind sie aber gegen Druckbelastungen. Am Bau werden sie als Dämmstoffe eingesetzt.

Im Modellbau sind dichte Oberflächen, Festigkeit und Bearbeitungsfähigkeit Kriterien für die Auswahl unter ihnen. Grobe Oberflächen verfälschen den Maßstab. Das Bekleben von Kunststoffkernen mit Zeichnungen und Folien ist daher üblich.

Handelsformen von Kunststoff
Kunststoffmaterialien zum Modellbau sind Tafeln, Folien, Kugeln, Netze, Profile, Schnipsel, Halme, Schläuche und sehr viele Abfallprodukte, z.B. aus Verpackungen. Die Farben sind vielfältig, die Oberflächenstrukturen reichen von durchsichtig-blank über matt bis zu stumpf. Darüber hinaus sind die Oberflächen geprägt, d.h. gewellt, geriffelt usw.

Astrolon ist in verschiedenen Stärken erhältlich, läßt sich gut schneiden und schleifen, wird mit UHU-Hart und mit Aceton verklebt.

Plexiglas gibt es durchsichtig, milchig oder farbig, matt oder poliert. Die Bearbeitung ist nur mit Spezialmaschinen möglich.

Poysterol ist ein Kunststoff, der weicher ist als Acrylglas. Er läßt sich mit einem Messer einschneiden oder ritzen und kerbbrechen, z.B. Thermodetplatten.

Weißer **Styrofoam** ist ein speziell für den Modellbau hergestellter Styrolschaum mit hoher Dichte und geschlossenem Zellaufbau. Die Schnittflächen sind daher völlig glatt. Die Bauteile können geschliffen, gestrichen und gespritzt werden.

Styropor ist geschäumtes Styrol. Geschnitten wird es mit einem Widerstandsdraht, der elektrisch erhitzt wird.

Rohacell ist ein Leichtbau-Hartschaumstoff, der sich zur Herstellung komplizierter Modelle eignet, da er sich leicht verarbeiten, kleben und farbig behandeln läßt.

Zelluloid ist in verschiedenen Stärken erhältlich und läßt sich schneiden und schleifen.

Folien aller Art, auch selbstklebende, bestehen aus Kunststoff. Sie sind für den Modellbau von großer Bedeutung, nicht nur zur direkten Farbgebung, sondern als Hilfsmittel zum Abdecken bei der Farbgestaltung durch Spritzen.

Vorgefertigte Modellbauteile wie Lego oder Modulex sind aus Kunststoff gefertigt und haben sich für einfache Modelluntersuchungen bewährt.

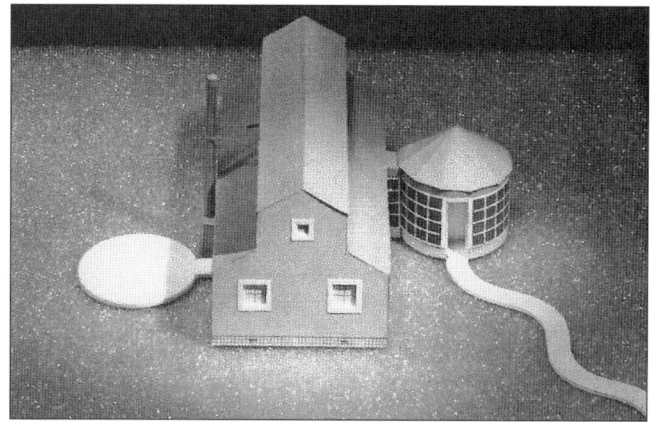

Das Landhaus des Architekten, Lakeside Michigan, Stanley Tigerman
Modell des Architekten-Landhauses. Karton, Papier und Schaumgummi, koloriert.

Frank Gehry, Modell der Gehry-Residence, Material: Kunststoff, Pappe

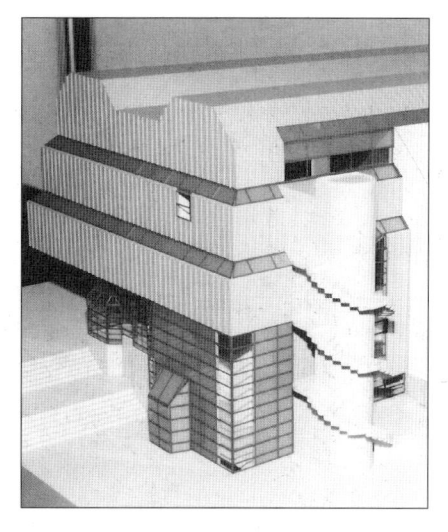

Archiv: Prof. Böhm, Köln, Museum Paderborn

KUNSTSTOFF-MODELLE 2

Bauwerke

Kunststoffe, vor allem Styropor, dienen dem darstellenden Modellbauer sehr bevorzugt, meist sogar unter Einsatz von Farbe. Die Kombination Kunststoff, Pappe oder Holz bietet sich vor allem für die Trägerplatten und großen Flächen an.

Literatur
„Die Revision der Moderne", Postmoderne Architektur 1960 - 1980, Deutsches Architekturmuseum, 1984, Prestel Verlag, Frandfurt/Main, Herausgeber Herinrich Klotz.

Rob Krier, Wohnhaus Ritterstraße, Berlin. Modell, Maßstab 1:15 Styropor, farbig gefaßt.

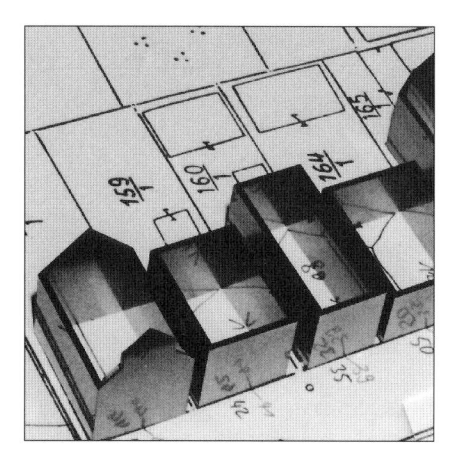

Der **Bildbericht** auf diesen Seiten zeigt die schrittweise Entstehung eines Bauwerks im **Modell aus Kunststoff**.

Modellbaufertigung Fa. W. Lotze und K. Czylwik, Hannover.

1. Die Wände werden auf dem Plan, der als Kopie der Ausführungszeichnungen im Maßstab 1:50 vorliegt, aufgerichtet.
2. Die Dachplatte ist aufgebracht, der Baukörper damit nach oben abgeschlossen und so vor allem ausgesteift.
3. u. 4. Schleifscheiben erzeugen hier durch den geneigten Anschlagtisch den Schrägschliff über den Gehrungsstoß der Wandtäfelchen, womit die Wandstärke verdeckt liegt.
5. Die Fensterflächen werden mit Klebeband abgedeckt, damit sie beim anschließenden Spritzen klar bleiben.
6. Die Mauerscheibe einer Bauwerksansicht wird aufgedickt.

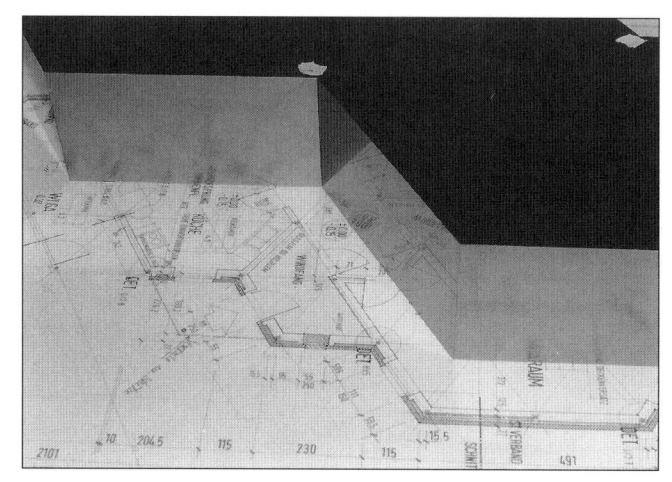

7. Die Dachfläche ist gespritzt, die Kanten sind ausgebildet.
8. Die Fenstersturzverkleidungen sind aufgeklebt, die Wände sind noch roh.
9. Die Bodenplatte des Erkervorbaus ist angelegt, das Dach dunkel gedeckt.
10. Der vorgefertigte Erker aus durchsichtigem Acrylglas mit aufgeklebten Sprossen aus Folien ist angebaut.
11. Das sechseckige Oberlicht aus dunklem Kunststoff ist aufgesetzt.
12. Die Geländeplatte ist fertig, das Gebäude aufgestellt, die Wege sind angelegt, Bäume und Sträucher „gepflanzt".

Die spezielle Fertigung von Demonstrationsmodellen aus Kunststoff erfolgt nach Ausführungszeichnungen anhand fertiggeplanter Objekte. Die Maßstäbe werden daher sehr groß gewählt. Praktisch ist der Maßstab 1:50, da er den Zeichnungen entspricht, die zur Bauausführung von Architekten ohnehin angefertigt werden.

KUNSTSTOFF- 3
MODELLE

Kunststoffteile speziell gefertigt

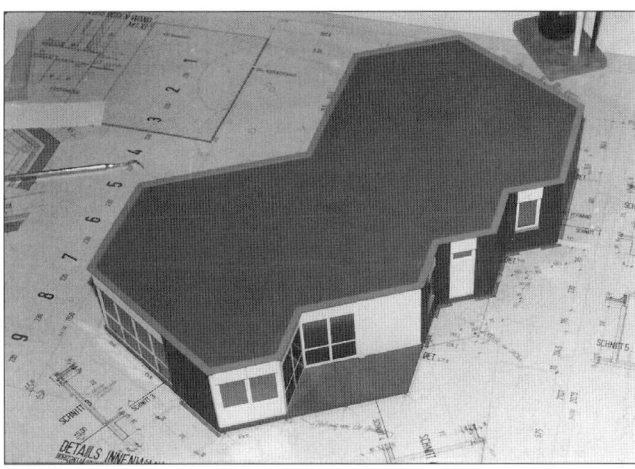

Fertig-Fassadenelemente sind geschoßhoch, mit und ohne Fenster und Türen. Es gibt sie in unterschiedlichen Breiten.

Platten mit Rasterfeldern bilden Boden- und Geschoßflächen. Sie erlauben das Einstecken von Wandelementen, allerdings nur rechtwinklig zueinander. Stützen und Träger erlauben simulierte Konstruktionen von Geschossen wie von Einbauteilen.

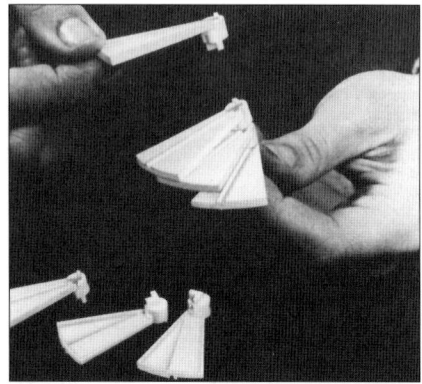

Treppen haben Stufen mit Spindelanteilen, die sich aufeinanderstapeln lassen.

Elementierter Modellbau der Fa. Celtic, Rheinheim/Odenwald.

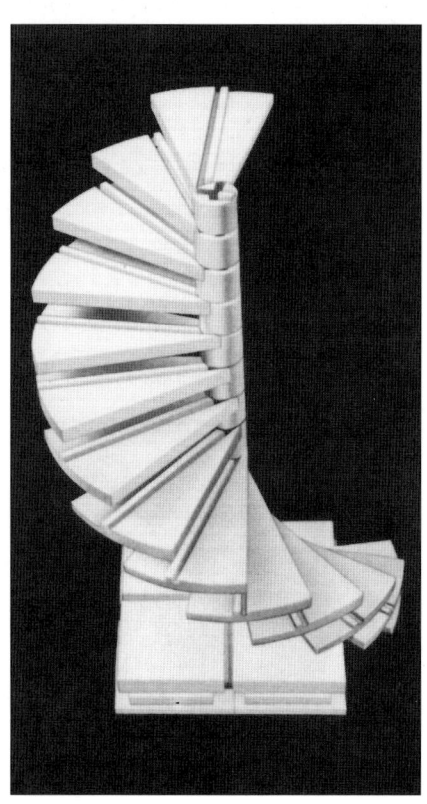

Die **Herstellung von Kunststoffmodellen** aus vorgefertigten Serienteilen erlaubt trotz der Systembindung erstaunliche Detaildarstellungen, wenngleich nicht so speziell wie die Einzelanfertigung, dafür jedoch schneller, variabaler und preiswerter.

Es gibt sie in verschiedenen Farben, und sie werden durch spezielle Bauteile ergänzt, so daß auch Fachleute sich dieser Hilfsmittel bedienen.

Die Wiederverwendung der Teile ist nach der Demonstration und deren Fixierung durch Fotos leicht möglich und günstig.

Die Modellbauteile sind oft sehr speziell ausgebildet, z.B. Fenster und Türen. Andere Teile sind sehr abstrakt, z.B. die Bausteine die mit Noppen verbunden werden wie beim Modulex.

Die Dachausbildung läßt sich über die Flach-, Pult- und Satteldächer hinaus auch in ungewöhnlichen Formen herstellen. Unterschiedliche Wellplatten und Dachsteine helfen da sehr weit.

Dachfenster sowie Schornsteine lassen solche Modelle schon bald zu Puppenstuben werden, vor allem, wenn die Farbgestaltung zu intensiv und differenziert erfolgt. Dies gilt es zu vermeiden.

KUNSTSTOFF- 4
MODELLE

Kunststoffteile vorgefertigt

Modellhaus für Projekt Lauenstein, Arch. Klaus Pracht, Hannover. (Technische Zeichnung s. S. 29)

Architekturmuseum Frankfurt, Modelle aus Legosteinen.

Möbelmodelle sind sehr verschieden im Maßstab und damit in ihrer Detailgenauigkeit. Einfache Möbelmodelle sind sehr abstrakt, aber auch preiswert. Große Maßstäbe verpflichten zu mehr Aussage. Das kostet viel Geld, und es ist von Fall zu Fall zu überlegen, ob der Aufwand gerechtfertigt ist.

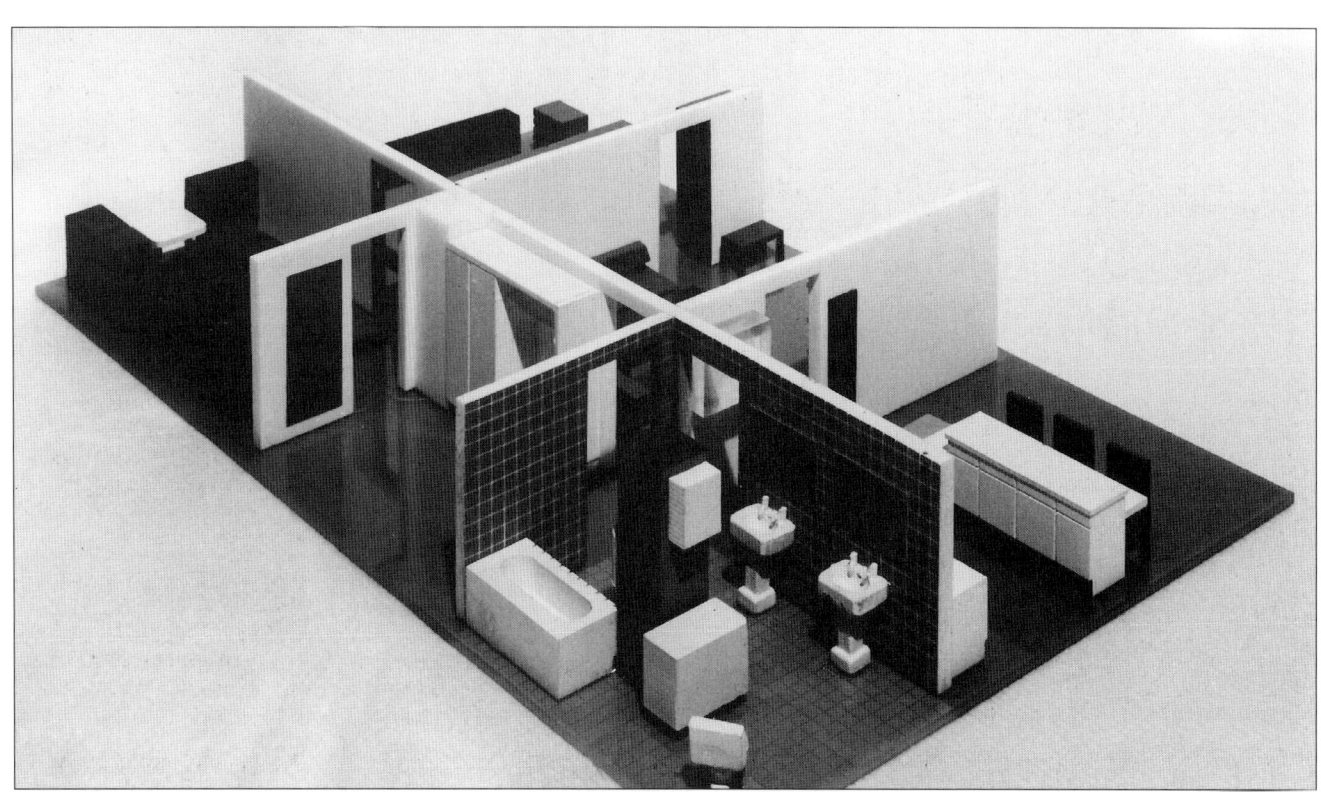

Möblierungsmodelle sind für die Planung von Büro- und Verwaltungsgebäuden vor allem dann unabdingbar, wenn variable Aufstellungen gefragt sind und ausprobiert werden müssen.

Einfache Massendarstellungen von Möbeln in Form von Kuben können durchaus ausreichen.

Fehlen im Modell die maßstabbildenden Zutaten, dann wird die Größeneinschätzung unmöglich. Das Auge versucht, Tür- und Fenstergrößen sowie ersatzweise Brüstungshöhen und Treppenstufen aufzunehmen.

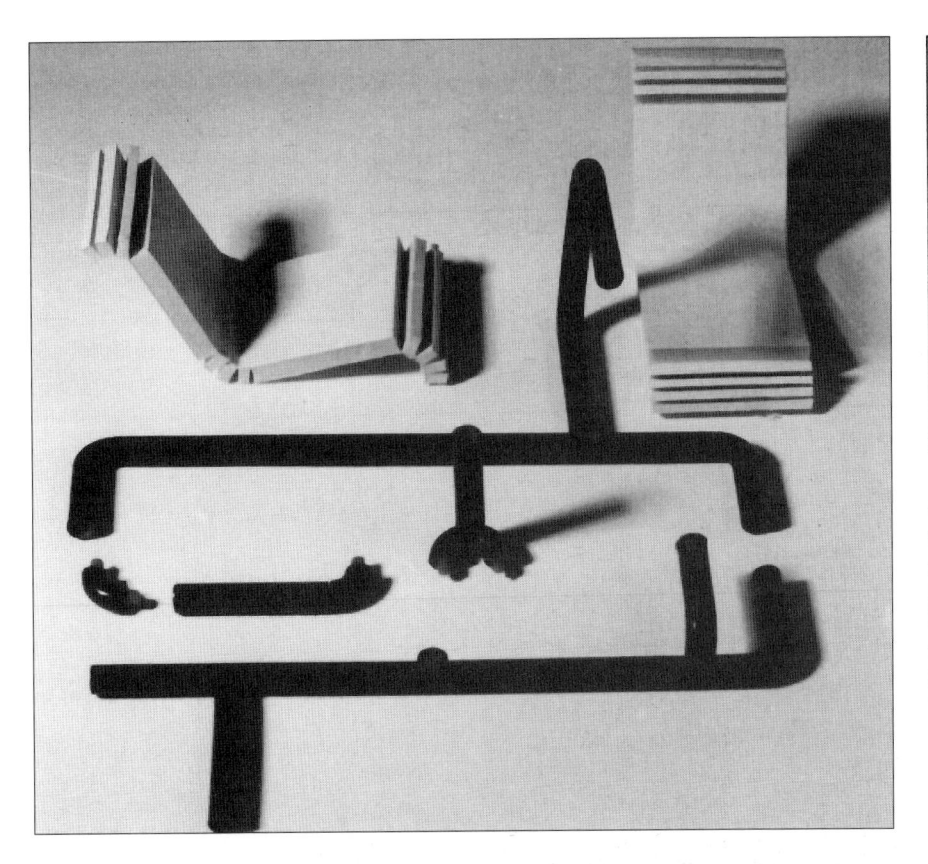

KUNSTSTOFF- 5
MODELLE

Kunststoffmöbel

Vorgefertigte Möbel aller Art, von der Wohnraum- bis zur Büroausstattung, werden ebenfalls eingesetzt, belasten jedoch meist die architektonischen Grundprinzipien durch zu viele Details und Farben.
Modellbau W. Lotze und K. Czylwik, Hannover
Möblierungsmodell, Michael Schulcz, Hannover

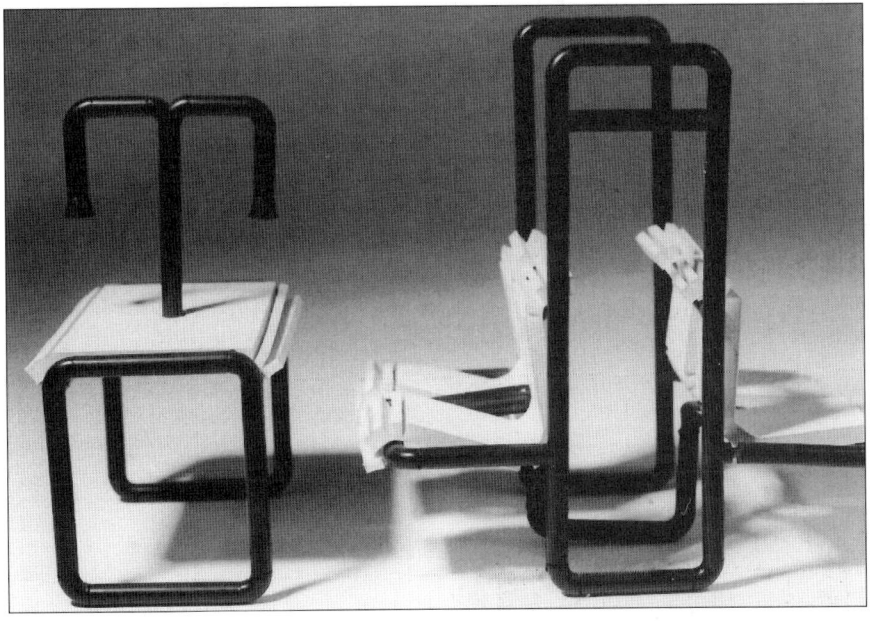

Figuren geben gute Vorstellungen über Größenordnungen. Der Maßstabvergleich ist die eigentliche Aufgabe dieses Modellbauzubehörs. Die abstrakte Darstellung ist eher zu empfehlen als die naturalistische.

Silhouettenfiguren entsprechen in ihrer Darstellung mehr den Selbstbaumodellen. Die Größe unseres Körpers ist das Maß, das wir unbewußt beim Betrachten von Dimensionen einbringen.

Vorgefertigte Figuren, vielleicht sogar naturgetreu bemalt, stören, da sie den Modellen Spielzeugcharakter geben. Dies gilt es zu vermeiden.

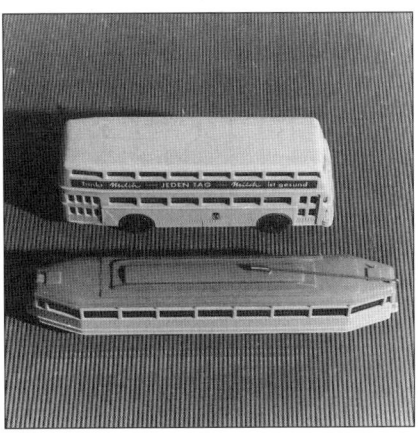

Fahrzeuge, also Autos, Lastwagen, Straßenbahnen und Züge müssen ebenso wie die Figuren genau dem Modellmaßstab entsprechen, denn sie sollen vor allem deren Darstellung in der Größe erläutern. Vorgefertigte Autos gibt es speziell für Architekturmodelle in vielen Typen und Größen.

Die Ausführungen reichen von Kunststoff, einfarbig oder mehrfarbig bis zu einer Detailgenauigkeit, die bis zu Unterscheidungen nach Autotypen geht.

Den materialgerechten **Acrylglaseinsatz** zeigen die Bilder der linken Seite. Die Modelle in der rechten Spalte haben klare durchsichtige hochglanzpolierte Stücke. Links daneben ist ein abstraktes Modell aus matten und weißen Gläsern zu sehen.

Plexiglas-Würfelbaukasten. Design: Waki Zöllner, München.

o. l.: Wohnanlage in Beverly Hills am Rande der Santa-Monica-Berge.

Glasfassaden mit Rahmenwerk weisen die Objekte der unteren Bildreihe auf. Metallprofile und Papierstreifen wurden auf die Glaskanten geklebt.

Die Farbgebung erfolgt durch die Auswahl unter den farbigen, blanken oder matten Platten.

Der Farbauftrag geschieht durch Spritzen; hierfür werden phasenweise Abdeckfolien aufgebracht. Feine Linien werden mit Tusche in Ziehfedern aufgetragen, noch feinere Details lassen sich ritzen.

KUNSTSTOFF- 6
MODELLE

Glas und Acryl

Acrylglas als Modellbaumaterial ist wohl das beste, aber auch das teuerste. Es erlaubt die naturalistische Gebäudesimulation, vor allem durch die Imitation von Glasflächen. Seine Bearbeitung bedingt aber den Einsatz einiger Schneid- und Schleifgeräte.

Das Material Acryl ist auch als Plexiglas bekannt. Die Lieferform in Platten, Tafeln, Stäben, Profilen und Würfeln beinhaltet auch verschiedene Stärken und Farben. Die Flächen sind mit Schutzpapier gegen Beschädigungen gesichert. Auf diesem Papier lassen sich auch gut die Zuschnitte anzeichnen.

Uni Stuttgart, Siegfried Albrecht

Acrylglas läßt sich sauber schneiden, kleben und färben. Es ist formbeständig, damit unabhängig von Feuchtigkeitsschwankungen und ist im Gegensatz zu Glas unzerbrechlich. Die Bearbeitung ist gut möglich, nicht nur von Hand.

Die Platten können geritzt, gebrochen oder gesägt werden. Werkzeugmaschinen zum Schneiden, Bohren und Schleifen sind die Voraussetzungen dafür.

Architekturmodell:
Wolfgang Knoll, Martin Hechinger.

Das **Kleben** der Einzelteile geschieht mit flüssigem Acrylglas, das langsam abbindet oder mit Methylenchlorid, das schnell reagiert. Zum Auftragen eignen sich Injektionsspritzen. Der Einsatz von Acryl ist universell möglich, ist allerdings für Grundplatten zu teuer.

Die Detailgenauigkeit erstreckt sich bis zum Maßstab 1:500 sogar noch auf die Darstellung von Trittstufen. Die Gebäude zeigen verschiedene Modellbauarten, oben Baukörper als Block geschnitten und mit Fassaden bestückt, in der Mitte geschoßweisen Aufbau sowie rechts vertikale Scheiben.

Bei größeren Fassaden mit verglasten Fenstern oder Türen kann die Wand aus **Plexiglas** hergestellt werden. Die geschlossenen Wandflächen werden dann aus Karton am besten gleich im richtigen Farbton aufgeklebt. Streifen und Linien, z.B. Fenstereinteilungen oder Fugen, lassen sich auch zeichnerisch darstellen.

o.: Modellbau Michael Schulcz, Hannover.

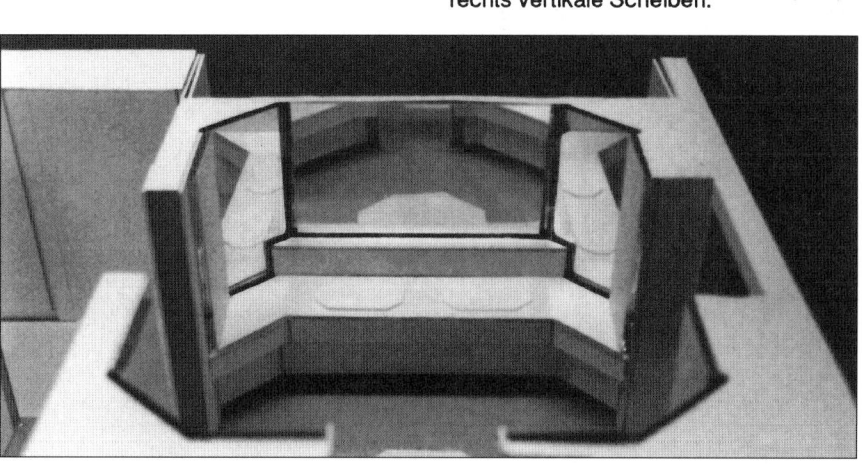

Spiegel als solche sind im Modellbau selten, es sei denn, die Wirkung der Spiegelung wird genau kontrolliert, wie im Modell links, wo sie schräggestellt der Überprüfung bedürfen. Spiegelscheiben sind meist sehr stark und nicht ganz einfach zu schneiden. Spiegelfolien bilden häufig einen genügenden Ersatz.

Wintergärten

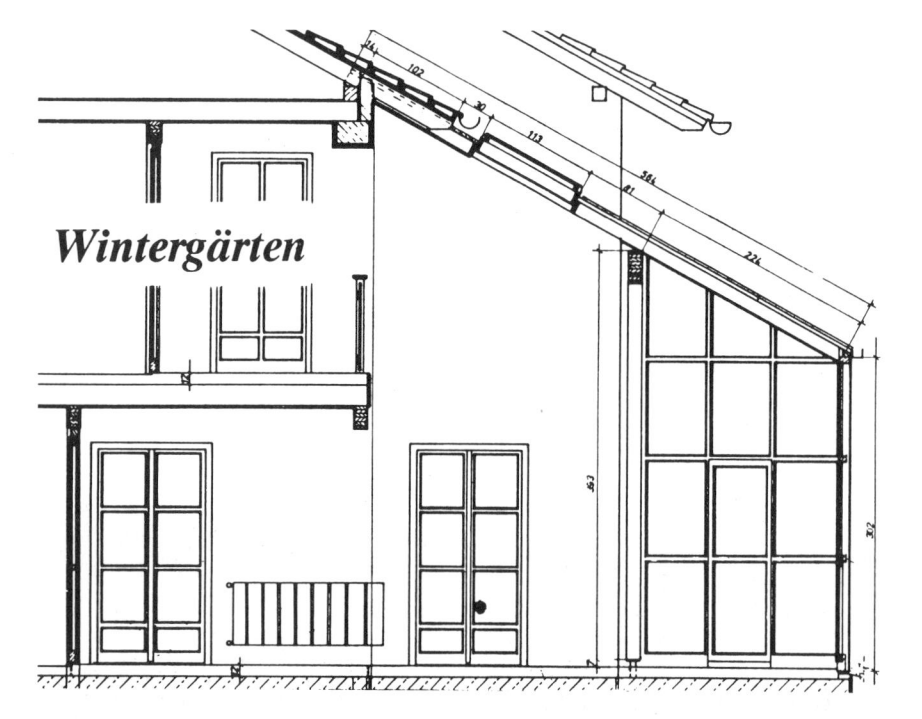

Glashausplanung

Holz als Modellbaumaterial ist sehr beliebt und altbewährt. Zur Verfügung stehen Holzarten, die hinsichtlich Dichtigkeit, Härte und Farbe unterschiedlich sind.

Handelsformen für Hölzer im Modellbau sind Furniere, Sperrholz, Massivholz, Span- und Faserplatten. Neben den Flächen und Brettern gibt es Leisten, Stäbe und Spieße.

Furniere eignen sich in ihrer verschiedenartigen Struktur und Farbe sehr für die Darstellung von Flächen, sei es im Gelände oder auf Dächern.

Sperrhölzer sind günstig für Grundplatten, sie sind eben und erlauben das Aufbringen anderer Materialien.

Mikroholz läßt sich auf einer Unterlage oder auch auf Pappe, die aber mindestens 1mm stark sein muß, aufziehen, da es spannungslos ist.

Feinspanplatten eignen sich besonders für Massenmodelle. Die Oberflächen sind so exakt und gutaussehend, daß sie eine Behandlung nicht nötig haben.

links: Aldo Rossi, Modell des Villenentwurfs für Borgo Ticino. Holz, koloriert.

HOLZ-MODELLE 1

Kapitelübersicht

1. Stabkonstruktionen
2. Massivbauarten
3. Strukturen und Objekte
4. Möbelmodelle

Stabkonstruktionen

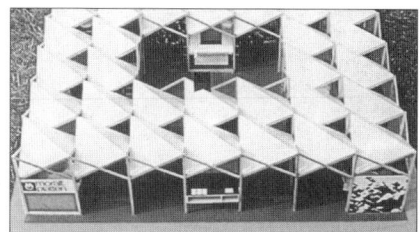

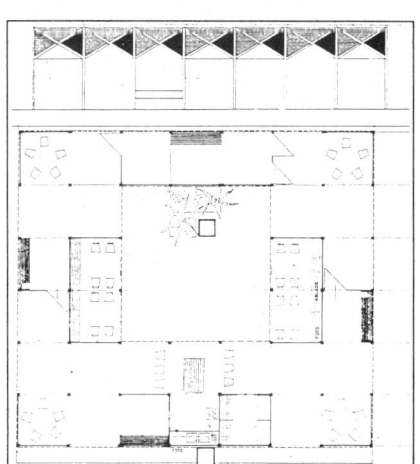

links o.: Projektplanung von Oswald Mathias Ungers. Katalog Deutsches Architekturmuseum, Prestel.

Messestandsystem Firma A. Moralt, Bad Tölz. Architekt: K. Pracht, Bad Münder
Ausführung: Wehrhahn/Lauenstein
rechts: Modellbau 1:20,
links: Modellbau Prototyp 1:1.

129

Der **Einsatz von Holz** ist, obwohl recht preiswert, relativ selten. Bei Städtebaumodellen hat er Bedeutung, ebenso bei Konstruktionsmodellen im größeren Maßstab.
Die Eigenstruktur des Materials stört oft die Maßstäblichkeit, und so beliebt die spezifisch natürliche Farbe auch ist, so eignet sie sich doch oft nur in beschränktem Maße für die Demonstration von Bauwerken aus Stein oder Metall.

Weichhölzer wie Tanne, Fichte und Kiefer können nur in kleinen Abmessungen empfohlen werden.
Balsaholz ist für den Modellbau besonders geeignet. Es ist leicht zu bearbeiten und von geringem Gewicht. Im Handel ist es in Brettform von 0,6mm bis 20mm erhältlich, ebenso als Profile. Die Bearbeitung ist mit einer Papierschere möglich, bei stärkeren Teilen mit dem Messer. Die Festigkeit ist gering, und die Oberläche wird daher schnell rauh. Beim Schleifen kann es leicht zu Abrundungen kommen.

Edelhölzer sind für den Holzmodellbau sehr geeignet, da sie eine große Maßgenauigkeit gewährleisten. Auch ist ihre Maserung schön, so daß sich gute Wirkungen erzielen lassen.
Als **Hartholz** kommt Buche und Eiche in Frage, Buche ist dicht, Eiche offenporig.

Massivholz kommt für kleine Flächen und Profile in Frage, da das Material trocknet und quillt und damit nur in kleinen Dimensionen formbeständig ist. Von den Edelhölzern kommen im allgemeinen Nußbaum, Birnbaum, Teak- und Birkenholz zur Anwendung.

Anders Nerheim, Modell Stadthaus. Verschiedene Hölzer, massiv und furniert.
Reichlin/Reinhart, Casa Tonini, Toricella bei Lugano, Schweiz, Präsentationsmodell Holz.

Gottfried Böhm, Holzmodell (Arbeitsmodell).

HOLZ-MODELLE 2

Massivbauarten

oben: Frederick Read, Modell Stadthaus. Holz und Karton, koloriert.

links: Haus am Hang in Mergoscia, Valle Verzasca. Massives Kiefernholz.

Die Bearbeitung von Holz ist leicht und schon mit Heimwerkerwerkzeug gut möglich.

Die Konstruktionsmodelle links und unten könnten gar nicht besser gefertigt sein als aus Holz.

Die Rechteckigkeit entspricht den Balken, Trägern, Stützen, Sparren und Verbänden. Die Verbindungen sind geschnitten und mit UHU verklebt. Der Kleber ist unsichtbar und bindet sofort ab.

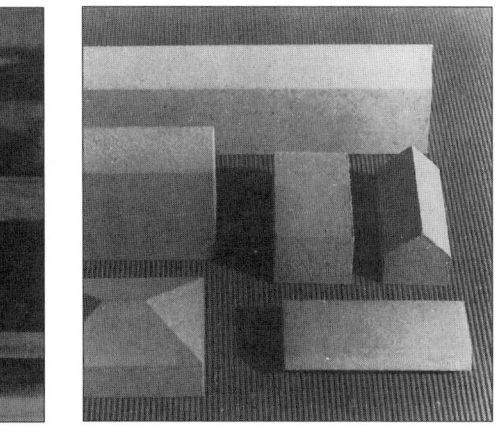

Die Raumzellen unten rechts haben volle gerundete Kanten, die sich gut mit Balsaholz machen lassen. Bei rechteckigen Baukörpern ist die Scharfkantigkeit dagegen nur sehr mühsam zu erreichen, da Balsaholz so weich ist, daß man es schon mit einem Fingernagel verletzen kann.

Entwurf Prof. Natterer, München.

131

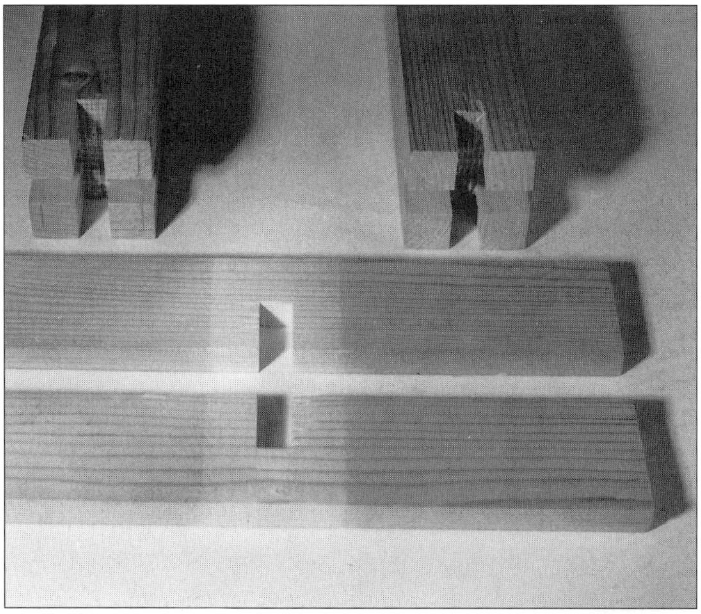

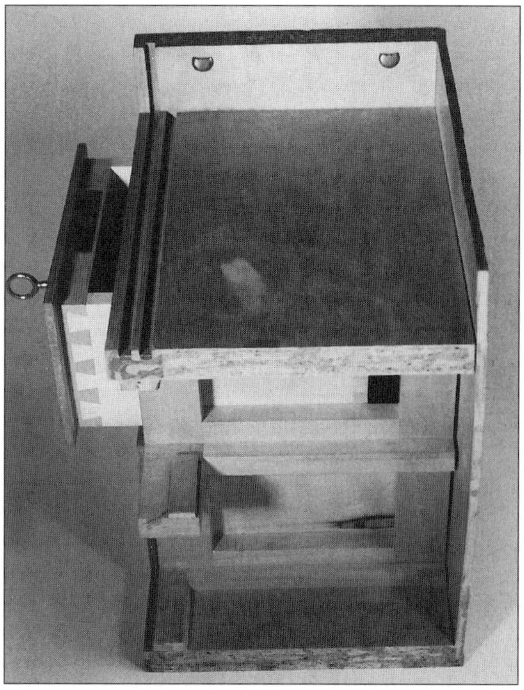

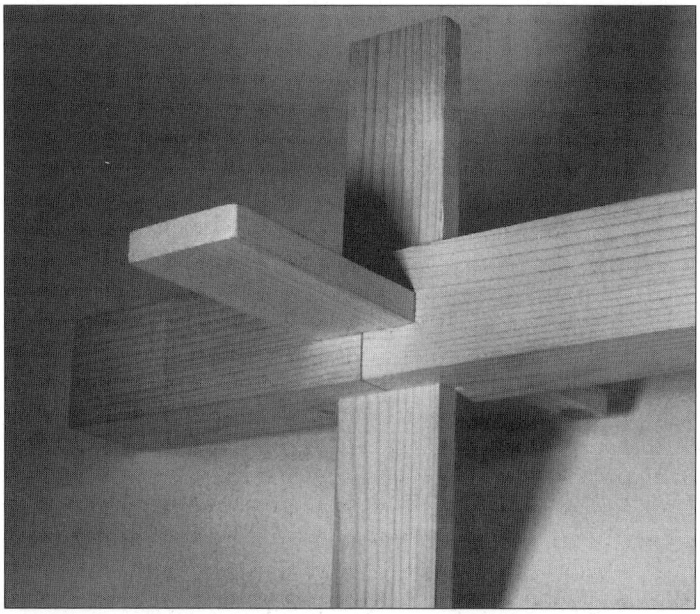

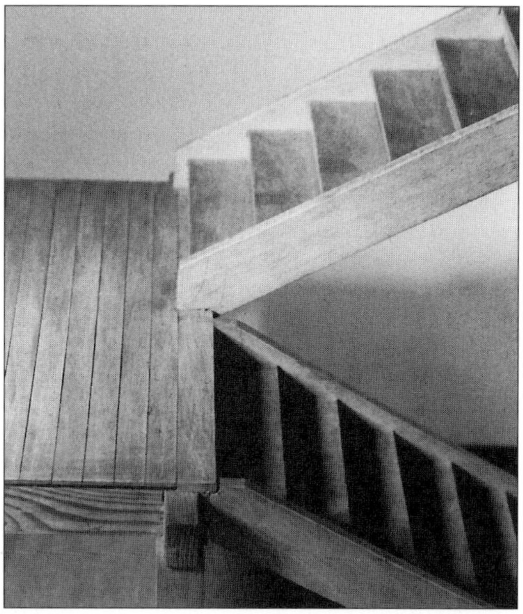

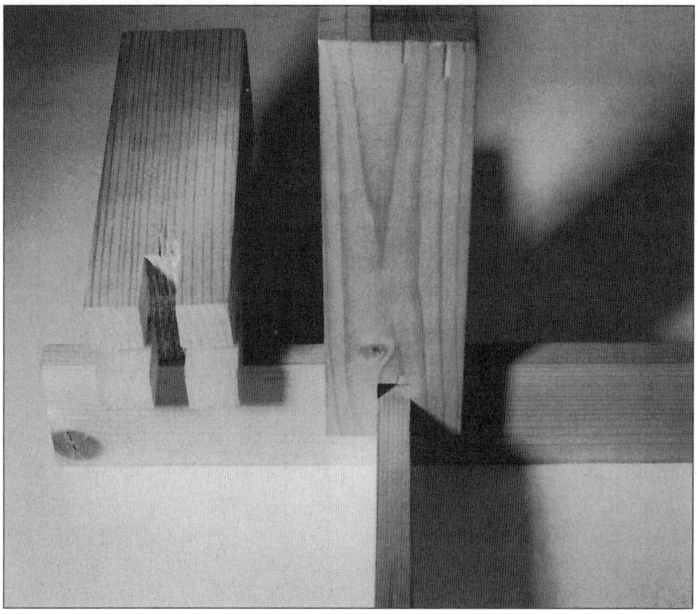

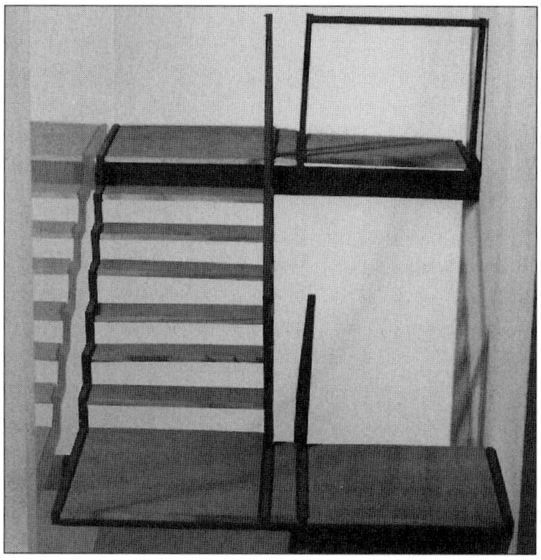

Die obere Bildreihe der linken Seite zeigt **Teilschnittmodelle** in wahren Größen. Sie dienen Herstellern und Kunden zur Vorentscheidung für spätere Ausführungen.

HOLZ-MODELLE 3

Strukturen und Objekte

Holzmodelle können sehr unterschiedlich in ihrer Nutzung und Größe sein. Die Elementreihe, die nur aus einem Würfel und einem Tetraeder besteht, wurde so weit organisiert und variiert, daß sich ein Schachspiel mit all seinen Figuren ebenso leicht fertigen läßt wie der Stern rechts.

Systementwicklung Atelier Klaus Pracht.

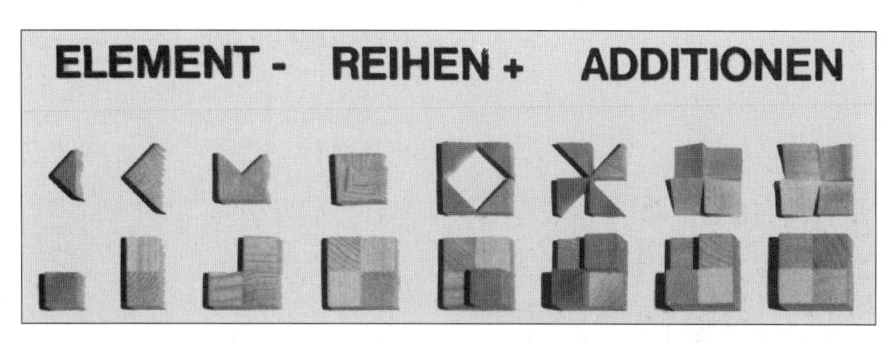

ELEMENT - REIHEN + ADDITIONEN

Konstruktionsmodelle

Links oben auf der Seite werden Knotenpunktentwicklungen gezeigt. In der Mitte oben ist die Lösung so perfekt, daß die einfachste, beste und zugleich schönste Verbindung aus nur einem Element geschaffen werden kann. Nur über Modellentwicklungen ist ein solches Ergebnis zu erzielen.

Ein **Treppenmodell** aus Holz, wie mitte rechts im Bild, wird man wohl im verkleinerten Maßstab stets so bauen, wie man es auch später als Wangentreppe ausführen würde.

Die Zahnschnittwangentreppe ohne Setzstufen unten ist dagegen im Modell zwar aus Holz, wird aber später aus Stahl konstruiert.

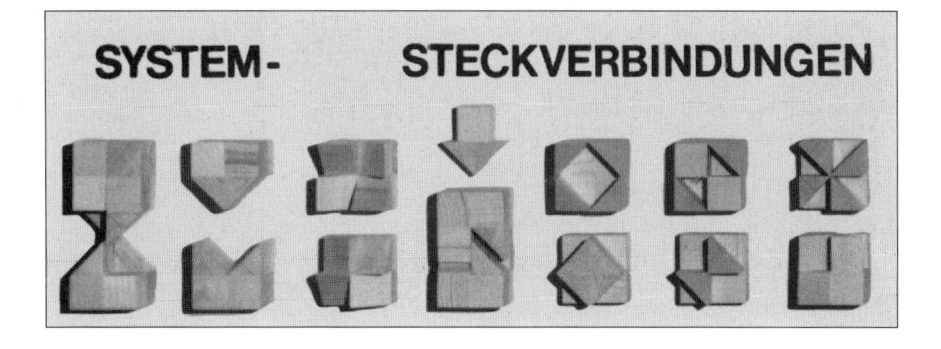

SYSTEM- STECKVERBINDUNGEN

133

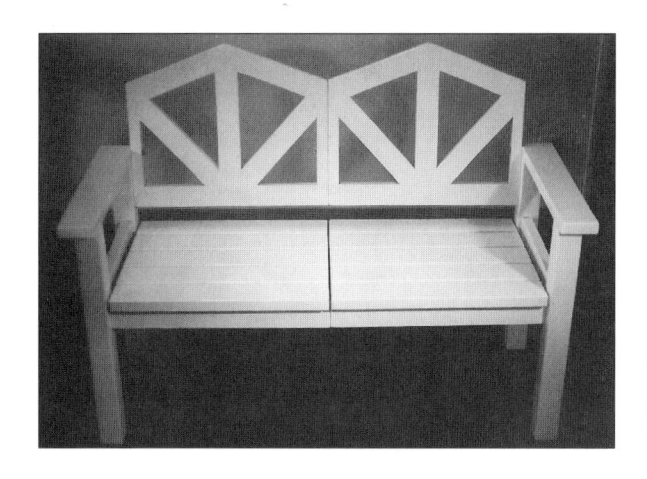

Gartenbank, zerlegbar, Entwurf Atelier Prof. Pracht, Hannover.

Die Stühle stehen als Verkleinerung der Gartenbank gegenüber, deren Teile schon für die Serienherstellung fertig ausgebildet sind.
Auch die Verpackung wird hier schon probiert, der Sitz ist daher zweiteilig gearbeitet.

Möbelmodelle werden seltener in Form kleiner Modelle als in natürlicher Größe gefertigt. Dann spricht man von Prototypen der späteren Fertigung.

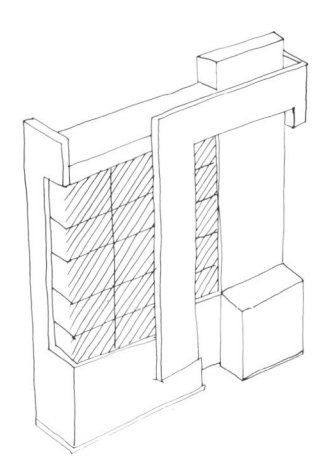

Vitrinenschrank, Modell 1:5, Ausführung dünnstes Sperrholz, weiß gestrichen. Glas-Simulation mit Kunststoff-Folie, vor dem Falten mit Klebstreifen gesichert. Sprossenwerk vorderseitig mit Papierstreifen aufgeklebt.

HOLZ-MODELLE 4

Möbelmodelle

Pavillion für die EXPO '92 Sevilla, Auer + Weber, München/Stuttgart mit Alexander Mayr und Bernd Meyerspeer

Welcher Aufwand im Modellbau gerechtfertigt ist, muß von Fall zu Fall entschieden werden. Zu große Detailgenauigkeit in kleinen Maßstäben ist zwar als handwerkliche Leistung bewundernswert, aber selten dient sie dem Modellbauzweck.

Möbel werden gern aus Draht gebogen und je nach Maßstabgröße auch mit Bespannungen versehen.

Prototypen oder Ausschnittmodelle im Maßstab 1:1 helfen Detailanschlüsse zu klären, Montagearten und Kalkulationen zu erleichtern.

Als Material für den **Modellbau aus Metall** kommen Eisen, Blei, Messing und Kupfer zur Anwendung.

Materialkombinationen sind im Modellbau genauso zahlreich wie am Bau. So werden Flächen nur selten aus Blechen gefertigt, weil sie nicht steif und tragfähig genug und zu teuer sind. Im Modellbau klebt man die Konstruktionen gerne, Lötstellen markieren sich sehr und sind nicht sauber genug.

Thomas Beeby, Modell Stadthaus. Pappe und Draht, koloriert mit collagierten „Bildern".

Peter Pran, Modell Stadthaus. Messing, Draht, Kunststoff, koloriert.

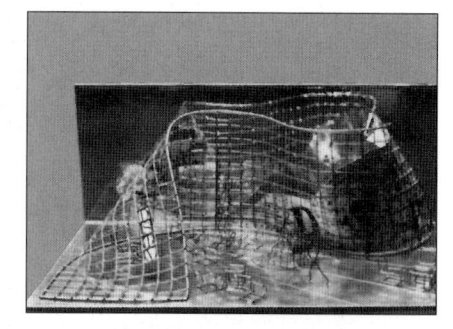

Dagmar Bickel/Doris Heep/Heiko Wissenbach, Fachhochschule des Landes Rheinland-Pfalz, Abteilung Mainz I/Baukonstruktion, Prof. Dr. R. Schmittlutz

METALL GIPS/KORK 1

Kapitelübersicht

1. Drähte
2. Bleche
3. Gips massiv und mit Gewebe
4. Gips und Kork

Drähte

Studienobjekt Arch. Gerh. Diehl, Berlin.
Arch. von Gerkan, Marg + Partner, Hamburg.

Für die Bearbeitung der Metallteile sind Grundkenntnisse der Metallverarbeitung erforderlich. In Selbstbauweise wird man sich auf den Einsatz vorgefertigter Teile beschränken, die man nur noch ablängen, biegen und feilen muß. Besondere Anfertigungen übernimmt besser ein Feinmechaniker, da je nach Maßstab Detailgenauigkeiten von 1/10 mm notwendig sind.

Isabell Thiemann-Pohl, Fachhochschule Darmstadt.

Skelettkonstruktionen werden aus einzelnen Drähten oder, bei Rasterstrukturen, aus Gittern gefertigt. Die Felder werden daran vorbeigeführt oder partiell geschlossen.

Gebogene Wände und Scheiben lassen sich besonders gut aus Blech formen, zweisinnig gekrümmte auch treiben.

Die Verbindungsmöglichkeiten von Metallen reichen vom Löten bis zum Kleben.

Das **Löten von Drähten** vollzieht sich, indem eine leichtflüssige Legierung - das Lot - mit dem schwerer schmelzbaren Grundmetall zusammengeschmolzen wird. Bedingung ist, daß die Verbindungsstellen sauber und vor Oxidation geschützt sind. Erforderlich sind Schmelztemperatur, Lot- und Flußmittel (flüssig oder in Pastenform). Die Erwärmung geschieht am besten mit einem Lötkolben. Aber Vorsicht: Beim Löten besteht Gefahr von Brand, Verbrennungen und Verätzungen.

Beim **Weichlöten** wird der heiße Lötkolben an einem Salmiakstein gereinigt und anschließend verzinnt. Das gilt auch für Zink und Blei.

Das Übertragen und Verteilen des Lotes erfolgt mit dem Kolben. Bei Verwendung von Lötpasten bringt die Kolbenwärme das Lot derselben zum Fließen. Abschließend wird die Lötnaht vom Flußmittel gesäubert und getrocknet.

Beim **Hartlöten** werden die Teile zusammengebunden oder eingespannt, da beim Lötvorgang ihre Stellung nicht verändert werden darf. Das gilt für Messing, Kupfer und Stahl.

Mit Silberlot werden blanke Eisenteile verbunden, bei denen die Lötnaht weiß bleiben soll.

Strukturmodell aus Metall, Arch. Gieselbrecht.

Das **Kleben von Blechen** erfolgt mit Dreikomponentenklebern auf Kunstharzbasis. UHU plus hat z.B. eine hohe Zug- und Scherfestigkeit und ist beständig gegen heißes und kaltes Wasser, Öl und Benzin. Der Alleskleber Rudoll 133 eignet sich für sämtliche Klebearten.

Metalle, wie beispielsweise Messing oder Zinn, werden für feingliedrige Bauteile im Modellbau verwendet.

METALL GIPS/KORK 2

Bleche

Gianni Braghieri, Einfamilienhäuser in Broni, Pavia. Kupferplatten (Gebäudeteile) und Stahl auf Holz (Grundplatte).

Aldo Rossi, Rathausplatz und Denkmal für den Widerstand, Segrate bei Mailand. Kupfer, patiniert, und Stahlplatten.

139

Gips ist das älteste Modellbaumaterial. Heute wird er jedoch nur noch in Ausnahmen verwendet. Er bringt Feuchtigkeit, ist schwer und brüchig. Für kleine plastische und bildhauerische Entwürfe ist er nach wie vor ein ideales Gestaltungsmittel.
Gipsmodelle wurden in früheren Epochen teilweise in sehr großen Maßstäben ausgeführt, die die Entwicklung aller plastischen Details erlaubten. Baumodelle wurden in Teilabschnitten zusammenmontiert, gleiche Teile dabei in Serie geformt und appliziert.

Für Gipsmodelle gibt es unterschiedliche Herstellungsweisen.

Profile werden u.U. gezogen, z.B. Baukörper in Strangform, und anschließend abgeschnitten.

Grundplatten aus Gips mit umliegender Bebauung werden, wenn sie wie bei Wettbewerben in größerer Stückzahl gebraucht werden, nach wie vor kostengünstig in Gipstechnik hergestellt.

Gipsformen werden gegossen. Dazu werden von Kernmodellen Formen abgenommen, isoliert und zum Guß mehrerer Stücke verwandt. Die Gußformen werden entweder selbst aus Gips hergestellt oder aus Kunststoff, der sich biegen läßt und die gewonnenen Formen besser freigibt.

Die Verfahren des **Gipsmodellbaus** lassen sich untereinander kombinieren. Teile werden vorgefertigt und dann miteingegossen.

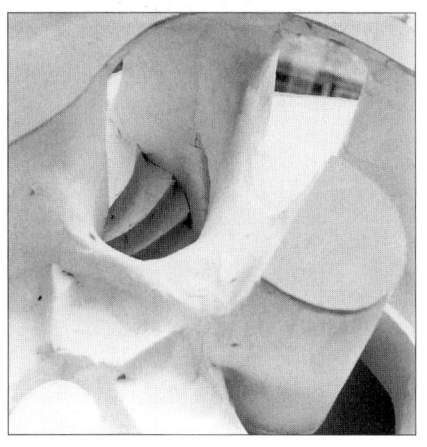

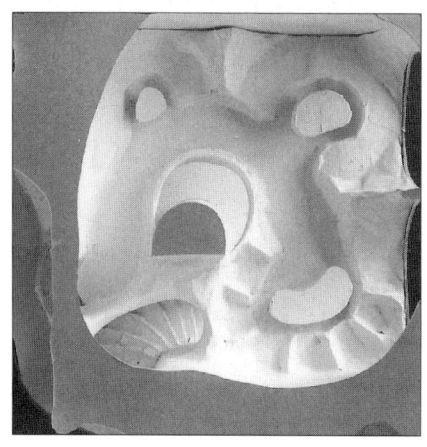

Innenraum-Modelle mit weichen Formen lassen sich sehr gut mit Gips modellieren; vor allem, wenn man Nesseleinlagen vorsieht und in mehreren Schichten arbeitet.

Alternativ können diese Formen aber auch mit eingeweichten Papieren erzielt werden, siehe Seite 145 unten.

METALL GIPS / KORK   3

Gips massiv und mit Gewebe

Kleinere Modelle oder deren Teile werden massiv aus Gips gegossen oder gezogen. Größere Gipsmodelle brauchen Unterkonstruktionen aus Metallteilen und Gewebe.

Plastiken werden in Ton modelliert, der bei der Formgebung ständig feucht gehalten wird. Luftdichtes Verschließen ist bei Arbeitspausen sowie für ein rissefreies, langsames Trocknen nötig. Nach dem Austrocknen wird die Negativform abgenommen. Nach dem Guß wird dann die Oberfläche behandelt.

Mehrteilige Gußformen sind nötig, wenn Unterscheidungen auftreten. Das Modell oben zeigt ein Bergdorf. Das Grundmodell wurde aus Holzleisten geklebt, in Kunststoff abgeformt und in Gips gegossen; der Kirchturm erhielt zwei Drahtarmierungen.

Gips wird lagenweise aufgebaut. Als Unterkonstruktion dient meist Drahtgewebe das ggf. seinerseits durch Metallprofile oder Aufständerungen auf Platten unterstützt wird.

Die Ausführung kann leicht mit gipsgetränkten Mullbinden, wie man sie auch in Krankenhäusern zum Festlegen von Knochenbrüchen benutzt, erfolgen. Das Beispiel unten links zeigt freimodellierte Formen auf einer Grundplatte.

Stuckgips eignet sich besonders für den Modellbau.

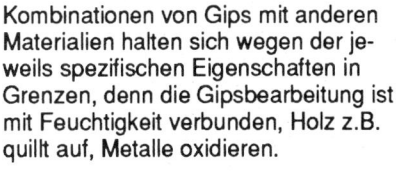

Kombinationen von Gips mit anderen Materialien halten sich wegen der jeweils spezifischen Eigenschaften in Grenzen, denn die Gipsbearbeitung ist mit Feuchtigkeit verbunden, Holz z.B. quillt auf, Metalle oxidieren.

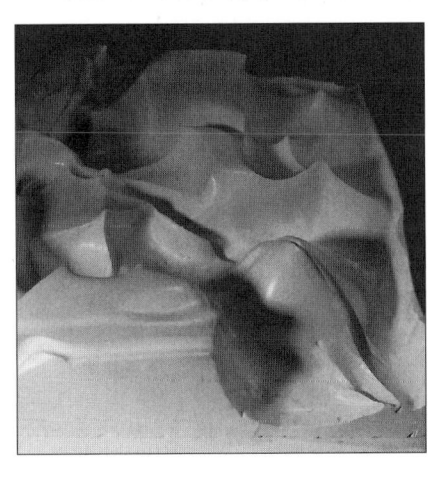

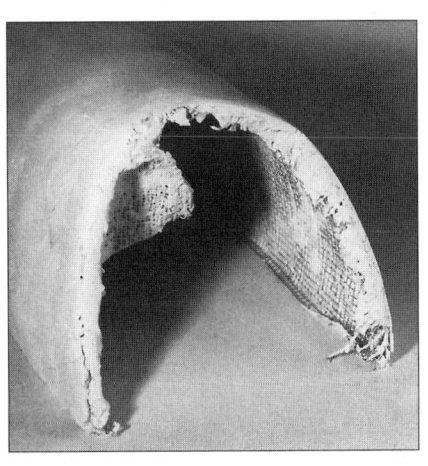

Die Skulptur links ist gegossen und damit sehr schwer. Die rechte ist hohl und mit Leinwandbandagen armiert und damit leicht.

links: Objektplanungen an der Fachhochschule Kunst und Design, Hannover.

Geschweifte und einseitig geneigte Raumtrennwand mit Durchgang „Tunnel" und Einbauschränken auf der lotrechten Seite.

Nicht nur das Modell, sondern auch die Ausführung wurde in Gips hergestellt. Die Montagefolge zeigt die Unterkonstruktion mit Drähten und Streckmetall.

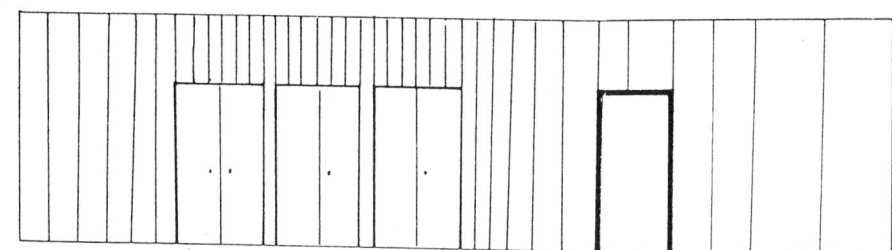

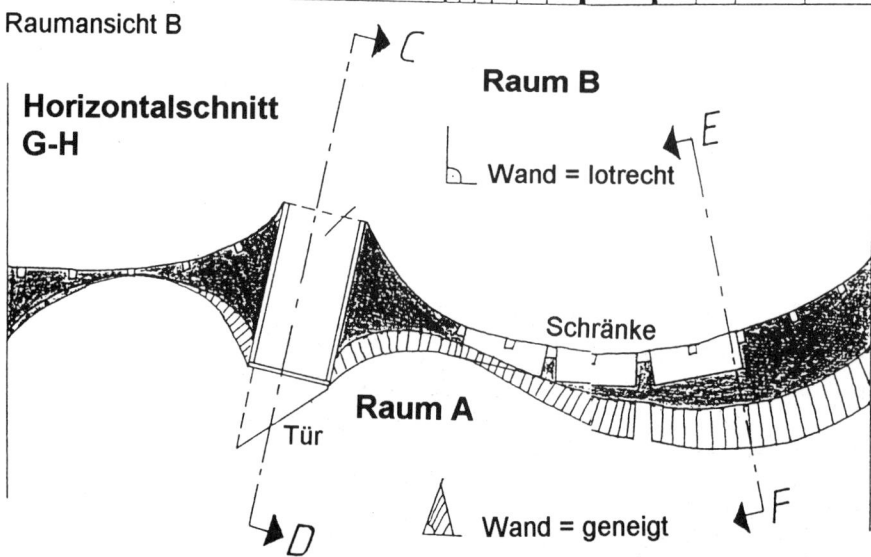

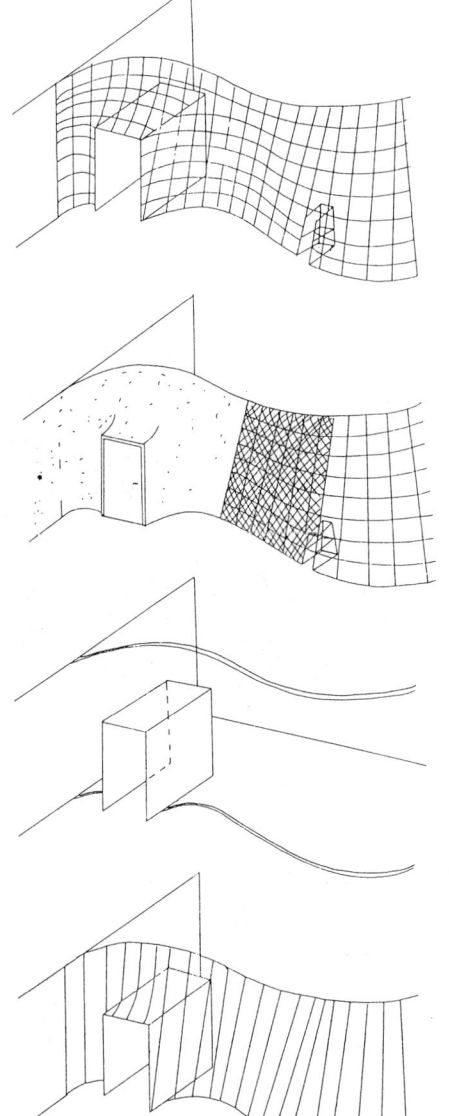

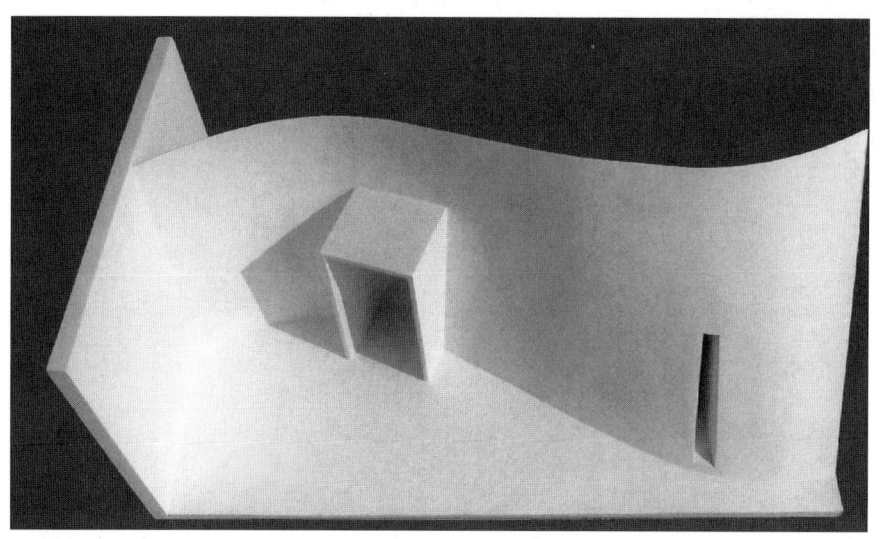

Raumansicht B

Horizontalschnitt G-H

Raum B

Wand = lotrecht

Schränke

Raum A

Tür

Wand = geneigt

Fachhochschule Hannover

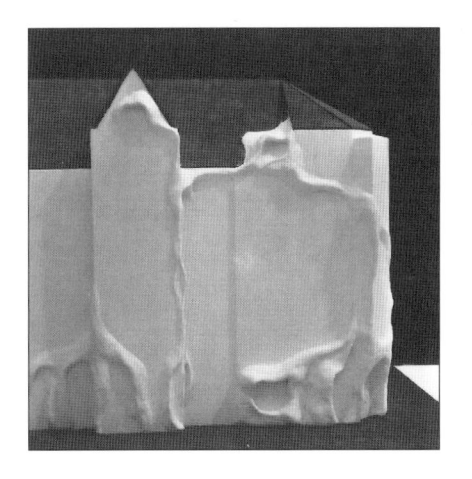

METALL 4
GIPS/KORK

Gips und Kork

Kork eignet sich sehr für Geländemodelle. Er wird in Platten oder Rollen geliefert. Die Stärken reichen von Kartondicken bis zu größeren Blöcken, die Bahnen von 1,00m Breite bis zu 1,50m Länge.

Durch die Dehnbarkeit des Materials lassen sich Wellen, Böschungen, Gräben und kleine Berge sauber und fugenlos überdecken.

Korkkugeln werden auch gerne für Modellbäume eingesetzt.

Die Farbgestaltung sollte, um die Struktur des Materials zu erhalten, durch Spritzen erfolgen. Dafür eignen sich sogenannte Architekturmischfarben. Kleine Flächen, die sich gut abdecken lassen, sollten zuerst gespritzt werden.

Altbausanierung, Fassadengestaltung am Modell mit Gips. Entwurf: M. Lüdke, N. Jans, FH Hannover.

Kinderspielplatzanlage

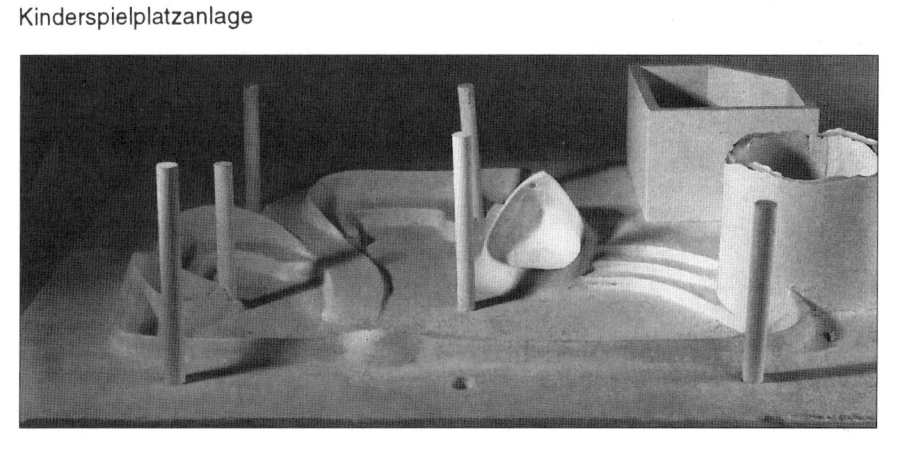

Mischkonstruktion. Grundplatte in Gips gegossen, Säulen und Hohlkörper vorgefertigt: Geländer und Stufenausformungen wurden nachträglich aufgebaut.

Rom, Tempel des Hercules Victor. Korkmodell von A. Chichi, um 1780.

Die Technik des Modellbaus soll einfach sein und es erlauben, das Modell ständig ändern zu können.
Die erste Forderung erfüllt ein Arbeitsmodell, die letztere ein Präsentationsmodell. Dieses wird nach Abschluß der Planung nach fertigen Zeichnungen hergestellt.
Arbeitsmodelle müssen schnell und leicht gefertigt werden können, nichts darf festgelegt und starr fixiert sein.

Tips für sinnvolle Arbeitsweisen mit **Papiermodellen** sind hier an Beispielen gezeigt.
An der Treppe:
Das Anritzen auf der richtigen Seite will bedacht sein. Das Passendschneiden von Bauteilen ist oft nach dem Aufkleben schneller und exakter möglich.
Die Gegenüberstellung in den spaltenweise gerasterten Zeichnungen von üblichen, aber ungünstigen Modellbauarten mit den einfachen macht deren Vorteile deutlich.

Der Papiermodellbau ist der einfachste und preiswerteste unter denen anderer Materialien. Er kann am Reißbrett vom Architekten ohne Geräte betrieben werden. Er dient nicht nur der kreativen Entwurfsarbeit, sondern fördert sie auch. Der Modellbau aus Papier hat damit eine solche Bedeutung, daß ihm ganz im Gegensatz zu anderen Materialien hier ein eigenes Kapitel gewidmet wird.

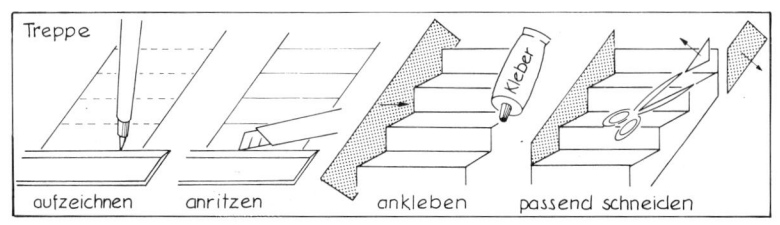

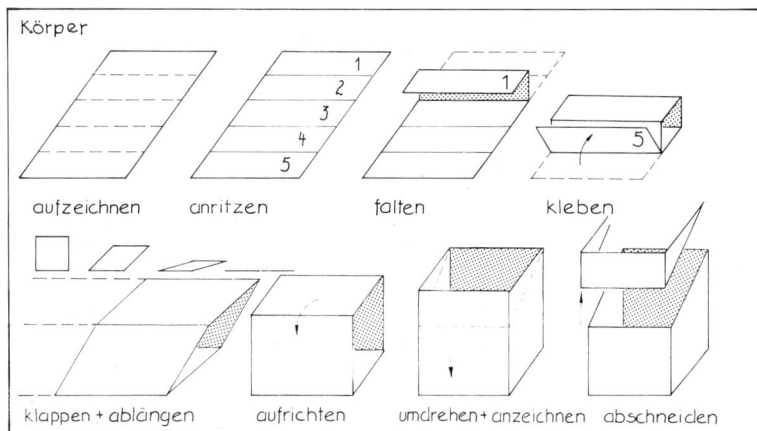

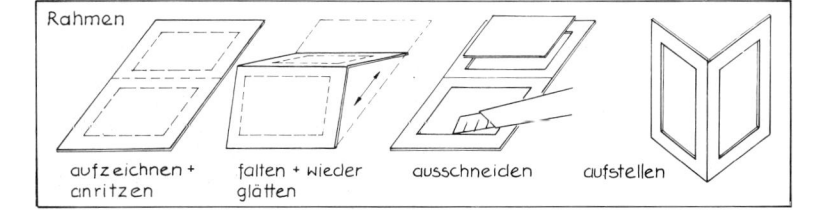

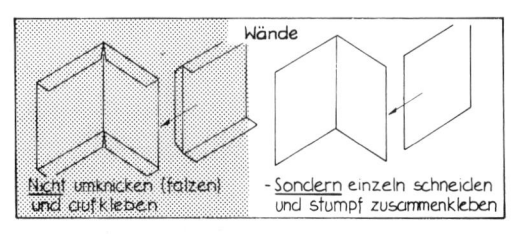

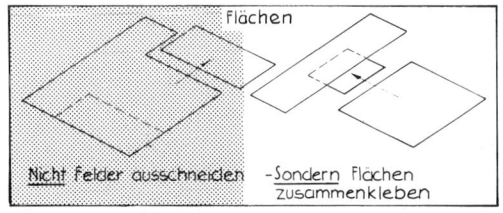

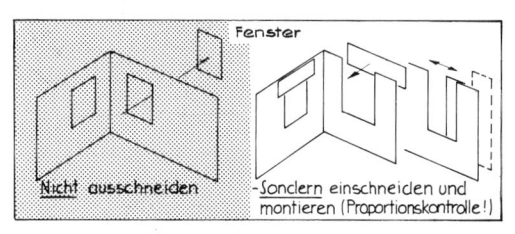

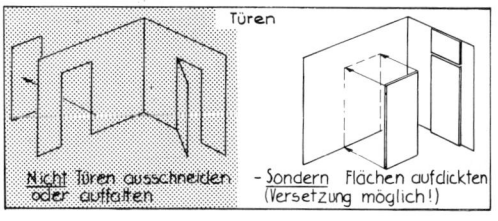

An einem Körper:
Das Ablängen gerader und erst recht schräger Teile ist nach dem Zusammenkleben des Hohlkörpers günstig.

An einem Rahmen:
Das Falten offener Rahmen muß vor dem Ausschneiden der Felder erfolgen, also erst ritzen, dann falten, wieder glätten und dann ausschneiden.
Die **Wände** brauchen nicht durch Umlegen von Kanten befestigt werden. Das ist mühsam und nicht nötig, denn die Pappen haben ohnehin Halt. Zudem behindert das Umlegen die Variabilität und sieht schlecht aus. Besser ist es, die Teile zuzuschneiden, anzuhalten und so lange zu verändern, bis sie passen und gefallen. Erst dann klebt man das Modell zusammen.

Die **Fenster** müssen nicht mühselig ausgeschnitten werden, das würde die genaue Kenntnis ihrer Größe und Position voraussetzen. Das Einschneiden der Wände von der Kante aus geht viel schneller. Der Sturz wird anschließend montiert, die Fensterhöhe damit noch gesteuert. Auch die Brüstung kann nachgeschnitten werden. Aufdickungen erlauben zudem Änderungen in der Breite.

Flächen müssen nicht passend geschnitten werden, denn das ergibt zu viel Verschnitt, auch wird die Konstruktionsfuge, die bei der späteren Ausführung, z.B. einer Einbautischplatte, nötig ist, nicht bedacht. Die Flächen werden besser aus Teilen zusammenmontiert.

Die **Türen** müssen nicht ausgeschnitten und erst recht nicht in geöffnetem Zustand gezeigt werden, denn das bringt Unruhe in das Modell und lenkt ab. Die Türflächen werden durch das beidseitige Aufkleben von Papierstücken in ihrer Größe und Position signalisiert, so auch bei Anordnungen von Stürzen und Oberlichtern. Ein Fenster und eine Tür sind mehr als nur Löcher in der Wand.

Das Suchen einer Fenstergröße, -tiefe sowie der -gliederung zeigt die obere Reihe der Zeichnung.

Kapitelübersicht

1. Techniken
2. Entwurf
3. Lichtpauskollagen
4. Wände und Öffnungen
5. Räume und Dächer
6. Geneigte Dächer
7. Flache Dächer
8. Treppen
9. Einbauten
10. Möbel
11. Leuchten

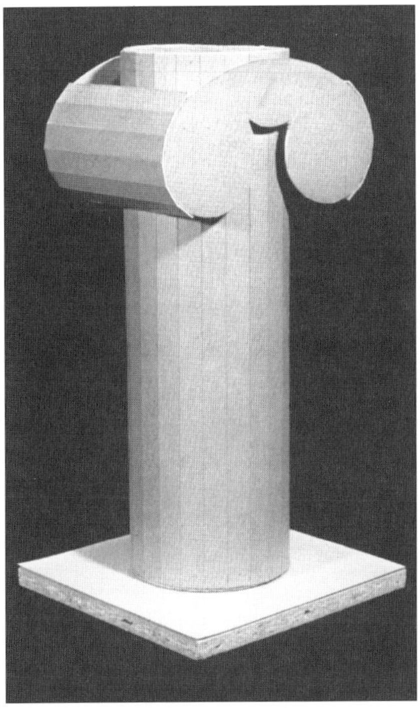

PAPIER-MODELLE 1

Techniken

Die **Farbgebung** ist natürlich durch Anstriche oder durch Spritzen möglich. Am einfachsten und gleichmäßigsten ist jedoch das Bekleben mit farbigen Papieren oder Folien.

Zweisinnig gekrümmte Flächen mit Papier herzustellen, fällt schwer so daß sie leider nur gelegentlich vorgeschlagen werden, obwohl ihr Erlebniswert groß ist.

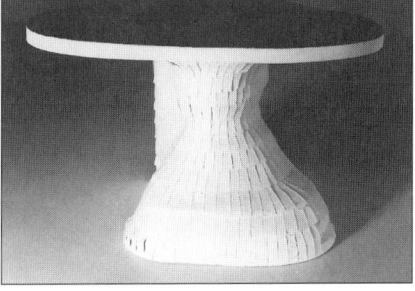

Die Modelle unten zeigen höhlenartige Räume, die so total plastisch geformt sind, daß sie auch aus Gips gemacht sein könnten. Dann würden sie jedoch sehr viel massiver ausfallen und bei der Bearbeitung viel Schleifstaub erzeugen.

Studienarbeit an der Fachhochschule Hannover im Fach „Kunst und Design".

Die Modellbautechnik muß ein gutes Verhältnis der Pappflächen zu den **Pappstärken** berücksichtigen, nötigenfalls sind Aussteifungsrippen angebracht, wenn die vorgesehenen Wände in einem Gebäude nicht schon ausreichen. Das wiederum könnte bereits beim Modell darauf aufmerksam machen, daß auch bei der Ausführung eines Gebäudes eine Aussteifung nötig ist.

Man soll an den Modellen nicht nur darstellen, sondern daran experimentieren und entwickeln.

Die **Handelsformen der Papiere und Kartons** sind, je nach Stärke, Rollen, Bögen, Platten oder Tafeln.

Das Schneiden erfolgt mit dem Messer oder sogenannten Cuttern, nur in Ausnahmen mit feinen Sägen von Hand oder maschinell. Die Kanten sollen in jedem Fall sehr sauber, d.h. glatt und rechtwinklig, sein.

Das Schleifen von Kartons ist selten auf der Fläche nötig, da diese in jeder gewünschten Qualität im Handel erhältlich sind. Das Kantenschleifen ist bei größeren Stärken schon eher notwendig. Der Karton muß daher dicht und gut geleimt sein.

Die Oberflächen sind glatt oder matt, stumpf oder rauh oder speziell geformt, z.B. gewellt, gesandet, gepunktet, liniert oder gerastert.

Der **Modellbau mit** Papier und **Karton** ist sehr einfach, die Bauteile werden ausgeschnitten und stumpf zusammengeklebt. Falze sind nicht nötig, sie sind nur umständlich und aufwendig.
Pappen in der Stärke von 0,5mm bis 3mm, die sich gut schneiden und schleifen lassen, sind überall erhältlich. Kartonsorten sollten gut durchgeleimt sein, die üblichen Stärken liegen zwischen 150 und 200g/m².

Die Modelle links oben zeigen Baukörper aus Papier und Geländestrukturen aus Pappe.

Gefaltete Flächen steifen sich gut aus, siehe das Vordach am Modell Mitte.

Gebogene, also einseitig gekrümmte Flächen, sind dagegen schon seltener.

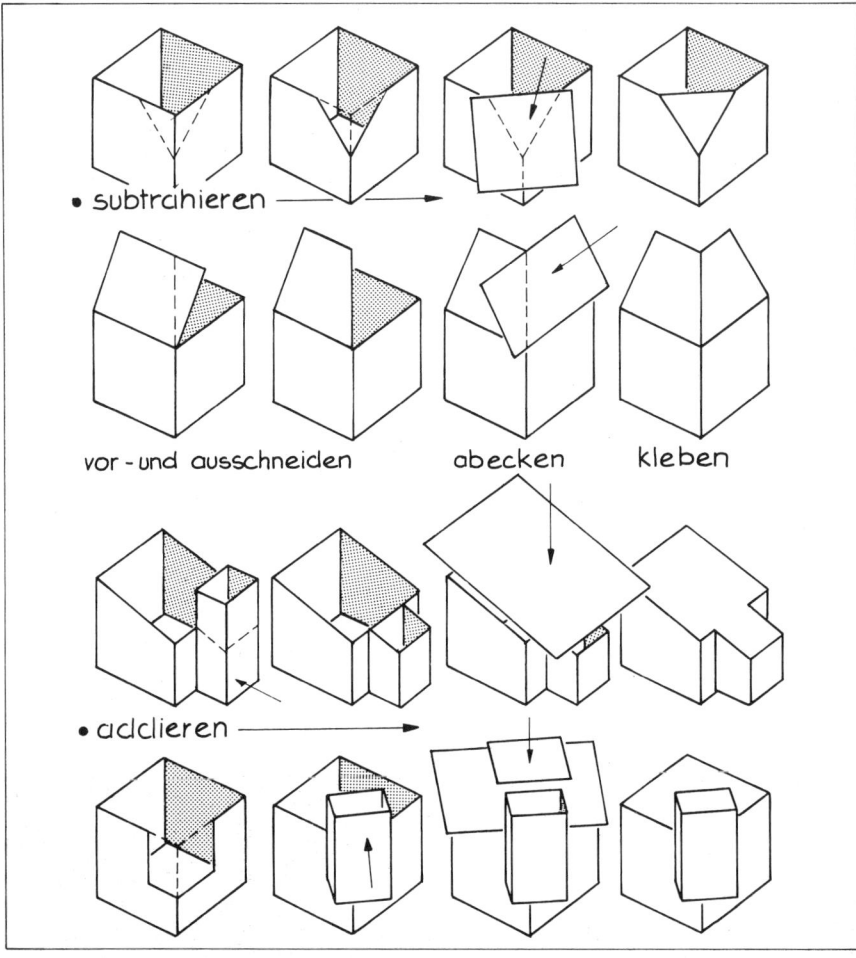

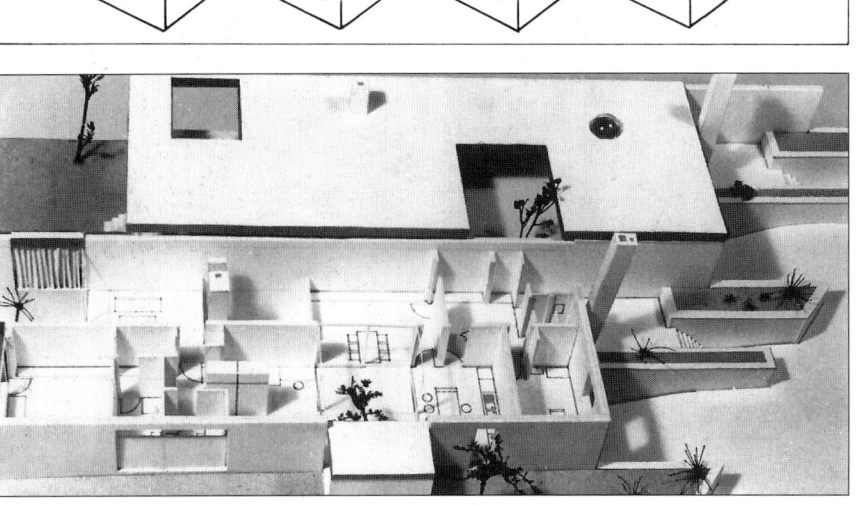

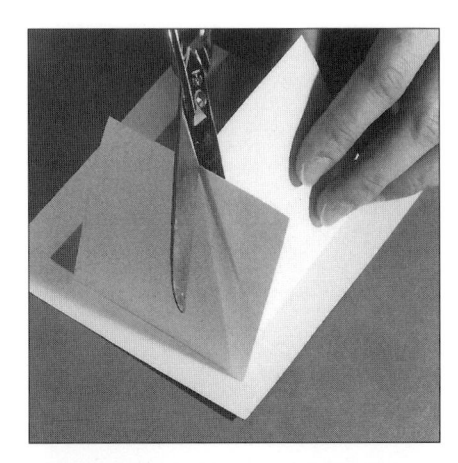

Die Ermittlung von Dachschrägen und deren Kombinationen zeigt die untere Reihe.

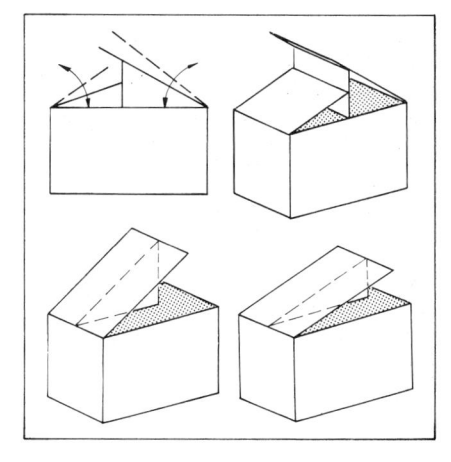

Das **Arbeitsmodell** dient dem Entwurf, an ihm werden formale Entscheidungen probiert.

Die Anschlußvarianten einer Trennwand an einem Fenster unten rechts würden ohne räumliche Untersuchungen im Modell nicht gefunden werden können.

Studienarbeit an der Fachhochschule Hannover, Studiengang Innenarchitektur.

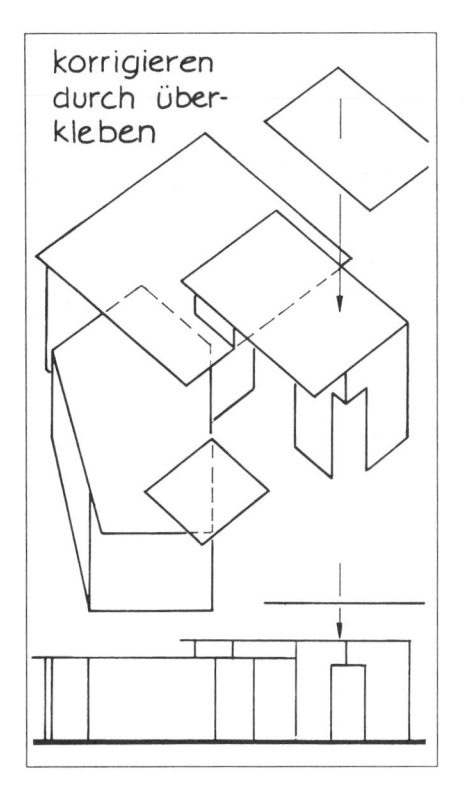

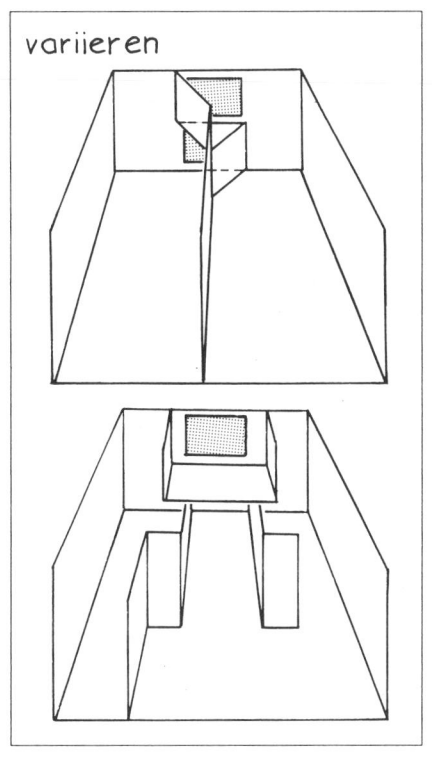

PAPIER-MODELLE 2

Entwurf

Das **experimentelle Schaffen am Modell** kann durch das Variieren einer Ausgangsform am schnellsten erfolgen, z.B. durch:

– das Subtrahieren, das Ab- und Herausschneiden von Modellteilen,
– das Addieren, das Hinzufügen von Modellteilen.

Das Anpassen neuer Teile ist mühsam. Einfacher ist es, erst zu kleben und dann die Stücke neu zu schneiden.

Die **Formfindung** ist das Anliegen der Gestaltplanung.

Der Entwurf kann sehr viel schneller in der dritten Dimension, also am Modell, vorgenommen werden als in der zweiten.

Die technischen Zeichnungen von Ansichten, Grundrissen und Schnitten sind eigentlich erst die nachfolgenden Abstraktionen einer plastisch ausgeführten Schöpfung.

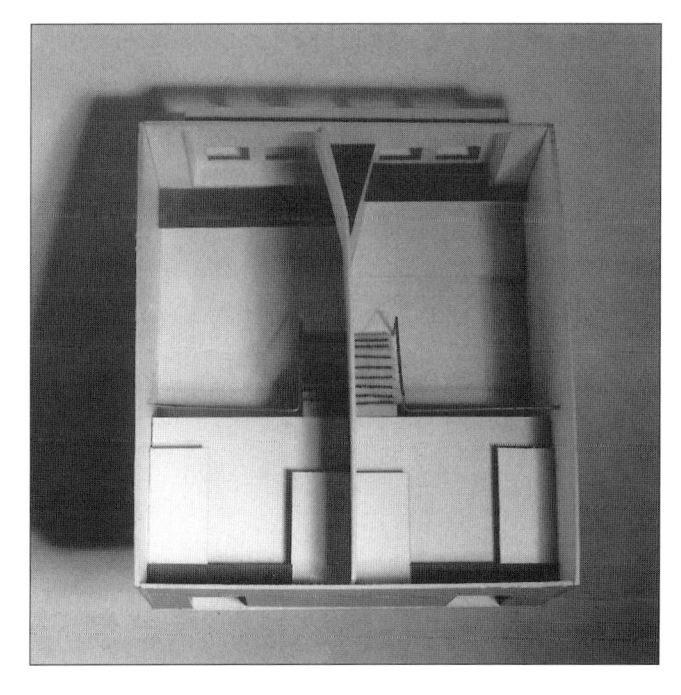

Kontrollmodelle basieren auf einem fertigen Entwurf, der auf einfachste Weise in seiner Wirkung überprüft wird.

Die Grundrißpläne werden ebenso wie die Schnittzeichnungen mit den Wandansichten auf Pappen geklebt und dann geschoßweise zusammengebaut. Durch das Fehlen der Außenwände ist der Einblick in das Modell total und die Information durch die Zeichnungen groß.

Die Außenwände und Dachflächen werden getrennt zu einem gesonderten Außenmodell zusammengefügt. Besser und schneller kann kaum ein Entwurf kontrolliert werden.

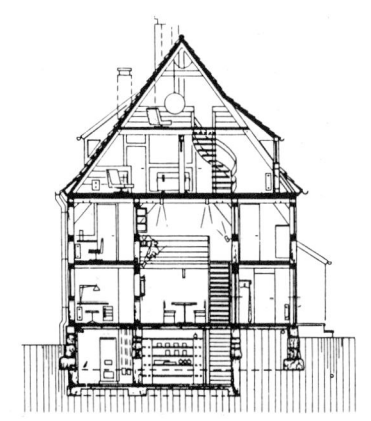

Ehemalige Klosterschänke zu Flegessen, Bauherrin Fanny-Ilse Schaarschmidt.

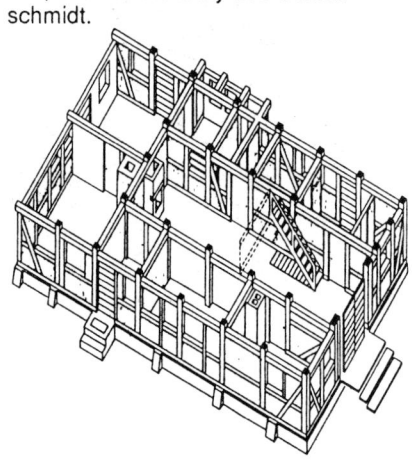

Präsentationsmodelle sind Verkaufsinstrumente. Sie sollen Bauherren inspirieren. Ihre Darstellung ist daher für Laien zugeschnitten und eher naturalistisch als abstrakt.

Literatur: Handbuch der Grafischen Techniken, Tom Porter und Bob Greenstreet, Verlagsgesellschaft Rudolf Müller, Köln.

Die Fassaden werden oft nicht nur gezeichnet, sondern auch farbig angelegt. Die Bodenplatten erhalten Geh- und Farbbeläge. Grünanlagen und die sonstige Ausstattung, bis hin zu Menschen und Fahrzeugen, werden signalisiert.

Das Modell soll einen wirklichkeitsgetreuen Eindruck von einer Bauplanung hervorrufen, das gelingt aber nur durch eine Übersetzung auch im kleinen Maßstab. Auch gegenständliche Darstellungsweisen verlangen im Modell einen gewissen Grad an Abstraktion, um eine gute Wirkung zu erzielen.

PAPIER-MODELLE 3

Lichtpauscollagen

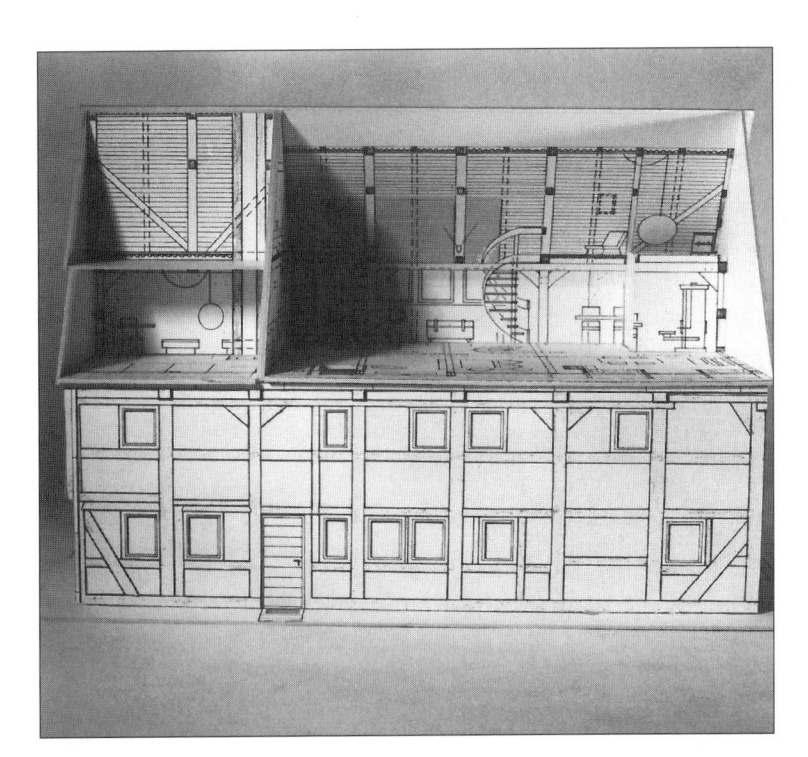

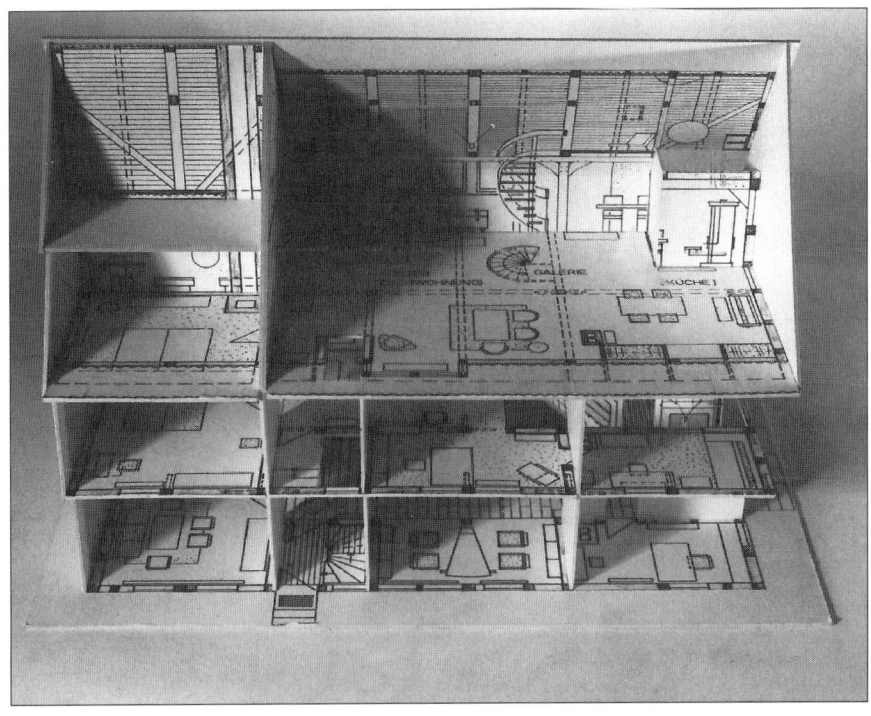

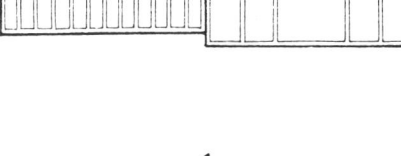

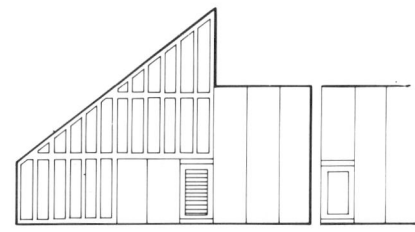

Fassaden werden vorgezeichnet

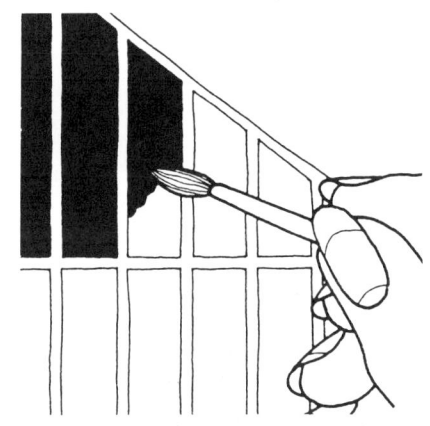

Ansichten werden farbig angelegt

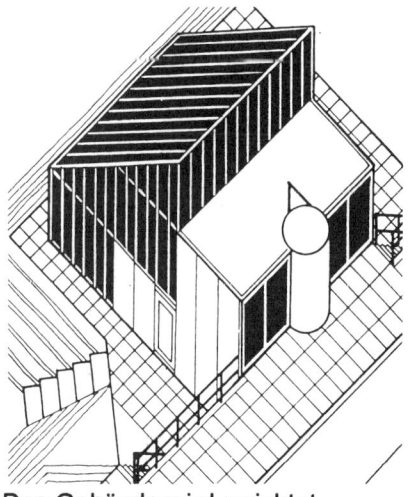

Das Gebäude wird errichtet

149

• Wände

• Wandstärken
teilbar   abklappbar

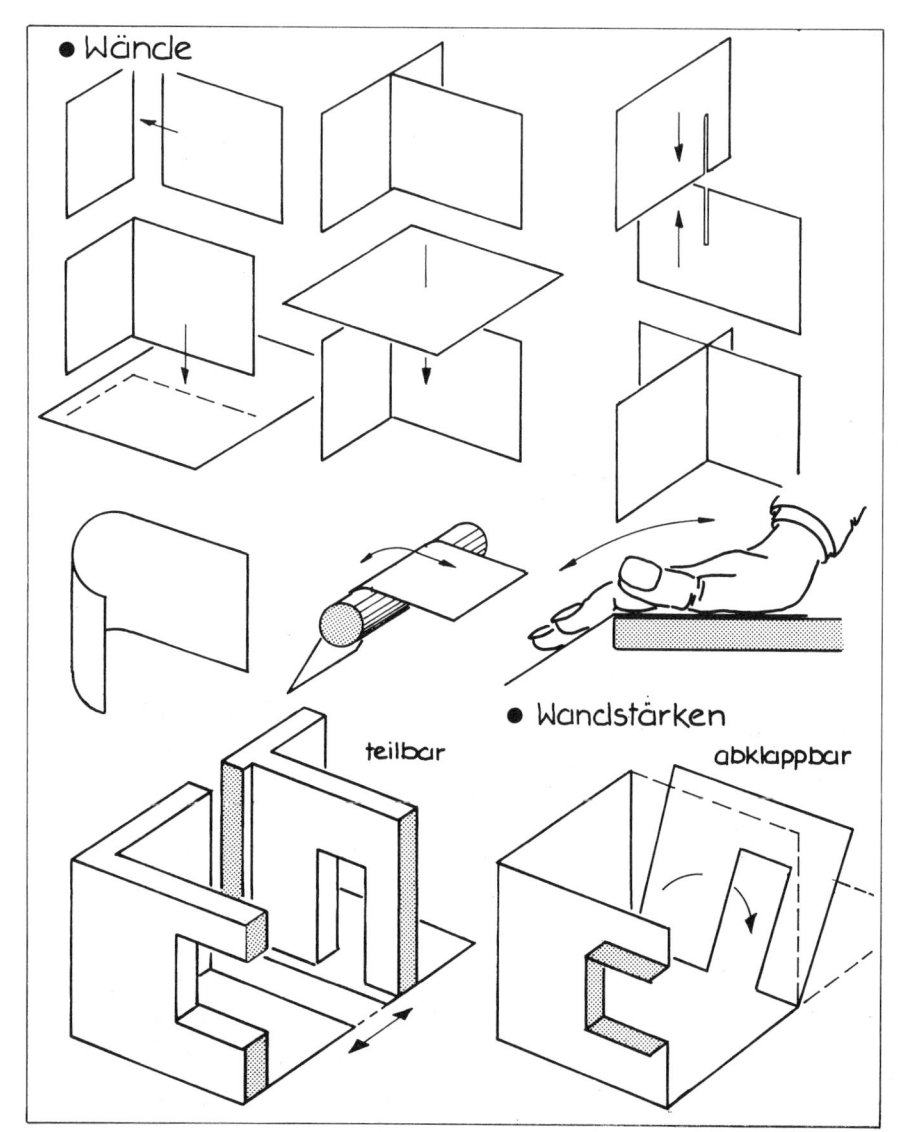

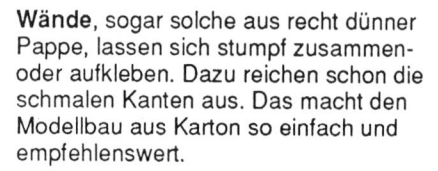

Wände, sogar solche aus recht dünner Pappe, lassen sich stumpf zusammen- oder aufkleben. Dazu reichen schon die schmalen Kanten aus. Das macht den Modellbau aus Karton so einfach und empfehlenswert.

Der Zuschnitt aller Teile erfolgt paßgerecht, Zugaben zum Umfalten von Teilen sind nicht nötig, denn alles wird stumpf geklebt.

Die Aussteifung von Wänden ergibt sich durch die Winkelstellung, Ausklinkungen, sowie durch das Aufkleben auf die Bodenplatten und durch die Abdeckung.

Runde und **geschweifte Wände** werden durch Biegen geformt. Der Karton ist so zu wählen, daß er in der gewünschten Form stehenbleibt. Das erleichtert das Entwerfen sehr.

Die **Wandstärken** bereiten dem Modellbau allgemein immer wieder Schwierigkeiten, vor allem bei Karton.

Die vollen Wandstärken zu simulieren, hieße zweischalig zu arbeiten. Der Aufwand dafür wäre groß und der Effekt gering.

1. Die Wände träten unnötig hervor.
2. Die Mühe wäre außerordentlich groß.
3. Die Raumwirkung würde verfälscht.

Die Wände sollen daher in der Mitte der Wandstärke aufgestellt werden. Das Modell erhält dadurch etwas mehr Luft.

Außenwände, wenn sie sehr stark sind, mit dicken Pappen darzustellen, verursacht an den Fenstern einen falschen Eindruck, daher kann an diesen die Laibung zusätzlich ausgebildet weden.

Fensteröffnungen lassen sich in Form und Größe am besten durch das Aufkleben von Sturz- und Brüstungsstreifen an Wandschlitzen darstellen.

Fensterlaibungen der Wandstärke entsprechend auszubilden, bewirkt den Eindruck starker Mauern.

Lage und Form von **Erkervorbauten** werden oft erst am Modell gefunden.

PAPIER-MODELLE 4

Wände und Öffnungen

Türen sollten grundsätzlich nur vollflächig simuliert werden, es sei denn, daß auch die Modelltüren Durchsicht gewähren sollen. Das Türblatt wird leicht durch das Aufkleben von Papierflächen auf beide Seiten der Wand erzeugt. Türstürze mit und ohne Oberlicht entstehen durch Querstücke über den Wandschlitzen. Türöffnungsarten sollten nur in besonderen Fällen demonstriert werden, also nicht bei den üblichen Drehtüren.

Schiebe-, Falt- und Wendetüren sind schnell zu bauen, wie die Zeichnungen verdeutlichen.

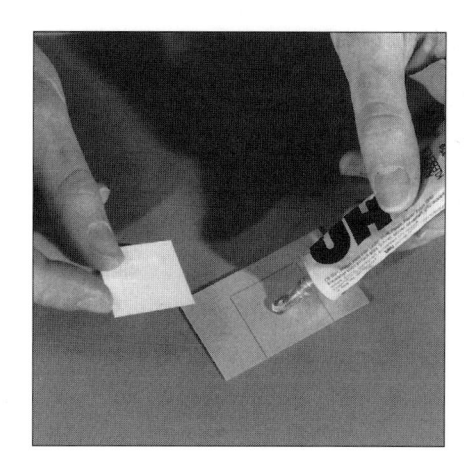

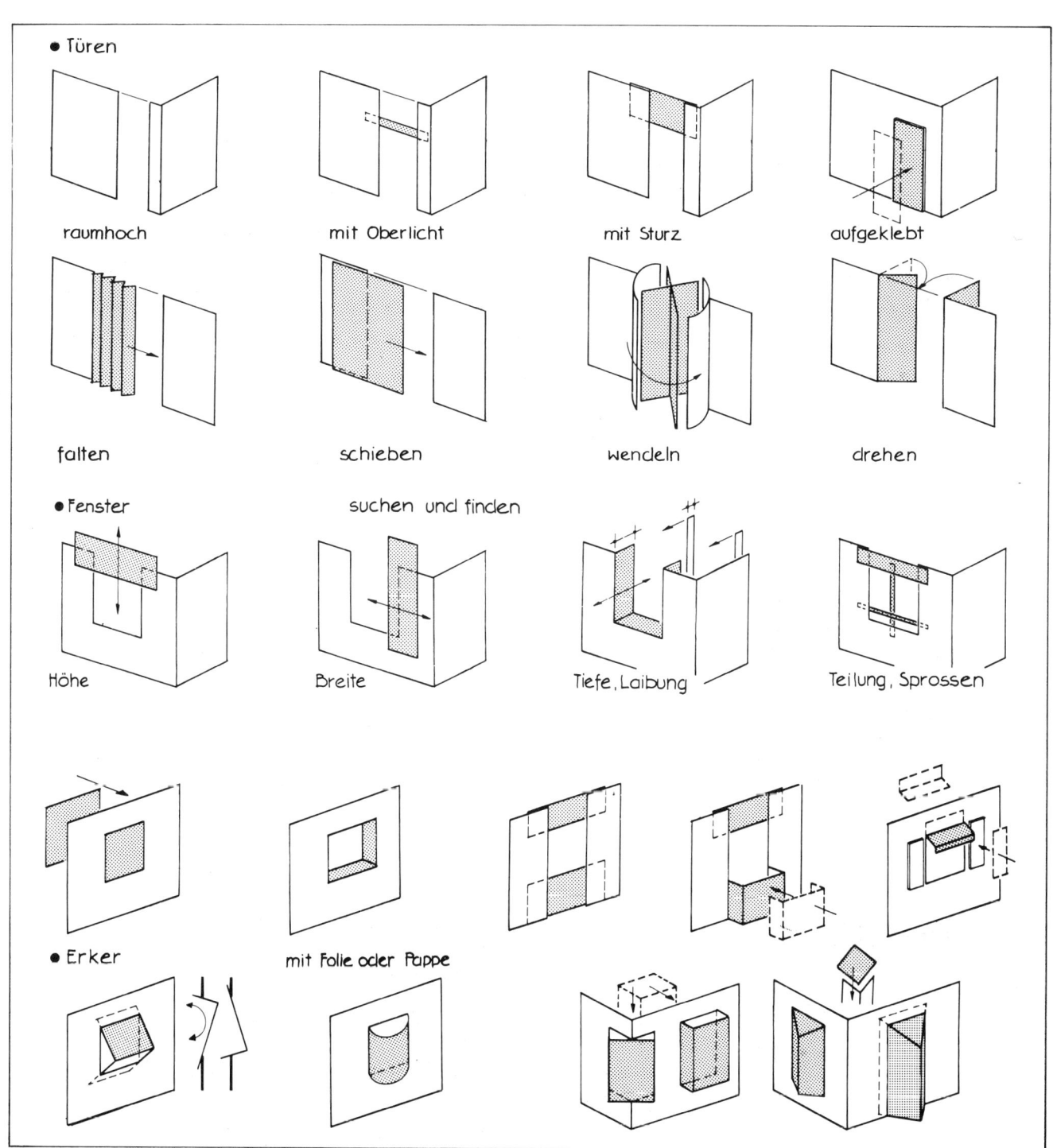

- **Türen**

  raumhoch — mit Oberlicht — mit Sturz — aufgeklebt

  falten — schieben — wendeln — drehen

- **Fenster**

  suchen und finden

  Höhe — Breite — Tiefe, Laibung — Teilung, Sprossen

- **Erker**

  mit Folie oder Pappe

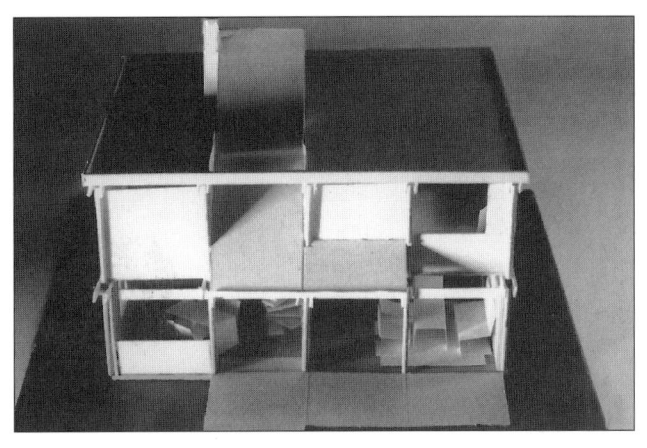

r.: Einfamilienhäuser in Skelettbauweise, Arbeitsgemeinschaft Holz, Düsseldorf, Arch. Pracht.

Räume, im Modell durch das Aufkleben auf Bodenplatten entstanden, beeindrucken den Betrachter durch ihre Vielfalt, aber nicht durch ihre Einzelqualität. Diese jedoch gilt es im Modell zu überprüfen.

Der Raumeindruck am Modell von oben ist nur schwer einzuschätzen und kann nur dann erfaßt werden, wenn Ablenkungen reduziert werden, z.B. durch das Abdecken umliegender Räume.

Geschosse werden auch am Modell einzeln gebaut, sie sind so getrennt einsehbar.

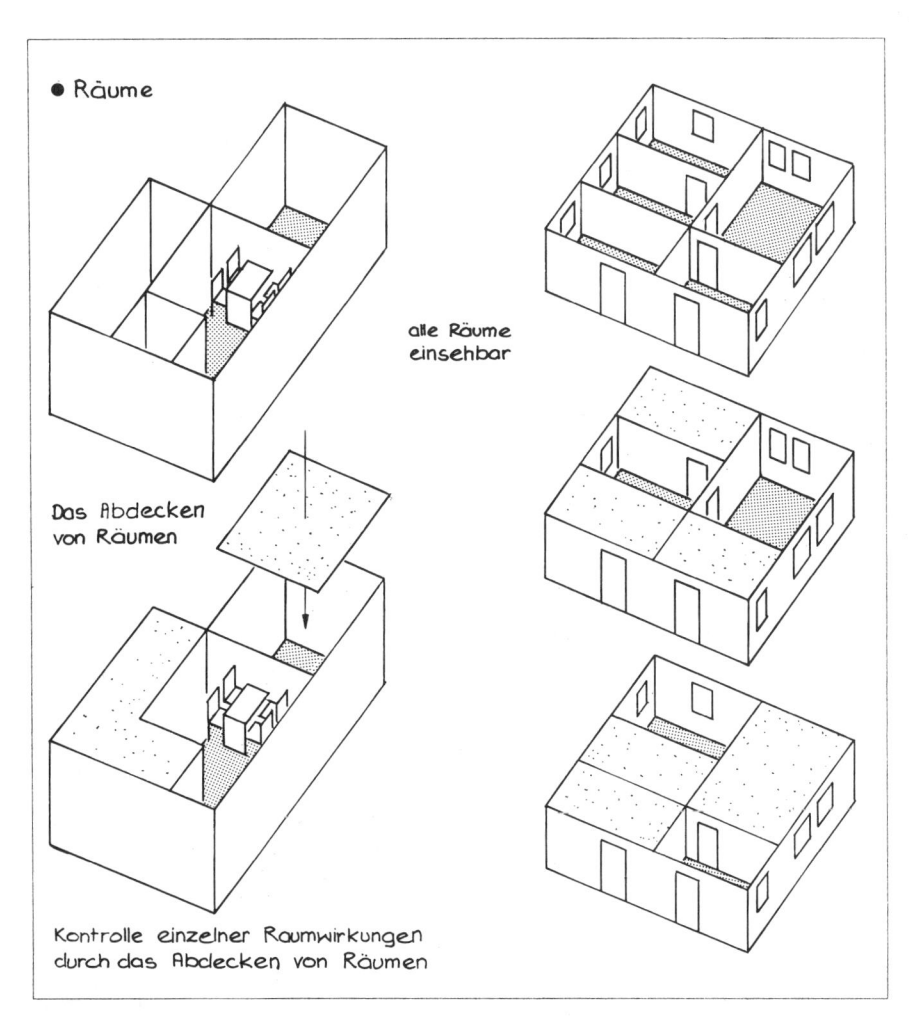

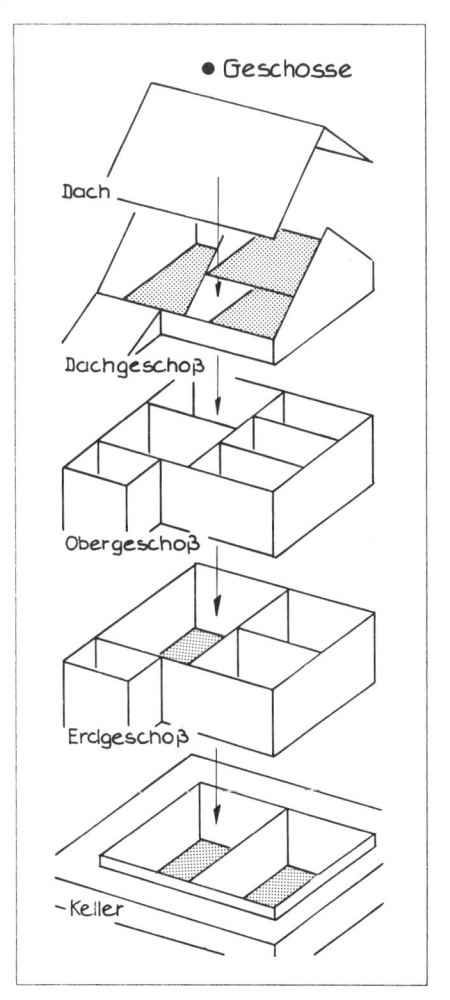

• Räume

alle Räume einsehbar

Das Abdecken von Räumen

Kontrolle einzelner Raumwirkungen durch das Abdecken von Räumen

• Geschosse

Dach

Dachgeschoß

Obergeschoß

Erdgeschoß

Keller

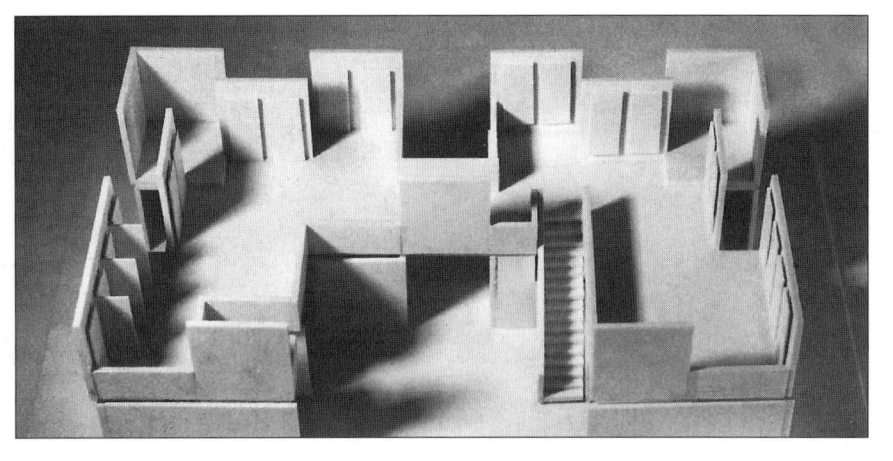

Dachaufbauten wie Oberlichter, Gaupen und Schornsteine sind in ihrer Formgebung sehr bestimmend für ein Haus. Ihre Plazierung läßt sich am besten am Modell finden.

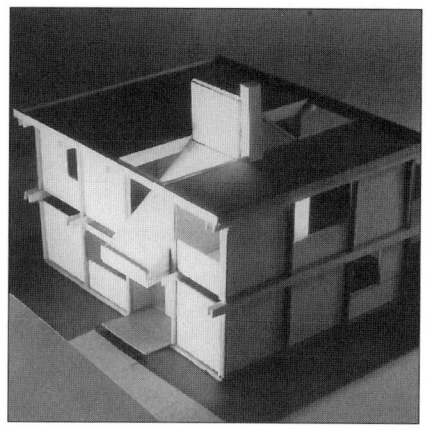

PAPIER-MODELLE 5

Räume und Dächer

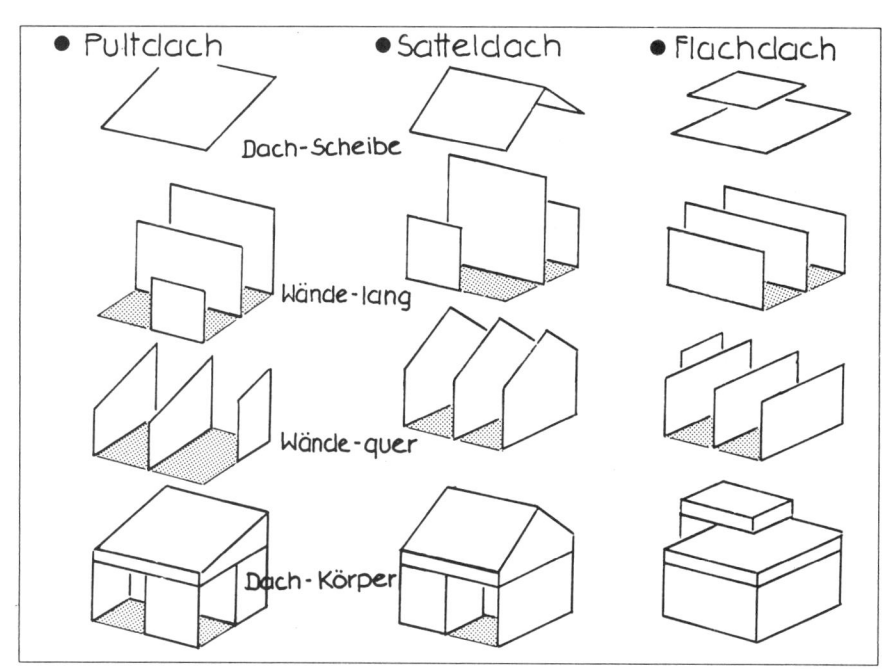

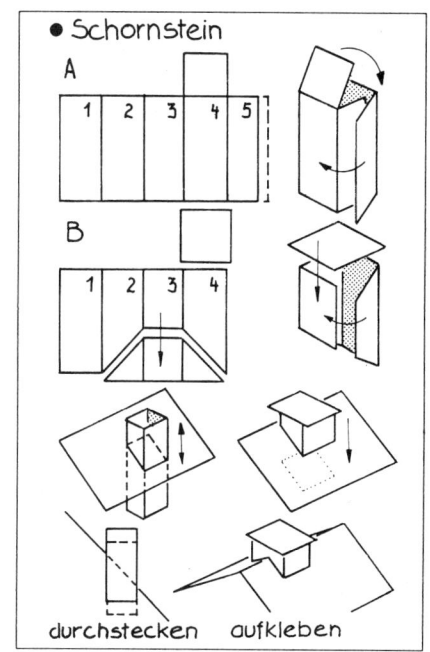

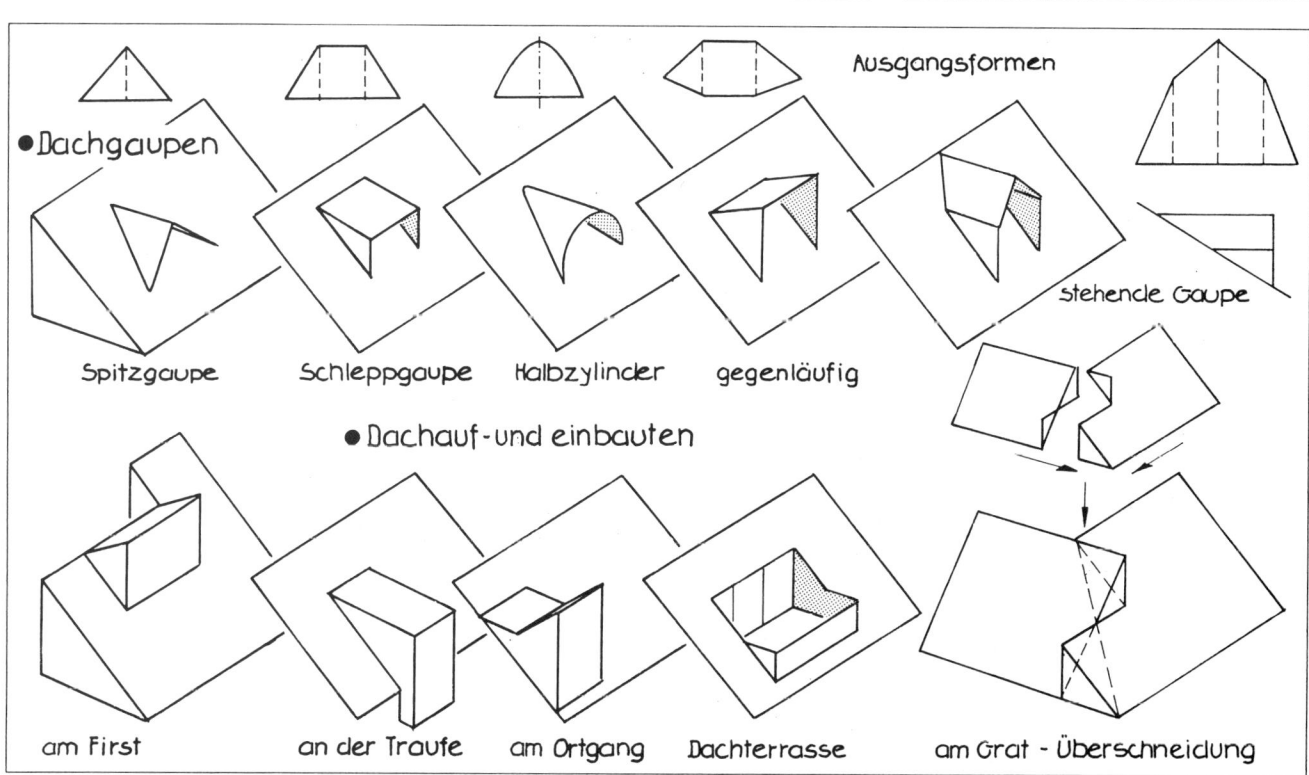

• Pultdach • Satteldach • Flachdach

Dach-Scheibe

Wände-lang

Wände-quer

Dach-Körper

• Schornstein

A | 1 | 2 | 3 | 4 | 5

B | 1 | 2 | 3 | 4

durchstecken aufkleben

• Dachgaupen

Ausgangsformen

Spitzgaupe   Schleppgaupe   Halbzylinder   gegenläufig   stehende Gaupe

• Dachauf- und einbauten

am First   an der Traufe   am Ortgang   Dachterrasse   am Grat - Überschneidung

153

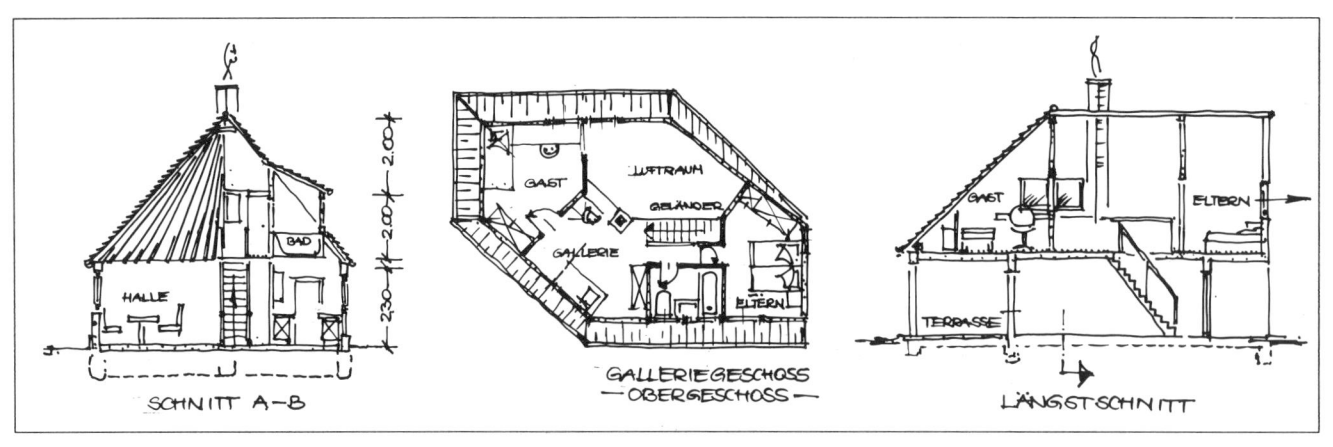

Die Innenraumgestaltung beruht ebenfalls auf der Dachform. Sie ist in der Halle vom Erdgeschoß aus, ebenso wie von der offenen Galerie, als aufsteigende Schwinge voll sichtbar.
– Die Galeriebelichtung erfolgt durch ein Dreieckfenster, das durch die Überschiebung der Längsflächen über den Walm hinaus gestalterisch forciert wurde.

– Innenraumfenster zur Halle hin vergrößern optisch die Räume im Galeriegeschoß und erlauben den Blick in die Halle. Die Außenfenster, bewußt an den Gebäudekanten angelegt, sind damit in ihrer Position entschieden fixiert und gestalterisch interessant.

Ein klassisches Beispiel, wie am Modell zur Formgebung gefunden wurde. Haus Dr. Heine Hülsecke, Arch. Prof. Pracht.

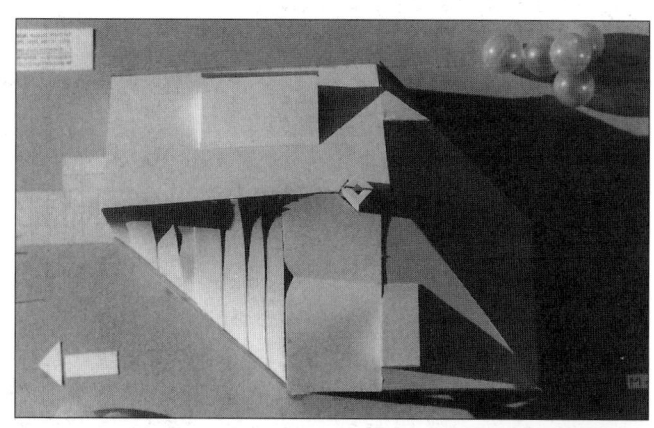

Siedlung am Lindenwäldle,
Planung: Dipl.-Ing. Rolf Disch,
7800 Freiburg
Dachsimulation mit Wellpappe

PAPIER-MODELLE 6

Geneigte Dächer

Brandgiebelbebauung in Lloret de Mar.
Studienarbeit a.d. Fachhochschule
Hannover, Studiengang Kunst und
Design, Exkursion 1984

Das **Papiermaterial** für den Modellbau
braucht man gar nicht unbedingt zu
kaufen. Prospektmaterial, das Planern
oft in großartiger Aufmachung zuge-
schickt wird, ist nach einiger Zeit
überholt und sehr geeignet für den
kreativen Modellbau.

Haus Ingrid Deck, Bad Dürkheim,
Weinstraße. Arch. Prof. K. Pracht, Bad
Münder.

Robert Venturi, Modell des
„My Mother's House". Pappe, Papier
und Holz.

155

Die schwierige Geländesituation des Museums machte eine dreidimensionale Entwurfsplanung nötig. Die Form der wellenförmigen Terassenstützmauern des Abteiberges wird vom Turmhaus aufgenommen. Hans Hollein, Städtisches Museum Abteiberg, Mönchengladbach.

Stanley Tigerman, Modell der Villa Proeh mit umgebendem Grundstück. Pappe, Papier und Holz, koloriert.

Michael Graves, Modell der Gesamtanlage. Pappe, Balsaholz, Schwämme, koloriert.

unten: Die Isohypsen und Terassen der Villa ließen sich gut in Schichtenbauweise herstellen. Die geschweiften Baukörper ließen sich besonders gut aus Pappe bauen und kolorieren.

Reihenhaus in Hannover-Marienwerder. Endtyp mit Atriumhof, doppelgeschossig. Bauträger Nileg, Niedersächsische Landes- und Entwicklungsgesellschaft. Das Obergeschoß läßt sich, wie die einzelnen Dachpartien abheben, damit ist phasenweiser Einblick in alle Räume möglich.

Die Zimmer lassen sich einzeln abdecken, so daß die Konzentration auf den jeweiligen Raum gelenkt wird. Die Dachplatte aber geht als 2d Platte durch.

PAPIER-MODELLE 7

Flache Dächer

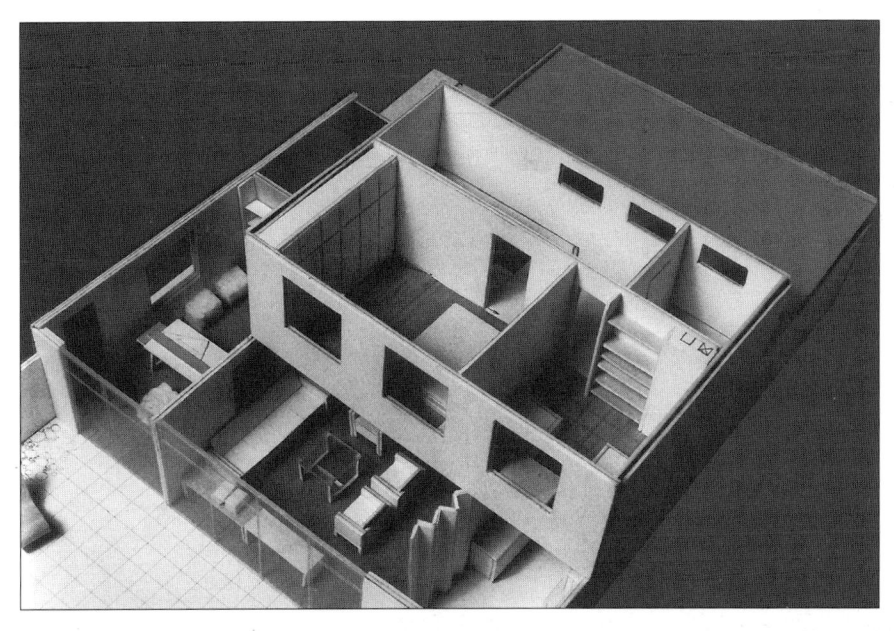

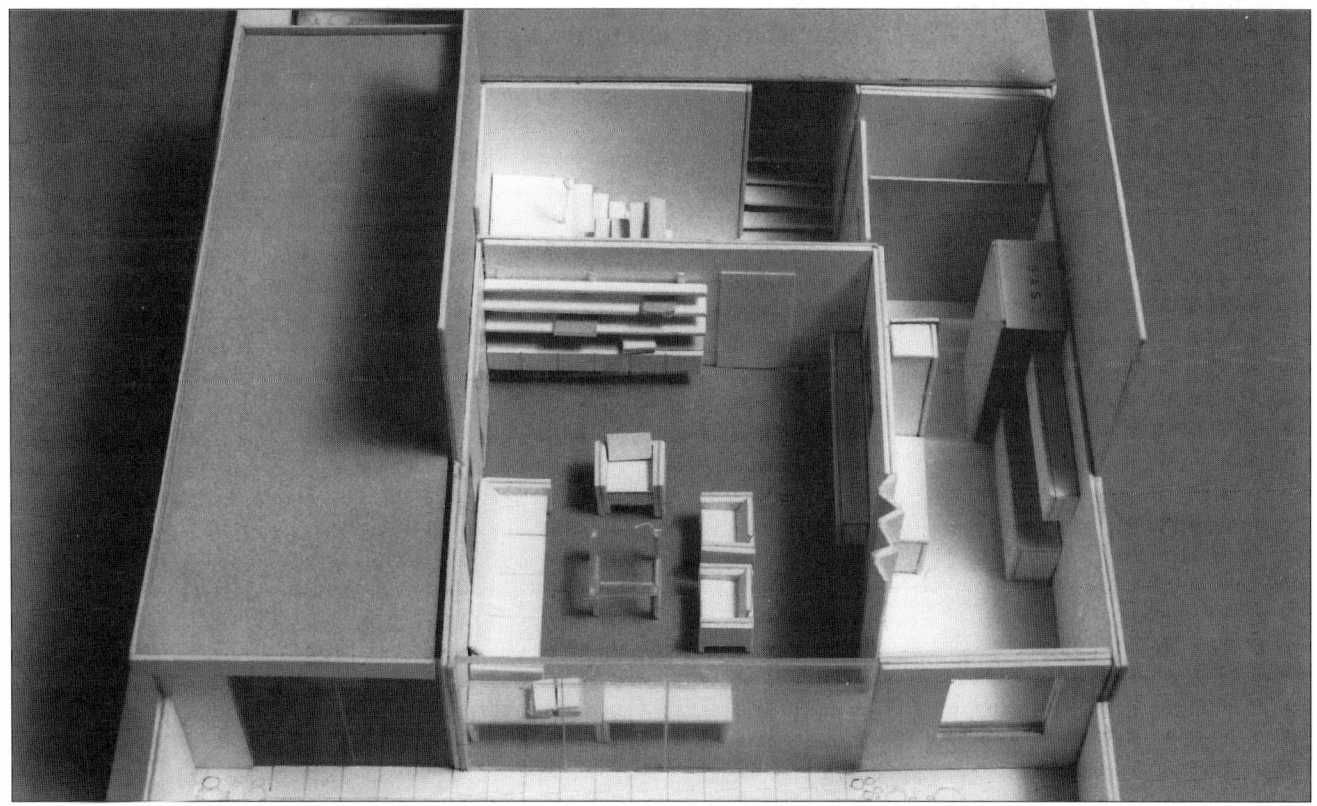

Treppen lassen sich aus Karton mit großer Detailgenauigkeit ausbilden. Im kleinen Maßstab genügt oft schon die Ausführung der Treppenschräge. Die angearbeiteten Geländer helfen den sonst entstehenden Eindruck von Rampen zu vermeiden. Zu vergleichen sind die Fotos unten links und Mitte.

Treppen ohne Setzstufen wirken leicht, darauf kann es schon im Modell ankommen. Die Stufen sind dann bei Bedarf stumpf zwischen die Wangen zu kleben. Bei etwas stärkerem Karton geht das ohne weiteres.
Wangentreppen erhalten am einfachsten gefaltete Stufenfolgen, sie haben dann allerdings Setzstufen und sind nicht transparent.

Aufgesattelte **Stufen** werden auf ein oder zwei zahnschnittartig ausgeschnittene Kartonstreifen geklebt, die damit die Holme signalisieren, welche später die Stufen tragen.
Blockstufen können nur abstrakt aus Papier hergestellt werden, z.B. durch u-förmig gebogene Papierstreifen. Sonst empfiehlt sich die Addition von Holz- oder Kunststoffdicken.

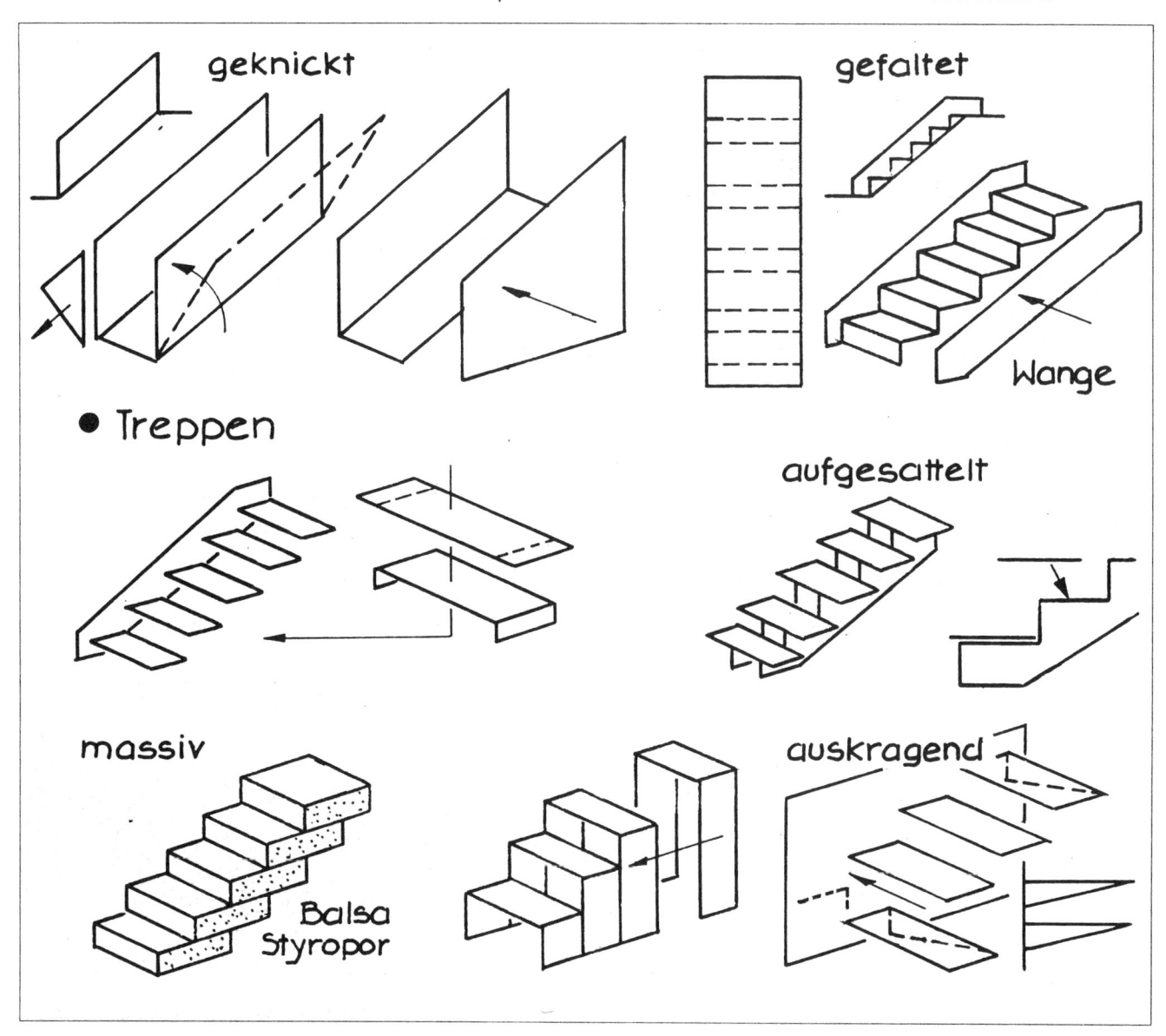

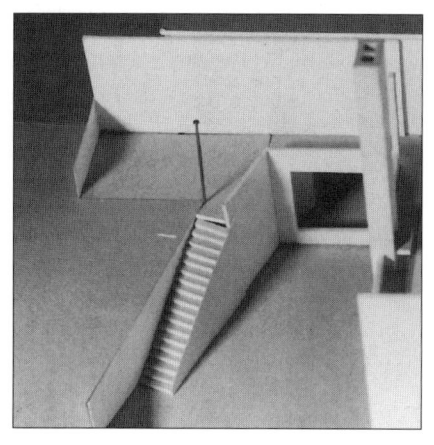

• Treppen

geknickt

gefaltet

Wange

aufgesattelt

massiv

Balsa
Styropor

auskragend

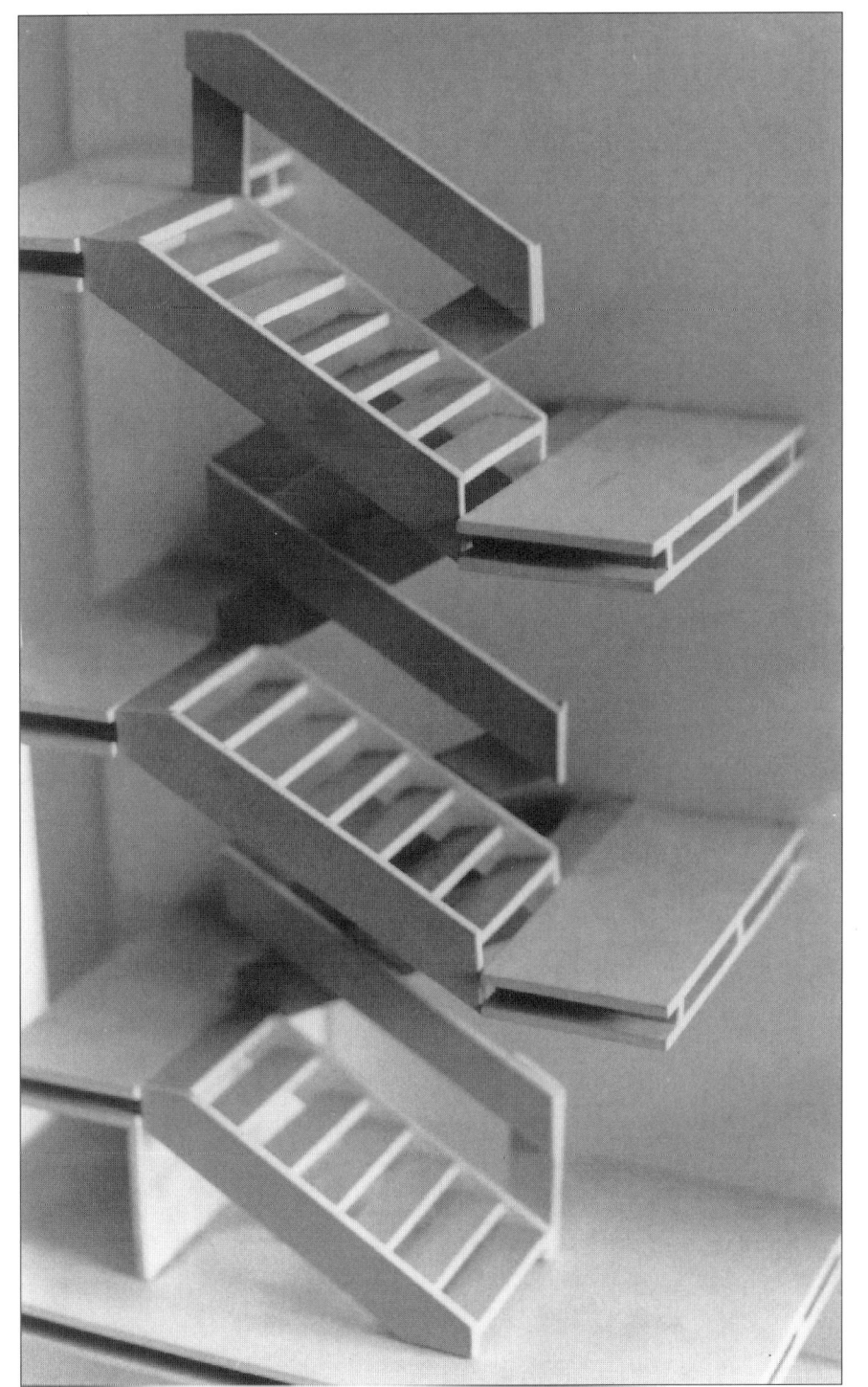

PAPIER-MODELLE 8

Treppen

Geländer lassen sich im Modell bei geraden Treppen leicht, bei gewendelten Treppen nur schwer ausbilden. Die Fotos links oben und unten zeigen ein- und zweiteilige Brettgeländer aus Kartonstreifen.

Andere Treppen kommen ohne Geländer aus. Dem Auge fehlen sie nicht unbedingt. Die Galeriegeländer sind dagegen zur Kontrolle der Raumwirkung wichtig. Ihre Höhe überträgt das Auge auf die Treppen.

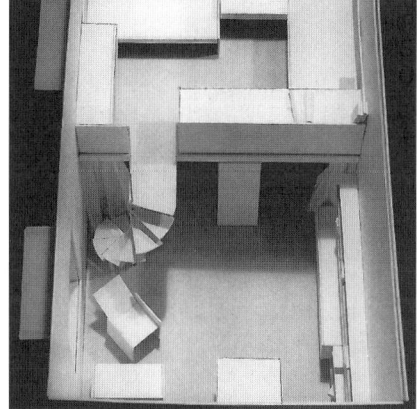

Spindeltreppen werden auch im Papiermodell mit einer vertikalen Achse ausgebildet. Die Stufen, schräg zugeschnitten, werden entweder auf eine Nadel aufgezogen oder in einen Rundholzstab eingesteckt. In diesem Fall läßt sich der Stufenabstand vorher gut festlegen.

Einbaumöbel

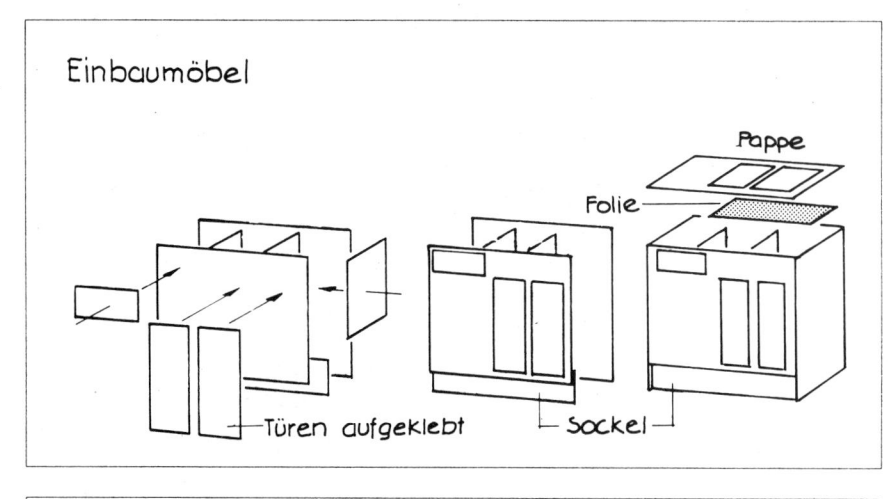

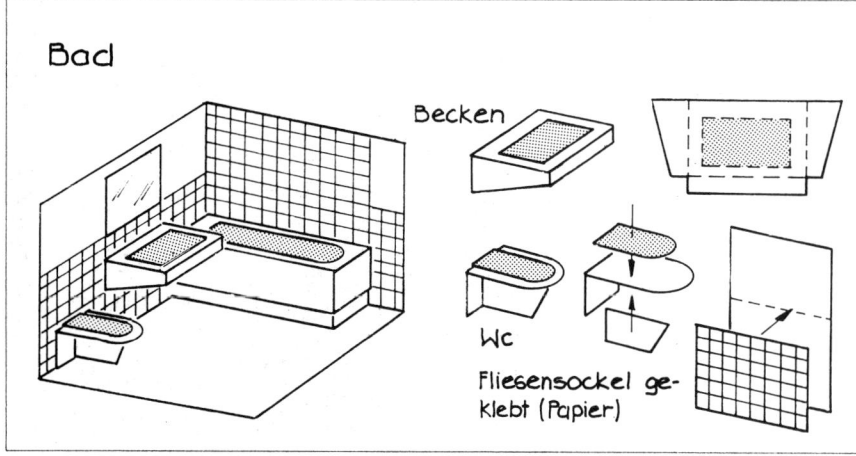

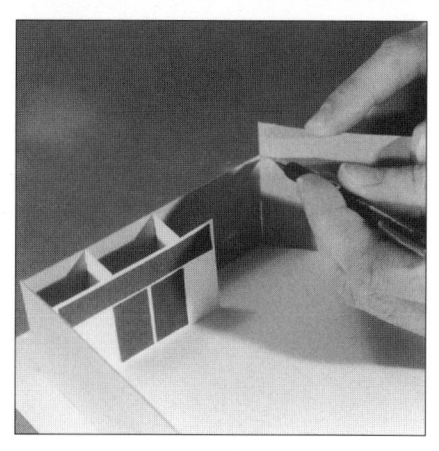

Türen aufgeklebt — Sockel — Folie — Pappe

Bad

Becken
WC
Fliesensockel geklebt (Papier)

Küche

Hochschrank
Hängeschrank

Sanitärobjekte werden in ihren typischen Konturen ausgeschnitten, in ihren Öffnungen aber nur durch dunkel abgesetzte Pappen simuliert.

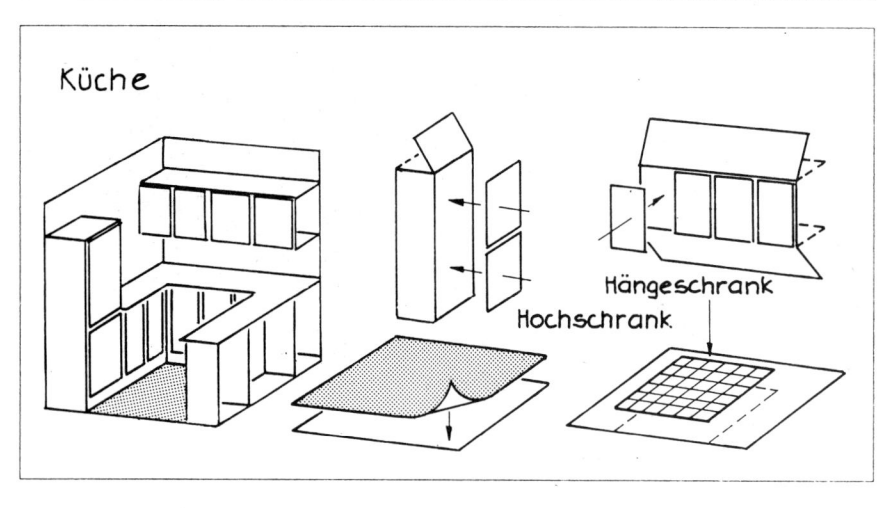

Einbauschränke müssen im Modell nicht wie Möbel gefertigt und dann eingesetzt werden, es genügt, nur ihre Fronten herzustellen und festzumontieren.
Die Gliederung der Ansichten erfolgt am leichtesten durch das Aufkleben von Kartons. Türen und Kästen sind auf diese Weise schnell zu entwerfen und anzudeuten. Die Aussteifung der Hohlräume wird im Modell durch Querstücke und Abdeckungen erreicht.

PAPIER-MODELLE 9

Einbauten

Die **Bodenflächen** sind dunkel abgesetzt, alle vertikalen Flächen kontrastieren hell dazu.

Decken wie links oben können sehr plastisch ausgebildet sein. Sie im Modell auf ihre Wirkung hin zu kontrollieren, ist nicht einfach, da die Betrachtung durch die sie umgebenden Modellbauteile behindert wird. Wandpartien sollten deshalb abklappbar sein und so seitlichen Einblick erlauben.

Die Beispiele oben zeigen einen Dachausbau mit verschiedenen Ebenen. Darunter ist ein Podest mit drei Stufen, unten eine Galerie mit Wendeltreppe zu sehen.

161

nicht so! — **sondern so!**

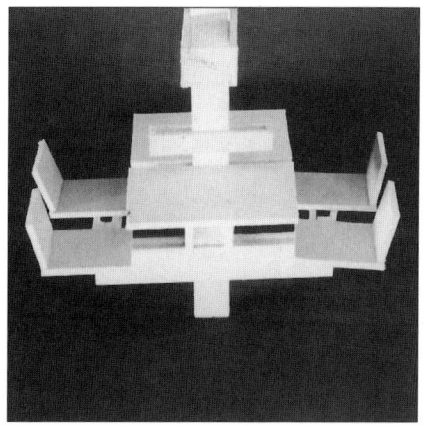

Im kleinen Maßstab lassen sich Sitz- und **Liegemöbel**, Tische und Schränke, wie in der Zeichnung zu sehen ist, aus relativ dünnem Karton sehr einfach herstellen. Ihre Ausbildung im Detail ist weniger wichtig, denn nach ihnen wird die Ausführung nicht kontrolliert, vielmehr dienen sie dem Nachweis des Möblierungsbedarfs von Räumen.

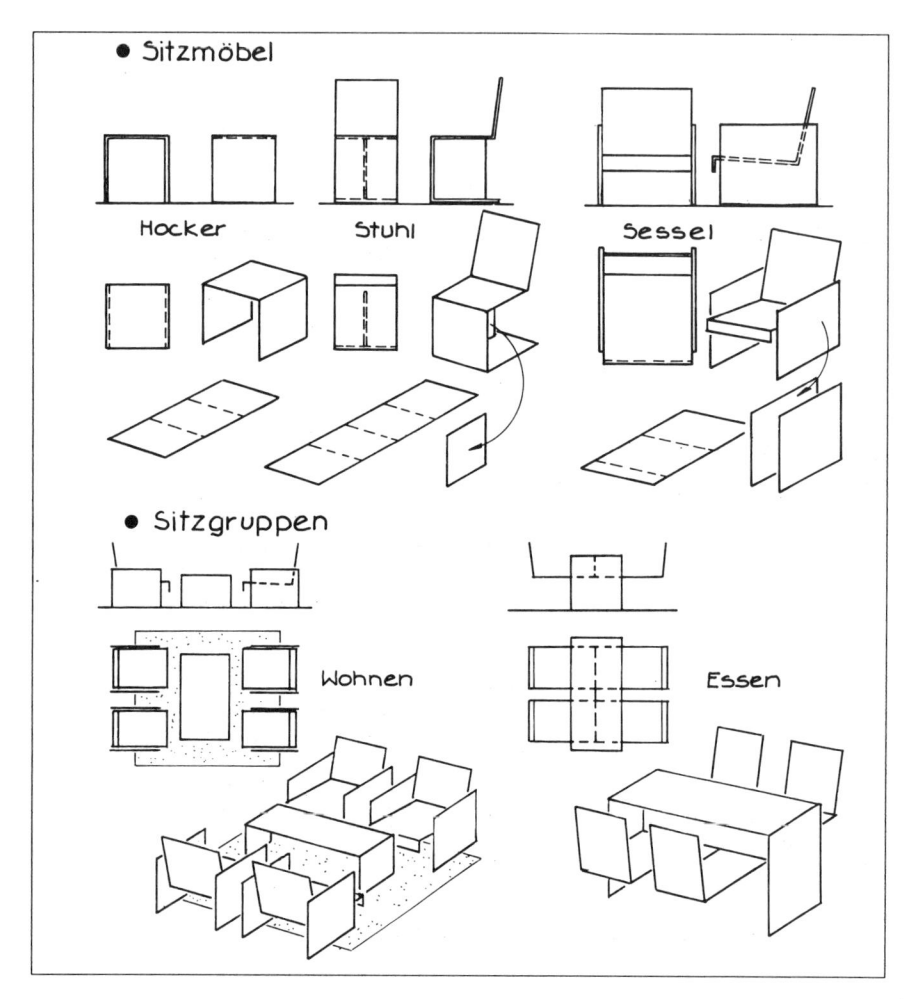

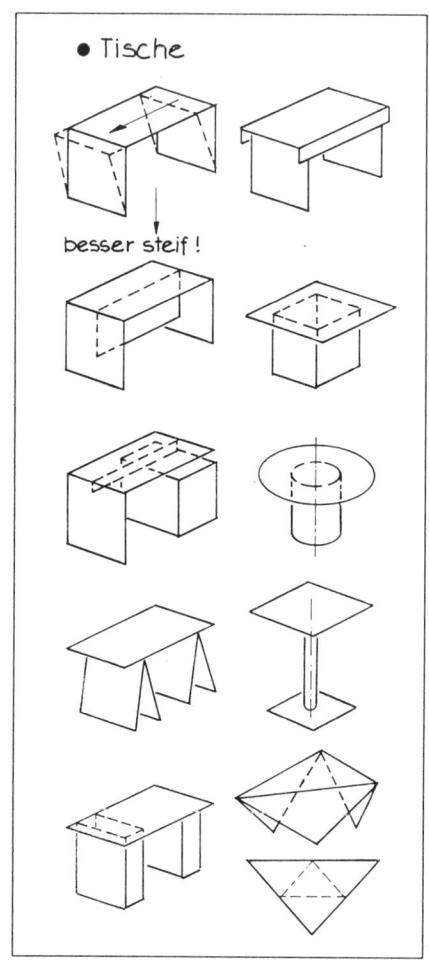

- Sitzmöbel

  Hocker   Stuhl   Sessel

- Sitzgruppen

  Wohnen   Essen

- Tische

  besser steif!

Im großen Maßstab lassen die Modellmöbel aus Karton schon sehr viele Einzelheiten erkennen, vor allem die Hohlräume kommen gut zur Geltung, wie es die Fotos rechts unten zeigen. **Glasfelder** bleiben im Modell einfach offen. Mit Ultraphan oder Plexiglas könnte man die Scheiben zwar simulieren, jedoch wäre das sehr aufwendig und würde Spiegelungen erzeugen, die sehr stören.

r.: Möbelentwurf: Arbeitsgemeinschaft PLP Pracht, Lange und Plener, Springe.

PAPIER-MODELLE 10

Möbel

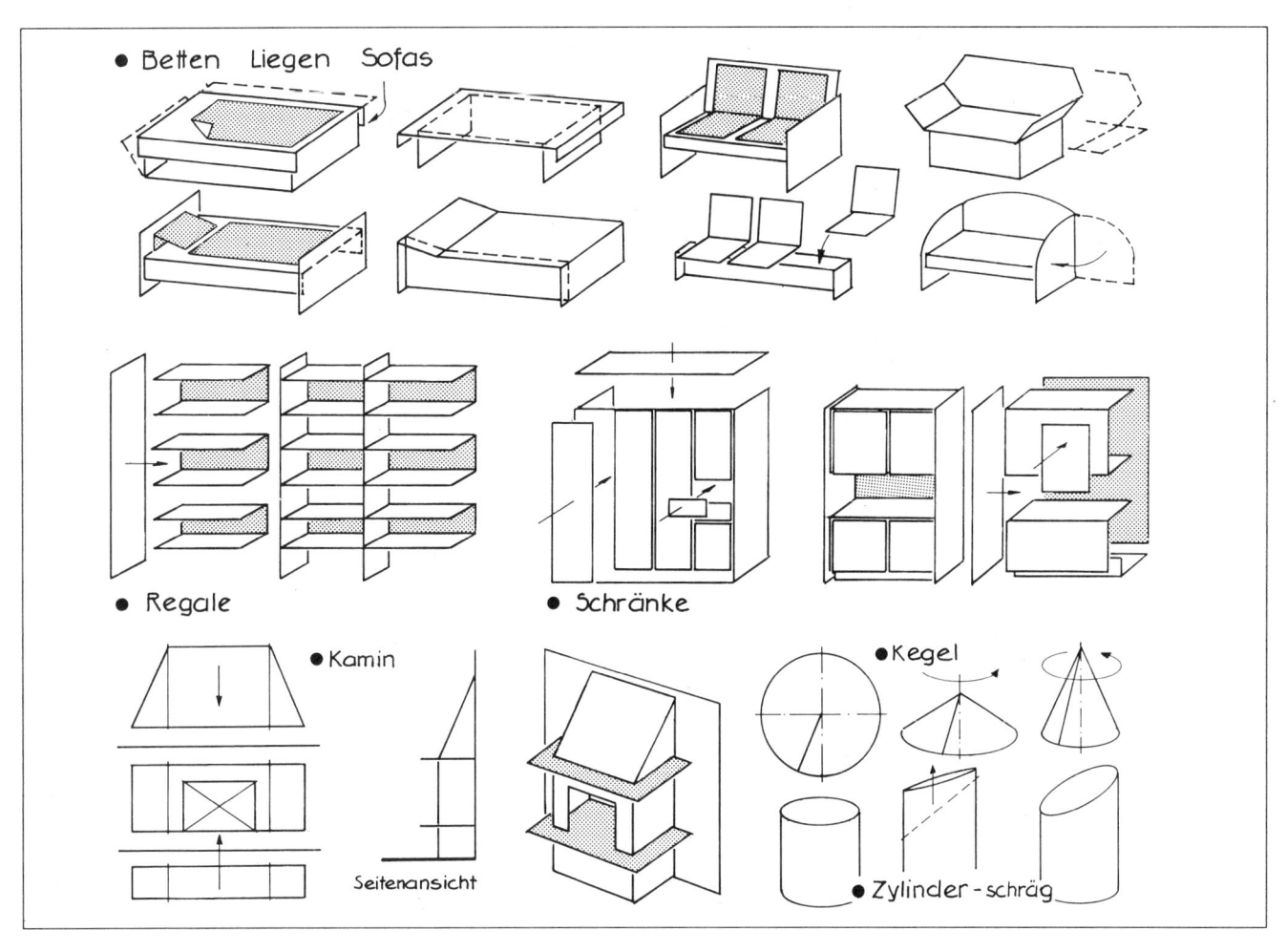

- Betten Liegen Sofas
- Regale
- Schränke
- Kamin

Seitenansicht

- Kegel
- Zylinder - schräg

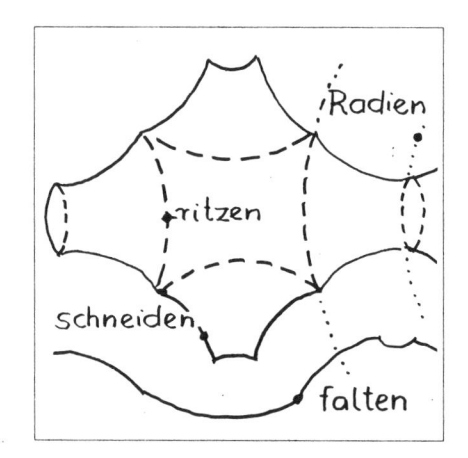

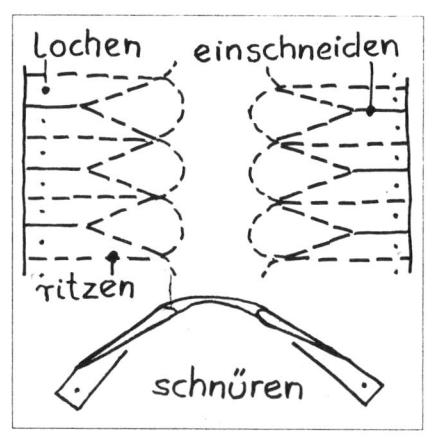

Leuchten aus einem Stück geschnitten, geritzt und gefaltet. Die obere Leuchte ist in der Seiten- und Obersicht abgebildet, die Falten werden durch eine Schnur zusammengehalten.

Gefaltete Körper wie die hier gezeigten Leuchtenmodelle lassen sich nur experimentell entwickeln. Zu kompliziert und vielseitig sind die Wölbungen und Biegungen, die aus den Faltungen resultieren, als daß man sie zeichnerisch vorentwerfen könnte.

Die Herstellung der Faltmodelle ist relativ einfach. Mit einem Messer werden die geraden und geschweiften Kanten, mit einem Zirkel die Kreisrunden vorgeritzt und dann gebogen. Zu bedenken ist besonders, auf welcher Seite geritzt wird, damit die Teile auch in die richtige Form springen.

Leuchtenentwicklungen an der Fachhochschule Hannover, Studiengang Innenarchitektur, Studierende: Bartelsheim, Dörge, Ludolphy, Roden, Haber, Schrader, Grüwatz. Projektleitung Prof. Pracht. Fotos: Wagner, Hannover und Osterwald.

PAPIER-MODELLE 11

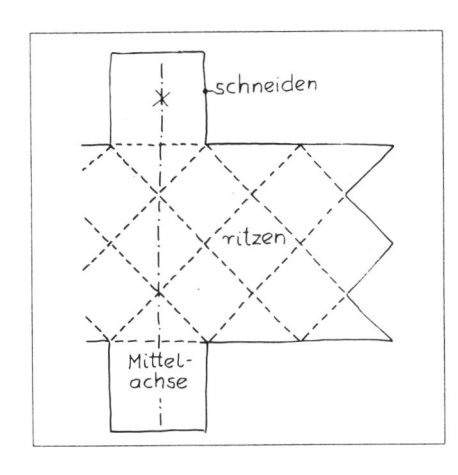

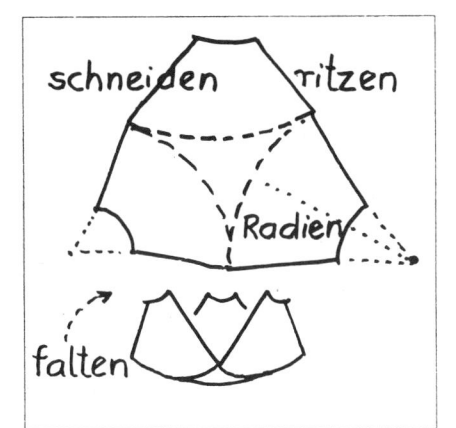

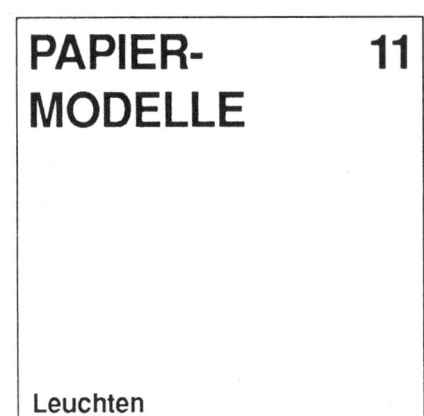

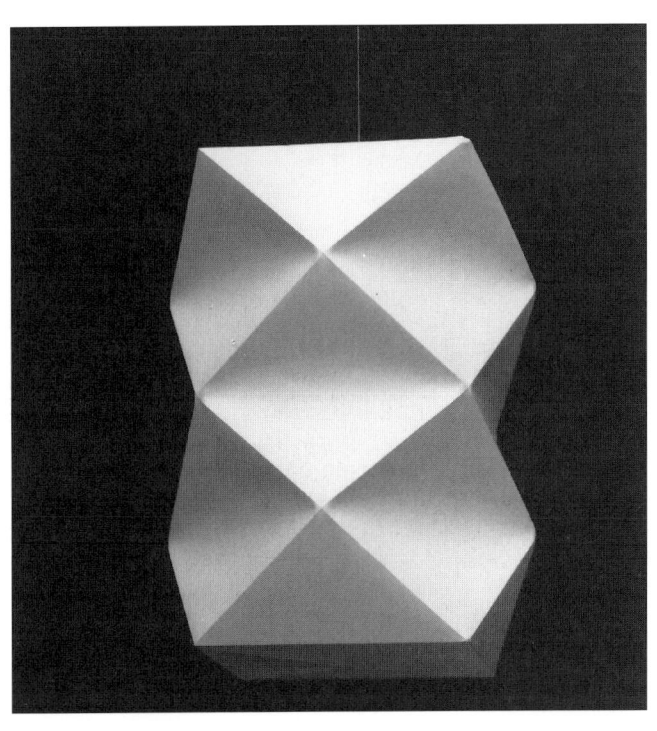

Leuchten

Eine Form zu finden, die vom Material so angenommen wird, daß sie aus diesem geradezu resultiert, ist eine Kunst, die Entwurf und Herstellung gleichermaßen auszeichnet.
Die Kugelleuchte besteht aus einzelnen Dreieckelementen, die stumpf miteinander verklebt werden.

Dank gebührt allen, die für dieses Buch Beiträge gestellt haben. Er wird hiermit den Personen, Firmen, Verlagen sowie den verschiedensten Institutionen ausgesprochen. Die Architekten sind daran beteiligt wie die Bauherrn, ebenso die Fotografen und Zeichner.

Die Studenten der Fachhochschule Hannover im Fachbreich Kunst und Design, Studiengang Innenarchitektur verdienen Erwähnung. Sie haben als Entwurfsübungen u.a. kreativen Modellbau betrieben, so daß manche Stücke dieses Thema erhellen.

Die Modellbauer Lotze und Czylwik gewährten besondere Unterstützung durch Rat und Öffnung ihrer Fotoarchive.

Dipl.-Ing. Jens Becker fertigte die Atelierfotos und Zeichnungen.

Viele Abbildungen grafischer Art wurden im Laufe der Jahre aus Publikationen gesammelt, um Studenten als Vorbild zu dienen. Die Namensnennung der einzelnen Beiträge ist leider nur unvollständig möglich, da die Literatur nicht immer Auskunft über die Autoren gab. Somit entfallen Deklarationen, vor allem bei Abbildungen aus Zeitungen, Firmenprospekten und Verbandsmitteilungen. Die Namensnennung erfolgt somit kapitelweise in alphabetischer Reihenfolge.

Die Abbildungen wurden zum großen Teil nur ausschnittweise zitiert, um auf das Wesentliche der Zeichnung oder Modellbautechnik hinzuweisen und Details herauszustellen. Für diese Handhabung wird um Verständnis gebeten. Im ganzen Buch steht die Technik des Zeichnens und Modellbaus im Vordergrund, die Objekte sind austauschbare Beispiele dafür.

Layout: Fanny Ilse Schaarschmidt
Technische Zeichnungen: Atelier Pracht, Mitarbeiter Jens Becker
Fotos: Atelier Pracht, Bildarchiv Foto Marburg 26, Katalog „Die Revision der Moderne" Prestel 1989, Modellbau W. Lotze und K. Czylwik, Hannover 35.

Objektnachweise zu den Kapiteln

Zeichnen
Keith Albarn (2), Alpirsbacher, Hermann Blomeier, Hoimar v. Ditfurth (3), Sue Goodmann, Dr. Krämer, Tom Porter, Winfrit Wagner.

Gestalten
Alva Aalto (2), Erik Assmussen, Bofill und Reich, Friedrichs, Philip Johnson, Rob Krier, Oesterlen, James Sterling (3), O.M. Ungers, Frank Lloyd Wright.

Entwurf
Baller, Fehling und Gogel (3), Mohl, K. Pracht, Mies van der Rohe.

Grafik
Friedhelm Amslinger, Jens Becker, Dominikus Böhm, A. von Branca, Busso von Busse, Le Corbusier, Domus, Döllgast, FH Hannover, Glasforum 1/84 (2), Sue Goodmann (8), Gaudi, Michael Graves, Bob Greenstreet (2), Rolf Heide (3), Jacobus Johannes, Jahn, Hanns Jatzlau (2), Erich Mendelsohn, Neutra, Pieter Oud, TH Darmstadt, Tom Porter (2), K. Pracht (4), Readers Digest, Egon Schiele, Schöner Wohnen (3), H. Striffler.

Architektur-Möbel
Daube (3), Egon Eiermann, H. Knebel, K. Pracht, WK-Möbel.

Architektur-Innenräume
Erwin Behr, Mario Botta, A. Chipkov, Döllgast (2), P. Riboulet, Rotermund, Basil Spence, Y. Truchynch, Wunibald Puchner, WK-Möbel (3).

Architektur-Gebäude
Baumgarten, G. Böhm, Domus (3), Gerkan und Marg, K. Krebs, Katapoez (3), A. Lancella (2), Lips (2), William Morgan, Günther Plessow (2), G. Peppler, Herbert Rimpel, Rossmann, H. Sasse, Alois Schalle, D. Schmitthenner, Ziegemeier(2).

Architektur-Bilder und Objekte
Friedhelm Amslinger (3), G. Bammes (3), Bauwelt (3), Brand, Corippo/Tessin, Gleichmann, H. Jatzlau (5), Christoph Mecklow, Moryama + Teshima, F. Pracht (2), K. Pracht (2), Hans Simon (2), O. Wöhr (2).

Modellbau - Materialien - Objekte

Papiermodelle:
Hans Hollein, Stanley Tigerman, Michael Graves, Robert Venturi

Metallmodelle:
Gianni Braghieri, Aldo Rossi

Holzmodelle:
Klaus Pracht, Anders Nerheim, Fabio Reinhart, Reinhart Reichlin, Frederic Read, Gottfried Böhm, Aldo Rossi, Oswald Mathias

Kunststoffmodelle:
Vaki Zöllner, Klaus Pracht, W. Lotze, K. Czylwik, Stanley Tigerman, Frank Gehry, Rob Krier

Modellfotos:
Wilfried Täubner, Henke-Sass und Tuttlingen und Storz, Jens Becker

Gelände- und Wassermodelle:
Lorenz Riethmüller, Klaus Pracht, Michael Schulcz

Modellreportage:
Lotze und Czylwik, Jens Becker

Möbel- und Innenausbaumodelle:
Fachhochschule Hannover, Fachbereich Kunst und Design, Studiengang Innenarchitektur

Computer-Grafik:
Bremer Spezial

Modellbau
Arg. Holz (8), Bartelsheim, Jens Becker (2), D'andré Bloc, Brill, H. van Broek, Celtic, K. Czylwik, I. Deck (7), G. Ehrmann (6), Gerhard Diel (6), Dörge, Friedrich, Grywaz, Bob Greenstreet, Glasforum 4, Sue Goodmann (6), Grochau, Haber, W. Henn, W. Konstanzer, E. Lange, Londenberg, Ludölphi, W. Lotze (12), Missullis (2), Modulex, Natterer, K.H. Plener, R. Ostertag, Pracht (10), Claude Parent, B. Pfau, Riethmüller (4), Roden, Röhm u. Haas, Schink (3), Schrader, Schürmann, Waki Zöllner.

NACHWEISE

Objekte und Literatur

Literaturhinweise

Zeichnen

Claudius Coulin: Architekten Zeichnen, Julius Hoffmann Verlag, Stuttgart, 1980.

Gottfried Bammes: Figürliches Zeichnen, Volk und Wissen, Volkseigener Verlag, Berlin.

Dieter Freymark: Architekten Zeichnen, Pforzheim, Verlagsgemeinschaft Dettlig, Pforzheim.

Helmut Jacoby: Neue Architekturdarstellung, Hatje Verlag, Stuttgart, 1981.

Felix König: Bauwerke in Handzeichnungen perspektivisch richtig, Bauverlag GmbH, Wiesbaden und Berlin.

Carl Krause: Das Zeichnen des Architekten, Bauverlag GmbH, Wiesbaden und Berlin.

Joachim Spies: Zeichenlehre, Verlag Kohlhammer, Stuttgart.

Karl Christian Häuser: Freihändig zeichnen und skizzieren, Bauverlag GmbH, Wiesbaden und Berlin.

Hans Döllgast: Gebundenes Zeichnen, Maro Verlag, Augsburg, 1986.

Hans Simon: Das Herz unserer Städte, Verlag Richard Bacht, Essen.

Darstellen

Rudolf Prenzel: Bauzeichnen und Darstellungstechniken, Karl Krämer Verlag, Stuttgart.

Günther Zimmermann: Architekturdarstellung, Heinz Moos Verlag, Heidelberg.

Porter, Tom/ Greenstreet, Bob/ Goodman: Handbuch der Grafischen Techniken für Architekten und Designer, 4 Bde, Verlagsgesellschaft Rudolf Müller, Köln, 1983.

Perspektive

Rudolf Schmidt: Die Lehre der Perspektive und ihre Anwendung, Bauverlag GmbH, Wiesbaden und Berlin.

F. Danielowski und A. Pretzsch: Architekturperspektive, Konstruktion und Darstellung, Werner Verlag, Düsseldorf.

Reiner Thomae: Perspektive und Achsonometrie, Kohlhammer Verlag, Stuttgart.

Georg Schaarwächter: Perspektive für Architekten, Hatje Verlag, Stuttgart.

R. Schmidt: Darstellende Geometrie mit Stereobildern, Bauverlag GmbH, Wiesbaden und Berlin.

Bernard S. Bonbon: Angewandte Perspektive, Bauverlag GmbH, Wiesbaden und Berlin, 1977.

Molle, Goerges/ Hennebicq, Daniel: Die Zentralperspektive und ihre Konstruktion, Bauverlag GmbH, Wiesbaden und Berlin, 1985.

Modellbau

Nicolai und Uwe Jannsen: Bauzeichnen und Architekturmodell, Karl Krämer Verlag, Stuttgart.

Firma Edwin Kreutzmann: Architektur-, Industrie- und Planungsmodelle, Hannover.

W. Lotze und K Czylwik: Architektur- und Industrie-Modellbau, Modellbau Hannover.

Modellbau aus Kunststoff-Fertigteilen: Celtic Industrie, Reinheim/Odenwald.

Modellbau aus Kunststoff-Fertigteilen: Modulex Modul-Elemente GmbH, Hohenwesstett/Holstein.

Die Revision der Moderne: Deutsches Architekturmuseum, Prestel.

Ausstellungen

Architekten-Zeichnungen 1479-1979, Kunstkreis Hameln.

Architekturzeichnungen und Modelle, Ahrends Burton und Koralek, TU Braunschweig.

Zeichnet mal wieder, Berlin, Veranstalter „Bauwelt".

Kriterien der guten Industrieform, Herbert Lindinger, Hannover Messe

Postmoderne Architektur, Deutsches Architekturmuseum, Frankfurt, 1.6.84 - 10.10.84.

Vorträge

Architekturzeichnen, Hans Sasse, Vortrag 1977 an der FH Hannover.

Freies Zeichnen, Gerhard Schweizer, Vortrag an der TH Darmstadt.

Vom Wesen und Wandel der Architekturzeichnung, Hans Reuther, Artikel in der „Bauwelt", Heft 46/79.

Wiederkehr des Zeichenstiftes, Gerhard Ullmann, Artikel in „Der Architekt", Heft 2/77.

Entwerfen

Kurt Ackermann: Grundlagen für das Entwerfen und Konstruieren, Karl Krämer Verlag, Stuttgart, 1983.

Jürgen Hartmann: Entwerfen, Kohlhammer Verlag, Stuttgart.

Handskoepf: Eine architektonische Formenlehre, Kohlhammer Verlag, Stuttgart.

BAUVERLAG

Vorschriftsgemäßes Entwerfen nach Bauordnungen, Normen, Richtlinien und Regeln

Anforderungskatalog mit Textauszügen und Hinweisen

Von Prof. Dr.-Ing. D. Portmann und Dipl.-Ing. U. Portmann. 2., neubearbeitete Auflage 1986. 100 Seiten DIN A 4 mit über 100 Skizzen. Kartoniert DM 45,–
ISBN 3-7625-2461-0

Baugeometrie

Darstellende Geometrie als Zeichen- und Konstruktionshilfe für Architekten und Bauingenieure

Von Prof. Dr. Dr. H. Brauner und Wiss. Oberrat Mag. W. Kickinger. Format DIN A 4. Kartoniert.

Band 1: Geometrische Grundlagen, Parallelrisse, für das Bauwesen wichtige Kurven und Formeln.

2., durchgesehene und erweiterte Auflage 1989. 93 Seiten mit rund 90 Abbildungen. DM 48,–
ISBN 3-7625-2690-7

Band 2: Perspektive, Schatten, Spiegelungen sowie Anwendungen der Geometrie im Straßenbau.

1982. 89 Seiten mit zahlreichen Abbildungen. DM 80,–
ISBN 3-7625-0927-1

PlanzV 90 – Planzeichenverordnung mit Erläuterungen

Von Dr. jur. G. Schlez, Vors. Richter am VGH Baden-Württemberg a.D. 1991. 56 Seiten DIN A 5. Kartoniert DM 38,–
ISBN 3-7625-2905-1

Planen nach HOAI

Einzelbewertung von Planungsschritten zur Arbeitsvorbereitung. Dauer und Zeitaufwand der Architektenleistung.

Von Dipl.-Ing. K. H. Bayer, Architekt. 1987. 165 Seiten. Format 21 x 20 cm. Gebunden DM 65,–
ISBN 3-7625-2443-2

CAD nach HOAI

Einführung in die rechnergestützte Planung

Von Dipl.-Ing. K. H. Bayer, Architekt. 1989. 141 Seiten mit zahlreichen Abbildungen. Format 21 x 26 cm. Kartoniert DM 54,–
ISBN 3-7625-2740-7

Architekturperspektive

für Studium und Praxis

Von Prof. Dipl.-Ing. U. Linke, Architekt. 1991. 109 Seiten mit 176 Abbildungen. Format 26 x 26 cm. Gebunden DM 98,–
ISBN 3-7625-2814-4

Symbole und Sinnbilder in Bauzeichnungen

nach Normen, Richtlinien und Regeln

Von Prof. Dr.-Ing. D. Portmann und Dipl.-Ing. U. Portmann. 5., neubearbeitete Auflage 1993. 158 Seiten DIN A 4 mit Darstellung von über 2500 Symbolen und Sinnbildern. Kartoniert DM 68,–
ISBN 3-7625-2982-5

Stadtökologie in Bebauungsplänen

Fachgrundlagen – Rechtsvorschriften – Festsetzungen

Von Prof. Dr. jur. R. Stich, Akad. Dir. K.-W. Porger, Dr.-Ing. G. Steinebach und Dipl.-Ing. A. Jacob. 1992. 233 Seiten mit 34 Tabellen. Format 17 x 24 cm. Gebunden DM 75,–
ISBN 3-7625-2918-3

Freiräume für die Stadt

Sozial und ökologisch orientierter Umbau von Stadt und Region

Herausgegeben von Dr. S. Bochnig und Prof. Dr.-Ing. K. Selle

Band 1: Programme, Konzepte, Erfahrungen

1992. 318 Seiten mit rund 50 Abbildungen. Format 17 x 24 cm. Gebunden DM 95,–
ISBN 3-7625-2945-0

Band 2: Instrumente der Freiraumentwicklung

1993. 428 Seiten mit rund 30 Abbildungen. Format 17 x 24 cm. Gebunden DM 95,–
ISBN 3-7625-2981-7

Bauleitplanung für die Praxis

Planen im Bestand mit einfachen Bebauungsplänen

Von Prof. Dr.-Ing. V. Schwier. 1993. 164 Seiten mit zahlreichen Abbildungen und Zeichnungen (s/w). Format 26 x 26 cm. Gebunden DM 75,–
ISBN 3-7625-2816-0

Ökologisch orientierte Stadt- und Raumentwicklung

Genius loci – Leitbilder – Systemansatz – Planung. Eine integrierte Gesamtdarstellung

Von Dr. M. C. Neddens. 1986. 254 Seiten mit 129 Abbildungen und Tabellen. Format 21 x 26 cm. Gebunden DM 75,–
ISBN 3-7625-2366-5

Entwerfen im Städtebau

Daten, Richtwerte, Rechtsgrundlagen, Planungsbedarf

Von Dr.-Ing. H. Heinz. 1983. 196 Seiten DIN A 4 mit zahlreichen Abbildungen. Kartoniert DM 45,–
ISBN 3-7625-2090-9

Stadtgrünplätze – wiedergewonnener Freiraum

Planung – Anlage – Nutzung

Herausgegeben von Ing. H. Wagenfeld. 1985. 272 Seiten DIN A 4 mit rund 600 Abbildungen und Plänen. Gebunden DM 148,–
ISBN 3-7625-2238-3

Wohngruppe als Lebensraum

Ordnungsprinzipien von verdichteten Siedlungsstrukturen

Von Prof. Dipl.-Ing. W. Dahms und Dipl.-Ing. K. Kette. 1986. 191 Seiten DIN A 4 mit 105 Fotos und 290 Zeichnungen. Kartoniert DM 60,–
ISBN 3-7625-2362-2

Wohnumfeld-Verbesserung

Analyse, Planung und Durchführung nach Wohngebietstypen

Von G. Kilpper, M. Einsele, B. Fahle. W. Schreiber und S. Wegener. Schriftenreihe der Forschungsgemeinschaft Bauen und Wohnen (FBW), Stuttgart. Band 152. 1985. 156 Seiten mit zahlreichen Abbildungen, Tabellen und 7 Klapptafeln. Format 17 x 24 cm. Kartoniert DM 42,–
ISBN 3-7625-2294-4

Preise Stand Januar 1993, Preisänderungen vorbehalten.

BAUVERLAG GMBH · Postfach 1460 · D-6200 Wiesbaden